国际形势黄皮书

YELLOW BOOK
OF INTERNATIONAL POLITICS

全球政治与安全报告（2011）

中国社会科学院世界经济与政治研究所
主　编／李慎明　张宇燕
副主编／李少军

ANNUAL REPORT ON INTERNATIONAL POLITICS AND SECURITY(2011)

社会科学文献出版社
SOCIAL SCIENCES ACADEMIC PRESS (CHINA)

法律声明

国际形势黄皮书编委会

主要编撰者简介

李慎明　中国社会科学院党组副书记、副院长，研究员、博士生导师，1997年被授予少将军衔。主要从事党的建设、民主政治、国际战略研究。主要著作有:《全球化背景下的中国大党建》、《中国和平发展与国际战略》、《李慎明自选集》、《战争、和平与社会主义》、《纵马湘赣》、《王震传》（合著，上、下册），主编《世界社会主义跟踪研究报告——且听低谷新潮声》（系列）、《全球政治与安全报告》（系列）、《邓小平理论研究前沿报告》、《历史的风》等数十部。先后在中央重要报刊发表文章100多篇。

张宇燕　经济学博士，中国社会科学院世界经济与政治研究所研究员、所长。中国世界经济学会副会长，中国国际关系学会副会长，中华美国学会副会长。曾先后就读于北京大学和中国社科院研究生院。主要研究领域包括国际政治经济学、制度经济学等。著有《经济发展与制度选择》（1992年）、《国际经济政治学》（2008年）、《美国经济论集》（2008年）等。

李少军　中国社会科学院世界经济与政治研究所研究员、所学术委员会副主任、博士生导师。专业方向是国际政治学，研究领域包括国际关系理论、国际战略与安全研究以及当代全球问题，主要成果有《国际政治学概论》、《国际战略学》、《当代全球问题》和《国际关系学研究方法》等。

中文摘要

《全球政治与安全报告（2011）》是系列年度形势报告的第11本。报告的宗旨是根据形势发展，以专题的形式阐述一年来国际政治与安全的现状，进行原因解释并提出预测。所涉及的方面包括形势总论、大国关系与周边环境、国际安全局势、全球问题、国际组织与政党等。除了对国际形势的分析，本书还包括有关国际关系理论研究现状的年度综述。本书作者通过对事实和统计数据的观察与归纳，分析了形势发展的基本特点，判断了趋势的演进，并提出了具有一定前瞻性的结论。由于本书注重当下的现实动态，对局势演进做出了适当的解释，所得结论具有启示意义，因而对国际问题的研究者、外交决策者和关心形势发展的广大读者来说，都是具有知识性与战略参考性的读物。

Abstract

The "Annual Report on International Politics and Security (2011)" is the 11th edition of the annual reports on the international situation. The purpose of the reports is to describe and analyze the international political and security situations and to attempt to make corresponding predictions. The chapters in the book cover the following topics: the general situation in 2009 - 2010, China's relations with the great powers and its neighbors, international security, global issues, international organizations, and the domestic politics. In addition to an analysis of the situation, the volume also includes an annual statement on the state of the field of studies of international relations theory. The authors of the chapters examine the basic characteristics in the development of the respective situations through observations and induction, judging the evolution of trends, and making some forward - looking conclusions. Because the book focuses on and explains the reality to reach some enlightening conclusions, it is a valuable strategic reference for researchers on international studies, foreign policy decision makers, and readers who care about developments in the international situation.

目录

ⅤⅠ 总论

ⅤⅡ 大国关系与周边形势

ⅤⅢ 国际安全

ⅤⅣ 全球问题

YV 国际组织与世界政党

YⅥ 国际关系理论

皮书数据库阅读使用指南

CONTENTS

¥ I Introduction

¥ II Survey of Global Armed Conflicts

¥ III International Security

¥ IV Global Issue

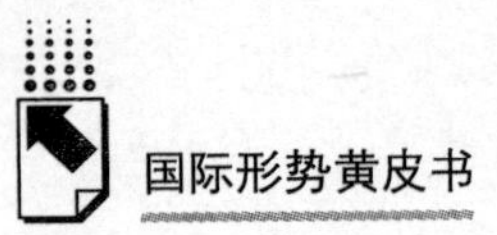

YV International Organization and Party Politics

YVI IR Theories

总论

Introduction

Y.1

2009～2010年全球政治与安全形势：分析与展望

全球政治与安全报告课题组*

摘　要：2009～2010年度的国际形势，出现了西方大国与新兴国家此消彼长的结构性变化。在中国与周边国家关系中，领土主权争议成为热点，而军事关系则出现了紧张化因素。在传统安全领域，全球的重大冲突仍然以国内冲突为主，区域集中于中东、南亚和非洲东北部地区。在非传统安全领域，南亚、中东地区仍然是恐怖主义的重灾区，但也门和索马里的局势发展也令人担忧。应对气候变化的哥本哈根大会未能消除分歧，但缔约方在继续为未来谈判进行艰苦努力。能源政治的主要表现尽管是国际合作，但涉及主权的纠纷在增多。为了应对这些全球性问题，各种国际组织通过改革加强了

* 本文参考了本书各分报告，执笔人为郎平，并由李慎明、张宇燕、李少军修改定稿。郎平，中国社会科学院世界经济与政治研究所副研究员。

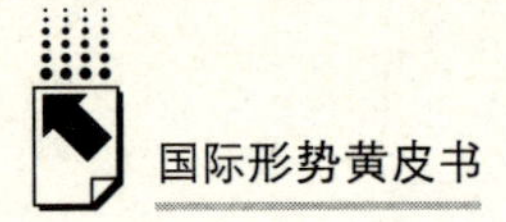

治理的能力。中国在新的国际结构与形势下，既面对着发挥更大作用的机遇，也面对着以适宜政策化解问题与矛盾的挑战。

关键词：大国关系　周边形势　全球问题

2009~2010年度的全球政治与安全形势，最突出的特点，是西方大国与新兴大国之间力量与影响的此消彼长，以明显可见的方式推动了世界格局的变化。产生于资本主义制度自身矛盾的金融危机，是世界格局发生变化的根本原因之一。① 为了应对金融危机、气候变化、恐怖主义等全球性问题，新兴大国作用凸显，已走向了全球政治舞台的中央。在这个过程中，中国国际地位的变化尤其引人注目。中国的崛起以及伴随这种态势为维护自身利益而在对外关系中所表现出的政策变化，导致世界一些国家做出了消极的反应。“中国威胁论”的声音在增大，与中国在领土主权上的争议与摩擦在增多。在这种局势下，中国既面对着在国际舞台上发挥更大作用的机遇，也面对着消解问题与摩擦的新的外交挑战。

一　世界格局出现结构性变化，新兴大国影响力上升

世界格局发生的可见变化，主要体现在陷入金融危机的西方大国影响力明显下降，新兴大国的地位明显上升。美国受到两场战争与金融危机的多重影响，支配世界事务已力不从心，而作为新兴大国代表的中国则成为解决世界经济和全球问题的关键角色。在这样的进程中，国际机制在发生变化，多边外交场合出现了日益响亮的新兴大国的声音。在一些国际议程中，新兴大国取得了与西方发达国家同等重要的地位。

（一）美国实力下降与战略调整

“9·11”事件之后，美国深陷阿富汗战争和伊拉克战争的泥潭，对外政策

① 著名左翼学者、美国纽约大学皇后学院教授威廉·K. 塔布（William K. Tabb）认为，“生产过剩与社会需求”之间的矛盾导致了这次金融危机的爆发。William K. Tabb，“Four Crises of the Contemporary World Capitalist System”，*Monthly Review*，October 2008.

的实施力不从心，而2008 年的次贷危机则进一步削弱了美国的实力。奥巴马政府上台以后，不得不对美国的对外政策做出方向性的调整，强调美国既没有能力也不应该单独应对相互联系的世界的挑战，政府要审慎地使用手中的权力，不能制定超出美国实际责任、能力或利益的目标，必须权衡国家面临的各种挑战，巩固美国的同盟并建立新的伙伴关系。①

2010 年 5 月美国发布的《国际安全战略》报告，清楚地表明了这种战略调整。该报告明确提出，今后将把外交作为战略重点，把外交接触、经济政策与军事力量结合起来，进行战争只是最后不得已的手段；美国应通过强化国际组织来确保灵活、有交往的集体行动，将伙伴关系从传统的美国盟友扩展至中国、印度、俄罗斯等新兴国家。这种调整表明美国的对外政策告别了小布什时期的“先发制人”和单边主义，转而实行战略收缩。8 月底，美国结束了在伊拉克的作战行动，把战略重点转向阿富汗，并寻求盟国共担责任。

同处金融危机下的其他西方国家，也面临着无奈的战略调整，军费的缩减是其表现之一。2009 年欧洲军费开支总额为 3860 亿美元，比 2008 年减少 270 亿美元，② 包括英国、德国、瑞士在内的诸多欧洲大国都在削减军费开支。2010 年 10 月，英国首相卡梅伦发布了战略防务与安全评估报告，宣布今后 4 年英国将削减国防预算 8%，英国在今后十年内将不再拥有服役的航空母舰。作为一个老牌的海上大国，英国此次大裁军并退出国际航母俱乐部，被认为是从一个“准大国”变为“准小国”，与“大国梦”彻底告别。

此外，北约希望拉俄罗斯共同分担欧洲防务，也是这种趋势的体现。10 月，北约秘书长拉斯穆森在柏林表示，北约将在 11 月召开的俄罗斯与北约首脑会议上，就阿富汗问题、打击毒品、反恐、导弹防御系统等问题与俄罗斯展开进一步的合作，尤其是在阿富汗问题上将要求俄罗斯伸出援手。③

（二）G20 地位的上升

新兴大国地位与影响力的上升，尽管有实力变化的背景，但其过程却没有形

---

① 美国国务院国际信息局，http：//www. botong. com. au/news/world/2009 - 12 - 03/56626. html。

② 2008 年欧洲军费开支总额为 4130 亿美元，*SIPRI Yearbook 2009*，p. 219。

③ 《俄罗斯大力支持北约阿富汗军事行动》，国际在线，2010 年 10 月 28 日。

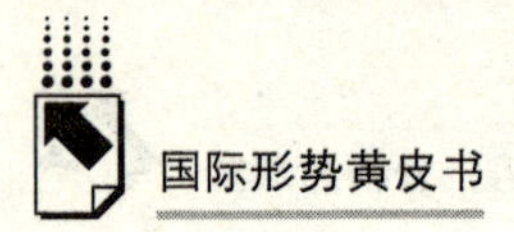

成权力政治，而是表现为一种机制的变化。2010年是G20取代G8成为全球经济治理的主要机制的第一年。这种变化标志着大国关系进入了一个新阶段。

自20世纪70年代以来，G8一直是主要发达国家协调世界经济与政治问题的大国俱乐部。冷战结束之后，伴随着经济全球化的加深和新兴大国的崛起，特别是2008年全球金融危机的影响，世界经济格局发生了显著的变化。美国和欧盟等发达国家陷入经济衰退，而以“金砖四国”为代表的新兴国家却保持了较高速度的经济增长，成为世界经济发展的动力。在这种背景下，少数发达国家已无法再主导世界经济事务了，而有新兴国家参与的G20则取得了中心论坛的地位。2010年6月召开的G8峰会，议题转到了发展问题和一些涉及世界和平与安全的问题，而随后召开的G20峰会则探讨了世界经济形势、欧洲主权债务危机、国际金融机构改革、国际贸易和金融监管等一系列重大问题。新兴国家由此取得了参与全球经济事务的“主桌”发言权利。

G20地位的上升，使得世界舞台中央的主要演员大大增加了。这既体现了全球事务主导权的多边化，也体现了多极化的一种可见的发展。同时也要看到，关于G20的地位和作用也不是没有争议。相关争议主要集中在它的代表性和有效性上。

（三）新兴大国的多边外交活跃

新兴大国崛起还突出表现为新兴大国之间合作机制的加强，主要包括“金砖四国”和“印度巴西南非对话论坛”（IBSA）。2010年4月，“金砖四国”领导人在巴西利亚举行了第二次峰会，议题包括世界经济与金融形势、G20事务、国际金融机构改革、气候变化以及四国合作等。“金砖四国”概念的提出者吉姆·奥尼尔在接受采访时说，“金砖四国”正在合为整体发出声音，试图改变国际货币基金组织，改变G20和G8，四国已经站在了全球决策的中心。①

另一个重要的新兴经济体俱乐部是成立于2003年的“印度巴西南非对话论坛”，主要宗旨是在共同利益上统一立场，推动南南合作。2010年4月，IBSA在巴西利亚召开了第四次峰会，就三国间的经济合作进行了探讨。这些合作机制无疑为新兴国家在国际舞台上取得了更大的发言权。

① 《金砖四国概念提出者：四国已站在全球决策中心》，2010年4月12日《广州日报》。

除了机制化合作之外，在解决当前的国际热点问题中，新兴大国还日益发挥独立的作用，尤其是俄罗斯、巴西和土耳其。俄罗斯尽管不再能扮演超级大国的角色，但仍然在发挥关键性作用，特别是在国际安全的领域。俄罗斯与美国继续核裁军谈判，2010 年 4 月签署了新的《削减和限制进攻性战略武器条约》；在反导问题上一方面与美国较量，反对美国在罗马尼亚和保加利亚部署反导系统，另一方面同德法合作，力图组成欧洲新的“三驾马车”。2010 年 10 月俄罗斯、德国、法国三国首脑举行峰会，就欧洲安全问题进行磋商、协调立场。此外，俄罗斯还与中国在上合组织和能源问题上加强了合作。

自 2009 年以来，巴西一方面积极推动南美地区的一体化，另一方面在重大国际问题的解决中表现活跃。2010 年，巴西总统对德国迟迟不肯挽救希腊提出批评，为解决巴以冲突进行斡旋，在马尔维纳斯群岛归属与石油问题上支持阿根廷反对英国，并且与土耳其一道为解决伊朗核危机进行外交努力。2010 年 5 月，巴西、土耳其和伊朗三方达成了核燃料交换协议。[①] 6 月，联合国安理会在通过制裁伊朗的决议时，土耳其和巴西投了反对票。

2010 年，土耳其作为北约成员和 G20 成员，其外交新举措也引起了国际社会的广泛关注。土耳其在巴以冲突中支持巴勒斯坦的自治权利，称伊朗是土耳其的朋友，并且充当美国与叙利亚关系的调节者。土耳其以独特的对外政策行为向国际社会宣示，它不再是美国和西方的跟随者，而是要成为大中东的“中心力量”。2010 年，土耳其与中国的关系升格为战略合作伙伴关系。

二　传统安全：政治与军事安全态势

尽管在当今的国际关系中全球性问题的地位日益重要，但国家间为维护主权而在政治、军事领域进行的互动仍然居于突出地位。遍及全球的武装冲突特别是重大武装冲突、军备竞争与裁军谈判、军事部署与军演，都属于这个层面的事态。

（一）全球重大武装冲突

2010 年，全球重大武装冲突的总体形势无显著变化，数量与上一年度基本

---

① 遗憾的是，这一交换协议并没有得到国际社会的认可。

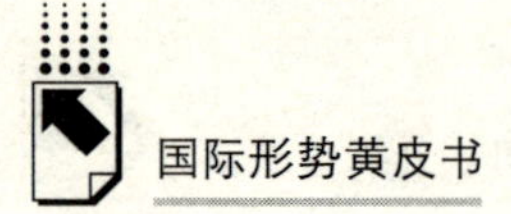

持平。2009～2010年的全球重大武装冲突发生的国家或地区包括：东南亚的阿富汗、印度、巴基斯坦、缅甸、菲律宾；中东的伊拉克、以色列、巴勒斯坦、土耳其；美洲的哥伦比亚和秘鲁；非洲的尼日利亚、民主刚果、索马里、苏丹和乍得。

与上一年相同，当前不存在政府之间的冲突，只存在有多个国家参与的跨国武装冲突和国内武装冲突。前者有巴以冲突、伊拉克战争和阿富汗战争，后者则主要集中在南亚、东南亚和非洲。冲突发生和持续的原因包括分离主义、意识形态、宗教和民族矛盾等，非常复杂。大多数冲突已持续多年，近期内形势难以改观。例如，巴以冲突深陷“和谈－破裂－冲突－复谈”的怪圈，和平进程多次中断。2010年9月，在美国的斡旋下，中断20个月的巴以和谈再次重启。从历史经验判断，双方对和谈并无太大信心，在会谈前即相互指责。印度、巴基斯坦、菲律宾以及索马里等国的国内冲突主要是政府军与恐怖主义分子之间的冲突。由于恐怖主义是“愈反愈恐”，很难根除或彻底消灭，因此这些国家的国内安全形势会持续不稳定状态。

在这些冲突中，有较大变化的是伊拉克战争与阿富汗战争。2010年8月31日，美军作战部队撤出了伊拉克。虽然美国不是空手而归，伊拉克亲美政权的存在确保了美国在中东的战略利益，但这场战争留给伊拉克的却是分裂与恐怖、暴力与流血。伴随着战争进程的改变，恐怖分子和教派武装的主要目标已经不是美军，而是伊拉克安全部队和平民。2010年1～9月间，共有2315名伊拉克人死于各类暴力事件。为了伊拉克的政治重建，各派将会为了国内政治权力而展开争斗，国内会不断发生暴力事件。

美军撤出伊拉克，是为了将反恐力量集中于阿富汗的战事。近年来，阿富汗的形势持续恶化，美国在阿富汗的反恐战争陷入困境。由于塔利班势力反击势头极其强劲，在阿富汗南部和东部地区取得重大进展，并在全国占据了主动权，美国不得不调整原有的作战计划。2009年12月，奥巴马政府批准了新的整体战略计划，在阿富汗大幅增兵，增加阿富汗安全部队的能力和规模，以期实现“阿人治阿”。虽然西方国家希望尽快扔掉阿富汗这块烫手的山芋，但是阿富汗政府能否挑起这副重担仍有很大的不确定性，一旦联军撤出，塔利班势力很可能卷土重来。

在非洲，苏丹达尔富尔的和平进程取得了明显进展。2010年2月23日，达

尔富尔和平会谈特别会议在多哈举行，苏丹政府与反对派“正义与平等运动”签署了停火协议；7月10日，苏丹南北方主要政党领导人正式启动苏丹南部公投的会谈。7月14日，苏丹前反政府组织、南部地区主要政党苏丹人民解放运动表示，将全面参与苏丹政府与达尔富尔反政府武装的调解工作。不过，达尔富尔地区仍有数支武装组织在互相争斗，实现持久的和平还存在变数。

（二）军备竞赛与裁军

从全球军事形势来看，军备竞赛与军费削减在同步进行。一方面，在全球金融危机和经济不景气的情况下，全球军费支出升至历史新高，东南亚和南美洲的一些国家和地区甚至在某种程度上出现了军备竞赛；另一方面，欧洲主要国家受到主权债务危机和财政紧缩政策的影响，大规模缩减国防开支，一些老牌军事大国的实力大打折扣。

据瑞典斯德哥尔摩国际和平研究所（SIPRI）最新公布的统计数据，2009年全球军费支出总额高达15310亿美元，比2008年增加了5.9%。2009年，全球有65%的国家增加了军费开支，其中在G20中就有16个。美国仍然是全球军费开支最高的国家，这主要是由伊拉克和阿富汗战场的巨大开支造成的。在东南亚、南亚、中东、南美和北美，一些国家竞相扩充军备。其中，东南亚和南美的军备竞赛最为激烈。2010年，印度尼西亚的国防费用同比增加了20%；马来西亚和越南投入巨资购买潜艇和作战飞机，成为东南亚地区“军扩”的“领军人物”。据统计，2005～2009年期间，亚太地区进口武器的份额占全球的41%。东南亚地区的武器进口与前5年相比，几乎翻了一番。在南美，2009年的军费开支升至518亿美元，比2008年增长了7.6%。巴西和哥伦比亚是该地区的两个军费大国。①

一些国家扩充军备，主要是源于对地区安全的担忧。在东南亚，一些国家对中国的崛起感到不安。它们一方面想依靠美国平衡中国的影响，另一方面又担心美中关系紧张妨碍地区稳定。为了更好地维护自身利益，这些国家纷纷签下军购大单。在拉美，有两大因素威胁着地区安全，一是美国的军事存在和干涉，二是地区内国家之间的不信任和敌视，尤其是对美国代理人哥伦比亚军事力量的担

① *SIPRI Yearbook 2010*, p. 183.

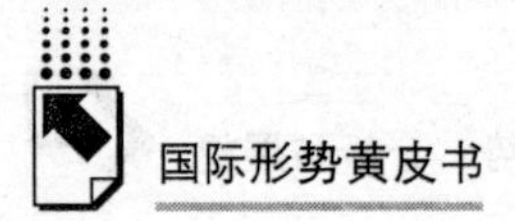

忧。2009 年 10 月，哥伦比亚与美国签署协议，允许美军使用其境内至少 7 座军事基地，遭到厄瓜多尔、玻利维亚、委内瑞拉等国的一致谴责和反对。南美多国外长不无担忧地预测，美军进驻哥伦比亚将造成拉美地区的军事紧张局面，同时引发军备竞赛。

与发展中国家对地区安全的担忧不同，一些发达国家削减军事开支主要是缘于经济危机背景下的财政紧缩。在欧洲，一些国家之所以酝酿大幅度削减军事开支，是因为把北约和欧洲安全机制视为安全的基本保证。

在军控和裁军领域，有两大进展值得关注。一是 2010 年 4 月，美俄签署了新的核裁军条约。它是几十年来俄美之间达成的幅度最大的削减核武器条约，意味着世界核武库的 95% 将在 7 年内削减战略核弹头 1/3。二是在东欧反导问题上，美俄之间的争执最终以美国的妥协而暂告一段落。2009 年 9 月，奥巴马做出了轰动全球的撤导之举，宣布取消其前任政府在捷克和波兰部署陆基导弹防御系统的计划，代之以在北欧和南欧海域部署海基中段导弹防御系统。美国此举是希望将俄罗斯拉入北约和欧洲安全机制，最终实现在整个欧洲和中东地区建立一个更灵活、更庞大的安全和防御体系。

（三）军演与军事部署

近年来，美国逐渐将军事行动和军事部署集中于亚太地区。按照美国政府提出的新安全战略，美国将在确保全球领导地位的前提下，通过维持强大的安全联盟和建立多种合作伙伴关系，实现军事力量的合理使用和资源配置的平衡。美国军事战略最显著的调整就是在伊拉克撤军的同时，增兵阿富汗，并将军事活动重心转向亚太地区。从一年来美国在亚太地区频繁军演的动作看，美国仍然是把军事力量作为其最重要的战略手段。

自 2010 年 6 月开始，美国在环太平洋、东北亚和东南亚等地区进行了一系列军事演习。这些军事行动不仅引发了人们对这一地区形势的密切关注，而且令人感到强烈的火药味正在中国周边地区弥漫。6 月 23 日，由美国主导的两年一度的 14 国环太平洋联合军演开始，在规模、参演国、演习时间等方面均创下历史之最。6 月 28 日，美国三艘核潜艇同时在韩国釜山港、菲律宾苏比克湾、印度洋迪戈加西亚港现身，这个行动意味着美国把多达 462 枚“战斧”导弹部署在中国周边地区。7 月以来，美韩两国在日本海和黄海先后进行了三次联合军

演。8月11日，美国与越南在南海进行了为期一周的首次海上联合军事演习。

美国之所以将军事战略重心东移，高调重返亚太，主要有以下几个方面的考虑。首先，随着亚太地区逐渐成为世界政治经济的中心，美国希望确保其在亚洲的影响力和主导地位。过去10年来，美国由于发动全球反恐战争，战线过长，疲于奔命，对东亚和东北亚地区的影响力逐渐下降。奥巴马上任后，提出重返亚洲、重返东南亚的口号，成为深度介入亚洲事务的“太平洋总统”。其次，出于对中国崛起的担忧，旨在制衡中国。目前美国主导的军事行动，以日本为起点，经南海周边国家和印度，再到阿富汗，已在中国周边形成了“C”形战略布局。再次，觊觎亚太的资源。南海海域有丰富的资源，美国拉拢昔日的对手越南高调介入南海争端，目的之一是染指相关海域的能源资源。

三　非传统安全：全球问题的治理

在非传统安全层面，世界各国所面对的全球问题的挑战日益增多。比较突出的问题包括恐怖主义、金融危机、气候变化、能源以及难民和移民问题等。针对这些问题，世界各国政府、国际组织以及非政府组织进行了多层次的治理。这些互动已构成了国际政治的重要组成部分。

（一）恐怖主义

2009～2010年，全球恐怖主义形势在烈度和数量上与上一年相似。根据美国2010年8月发布的《2009年度全球恐怖主义形势报告》，2009年在83个国家发生了10999次恐怖袭击，袭击造成10人以上死亡的为234次；2010年上半年全球共发生了5305起恐怖袭击，死亡6180人。

观察全球恐怖主义的动向，可以注意到，恐怖主义作为一种暴力形式，已经成为一些组织的战略对抗手段，与战争行为的联系日趋紧密。从地域来讲，巴基斯坦、也门和索马里成为恐怖主义的重灾区。自2009年以来，巴基斯坦继伊拉克和阿富汗之后成为第三个圣战战场。在也门，国际恐怖组织和当地的激进势力相勾结，造成国内政局动荡，而索马里海盗的恐怖主义化则严重干扰了亚丁湾海上运输秩序的稳定，并有可能加剧中东地区的紧张局势。从暴力特点看，近年来的恐怖主义活动烈度明显加大，伤亡过百的大规模袭击日趋增多。例如，2009

年10月伊拉克首都发生的两起自杀式炸弹爆炸事件造成至少147人丧生，721人受伤。

面对猖獗的恐怖主义活动，国际社会在深化国际合作、完善国内反恐立法、加强反恐危机管理等方面推出了一些新举措，但实际效果并不理想。一些国家间存在的分歧和矛盾，严重影响了国际反恐合作的水平和成效。2010年9月，美国与巴基斯坦政府在反恐问题上发生严重争执，北约直升机的跨境军事行动被认为严重侵犯了巴基斯坦主权，而这也为巴基斯坦塔利班发动更高频率的恐怖袭击提供了机会。

（二）能源政治问题

一年来全球能源政治，尽管表现了冲突与合作并存的局面，但合作始终是主要方面。

围绕油气资源所有权，一些国家展开了竞争，采取措施强化自己的“主权”存在。在北极地区，2010年4月，俄罗斯与挪威就巴伦支海划定新边界达成协议并在9月完成划界。8月，加拿大在雷索卢特（Resolute）进行了为期三周的军事演习，美国与丹麦也派出军舰参加。在马尔维纳斯岛海域，2010年2月英国和阿根廷就该海域的能源勘探权发生争执，阿根廷军舰一度封锁了马岛海路，而英国则派出了驱逐舰。不过，由于相关国家在竞争中保持了一定的克制，因此不大可能爆发大规模的冲突。

在油气勘探与开发领域，能源政治主要表现为一些国家中央政府与地方政府（或非政府地方武装）的能源冲突。2009年以来，尼日利亚反政府武装尼日尔河三角洲解放运动（MEND）在国内多次制造恐怖爆炸事件，绑架人员，袭击石油设施，进行所谓的“石油战争”，使尼日利亚国内的石油开采受到严重影响。在苏丹，2009年2月达尔富尔互信协议的签署以及2010年4月苏丹大选的顺利举行，使得政府与达尔富尔地区“正义与平等运动”和南部“苏丹人民解放运动”之间持续多年的能源纷争有了和解的可能。

在油气跨境输送方面，俄罗斯与乌克兰、白俄罗斯、土库曼斯坦之间出现了纠纷。2009年1月，俄罗斯再次停止向途经乌克兰的管道供气，导致9个欧亚国家天然气供应中断，欧盟对此强烈不满。不过，各方很快通过谈判达成协议。2010年6月，俄罗斯又削减了对白俄罗斯的供气量，白俄罗斯则关闭了通往欧

盟成员国的天然气输出管道，但纠纷仅持续了三天，当确认白俄罗斯已偿还拖欠债务后，俄罗斯即恢复了供气。事实表明，在这个领域的国家间互动必须坚持以合作为原则。一年来里海相关国家间的合作、中国与相关国家在油气管道建设方面的合作都表明了这一点。

在油气工业的下游领域，“优势互补、合作共赢”成为主旋律。无论是产油国之间的合作（如俄罗斯与委内瑞拉、委内瑞拉与伊朗等的合作）、产油国与进口国的合作（如沙特阿拉伯与中国、委内瑞拉与中国、俄罗斯与中国的合作），还是能源进口国之间的合作（如中石油与新日本石油公司合建炼油公司等）都有突出表现。在这方面，中国的表现尤为突出。2009 年以来，中国与俄罗斯和沙特阿拉伯以政治和经济相结合的方式签署了大量合作协议，“石油换贷款”成为有中国特色的国际能源合作方式。

从国际政治的视角看，委内瑞拉的能源外交堪称一大亮点。它呈现三个明显特征：为了政治目的系统地运用能源资源，具有强烈的反美色彩，并且涉及能源的上、中、下游三个领域。

从未来的发展看，涉及主权领土的能源争端会持续，甚至可能上升，但以非和平方式解决的可能性较小。在中东、非洲、南美、中亚等油气资源富集区，能源投资之争会持续，已经进入的国家将试图保持优势，而后进入的国家会试图扩大投资。能源运输线不论是陆地还是海上，仍可能出现紧张局势，但冲突不致升级。新兴国家由于在全球经济政治中地位上升，因此会在能源政治中扮演更重要的角色。

（三）气候变化谈判

2009 年 12 月在哥本哈根召开的世界气候大会，对于《京都议定书》一期承诺于 2012 年底到期后如何应对未来气候变化进行了艰难的协商和激烈的辩论。发展中国家与发达国家在责任分担、减排目标、技术和资金援助等方面分歧严重。欧盟一方面希望美国能够承担更多的减排责任，另一方面也希望继续保持欧盟在全球气候谈判中的主导地位。美国、日本、加拿大等几个国家组成的伞形集团对减排表现消极，并坚持发展中国家必须参与进来。中国、印度、巴西和南非组成的基础四国（BASIC）则强调应在参与减排的基础上尽可能地维护发展中国家的利益。由于各个国家的立场和态度不同，因而谈判进程异常艰难。

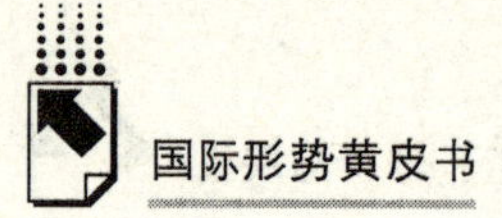

在这个博弈过程中，美国的立场在很大程度上左右着谈判的结果。美国是唯一没有加入《京都议定书》的发达国家，在减排目标的承诺和实施、“共同但有区别的责任”原则的认定等问题上，始终不愿意承担责任。这一政策在美国国内亦遭到社会各界的批评，认为政府在气候变化问题上的消极态度使美国失去了该领域的领导权，希望政府能够更积极地参与其中。由于美国既不愿受《京都议定书》的约束，也不准备放弃在气候变化问题上对主导地位和领导权的争夺，因而导致气候变化谈判难以取得突破。

由于哥本哈根的谈判各方分歧严重，会议未能达成一致意见并签署有关协议。会议产生的《哥本哈根协议》因没有获得所有国家的通过并不具有法律效力。虽然多数国家承认该协议有积极的方面，但对成果内容之有限感到不满和失望。

进入2010年，有关各方为坎昆会议的召开做了很多准备。从4月份开始，《联合国气候变化框架公约》和《京都议定书》缔约各方先后举行了四次气候变化谈判，就谈判立场进行磋商和协调，目的是使《哥本哈根协议》达成的政治共识能够在坎昆会议上形成具有法律约束力的文件。2010年5月，美国国内重新启动了气候立法的进程，减排政策的立场有所松动；同月，欧盟委员会的一份报告指出，欧盟应考虑把2020年温室气体减排目标由20%提高至30%。不过，发达国家当前的减排意向是否能够最终落到实处，并且达到发展中国家的期望，仍然存在很大的不确定性。

作为非传统安全的一项议题，目前气候变化在国际政治的双边和多边外交中的地位日益重要。2010年的世界经济论坛、欧盟首脑峰会、G8峰会、G20峰会、亚欧峰会、亚太经合组织会议等全球或区域性会议，都将气候变化问题列为一项重要的议题。世界各国对这项议程的高度重视，构成了多边谈判得以前行的主要动力和人们的希望所在。

（四）国际组织与全球治理

全球问题需要全球治理。2010年，为了应对国际政治的新形势和新挑战，联合国、区域和跨区域组织采取了一系列改革措施，旨在深化机制建设，提高自身的能力和效率。一方面，政府间组织正在超越传统的地域和领域边界，向综合型组织发展；另一方面，一个多层次的全球治理体系正在形成，各组织和集团既

竞争又合作，在全球舞台上发挥着不同的作用。

联合国的改革有三点值得关注：首先是安理会改革已经进入基于“文本”的政府间谈判阶段。2010年5月，安理会改革政府间谈判主席塔宁先生向所有会员提交了一份带有“文本”的信，对来自各成员国的改革建议进行了概括，结束了没有文本的安理会改革谈判历史。不过，这并不意味着各方在安理会扩大和改革的问题上达成一致，德国、印度、巴西、日本和南非这些“争常”国家、非洲和伊斯兰国家都有着各自的诉求，分歧仍然严重。

其次，联合国妇女署诞生标志着联合国在实现两性平等、提高和改善妇女地位上又迈进了一步。该机构将于2011年1月开始运行。作为联合国的八个千年发展目标之一，这项改革得到了成员国广泛的支持，是联合国机制建设的一项重要成就。

最后，维和改革继续推进。2010年6月，联合国就维和战略改革进行了首场专题辩论，探讨维和改革的可选择方案。各方认为，联合国维和应该体现出自身的战略优势，应让五大常任理事国和众多新兴地区大国都参与进来，与维和各方以及相关地区和区域组织建立起全球维和伙伴关系。其中，大国应该发挥更突出的带头作用。

在区域层面，东盟、欧盟和拉美的一体化进程都取得了重要的进展。2009年3月，东盟第14届首脑会议签署了《东盟共同体2009～2015年路线图宣言》，向政治、社会和文化领域的一体化又迈进了一大步。2009年12月，欧盟《里斯本条约》生效，欧盟对外交和安全机构进行了改革，设立了常任欧盟理事会主席和欧盟外交和安全政策高级代表两个新职位，建立了欧盟对外行动署。欧盟从此有了自己的“总统”和“外长”。在拉美，2010年2月，里约集团的成员国一致同意成立一个新的区域组织——拉美及加勒比国家共同体，得到了各方的广泛认同。2010年5月，南美洲国家联盟选出了首任秘书长，并就能源领域的一体化达成了协议。

在跨区域国际集团中，七十七国集团和不结盟运动也根据新的国际形势对集团的任务和宗旨进行了调整，关注议题扩大到气候变化、可持续发展、世界和平与安全等更为广泛的全球问题。

从全球治理发展的总趋势来看，随着各层次区域组织和集团的不断发展和调整，国际组织在应对全球问题上的作用和影响在上升，而联合国、区域与次区域组织、跨地区集团之间的合作也在扩大。协调、合作、互补将成为今后全球治理的重要特征。

四　中国崛起：周边安全与外交新挑战

在世界格局发生演变的背景下，崛起的中国已成为一个影响国际形势的重大因素。一年来有这样几个事实反映了中国地位的凸显：第一，在金融危机条件下，中国经济一枝独秀，保持了高速增长。2010 年中国 GDP 超过日本，成为世界第二大经济体。第二，2010 年 10 月，G20 财长会议决定 IMF 将向中国等新兴大国转让 6% 的投票权，其中，中国的份额将由 3.72% 跃升至 6.39%，投票权也将从目前的 3.65% 升至 6.07%，一举超过英、法、德成为 IMF 第三大股东。[①] 第三，中国研制成功世界上最快的超级计算机"天河一号"，其速度比原本位居世界首位的美国"美洲虎号"快 47%，被认为是走向科技大国的重要表现。第四，中国海军舰队多次远赴亚丁湾、索马里海域执行护航任务。第五，在全球治理层面，中国在联合国安理会发挥重要作用，作为 G20 和"金砖四国"成员参与制定和协调国际经济规则，作为基础四国的成员参与气候变化谈判，中国的国际话语权显著提升。

伴随着中国外交活动的拓展和影响力的与日俱增，外部世界对中国的政策有了变化，并因而导致与中国的关系发生了变化。崛起的中国面对着新机遇，也面对着新的挑战。

（一）中美关系的大起伏与新磨合期

一年来的中美关系，尽管仍然是在冲突与合作的大框架之内，但表现了更大的起伏。2010 年伊始，谷歌威胁退出中国，美国对台军售，奥巴马会见达赖，中美关系遭受了一次又一次的冲击。自 3 月末开始，中美关系又迅速回暖，先是就制裁伊朗决议达成共识，紧接着两国首脑在核安全峰会上会晤。5 月的第二轮中美战略与经济对话，更如同一个华丽的转身，向外界传达了中美之间强烈的合

① 中国投票权的上升并没有动摇美国在国际货币基金组织所拥有的否决权，也没有动摇发达经济体的主导权。

作意愿。6 月，两国首脑在多伦多的 G20 峰会上再度聚首。然而，下半年的中美关系又出现了不断加剧的紧张局势。美国在中国周边海域进行了多次军事演习，显示自己的海洋霸主实力，而中国也公开宣布进行了一系列军事演习，表明了自己捍卫国家利益的决心。

中美互动中军事因素的凸显，表明两国间确实存在会导致冲突的权力政治因素。不过，在看到这一点的同时，也应该看到，在中美关系中还存在影响两国行为的相互依赖因素。这两种并存的因素，构成了中美关系的双重结构：权力的结构会导致双方的冲突，而相互依赖的结构则会导致双方的合作。实际上，几十年来双方之间就一直存在着这样的结构，正是这种结构，决定中美关系时好时坏。2010 年以来中美关系的大起大落，仍然是这种结构在起作用，只不过这两种作用的影响都增大了。

从相互依赖的角度讲，两国的利益纠结这些年来日益密切，而当前的金融危机则进一步加深了这种联系。中国作为最大的出口国和美国的第二大贸易伙伴，一方面依赖于美国市场，另一方面所积累的庞大外汇储备，有很大一部分又购买了美国国债。这种情况形成了所谓的“金融恐怖平衡”。此外，两国在气候变化、核不扩散、反恐等一系列全球性问题上也都存在合作关系和共同利益。这种相互依赖的加深，决定了双方互动的合作动因的强化。

从权力政治的角度来看，近年来随着中国军力的增强，中国已通过实际行动表现了进一步捍卫自己的利益特别是海洋利益的决心，而这不可避免地会与美国发生冲突。美国对于海洋霸权历来十分重视，认为由海军确保的航海自由，是保证美国霸权的必要条件。由于美国认为中国“远海防御”的新军事战略会挑战美国的主导权，因而对中国采取了遏制行动。2010 年中美在安全上的不信任加深，并形成以军演为形式的互动，正是这种结构性矛盾加深的产物。不过，在中美关系的双重结构下，冲突的因素总会受到合作因素的制约。这也就决定了中美关系“斗而不破”的基本特征。

在这种结构下，中美关系的未来走势仍然会持续合作与冲突的属性。由于当前的一段时间双方的力量对比在发生变化，因而冲突的因素会表现得更为突出。中国力量的上升需要扩展自己利益与力量的范围，而美国则想要保持自己的力量与影响范围。对于新的力量格局，双方都需要一个适应过程。在这个磨合期，双方会不断磕磕碰碰。对双方来讲，这个过程可长可短，关键是要尽快找到平衡

点，确定“游戏规则”。由于中国是要和平发展，未来的战略目标不是要当霸权国，无意与美国去争夺世界主导权，因此只要双方不发生误判，就能够把冲突限制在一定的程度之内，并在全球治理过程中作为战略伙伴共存。

（二）中国的周边安全环境

对于中国的周边安全环境而言，一年来有一系列突发事件和热点问题值得关注。在东北亚，朝鲜半岛局势一波三折，中日关系因钓鱼岛海域的撞船事件跌入低谷；在东南亚，南海海域的主权争端不断升温，区域外力量的干预使争端日趋复杂化；在西南和西北方向，阿富汗战争进入胶着状态，巴基斯坦反恐局势恶化，吉尔吉斯斯坦发生骚乱。这些都是影响中国边界安全的不稳定因素。在这些安全问题中，既包括领土争端、军备竞赛等传统安全问题，也包括恐怖主义、核扩散等非传统安全威胁；既涉及中国与周边邻国的国家利益之争，又牵扯到美国等大国在亚太的战略部署，因而局势非常复杂。

总的来看，中国的周边安全环境出现了以下几个新的变化。

第一，领土主权争端成为热点。这类问题造成了中国与周边国家关系的紧张，凸显了中国崛起后周边国家的担忧。在南海问题上，2009 年 3 月，时任马来西亚总理的巴达维与海军司令到南沙群岛的弹丸礁①，首次以总理身份宣示马来西亚“拥有”此片领土。4 月，越南国家主席阮明哲视察了位于越南和中国海南之间的双方有争议的白龙尾岛，并且任命了专管西沙群岛的政府机构主席，以宣示对该群岛“拥有”主权。

在钓鱼岛海域，2010 年 9 月，日本海上巡逻船与中国渔船相撞，随后将渔船扣押，并逮捕、扣押了中国船长。中国政府在第一时间提出严正交涉和抗议，但日方仍坚持扣留船长并启动了司法程序，导致事态严重升级。在中国的外交压力下，日本以所谓“保留处分”的形式放还中国船长。中方要求日方必须就此事件向中方做出道歉和赔偿。中日两国国内民族主义情绪高涨，中日两国关系蒙上了一层阴影。

第二，由于朝鲜半岛局势以及美国军事战略的调整，中国周边出现的军事行动和军事部署大大加强。2010 年 3 月的“天安号”事件令朝鲜半岛局势骤然升

---

① 马来西亚称“拉央拉央岛”。

级，美国加强了在亚太的军事存在。美国向韩国做出书面保证，不裁减目前驻韩的 2.85 万名美军，并重申用核武器保护盟国。6 月份以来，美国及其盟国在中国周边海域举行了多次大规模的军事演习。这些军事活动，不可能不对中国造成压力。与此同时，朝鲜国防委员长金正日在 3 个月内两次访华，进一步推进了中朝关系。

在中国周边的军事动态中，东南亚的情况也值得关注。一些东盟国家在南海海域加强了军事部署，强化对已占岛屿和海域的控制。越南、马来西亚、印度尼西亚和菲律宾都进行了大规模的军购，买进了大量先进武器（潜艇、军舰和作战飞机），积极扩充海空军实力，强化岛礁防御体系及对相关争议海域的控制能力。

第三，中国周边一些国家出现了政局动荡。2009 年 8 月，缅甸军政府与果敢地区同盟军爆发武装冲突，持续 20 天。冲突造成了中国人员的伤亡和大量难民流入中国的事态。在南亚，阿富汗和巴基斯坦成为美国反恐战争的主战场，但收效不大，该地区也成为“东突”恐怖分子活动的温床。在中亚，2010 年 4 月，吉尔吉斯斯坦北部塔拉斯发生大规模政治骚乱，反对派迅速控制了局面并成立了“临时政府”，原总统巴基耶夫被迫辞职。6 月，南部城市奥什再次爆发大规模暴乱。尽管其后国家恢复秩序，进行了议会选举，但要真正实现全面的稳定还有漫长的路要走。

（三）“中国威胁”论调升高

一年来中国力量与地位的凸显，不但影响了中美之间的互动，而且影响了中国与邻国的关系。一些国家对中国的和平发展感到忧虑甚至紧张，对中国正当的国家利益的诉求做出了种种消极的反应。“中国威胁论”声调的增高，周边国家的反应强烈，都使得中国与周边国家的主权争端解决难度增大。

鼓吹“中国威胁”的外部舆论，关注最多的是中国海军的发展。《金融时报》的评论认为，2010 年可能会作为中国打造出蓝海海军的元年载入史册，而这将给中国的沿海邻国以及现任超级大国美国亮起警示灯。① 美国前太平洋舰队

① Kathrin Hille, “Defence policy: Navy flexes its muscles on the high seas,” *Financial Times*, October 27, 2010.

司令詹姆斯·莱昂斯撰文说，中国2010年的行动咄咄逼人而且傲慢，它建立了一支亚洲最强大的军队，并且对美国构成了直接的挑战，如果不加遏制，2020年之后，中国很可能将挑战美国的全球军事主导地位。① 2010年10月，日本首相菅直人在阅兵式上直接点名讲中国“威胁”，认为中国推进军事力量现代化，海上活动更趋活跃，使得日本周边安全环境日益严峻。在日本国内，右翼人士宣称钓鱼岛撞船事件表明日本周边可能发生“小规模战争”。

在“中国威胁”的论调声中，周边国家采取了一系列防范中国的外交举措。据日本和美国外交消息人士透露，日本和美国将加强战略磋商，以应对中国迅速增强的军事实力尤其是日益壮大的海上力量。② 为此，日本将在2010年底推出的《防卫计划大纲》，宣称将把日本现有的16艘潜艇增加到22艘。③

2010年10月，印度总理启程访问日本，印度媒体鼓噪称，现在是将东京建设成防止中国扩张的堤防的最有利时机。有印度专家鼓吹，受到中国扩张威胁最大的三国，即印度、日本和越南，应同心协力商讨如何应对中国“威胁”。它们应当建立一个类似上海合作组织一样的组织——河内合作组织，其创始国应为：印度、越南、日本、韩国和美国。④ 意味深长的是，11月8日美国总统奥巴马在访印时表示，美国将支持印度成为联合国常任理事国。

在2010年10月结束的东亚峰会上，大会宣布正式接纳美国和俄罗斯加入东亚峰会，其目的显然是为了削弱和制衡中国在东南亚日益增强的影响力。美国国务卿希拉里在会上表示，在中国与其邻国间日益紧张的领土争端上，美国有重大利害关系；她向紧张的东亚国家保证，美国仍将是亚太地区的一支重要力量。

从活跃于中国周边的几个主要国家的外交互动看，进行外交制衡的意图是明显可见的。在战略态势上，美国及其盟友们从日本海到南海再到印度

---

① Adm. James A. Lyons, “Countering China's aggression,” *The Washington Times*, October 18, 2010.

② 《日美加强有关中国威胁的讨论》，日本《读卖新闻》网站，2010年10月25日。

③ 《日美加强有关中国威胁的讨论》，日本《读卖新闻》网站，2010年10月25日。

④ 印度雷迪夫网站，“India needs new allies to deal with China”，印度雷迪夫网站，2010－10－21，http：//news. rediff. com/column/2010/oct/21/column－india－needs－new－allies－to－deal－with－china. htm。

洋，已经在编织一张防御网。美国利用这个时机，重新确立了在亚洲的地位。

当然，也应该看到，这种“遏制”与“围堵”的演进不会导致中国与周边国家的全面对抗。正如美国与中国的关系一样，周边其他国家也不会放任自己成为中国的敌国。它们与中国同样存在密切的相互依赖关系，存在不能放弃的共同利益。因此，一旦发现同中国的关系过于紧张，就会立即付诸努力使之正常化。一年来的事实表明，在中日、中印、中越之间，都存在类似的情况。

以印度为例，一方面对中国在巴基斯坦、缅甸和斯里兰卡的影响感到担心，对中国军舰出现在印度洋感到担忧，另一方面也看重双方的贸易关系以及在全球问题上的合作。正如印度总理辛格 2010 年 10 月所说，这个世界有足够空间容纳印度和中国两个国家的增长雄心。我们正是从这个角度出发处理中印关系的。①

从总体上来看，一年来中国与外部世界关系尽管存在紧张因素，但不会导致国家间的对抗。由于中国没有称霸世界、挑战美国的意图，因此中国的和平发展所导致的力量对比的改变，不会循着现实主义的逻辑形成一种利益不可调和的冲突结构。在这种结构中，周边国家对中国产生的戒备心理是可以消解的。由于存在相互依赖的关系结构，存在更根本的共同利益，因此经过一段时间的摩擦或磨合之后，这些关系会逐步恢复常态。从这一点来讲，中国可以通过自己的外交努力，保持与美国、日本、印度和东盟的以合作为主流的关系大局。

当然，由于国际结构的力量变化是影响国家间关系的深层因素，因此中国目前所面对的麻烦和问题，不会在短时间内得到根本解决。在一段时间内，中国周边的形势会或明或暗存在紧张的气氛。面对这样的形势，中国需要以特别冷静的态度，应对这些外交新挑战。

在适宜地处理中国与主要大国以及周边国家关系的同时，中国要进一步巩固与发展与非洲和拉丁美洲国家的全面合作关系，谋求公正平等的国际秩序，实现共同的发展。

---

① 《印总理：世界足以容纳印度和中国的雄心》，印度亚洲国际新闻社，2010 年 10 月 27 日。

An Overview of International Politics and Security in 2010

Project Team for the Annual Report on International Politics and Security

Abstract: There has been a recent structural shift of power in international politics from the Western countries to the emerging countries. Furthermore, territorial disputes over sovereignty have increased and mounting military tensions have occurred in the relations between China and its neighbors. In the field of traditional security, the world's major military conflicts are internal conflicts in the Middle East, South Asia, and Northeast Africa. In terms of non-traditional security, South Asia and the Middle East are still the hardest hit by terrorism while Yemen and Somalia also face terrorist threats. The 2009 Copenhagen climate change conference concluded with unresolved differences, about which the parties are continuing to negotiate. Cooperation is still the mainstream in international energy politics despite increasing disputes over sovereignty. To address these global issues, regional and international organizations have undertaken institutional reforms to strengthen their governing capacity. Against the backdrop of this new international situation and power structure, China is facing both an opportunity to play a greater role on the world stage and a challenge to settle the disputes by adopting the appropriate policies.

Key Words: Major Power Relations; Relations between China and Its Neighboring Countries; Global Issues

大国关系与周边形势

Survey of Global Armed Conflicts

Y.2

大国关系与世界格局新变化

李少军*

摘　要： 2009～2010 年度的大国关系，从总体上来讲，出现了结构性变化。一方面，美国由于深陷伊拉克战争、阿富汗战略和金融危机，掌控世界事务的能力受到削弱；另一方面，G20 成为世界经济的主要论坛，表明新兴大国的地位与影响力明显上升。在这种此消彼长的态势下，中国地位凸显，跌宕起伏的中美关系成为大国关系中最重要的一对。由于双方的互动受到了权力竞争与相互依赖的双重结构的影响，因此尽管一年来双方冲突的一面趋于尖锐化，互动摆幅明显增大，但仍能保持在“斗而不破”的范围之内。在大国结构变化的过程中，其他的新兴大国也在发挥日益增大的作用。这些新趋势，构成了世界政治多极化的重要表现。

关键词： 大国关系　中美关系　新兴大国　G20　金砖四国

* 李少军，中国社会科学院世界经济与政治研究所研究员，主要研究领域国际关系理论。

当今的国际政治，尽管已不能再简单地归结为大国政治，但大国关系的影响仍然举足轻重。不论是国际冲突还是国际合作，在重大问题上大国都扮演着主角。因此，分析年度形势，我们需要对大国关系进行观察，以便说明哪些国家在参与大国政治，它们有怎样的互动，形成了怎样的国际结构，对形势走向有怎样的影响。虽然大国政治的演变通常有一个相对较长的时期，但从年度的形势看，还是可以发现一些值得关注的特点与趋势。

一 大国关系的结构性变化

大国关系，顾名思义是指那些在世界上影响力居前列的国家的互动。就当今的国际关系而言，哪些行为体属于大国范畴，它们的力量对比是否在发生变化，它们的互动有怎样的特点，是需要首先讨论的问题。

自苏联解体20年来，美国一直保持着唯一超级大国的地位，这一点没有变化。其他国家无论经济力量、军事力量还是在国际事务中的影响，都与美国相去甚远。特别是美国的军事力量，以军费额来衡量，差不多相当于世界其他主要国家之和，享有名副其实的超级地位。不过，尽管美国享有这种“力量”的优势，但在支配世界事务时却不能随心所欲。“9·11”事件之后，阿富汗战争和伊拉克战争的泥潭使得美国对外政策的实施力不从心，而2008年爆发的金融危机，则进一步削弱了美国的地位。在这种情况下上台的奥巴马政府，不得不对美国的对外政策做出调整。

在2009年的就职演说中，奥巴马提出，我们的力量来自审慎地使用手中的权力。在当年12月对西点军校的讲话中，他强调政府不能制定超出其责任、能力或利益的目标，必须权衡国家面临的各种挑战，注重国家安全与经济之间的联系。伊拉克战争和阿富汗战争的费用已接近1万亿美元。美国必须展开外交，巩固其同盟并建立新的伙伴关系。美国不能单独应对相互联系的世界的挑战。① 美国领导人的这种表态反映了一个事实：深陷困境的美国不得不重新评估自己的权力和使用权力的方式。

---

① 美国国务院国际信息局稿，见 http：//www. botong. com. au/news/world/2009 - 12 - 03/56626. html。

俄罗斯总统德米特里·梅德韦杰夫称，2008 年金融危机标志着美国全球领导地位的结束。加拿大反对派自由党领导人迈克尔·伊格纳季耶夫则认为，美国权力的鼎盛期已经过去。[①] 当今美国的力量是否在走向衰落，这不是一个能简单给出答案的问题，因为美国的超级大国地位在短期内不会改变，而长期走势现在没有任何实证方法可以预测。不过，作为观察过程的一部分，我们还是能从当下的一些事实中感受到这样的趋势，即美国的国际领导作用与影响力确实下降了。从年度形势的分析来看，有两个值得关注的事实与大国关系的结构相关：一个是新的美国《国家安全战略》的出台，这一报告反映了美国对自身权力变化的一种感觉，即美国不可能单靠自己的力量掌控世界事务；另一个则是 G20 取代 G8 成为世界经济的主要对话机制，这一重要过渡表明，新兴大国与以往主导世界政治的西方大国之间呈现了此消彼长的态势。

2010 年 5 月，美国发布了新的《国际安全战略》报告。[②] 奥巴马在报告发表之际对西点军校的毕业生明确表示："本世纪的重担不可以只落在我们的军人肩头。我们的敌人希望看到美国因过分分散力量而实力衰弱。他除了强调要加强与老盟友的关系之外，还强调要建立新的伙伴关系并塑造更强有力的国际准则与制度。"[③] 美国《纽约时报》的一篇评论认为，面对即将到来的时代，美国不得不承认自己力不从心——在这个世界里，同时打两场战争无法坚持很长时间，新崛起的强国不可避免地开始侵蚀美国全球影响力的某些元素。针对这种情况国务卿希拉里也表示："我们并非不再强大，我们正从主要是直接运用和行使美国强权，转向一种间接的姿态、这需要有耐心和合作伙伴，其结果也来得较为缓慢"。[④]

按照新的战略，美国将把外交作为战略重点，把外交接触、经济政策与军事力量结合起来，而战争只是最后不得已的手段。该报告主张通过强化国际组织来确保灵活、有交往的集体行动，从而加强美国在世界上的地位。奥巴马呼吁将伙伴关系从传统的美国盟友扩展至中国、印度、俄罗斯等新兴国家，目的是分担国际责任。

---

① 约瑟夫·S. 奈：《二十一世纪的美国实力》，http：//www. project - syndicate. org/commentary/nye74/Chinese。

② 报告原文见白宫网站：http：//www. whitehouse. gov/sites/default/files/rss _ viewer/national _ security_ strategy. pdf。

③ http：//www. cbsnews. com/stories/2010/05/22/national/main6509577. shtml.

④ David E. Sanger and Peter Baker，"New U. S. Strategy Focuses on Managing Threats"，*New York Times*，May 27，2010.

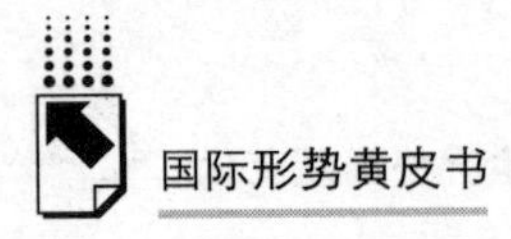

这种调整表明，奥巴马政府与小布什的单边主义和“先发制人”划清了界限。

奥巴马政府的这种战略调整，尽管与其执政理念有一定关系，但作为政府行为可以解释为反映了美国国际地位的变化。虽然美国的对外政策并未放弃强硬的一面，从年度事实中也可以看到，美国军费继续大幅增长，在世界各地的军事活动极为活跃，但只要它不能摆脱两场战争的泥潭和金融危机，不能找到伊朗和朝鲜核问题的有效解法，反恐不能取得根本进展，在解决气候变化等全球问题上不能起主导作用，它就不能改变主导世界事务力不从心的现状。这一点构成了年度大国关系的一个基本事实。

按照奥巴马政府的战略调整，伊拉克战争的作战行动已于2010年8月底结束，驻伊美军从2009年的14.4万人减到了5万人。根据计划，到2011年底美军将全部撤走。在阿富汗，为了实现到2011年7月逐步撤军的计划，2010年增兵3万人，使驻阿美军达到10万人。奥巴马政府在伊拉克国内安全局势持续恶化之际撤军，放弃这场代价高昂的战争，是要扔下小布什留下的烫手山芋，但在阿富汗扩大军事存在，则可能陷入与当年苏联同样的困境。实施这一新战略，无疑将进一步增加美国的财政赤字，吞噬本来应该投入国内急需项目上的资金。正因为清楚美国面对的困境，因此奥巴马政府不得不寻求其他国家的合作，共担责任。除了在阿富汗问题上寻求其盟国的军事支持外，在解决金融危机、反恐、防扩散、气候变化等全球问题方面，美国都不得不更多地诉诸机制化的大国外交平台。

就当今大国关系的结构而言，如果说大国间实力的变化是一个基本方面，那么机制化互动的变化则是另一个基本方面。与地缘政治较量、军事威慑、政治施压等丛林政治式的互动相比，机制化的多边会议外交在当今正取得日益重要的地位，已成为解决重大国际问题不可或缺的方式。从2009年以来国际机制的重要变化看，G8向G20的过渡构成了年度大国互动结构变化的另一个重要事实。

G8作为一个世界经济与政治的论坛，自20世纪70年开始运作以来，一直是大国外交的俱乐部。虽然不时邀请发展中国家参与对话，但7个西方大国一直居主导地位。由于这一机制除了一年一次的会议之外，并非严格的国际组织，对与会国没有多少约束，因此起的实际作用并不大。据报道，35年来通过的决议越过3000项，但真正得到执行的却很少。①

① 转引自《西方不甘心放弃G8》，2010年7月1日《环球时报》，第7版。

自冷战结束以来，伴随着形势的变化，特别是新兴大国的崛起和各种全球问题的凸显，G8 所能起的作用就更有限了。事实表明，仅限于西方大国的小圈子开会，对解决当今世界的问题已没有多少意义。在这种情况下，其他一些会议机制出现了，其中最引人注目的就是在 20 世纪 90 年代成立且作用日益增大的 G20。

G20 是 20 个经济体的财长与央行行长组成的一个体制，包括 19 个国家加欧洲单一货币，自 1998 年开始运作。这些国家的政府首脑或国家元首不定期地与会。G20 体制构成的一个重要特点是除了老牌的 7 个西方发达国家（G7）之外，还包括主要新兴大国（金砖四国）——中国、印度、俄罗斯、巴西，以及其他具有地区代表性的大国——南美的阿根廷、非洲的南非、欧亚的土耳其、中东的沙特。事实表明，世界经济问题只有在这样的平台上才能进行有意义的讨论。

2008 年金融危机发生后，世界经济格局发生了明显变化，一个最引人注目的现象就是由单一“富人俱乐部”主导世界经济的时代结束了。美国、欧洲单凭自身无法抵御危机，而以“金砖四国”为代表的新兴经济体则走到了世界经济的前台，成为世界经济发展的动力。这种格局的变化推动着更多新生力量参与到“游戏规则”的制定之中。① 在这样的形势下，原有的大国互动机制受到了冲击，G8 还能不能继续存在并发挥作用就成了一个问题。

对于西方发达国家来说，为了保持自己在国际事务中的主桌地位，当然不愿意放弃 G8。例如日本、加拿大都主张维持 G8，因为在 G8 中，它们可以保持自己的一流国家地位，而在 G20 中影响就小多了，甚至微不足道。近来，英国首相卡梅伦、俄罗斯总统梅德韦杰夫也都在为 G8 打气。面对 G8 被边缘化的趋势，有观点主张 G8 管政治，G20 管经济，认为在 G20 召开之前举行的 G8 峰会是唯一有世界领导能力的组织，可以决定世界政治与安全事务。②

为了保持 G8 的地位，同时顺应形势加强与新兴国家的对话，G8 曾设想建立固定化的对话机制。在 2009 年 5 月的 G8 峰会上，东道主意大利就试图使“G 8 + 5”的对话固定化。不过，在 4 个月后的 G20 匹兹堡峰会上，这一机制就被“终结”了。各国最后发表的联合声明表示，G20 将取代 G8，成为世界经济的主要论坛。加拿大前总理马丁评论说，G8 已经无力解决世界面临的紧迫问题，因此应该

① 宰飞：《国际力量消长，G20 取代 G8?》，2010 年 6 月 27 日《解放日报》。

② 《西方不甘心放弃 G8》，2010 年 7 月 1 日《环球时报》，第 7 版。

让位于G20峰会。[①] 这样的一个重要转变，反映了世界经济格局的变化：新兴经济体在应对金融危机时发挥了巨大作用，而几乎所有发达国家都陷入衰退，因此，作为发达国家俱乐部的G8必须与新兴经济体共同应对世界经济的重大问题。

2010年的G8和G20峰会，完成了这样的机制转变。孙哲认为，G8、G20峰会影响力的此消彼长，折射出的是全球国际关系和力量结构的变迁。[②] 这一演变，无疑构成了年度大国关系变动的一个标志。

2010年的G8峰会是6月25日在加拿大举行的。峰会将议题转到了发展问题和一些涉及世界和平与安全的问题上。加拿大把改善世界最贫困地区母亲和儿童的卫生保健条件作为峰会的首要议题，并宣布为此拨款10亿加元。其他议题还包括海地重建、伊朗核问题、朝鲜半岛局势、援助效果、气候变化等问题。阿尔及利亚、埃及、埃塞俄比亚、马拉维、尼日利亚、塞内加尔、南非、哥伦比亚、牙买加、海地等10国领导人参加了峰会的特别会议。从2007年开始的“G8+5”对话机制不再继续。[③]

G8峰会之后召开的G20峰会，讨论了世界经济形势、欧洲主权债务危机、国际金融机构改革、国际贸易和金融监管等问题。会后发表的宣言强调，经济刺激计划在经济复苏中扮演了重要角色，但发达国家的主权债务危机对世界经济复苏造成威胁，因此仍然需要继续执行现有的经济刺激计划，但也要维护公共财政安全，采取措施有效削减财政赤字。会议还强调要完成国际货币基金组织的改革，同时要提高国际金融机构的可靠性和效率。宣言还表示要反对贸易保护主义。

G20作为世界经济论坛发挥作用，使得新兴国家取得了在主桌发言的权利。在这次峰会上，巴西提出了继续鼓励经济增长政策、加快金融市场调节机制建设的主张，认为世界银行改革“令人满意”，但各国在投票权上应实现进一步的平等。俄罗斯提出了G20机制化的问题，呼吁将该组织打造成一个常设机构，以便对国际经济关系产生实际影响。南非呼吁予以发展中国家新兴经济体更多优惠与权利，重建世界贸易新秩序。中国强调，为推动全球经济稳定复苏，应保持宏观经济政策的连续性和稳定性，同时防范和应对通胀和财政风险，反对贸易和投资保护主义。

G20地位的凸显和新兴大国作用的增强，给了人们一种新的大国政治的图

① 人民网多伦多2010年6月26日电（记者李文政）。

② 孙哲：《西方不甘心放弃G8》，2010年7月1日《环球时报》，第7版。

③ 国际在线报道（记者贾延宁、韩曙）2010年6月。

景。观察这个集团的成员，可以看到，它们作为一个更具代表性的群体，其分量决定这个机制化的平台具有名副其实的大国政治的形式与实质。

据统计，G20 的 GDP 占全球的 85%，[①] 贸易占 80%（包括欧盟内部的贸易），人口占 2/3。[②] 尽管 G20 成员国间的实力有很大差距，但它们在全球国家中，都是位居前列的经济体，而且都具有突出的地区性影响。表 1 列出了它们的一些重要指标的排名。

表 1　G20 成员的主要指标排名

地　区	成　员	领土	人口	GDP	石油生产	石油消费	军费
非　洲	南　非	25	25	32	42	29	42
北　美	加拿大	2	36	10	6	10	13
	墨西哥	15	11	14	7	11	31
	美　国	3	3	1	3	1	1
南　美	阿根廷	8	32	30	25	26	52
	巴　西	5	5	8	9	6	12
东　亚	中　国	4	1	3	5	2	2
	日　本	61	10	2	48	3	7
	韩　国	108	26	15	65	9	11
南　亚	印　度	7	2	11	23	4	10
东南亚	印　尼	16	4	18	21	17	32
西　亚	沙　特	14	46	26	2	8	8
欧　亚	俄罗斯	1	9	12	1	5	5
	土耳其	37	17	17	61	28	16
欧　洲	欧　盟						
	法　国	42	21	5	56	12	4
	德　国	62	15	4	43	7	6
	意大利	71	23	7	46	15	9
	英　国	79	22	6	19	14	3
大洋洲	澳大利亚	6	54	13	29	18	14

资料来源：领土、人口（依据 2010 年 7 月估计数）、石油生产与消费（依据 2009 年估计数）排名来自 CIA *World Factbook*；GDP 排名依据 IMF 2009 年数据；军费排名依据 SIPRI Military Expenditure Database 2009 年数据。

① "No Clear Accord on Stimulus by Top 20 Industrial Nations", *The New York Times*, March 15, 2009. p. A1.

② http://en.wikipedia.org/wiki/G-20.

从统计排名看，G20 包括陆地领土排名前 8 位的国家、军费排名前 14 位的国家（2009 年数字，SIPRI）、石油消费排名前 12 位的国家。按照 IMF 的数据，G20 的所有成员的名义 GDP，都排在世界前 32 位之内，[①] 而按 PPP 计算，则都排在世界前24 位之内。[②] 中国、印度、美国、印尼、巴西是人口排名世界前5 位的国家。[③] 中国、德国、美国、日本是出口位居世界前 4 位的国家。[④] 沙特和加拿大是排名前两位的石油储量国。沙特、俄罗斯、美国是石油生产排名前 3 位的国家。G8 加上中国、印度、巴西、墨西哥是国际货币基金组织中投票权排在前 20 名的国家。从这些数字来看，G20 确实可以说是一个大国俱乐部。尽管从概念界定来讲，有些国家被称为“大国”可能有争议，但称这个互动结构为大国政治平台应该是没有问题的。这一点，作为批评者的小国感受最深刻。

例如，挪威就是 G20 的批评者。挪威作为世界银行和联合国发展规划的最大捐助者，像其他 170 个国家一样，在 G20 中没有发言权。挪威外长斯托雷（Jonas Gahr Støre）认为，“G20 是一个自我任命的集团。与只有最富裕国家代表的 G7 或 G8 相比，它可能更有代表性，但它仍然是武断的。我们不再生活在主要大国开会并重画世界地图的 19 世纪，没有人需要一个新的维也纳会议。”[⑤]

比较今天的 G20 与 19 世纪的维也纳会议，应当看到，尽管都具有大国政治的形式，但实质并不一样。维也纳会议是欧洲列强进行权力角逐的外交形式，而 G20 则是一种全球治理结构，是西方发达国家与新兴国家商讨世界事务的平台，是国际合作的产物。这种结构表明，大国关系正走向一个不同于以往的新阶段。

二　中美关系

与大国关系的结构变化相对应，主要大国间关系也在变化。正如美国主导力下降引人注目一样，中国影响力上升也同样引人注目。在这种此消彼长的情况

---

① World Economic Outlook Database，October 2009，International Monetary Fund.

② World Economic Outlook Database，April 2009，International Monetary Fund.

③ 2010 年估计数字，转引自 http：//en. wikipedia. org/wiki/List_ of_ countries_ by_ population。

④ The World Trade Organization，accessed 26 March 2010，INTERNATIONAL TRADE STATISTICS.

⑤ “Norway Takes Aim at G－20：‘One of the Greatest Setbacks Since World War II’，” *Der Spiegel*. 22 June 2010. http：//www. spiegel. de/international/europe/0，1518，702104，00. html.

下，中美关系的重要性与敏感性有了明显上升。一年来，中美之间的互动在很大程度上影响着国际局势的走向。从整体来看，两者间的战略对话与合作有突出表现，同时，两者的权力政治冲突也明显地尖锐化了，从而形成了一种呈现更大摆幅的冲突－合作结构。

2009 年作为奥巴马政府执政的第一年，中美关系总体上呈现良好发展势头。在一年内，胡锦涛与奥巴马会面三次。美国国务卿希拉里·克林顿、国会众议院议长南希·佩洛西、财政部长蒂莫西·盖特纳、商务部长骆家辉和能源部长朱棣文等先后访华。7 月的首轮中美战略与经济对话，起到了加深了解、增进互信、促进合作的作用。9 月中美举行的经贸合作论坛，共签署了价值 124 亿美元的合同。10 月，徐才厚上将对美国进行正式访问，双方的军事交流也取得了成果。11 月，奥巴马总统访华，两国领导人一致同意建设 21 世纪积极合作的中美关系，并采取切实行动稳步建立应对共同挑战的伙伴关系。

然而，进入 2010 年之初，中美关系就出现了重大波折。1 月发生了两件引人注目的大事，一是谷歌威胁退出中国，理由是中国的审查制度和来自中国境内的黑客袭击。美国国务卿希拉里就互联网自由发表讲话，称中国在加强互联网审查。二是奥巴马政府通知国会，计划向台湾地区出售总值达 64 亿美元的武器，中国表示强烈谴责，中断了中美军事交流，并拟对涉及军售的美国企业实施制裁。2 月，奥巴马在白宫会见达赖喇嘛。3 月，130 名美国会议员发出联名信要求进一步就人民币汇率问题施压。

似乎是要印证中美关系的钟摆特点，自 3 月末起，两国间又出现了若干合作的事例。先是中国就起草对伊朗新制裁决议与美国等西方国家达成共识。4 月，奥巴马在华盛顿主持多国核安全峰会，胡锦涛出席，两国领导人进行了双边会晤。5 月，中美高官在北京举行战略与经济对话。6 月，G20 峰会于多伦多举行，胡锦涛和奥巴马再次会晤。

在这些事件中，第二轮中美战略与经济对话犹如华丽的急转身，让世界大吃一惊。这次会谈双方派出了豪华阵容。美方代表达 200 人。除了领衔的国务卿希拉里和财长盖特纳之外，还有商务部长骆家辉、贸易代表柯克、美联储主席伯南克等十多位高官。美国太平洋司令部司令威拉德也出现在对话中。中方代表团在王岐山、戴秉国领导下，包括了外交、财政、能源、商务、金融、科技、交通、卫生等部门的重量级人物。据报道，双方近 50 名正副部长，“脸上堆着笑”，就中美总体关系、卫生合作、海关合作、能源、环保和气候变化合作、两军关系以及重大国际问题交换了意见。对话取得了26项具体成果，经济对话就5个方面达成了共识，具体的合作协议签署了8项，涉及能源、贸易、融资、卫生、核能等方面。

在这次对话中，双方的互动体现了强烈的合作意愿。王岐山表示，中美经济的高度互补，决定了两国之间不是零和博弈。希拉里表示，美中关系应该建立在合作而不是对抗的基础上，双方有希望发展成一种双赢的关系。对话中，希拉里使用了中国成语“殊途同归”，而盖特纳则使用了更具积极意义的“风雨同舟”。这样的措辞表明美国非常明白两国间的相互依赖关系。[1] 然而，尽管双方在经济对话中取得了显著成果，但在战略对话中却没有推进双方的关系。对话期间，美军太平洋司令部司令罗伯特·威拉德与中国人民解放军副总参谋长马晓天举行了会晤，但在“天安号”事件等问题上中美没有取得共识。

进入6月之后，双方在安全上的不信任状态进一步加剧。美国国防部长盖茨要求访问中国，但中方以“时机不方便”为由拒绝。6月5日，盖茨在亚洲安全大会发言中批评中国因美国对台军售而中断双边军事交流的做法没有意义，强调对台军售“不是新鲜事”，要不要把问题搞大取决于中国。中国副总参谋长马晓天则回应说，中美两国关系存在美国对台军售、美军抵近侦察和美国国会限制中美军事交流三大障碍。中国一贯重视中美两国在军事领域的互信和合作，对两军交往设置障碍的责任并不在中方。中美两国在会议上的交锋引起了各方关注。[2]

其后，当美军航母拟进入黄海参加美韩联合演习的消息传出后，双方的不信任进一步加深。对中国来说，如果美国航母在黄海现身，那么包括北京在内的中国重要目标都在其作战半径之内。对此，中国外交部发言人多次表示坚决反对。7月1日，解放军副总参谋长马晓天明确表达了反对美韩黄海军演的态度，这在中国军事外交史上是第一次。中国方面的强烈反应，最终促使美韩改变演习安排，将主要演习放在日本海进行。从7月25日开始，美韩两国共出动约20艘舰船、200架飞机以及8000名陆海空人员参加了这次演习。这是自1976年以来，美韩军队进行的最大规模的联合军演。这次演习尽管改变了地点，但针对中国的

---

① 熊争艳：《中美北京对话让人耳目一新》，2010年5月27日《参考消息》。

② 储昭根：《美韩军演大国“探戈”》，2010年7月24日《中国经营报》。

意味是明显的。

特别值得注意的是，除了美韩这次引起争议的演习之外，在此前后，美国在中国周边还进行了其他的军事活动。6 月 23 日，由美国主导的两年一度的 14 国环太平洋联合军演开始，来自美国、澳大利亚、日本、印度、韩国、新加坡、马来西亚等 14 个国家的 34 艘战舰、5 艘潜艇、100 多架军机和 20000 多人参演。这次演习在规模、参演国、演习时间等方面均创下历史之最，其目的是防备“亚太地区的新兴军事力量”。6 月 28 日，美国三艘核潜艇同时在韩国釜山港、菲律宾苏比克湾、印度洋迪戈加西亚港现身。这三艘俄亥俄级核潜艇每艘配备 154 枚战斧式巡航导弹，最大射程 2000 公里，号称“一周就可以消灭一个国家”。这个行动意味着美国把多达 462 枚“战斧”导弹部署在中国周边地区。

在此期间，中国也公开宣布进行了一系列军事演习。据新闻报道，6 月 30 日至 7 月 5 日，解放军东海舰队在东海舟山至台州以东海域进行了实弹演习。7 月 18 日，国家交通战备办公室、解放军总后勤部军事交通运输部在山东烟台附近黄海海域联合举行了“交战 - 2010”海上应急保障演练。这是解放军首次进行多科目战时军事交通应急保障综合演练。7 月 25 日，南京军区炮兵部队在黄海附近进行了大规模实兵实弹演习，这种大规模远程火箭炮火力打击演习是首次进行。7 月 26 日解放军北海、东海和南海三大舰队主力驱逐舰，在南海举行了多兵种合同实兵实弹演练。这次军演是解放军建军以来海军最大规模的现代化海上作战军演。7 月 27 日，济南军区成功举行了一次带有实战背景的航空实兵实装远程输送演练，某装甲旅前沿指挥所携带装备器材从中原腹地被空运到胶东半岛。这是该战区首次进行这类演练。7 月 30 日，北京军区某机械化步兵旅将机械化装备从山西驰运位于内蒙古的某战术合同训练基地。这是解放军首次在高速公路采用车载方式长途机动机械化装备。8 月 3 ~ 7 日，济南军区防空部队举行了代号为“前卫 - 2010”的大规模军演。参加演习的是来自中国空军的 1.2 万名官兵，大量以前未曾公开过的侦察机、战斗机和直升机参加了演习。

从国家间的互动来说，“亮剑”无疑是一种强硬态度的表达。在美国频频采取有针对中国意味的军事行动的情况下，中国高调宣布进行一系列军演，也是向美国传递信息：中国会以坚决的行动捍卫自己的国家利益。

回顾中美关系一年来的互动，可以看到，冲突与合作的两个方面都体现得非常鲜明。尽管两国关系几十年来情况一直如此，但当下这两方面的表现都突出化

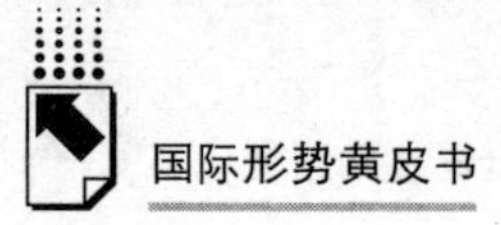

了：第二轮经济与战略对话所体现的合作前所未有，而军事互动中的频频亮剑也前所未有。所以会呈现这样的局面，从结构的角度进行解释，是因为决定两国关系的双重动因强化了。

首先，中美之间的相互依赖关系在不断加深，而金融危机则进一步把双方利益联系在了一起。据美中贸易全国委员会提供的数字，2000～2009年，与对世界其他国家市场29%的出口增长相比，美国同期对华出口增长了330%。2009年在全球经济衰退的情况下，美国对华出口与2008年持平。2009年的最后几个月，美国对华出口还有所提升，11月和12月创造了月纪录。在2009年第四季度，美国对华出口首次超过了200亿美元。2010年前5个月，美国对华出口增长了39%，超过了对其他国家贸易的增长。[①] 事实表明，美国对中国的经济互动，对美国经济至关重要。2010年9月美国总统奥巴马也表示，中国经济的快速增长对美国有利，对华贸易能让美国的企业和工人都受益。[②]

对于中美的经贸关系，约瑟夫·奈是这样说的：美国吸收来自中国的进口商品，将美元支付给中国，中国积累了近2.5万亿美元的外汇储备，这其中有很大一部分是以美国国债的形式存在。这种相互依赖的情况创造了一种与冷战类似的“金融恐怖平衡”。[③] 其实，早在几年前，美国前财长萨默斯就用“金融恐怖平衡”描述过两国关系。确实，如果发生贸易战或金融战，中美双方都将在经济上遭遇毁灭性灾难。“金融恐怖平衡”的说法表明了两个国家已形成了没有办法在经济上伤害对方的纠结利益。

除了经济上的相互依赖关系，美国与中国在气候变化、核不扩散、反恐等一系列全球性问题上也形成了相互依赖与合作的关系。中国在联合国安理会的常任理事国地位和核大国地位，中国在东亚举足轻重的地缘政治地位，中国作为最大发展中国家的独特的外交影响力，中国的温室气体排放大国地位等，决定美国在解决这些最迫切的国际问题时，必须与中国进行合作。这种相互依赖关系也构成了中美关系的结构性基础。

① The US - China Business Council, Inc., “American-Made Goods Continue to Find a Market in Growing Chinese Economy”, WASHINGTON, DC, August 2, 2010, http://www.uschina.org/.

② 新华网华盛顿9月20日电（记者蒋旭峰 刘丽娜）。

③ 约瑟夫·奈：《双方皆痛苦的威胁确定了中美关系的发展方向》，香港《南华早报》网站，2010年7月14日。

当然，中国国力的增强，也导致了另外一方面的结构性问题，即美国与中国的权力政治关系的紧张。从数据来讲，2010 年中国的 GDP 将超过日本，成为世界第二大经济体。[①] 尽管这种 GDP 排名只具有象征意义，并不表明中国已具有世界第二的实力，但它又确实是一个标志，说明中国的分量又上了一个台阶。与中国的发展相对应，中国的利益必然会扩展。伴随着中国经济活动向全球的扩大，中国保卫自身安全利益的需求也扩展了。近年来随着中国军力的增强，中国已日益表现了进一步捍卫自己的利益特别是海洋利益的决心，而这不可避免地会与美国发生冲突。

美国对于海洋霸权历来十分重视，认为由海军确保的航海自由，能使美国从地球表面 70% 的地方运载人力和设备，发起军事行动，或保卫全球贸易和商业船只。近年来，美国认为自己的势力正在受到日益崛起的中国的挑战。美国东西方研究中心高级研究员丹尼·罗伊（Denny Roy）认为，“毫无疑问，中国已经容忍了数十年，现在，中方开始用力回推。”[②] 自 2009 年以来，国外媒体注意到，中国开始实施了名为“远海防御”的新战略，并为海军打造远程蓝水能力。中国这一新战略的一个要点是，将行动能力延伸到南中国海和菲律宾群岛以外，一直触及太平洋上的“第二岛链”，而这一带向来是美国海军占据主导权。[③] 对美国来说，这种态势当然是不可接受的。面对中国的新军事战略，美国海军所要做的就是进行遏制。2010 年中美在安全上不信任加深，并形成以军演为形式的对抗性互动，正是这种结构性矛盾发展的产物。

与这种矛盾的发展相对应，中美在南海问题上的外交博弈也尖锐化了。对于南海的领土争端，中国希望与有关国家通过双边方式加以解决。2010 年 3 月，中国政府高层向来访的美国副国务卿史坦伯格及白宫国家安全会议亚洲事务主任贝德转达了“南海为中国核心利益”的观点，并明确告诉美方，“中方不会容忍美国对南中国海事务的干涉”。但多年来一直“冷眼旁观”的美国却试图将南海

---

① 据中国经济网 2010 年 8 月 2 日报道，中国人民银行副行长、国家外汇管理局局长易纲接受《中国改革》杂志访问时说，中国名义国内生产总值在第二季度已超过日本。

② Ishaan Tharoor, “On North Korea and More, China Flexes Its Muscles.” *Time*, Thursday, Jul. 22, 2010. http://www.time.com/time/world/article/0,8599,2006001,00.html.

③ Robert C. O'Brien, “America Must Immediately Reverse the Downsizing of Its Navy as China Grows on the High Seas”, *Huffington Post*, May 4, 2010.

问题复杂化、国际化。7月23日，在“东盟地区论坛”（ARF）上，美国国务卿希拉里声称，“南中国海周边国家的主权纠纷，已成为该地区安全与外交的核心问题”，而美国对于化解南沙群岛和西沙群岛的主权争议具有“国家利益”。为了拉东南亚国家阻击中国南进，美国在东南亚开展了一系列外交活动，并特别加强了与越南的关系。由于中越两国的领土争端潜在冲突性高，因此美国把支持越南的领土主张作为制衡中国的重要一环。在开展外交互动的同时，美越也展开了前所未有的军事互动。8月8日美国“乔治·华盛顿”号航空母舰前往越南岘港访问，一批越南高层军方人士登舰进行了参观。8月11日，美越在南海举行了联合军演。有分析认为，美国插手南海事务，是想利用北京的亚洲邻居对这个日益崛起的大国的焦虑与恐惧来对付中国。①

对于一年来中美之间冲突色彩日趋鲜明的互动，一些人倾向于从权力政治的角度进行解释。悉尼大学国际安全研究中心主任阿兰·杜邦（Alan Dupont）认为，美中两个巨人的角逐将决定未来50年的国际政治和格局。第一个回合将在太平洋展开。中国正试图利用一切现代化手段，阻止美国进入黄海和台湾海峡。对此，美国透露出焦虑与不安。② 澳大利亚罗伊国际政治学院的安德鲁·舍拉（Andrew Shearer）认为，中国的新装备能力无疑削弱了美国在西太平洋地区的存在感，中国希望能将自己在亚洲的影响力发挥到最大。从长远来看，这会逐渐挤压美国的影响力。③ 米尔斯海默（John Mearsheimer）认为，随着中国不断崛起，它会寻求像美国控制西半球那样控制亚洲。中国将出台自己的“门罗主义”。事实上，这样的政策已经开始显现。中国把南海视为自己的核心利益。④ 李侃如认为，中美严重缺乏长远互信。两国建立了广泛的、相对成熟的、整体坚固的相互依赖关系，美国政府中几乎所有部门每周都会与中方相关部门打交道。两国之间有重大的需要联手处理的议题。但是，近30年打了这么多交道，双方都无法信任对方，一直在探讨对方是否有什么阴谋。⑤

① Alan Dupont, “U. S. enlists China's worried neighbours,” *The Australian*, August 03, 2010.

② Alan Dupont, “U. S. enlists China's worried neighbours,” *The Australian*, August 03, 2010.

③ Ishaan Tharoor, “On North Korea and More, China Flexes Its Muscles.” *Time*, Thursday, Jul. 22, 2010. http://www.time.com/time/world/article/0, 8599, 2006001, 00.html.

④ John Mearsheimer, “Trouble brewing in the 'hood”, *The Sydney Morning Herald*, August 3, 2010.

⑤《美国专家李侃如：美中严重缺乏长远互信》，2010年7月7日新加坡《联合早报》。

按照现实主义的逻辑，伴随着中国实力地位的提高，中国与美国等西方国家，包括同中国周边的邻国，在政治与安全上必然形成紧张的关系。伴随着中国国力的增强，国家利益的扩展，特别是军事力量的发展，中国不再愿意对美国的围堵忍气吞声了。一年来中国在外交上和军事的举措，表现了中国新的自信。这种自信的一个突出表现，就是中国海军向远洋的进军，以实际行动宣示了自己突破美国岛链封锁的意愿与能力。有评论认为，中国海军的发展，改变了亚太军事平衡。① 新美国安全中心的罗伯特·卡普兰（Robert D. Kaplan）说：中美两国海军将注定有一种紧张关系。中国为了能源安全，未来军力会向海外延伸，而美国海军却习惯于在全球自由航行。他认为，南中国海是最值得关注的地区。②

中美之间的权力之争，无疑是双方关系的一种结构。这种结构把冲突的因素建构在了双方的互动之中。然而，中美关系并非只有一种结构。实际上，双方在经济上以及其他全球性问题上的相互依赖也是一种结构，而这种结构所导致的逻辑则是合作。由于存在这种相互依赖关系作为压舱石，因此双方的冲突能够保持在斗而不破的大局之内。观察2009年以来中美关系的现实可以看到，这两种结构都在影响着双方关系的进程。双方作为战略伙伴，在相互依赖的框架内有很多重大问题需要而且可以开展合作，但另一方面，随着双方力量的此消彼长，权力政治意义上的矛盾会日趋尖锐，但在相互依赖框架的制约下，这种矛盾不会达到不可收拾的地步。在这样的结构下，中美的互动就像钟摆一样，始终会在合作与冲突之间摆动，有时摆幅小一些，有时则会出现令人吃惊的大起大落。

从奥巴马政府一年来对华政策的演变来看，尽管明显地趋于强硬，威慑和围堵的动作频频，但双方不会出现严重对抗。双方互动摆幅增大，力度增大，表明双方在力量的消长中正进入一个新的磨合阶段。中国在崛起中需要进一步适应自己的角色，而美国也需要进一步适应中国的新的角色。

三　新兴大国影响的凸显

在大国关系的结构变化中，新兴大国地位和作用的凸显是一显著趋势。这一

① Michael Richardson, “Naval powers in Asia: Rise of Chinese navy changes the balance”, *The Straits Times*, 10 May, 2010.

② Robert D. Kaplan, “The Geography of Chinese Power”, *Foreign Affairs*, May/June 2010.

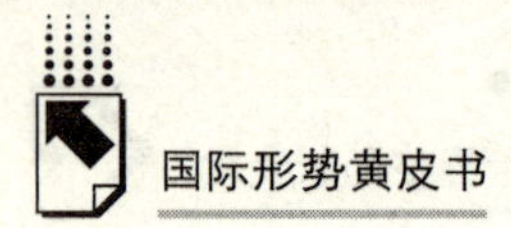

趋势一方面表现为新兴大国活跃于各种多边合作平台，以合作的方式不断增大在国际关系中的话语权；另一方面则表现为它们各自以积极的外交为解决国际热点问题发挥独特的影响。

从多边合作的角度讲，新兴大国除了在G20这个平台上与西方发达国家共议全球重要问题之外，它们还强化了相互间的合作机制，组成了自己的俱乐部，从而为大国关系的结构增添了新要素。这些合作机制主要有“金砖四国”（BRICs）和“印度巴西南非对话论坛”（IBSA）。在2009年哥本哈根气候大会上中国、印度、巴西和南非进行合作之后，也有人使用了G4或BASIC的说法。

“金砖四国”（BRICs）的概念，最早是由高盛证券公司首席经济学家吉姆·奥尼尔（Jim O'Neill）提出的。2001年在题为《全球需要更好的经济之砖》（“The World Needs Better Economic BRICs”）的文章中，他首次使用了这一提法。2003年，高盛公司在题为《与BRICs一起梦想：通往2050年的道路》（“Dreaming with BRICs：The Path to 2050”）的报告中预言，2050年全球新的六大经济体将是中国、美国、印度、日本、巴西和俄罗斯。高盛的这份报告，使得中国、印度、俄罗斯和巴西四国作为新兴经济体受到世界关注，BRICs的提法也流行开来。

高盛公司的预测主要是基于经济理由，即中国和印度将成为世界上最主要的制成品和服务提供者，而巴西和俄罗斯将成为世界上最主要的原材料提供者。由于巴西和俄罗斯可以为中国和印度提供所需的原材料，因此“金砖四国”将形成广泛的合作。

“金砖四国”是否会如高盛所预测的那样发展，现在显然不能下结论。不过，从近几年的情况看，“金砖四国”作为重要的新兴市场国家，经济确实增长很快。根据国际货币基金组织的统计，2006～2008年，四国经济平均增长率为10.7%。按照高盛的数据，目前四国的GDP之和达到了全球GDP的16%。① 在这个过程中，四国间的贸易也取得了较大发展。按照2009年的数据，中国已成为巴西和印度的第一大贸易伙伴，同时是俄罗斯的第三大贸易合作伙伴。

“金砖四国”受到世界广泛关注，从根本上来讲，是因为它们在领土、人口、资源与市场方面都具有重要地位。四国领土面积占世界的26%，人口占全

① 《金砖四国概念提出者：四国已站在全球决策中心》，2010年4月12日《广州日报》。

球的 42%。有了这样的前提，四国经济的快速增长必然会导致它们的国际地位与影响迅速上升。由于它们是与西方大国不同的新兴经济体，在国际关系中有许多共同的看法，因此在分量与地位改变后，就日益感到有必要就一些重大国际问题与地区问题交换看法，在国际舞台上发出共同的声音。“金砖四国”能够从高盛提出的一个概念，变成一个合作的实体，恰恰是客观形势推动的结果。

2009 年 6 月，“金砖四国”领导人在俄罗斯叶卡捷琳堡举行了第一次峰会，携手正式亮相于国际舞台。会议就应对国际金融危机、G20 峰会、国际金融机构改革、粮食安全、气候变化等问题交换了看法，进一步讨论了“金砖四国”未来对话与合作的前景。会议强调，将以循序渐进、积极务实、开放透明的方式开展对话与合作。这次会议的召开标志着一个进程的开始。正如巴西总统卢拉所说，“金砖四国”坐在一起开会就是历史性时刻。

“金砖四国”所开展的合作，在推动国际金融机构与货币体系改革方面有突出的表现。在这个领域，四国有共同诉求，即提升新兴市场经济体在各个国际金融机构中的地位和投票权，改变发达经济体主导制定贸易规则、国际金融监管规则的格局。在四国的推动下，2009 年 9 月的 G20 峰会取得突破性进展，促使国际货币基金组织和世界银行分别将 3% 和 5% 的投票权重新分配给新兴和发展中经济体。这对于后者来说是一大胜利。

2010 年 4 月，“金砖四国”领导人在巴西利亚举行了第二次峰会，议题包括世界经济与金融形势、G20 事务、国际金融机构改革、气候变化以及四国合作等。会后的《联合声明》强调，四国将致力于推动多边外交，支持联合国发挥中心作用，欢迎 G20 成为国际经济协调与合作的主要平台。会议还特别强调了金融体系的改革，认为改革的首要目标是向新兴市场和发展中国家实质性转移投票权，使其在世界经济中的决策权与分量相匹配。

“金砖四国”作为一种合作机制，尽管刚召开了两次峰会，但其效果已显现，即提高了新兴经济体在世界舞台上的影响力。有媒体评论认为，“金砖四国”峰会未必只是向美国发出强烈信号的临时性工具。这四国不仅关注克服金融危机的战略，而且谋划后危机时代的世界新秩序。事实表明，“金砖四国”不再是一个空泛的概念，已成为一种政治现实。① 2010 年 4 月，“金砖四国”概念

---

① 《巴西总统卢拉：“金砖四国”已成行动实体》，2010 年 4 月 13 日《新世纪周刊》。

的提出者吉姆·奥尼尔在接受采访时说，“金砖四国”正在合为整体发出声音，试图改变国际货币基金组织，改变 G20 和 G8，四国已经站在了全球决策的中心。①

当然，“金砖四国”的合作也存在障碍与问题。这一点世界各国也在关注。例如，四国存在不同的价值观，存在战略竞争关系和地缘政治矛盾，存在各种猜忌和不信任。不过，由于这四国走到一起并不是要结盟，也不是要建立价值共同体，而是围绕着它们有共同利益的问题进行互动，因此，它们完全可以在求同存异的情况下开展进一步的合作。②

与“金砖四国”并存的另一个重要的新兴经济体俱乐部是“印度巴西南非对话论坛”（IBSA）。该论坛成立于 2003 年，主要宗旨是在共同利益上统一立场，推动南南合作。由于印度、南非和巴西分别是亚洲、非洲和拉丁美洲的大国，有重要的地区影响，具有某种代表性和象征意义，因而它们通过对话与合作，在重大国际问题上发出共同声音是有相当分量的。

IBSA 峰会时间	主办国	IBSA 峰会时间	主办国
2006 年 9 月	巴　西	2008 年 10 月	印　度
2007 年 10 月	南　非	2010 年 4 月	巴　西

IBSA 建立时所通过的《巴西利亚宣言》强调，三个国家的民主政治体制，它们作为发展中国家的身份，以及在全球范围的行动能力是三国走到一起的主要原因。它们作为中等强国的地位，对于解决境内不平等问题的共同需求，以及这三国的整合的工业区的存在，亦是它们能够合作的重要因素。三国通过合作在全球问题上发出共同的声音，在各个领域加深相互间的联系，肯定是对建设国际新结构的贡献。③

IBSA 自成立以来，已召开了四次峰会，三国轮流主办。2010 年 4 月的第四次峰会是在巴西利亚召开。从目前的情况看，三国的合作更多关注的是国内问题。IBSA 现拥有 17 个三边工作组，经济合作领域涉及交通、科学技术、能源、

---

① 《金砖四国概念提出者：四国已站在全球决策中心》，2010 年 4 月 12 日《广州日报》。

② 对“金砖四国”的陈述，参考了百度有综合资料，见 http：//baike. baidu. com/view/8840. htmJHJ2。

③ IBSA 网站：http：//www. ibsa – trilateral. org/。

医疗和旅游等多个方面。不过，鉴于三国所具有的地区重要性和 G20 成员身份，它们未来的合作必然给大国关系的结构带来重要的影响。

除了开展机制化的国际合作之外，一些新兴大国还以独特的外交活动在国际事务中发挥重要的作用。就一年来的事实而言，表现较为突出的是同为 G20 成员的巴西和土耳其。

近年来，“巴西作为一个崛起的大国出现”（Brazil emerges as a rising power）已成为媒体常见的说法。作为南美洲大国，巴西国力的迅速增长与活跃的外交，使得它一下子站到了世界舞台的中央。从国家规模来讲，巴西的领土和人口都居世界第 5 位。按照 2009 年的数据，巴西的 GDP 居全球第 8 位，在西半球是仅次于美国的经济体，在发展中国家是仅次于中国的经济体。巴西是世界上的主要粮食出口大国。巴西石油公司、巴西淡水河谷公司、巴西航空工业公司等代表了巴西的一流工业。自 2003 年以来，巴西经济保持了较高速度的增长。按照巴西财政部提供的数字，2003 ~ 2009 年，巴西 GDP 年均增长 3.6%。其中 2008 年最高，为 5.1%。2009 年受金融危机影响，增速只有 0.2%，但预计 2010 年将达到 6.5%，2011 ~ 2014 年年均增长率可达到 5.7%。[①] 按照拉美与加勒比地区经济委员会（The Economic Commission for Latin America and the Caribbean, or Eclac）的预测，巴西 2010 年的 GDP 增长率为 7.6%，2011 年为 4.5%。[②] 巴西经济的快速发展，展现了作为大国崛起的态势。巴西总统卢拉表示：“在 10 ~ 15 年内，巴西将成为世界第三或第四大经济体，即使不是很幸运，巴西也将是第五大经济体。”[③]

与经济发展相对应，巴西的军事力量也得到了发展。在拉丁美洲，巴西是军费开支最高的国家，2009 年的军费为 271 亿美元，比 2008 年增加 16%，几乎占地区总额的一半。2009 年 9 月，巴西与法国签订协议，计划从法国引进核潜艇等先进武器。这个计划实现后，巴西将成为拉丁美洲第一个拥有核潜艇的国家，也是世界上第 7 个拥有核潜艇的国家。

为了进一步提升国际地位，巴西获得了 2014 年国际足联世界杯的举办权和

① “Brazil to Enjoy 5.7% Annual Growth Through 2014, Government Says”, *Latin American Herald Tribune*, Aug. 10, 2010, http://laht.com/article.asp?ArticleId=362566&CategoryId=14090.

② 据路透社报道：July 21, 2010, Routers, www.reuters.com/article/idUSN2111093420100721。

③ 转引自贺双荣《巴西：从潜力大国到现实大国的转变》，2009 年 12 月 24 日《人民日报》。

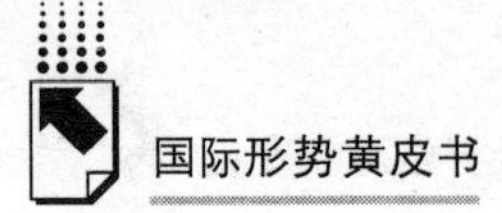

2016 年奥运会的主办权。这些都进一步确立了巴西的大国形象。国际影响力的提高使巴西认识到，它已成为一个有重要地位的新兴国家，可以在世界经济与政治互动中作为发展中国家领导者扮演重量级角色。

自 2009 年以来，巴西利用国际格局演进的机遇，实施了积极的外交战略，不断扩大在国际事务中的作用。在地区层面上，巴西发挥领导者的作用，积极推动南美地区的一体化。在全球层面上，巴西推行与新兴大国联合之策，在各个平台上都表现为一个活跃的角色。人们注意到，巴西总统对德国迟迟不肯挽救希腊进行指责，为解决巴以冲突进行斡旋，与土耳其一起为解决伊朗核问题进行斡旋，在马尔维纳斯群岛归属与石油问题上支持阿根廷反对英国。巴西以对国际事务的全方位的参与，坚定地走向了世界政治舞台的中央。

在巴西参与的国际事务中，为解决伊朗核问题而进行的外交努力是一个典型事例。2010 年 5 月，巴西与土耳其就伊朗核问题展开斡旋，经谈判，三方达成了核燃料交换协议，即伊朗将 1.2 吨纯度为 3.5% 的浓缩铀运往土耳其，用以交换 120 公斤纯度为 20% 的浓缩铀。然而，这一交换协议并没有得到国际社会的认可。2010 年 6 月，联合国安理会通过了关于伊朗核问题的第 1929 号决议，对伊朗实施了自 2006 年以来的第四轮制裁。在表决中，土耳其和巴西投了反对票。从这件事中可以看到，巴西已开始作为大国发挥独立的作用，而土耳其作为另一个新兴国家，也在做着同样的事。

土耳其作为 G20 成员，尽管陆地领土面积、人口和 GDP 的世界排名较低，分别为第 37、17、17 位，但就世界上的 190 多个国家而言，仍然处于前列。如果再考虑到土耳其的地缘政治位置和它与东西方国家的关系，那么它的重要地位就十分明显了。

土耳其位于亚欧交界之处，是基督教与伊斯兰两大文明的分界线。在西方国家眼中，土耳其乃区分东西方的界碑。作为北约成员和西方国家的盟友，土耳其在中东地区的影响举足轻重。长期以来，土耳其一直在为加入欧盟而努力，试图成为西方世界的一员，但遭遇的重重困难与波折使它明白，欧洲并不愿意接纳它。也许，正是因为它的西向受阻和伊斯兰情结，使得它的外交转而向东寻求突破，而它日益增长的政治、经济影响，则为它扮演一个新的大国角色创造了条件。

土耳其外交政策的转变，始于2002年埃尔多安领导的正义与发展党的上台。此前，土耳其一直是以色列的重要盟友之一，但埃尔多安担任总理后开始寻求加强与阿拉伯国家的合作。2008年底以色列在加沙地带发动“铸铅行动”以来，埃尔多安多次批评以方的加沙政策，导致土以关系开始紧张。2009年1月埃尔多安与以色列总统佩雷斯在世界经济论坛上发生争吵后，土耳其进一步疏远了以色列。此后，土领导人积极向阿拉伯国家靠拢。埃尔多安2010年6月在伊斯坦布尔举行的第五届土耳其－阿拉伯经济论坛上表达了与阿拉伯国家建立密切关系的意愿，强调土耳其与阿拉伯国家有着相似的历史、文化和文明。阿拉伯国家联盟秘书长穆萨表示，阿拉伯国家与土耳其站在一起，并将进一步加强团结，“我们不仅有着共同的理想，还有着共同利益”。①

在实施与阿拉伯和伊斯兰世界建立战略关系的过程中，土耳其的外交新定位是大中东的“中心力量”。埃尔多安政府支持巴勒斯坦获得自治权利，称伊朗是土耳其的朋友，与巴西一道就伊朗核问题进行斡旋，充当美国与叙利亚关系的调节者，这一切都表明它要在东西方之间确立新的身份，发挥独立的国际影响。土耳其的这些对外政策行为受到了广泛的关注。

在土耳其调整对外关系的过程中，与以色列在加沙问题上发生冲突是一个典型事例。2010年5月31日，以色列海军在地中海拦截了一支驶向加沙地带沿海的国际人道主义救援船队，造成8名土耳其公民和1名美籍土耳其人死亡。对此，土耳其做出了强烈反应，不仅立即召回驻以大使，还要求联合国安理会召开紧急会议，并取消了原定与以方联合举行的三次军事演习。有评论认为，土耳其利用以色列袭击和平救援舰队的机会，获得了重新进行战略定位的机会，它要在阿拉伯世界建立领导地位，并可能摆脱美国并远离西方。它不再认为自己是美国的一枚棋子。评论表达了西方国家的担心：土耳其是要转舵吗？它要与西方背道而驰吗？②

从一年来大国关系的发展来看，新兴大国无论是在全球舞台还是在地区事务上，地位与作用都在上升。这些现象所体现的是国际结构的一种变化。在权力政

① 新华网北京2010年7月22日电。

② Mary Beth Sheridan, “Turkey's foreign policy moves raise concern in west and at home”, *The Washington Post*, Monday, June 7, 2010.

治的语境下，这种现象可能还称不上是多极化，但在全球政治的新的舞台上，这确实可理解为一种多极化趋势。发生这样的变化，可以说是多种原因起作用的结果。西方大国深陷危机是原因，新兴大国抓住机遇、实现自己的战略诉求也是原因。未来的格局是否会按照此种趋势演进，还存在不确定性，但以中国为代表的新兴大国在未来会发挥更大作用则是确定的。

参考文献

约瑟夫·奈：《二十一世纪的美国实力》，http：//www. project – syndicate. org/commentary/nye74/Chinese。

约瑟夫·奈：《双方皆痛苦的威胁确定了中美关系的发展方向》，香港《南华早报》网站，2010 年 7 月 14 日。

David E. Sanger and Peter Baker，“New U. S. Strategy Focuses on Managing Threats，” *New York Times*，May 27，2010.

“No Clear Accord on Stimulus by Top 20 Industrial Nations，” *The New York Times*，March 15，2009. p. A1.

“Norway Takes Aim at G – 20：‘One of the Greatest Setbacks Since World War II’，” *Der Spiegel*. 22 June 2010.

The US-China Business Council，Inc. ，“American-Made Goods Continue to Find a Market in Growing Chinese Economy，” WASHINGTON，DC，August 2，2010，http：//www. uschina. org/.

Ishaan Tharoor，“On North Korea and More，China Flexes Its Muscles. ” *Time*，Thursday，Jul. 22，2010.

Robert C. O’Brien，“America Must Immediately Reverse the Downsizing of Its Navy as China Grows on the High Seas，” *Huffington Post*，May 4，2010.

Alan Dupont，“U. S. enlists China’s worried neighbours”，*The Australian*，August 03，2010.

John Mearsheimer，“Trouble brewing in the ’hood”，*The Sydney Morning Herald*，August 3，2010.

Michael Richardson，“Naval powers in Asia：Rise of Chinese navy changes the balance”，*The Straits Times*，10 May，2010.

Robert D. Kaplan，“The Geography of Chinese Power”，*Foreign Affairs*，May/June 2010.

“Brazil to Enjoy 5. 7% Annual Growth through 2014，Government Says”，*Latin American Herald Tribune*，Aug. 10，2010.

Mary Beth Sheridan, "Turkey's foreign policy moves raise concern in west and at home," *The Washington Post*, Monday, June 7, 2010.

新华网：http：//www. xinhuanet. com。

人民网：http：//www. people. com. cn。

环球网：http：//www. huanqiu. com。

美国白宫网站：http：//www. whitehouse. gov/。

SIPRI Military Expenditure Database.

World Economic Outlook Database, International Monetary Fund.

The World Trade Organization, INTERNATIONAL TRADE STATISTICS.

The Relationship among the Major Powers and Changes in Global Patterns

Li Shaojun

Abstract: During the 2009 to 2010 period, there has been a general structural change in the relationship among the major powers. On the one hand, because the U. S. became more deeply entrapped in the Iraq war, the Afghan war, and the financial crisis, its ability to control global events was weakened; on the other hand, the G20 became the main forum for the world economy, indicating that the status and influence of the emerging powers had increased significantly. Due to this trend whereby one is falling and another is rising, China's position has been highlighted and the ups and downs in Sino-American relations have become the most important pair of relations among the major powers. Because the interactions between China and the U. S. have been restricted by a dual structure, which includes both power competition and interdependence, although the conflicts on both sides have sharpened during the past year and interactive swings have increased significantly, the conflicts remain under control. In the process of the structural changes among the major powers, other rising powers are emerging to play a growing role. These new trends constitute an important phenomenon in global political multi-polarization.

Key Words: Major Power Relations; Sino-U. S. Relations; Rising Powers; G20; BRIC

Y.3

中国周边安全形势评估

王　雷*

摘　要： 国际格局的显著变动导致中国与周边国家关系出现了一系列的摩擦与冲突。中国实力、地位的迅速上升引发了周边国家的普遍疑惧，中国与周边国家领土主权争议呈现明显化趋势，中国周边军事关系出现紧张化。此外，周边一些国家的政局动荡也对中国周边安全造成影响。虽然冲突并没有代替合作成为主流趋势，但是中国在新形势下面临着稳定周边安全的严峻挑战。

关键词： 中国周边安全　领土争议　军事演习　军备竞赛　政治动荡

近一年来，中国崛起的显著态势与周边国家对中国的发展所做出的过度反应，导致周边安全形势出现了紧张化趋势。这种趋势主要表现是中国与周边国家领土主权争议凸显，中国周边军事关系呈现紧张化，以及一些国家出现了国内政局动荡。尽管这种演变不会改变中国与周边国家的总体合作架构，但中国当下面对着稳定周边关系的外交挑战。

一　崛起的中国与周边国家关系的新变化

国际格局所发生的变化，使得中国与周边国家的互动显现了新的结构特点：一方面，尽管同样受到了国际金融危机的严重影响，但中国的崛起态势却更趋明显，经济保持了强劲的增长势头。随着 2010 年第二季度日本经济复

* 王雷，法学博士，中国社会科学院世界经济与政治研究所助理研究员，主要研究国际战略、中国周边安全等问题。

苏遇到困难，中国国内生产总值已经超过日本，成为仅次于美国的世界第二大经济体。[①] 另一方面，由于饱受金融危机的冲击和困扰，西方传统强国经济复苏步履蹒跚，国际地位在下降。事实表明，当今国际结构所经历的这种力量上的此消彼长，使得中国的实力和地位迅速上升，处于引人注目的敏感地位。

正是在这种大的国际背景之下，中国与周边国家的互动出现了新的情况与问题。随着中国实力的提升，国家利益的扩展，特别是中国维护自己权益力度的增强，外部世界有关中国外交政策发生转向的议论也日渐增多。一些人士甚至认为“随着国家实力和国际影响力的上升，中国正变得越来越强硬、傲慢，正在逐步放弃原有的‘韬光养晦’、‘微笑外交’的战略”。[②] 中国在哥本哈根气候大会上的立场与态度，在人民币汇率上所坚持的政策，对奥巴马会见达赖、美国对台军售、谷歌退出、南海领土争端、钓鱼岛撞船等一系列事件中所做的反应，都被国际社会放在聚光灯下放大来解读。显而易见，强大的中国与弱小的中国影响力是不同的，所引起的关注度和产生的冲击度也是不同的。种种迹象表明，中国在国际背景下所凸显的变化，引发了一些学者所称的“外部反应综合征”，即西方对中国快速崛起的担忧和失落感。[③] 事实上，不仅是西方国家，即使在中国周边地区，对于快速崛起的中国未来走向何处，以及会如何发挥影响力，各种担忧、质疑、嫉妒甚至防范遏制的声音也在明显增大。

与这种“外部反应综合征”相对应，中国一年来在周边地区所面对的摩擦与冲突增多了，周边国家与中国的领土争议、军事紧张关系，以及对中国的外交遏制也日益明显化了。例如，自2009年10月以来，中国渔政船在南海海域的护渔、巡航行动不断遭到东盟一些国家的指责、抗议和干扰。东盟相关国家在不断侵蚀中国南海权益的同时，正在进一步推动南海问题的多边化、国际化。目前，该地区一些国家试图通过诉诸国际组织和引进外部势力来制约和抗衡中国。事实上，尽管东盟国家不愿与中国进行对抗，但通过发展与美国、俄罗

---

① David Teather, “China overtakes Japan as world's second-largest economy”, *Guardian*, August 16, 2010.

② John Bolton, “Confronting China's Snarl”, *Wall Street Journal*, Aug 10, 2010.

③ 韦弦：《中国崛起的烦恼》，联合早报网，2010年4月28日，http: //www. zaobao. com/special/forum/pages8/forum_ zp100428. shtml。

斯、日本、印度、澳大利亚等国的关系，包括军事关系，也不无制衡中国的意味。①

从中国周边的视角看，中美关系在过去一年中出现了一系列的摩擦与冲突。随着战略重心向亚太地区倾斜，美国逐步加强了在中国周边的军事和战略部署。2010 年 1 月，美国不顾中国抗议，决定向台湾地区出售价值 64 亿美元的武器，破坏了两岸关系的改善氛围，加剧了台海地区的军备竞赛。随后，在两国间又发生了美对华高强度军事侦察、两国高层军事交流中断等事件。关于中国军力透明度、人民币汇率、中国与邻国海洋争端等问题，双方发生了公开的争论。②“天安”号事件爆发后，美国进一步加强了与韩日两国的军事同盟关系。特别值得注意的是，一年来，美国接连在中国周边海域进行了大规模、高强度军事演习，并导致中国也以系列军演表明了自己的态度。在新近调整的亚太战略中，美国重新加强了与东盟的关系。美国加强了与泰国、菲律宾、印度尼西亚、越南、印度等国的军事合作，不断强化了美国在该地区的战略部署和军事存在。自 2010 年 3 月以来，美国政府高层官员不断就南海问题表态，干涉中国内政，并在中国与东盟国家间制造紧张事态。③事实表明，随着国际结构和中美实力对比的变化，美国对中国崛起的疑虑在不断增加，在中国周边构建围堵、牵制、制衡中国的同盟阵营的意图明显化了。

中日关系在过去的一年也经历了龃龉与摩擦，甚至因撞船事件发生了严重倒退。自 2009 年以来，中国海军舰队在冲绳海域、东海等区域进行的例行军事演习引发了日本的高度关注，对中国的质疑和指责不断升级。2010 年 9 月，日本颁布的新版《防务白皮书》高调渲染中国军事动向，认为中国国防政策和军力

---

① 美越关系近一段时间不断升温，先有美国国务卿希拉里在访问越南时表示，支持越南在南海的主权诉求。紧接着美国宣布以优厚的条件要跟越南进行核技术合作，然后是美军航母在事隔多年后重访越南岘港。参见 Geoff Dyer，“Power play in the South China Sea”，*Financial Times*，August 9，2010。

② David Pilling，“China and America still march out of step”，*Financial Times*，June 16，2010.

③ 7 月 23 日，国务卿希拉里在河内出席东盟地区论坛时指出“南海争端妨碍了海上贸易的开展，阻碍其他国家进入该地区国际性水域，美国深切关注南海争端的和平解决，协助解决相关争议是美国国家利益所在”。引自“Hillary Clinton's Speech”，National Convention Center，Hanoi，Vietnam，*U. S. Department of State*，July 23，2010，http：//www. state. gov/secretary/rm/2010/07/145095. htm。

缺乏透明度，呼吁强化美日军事同盟，警惕中国军力扩张。[①] 在中日钓鱼岛海域撞船事件中，日方的强硬表态和一系列做法表明，随着中日间的实力对比发生有利于中国的变化，日本国内的“中国威胁论”、“联美制华”、“遏制中国崛起”的声调正演变为政策行动。

在南亚方向，印度以反恐和抵御巴基斯坦的威胁为由，大规模采购军事装备，力图强化地区军事、战略优势。[②] 与此同时，印度与美国的军事合作也得到了加强。印度从美国大量进口军事装备，联合军演范围已从印度洋扩展至太平洋，并且在核领域也开展了引人注目的合作。[③] 舆论认为，虽然美印战略合作的发展方向仍有待进一步观察，但“美印接近、共同制衡”中国的态势已显现出来。在这种背景下，中印关系也在发生变化。在过去的一年，一方面两国在重大国际事务上的合作有了积极进展，诸如在“金砖四国”的机制性运作中进行合作，在气候谈判和国际金融体系改革中进行政策协调等，但另一方面两国间也存在持续不断的龃龉与摩擦。例如，2010 年 10 月 3 日，印度总理辛格对所谓的“阿鲁纳恰尔邦”（中国藏南地区）进行了任期内的第三次访问。印度单方面强化“事实占领”的做法，再次激化了中印关于边界问题的争议。再者，印度国内鼓吹“中国威胁论”和制衡中国的声音也在不断高涨。一些印度政府、军队高级官员、新闻媒体大肆扭曲中国形象，渲染中国军事威胁，甚至将中国积极发展与巴基斯坦、孟加拉国、缅甸、斯里兰卡等国家的友好合作关系视为对印度的战略包围，指责中国意图实现主导印度洋的战略扩张。[④]

应该讲，在过去的一年，中国作为崛起大国与周边国家的关系正步入一个新的阶段。在这个阶段，虽然大多数双边关系仍处于正常状态，但中国实力的迅速上升已引发了周边国家的普遍疑惧。周边小国，如东盟国家，一方面想依靠美国

---

① *Defense of Japan 2010*, Ministry of Defense, Japan, http://www.mod.go.jp/e/publ/w_paper/2010.html.

② 事实上，印度目前已成为仅次于沙特的世界第二大武器采购国，参见“India becomes world's 2nd largest arms buyer”, *Pakistan Observer*, http://pakobserver.net/detailnews.asp? id = 21047。

③ 印度于 1974 年进行首次核试验，至今仍拒绝加入《不扩散核武器条约》，也未签署《全面禁止核试验条约》。美国不断给美印核合作开绿灯的做法，再次体现了美国在核问题上的双重标准。

④ John W. Garver, *Protracted contest: Sino-Indian Rivalry in the Twentieth Century* (Seattle: University of Washington Press, c2001), pp. 110 – 111.

制衡中国，另一方面又不愿与中国进行对抗。美国、日本、印度同中国既有合作的一面，又都有硬碰硬的一面。总的来看，地区力量发展不平衡造成的格局变动正日益成为影响中国周边安全形势的重要变量。当然，我们也应看到，虽然国际结构变动导致中国与周边国家关系出现了大量摩擦与冲突，但并没有导致局势失控。事实上，无论是中美、中日、中印还是中国与东盟的关系，摩擦发生后各方都会在较短时间内使关系恢复常态。这表明，各方都在努力适应这种新的结构，正在进行磨合，冲突并没有代替合作成为主流趋势。

事实上，中国一年来与周边国家的协调与合作也在显著推进。例如，中国与朝核问题各方所进行的协调与合作，中俄在国际问题和地区问题上的相互支持与配合，中美在反恐、防核扩散和应对金融危机方面的合作，中印在应对气候变化、能源、粮食、国际金融体系改革等领域的合作，中国与东盟自由贸易区的正式全面启动，中国与上海合作组织各方的合作等。总体来看，这些协调合作型的关系框架对于缓解当前阶段中国与周边国家发生的摩擦与冲突，以及维护中国周边安全形势的基本稳定仍然发挥着积极有效的作用。

二　中国与周边国家领土主权争议的明显化

在过去的一年，伴随着国际结构的变化，中国与周边国家的领土主权争议呈现了明显化趋势。中日钓鱼岛海域撞船事件、中国与东盟相关国家的南海领土主权争端以及中印之间依然紧张的领土边界问题都是这种趋势的表现。从地缘上看，这三方面的问题依次分布于东北亚、东南亚和南亚地区。

（一）中日撞船事件及其对中日关系的影响

自鸠山由纪夫政府上台执政以来，中日关系总体上呈现了良好的发展态势，两国首脑往来频繁，经贸关系正常。然而，正当人们期望两国关系能够继续保持这一态势的时候，钓鱼岛附近海域爆发的中日撞船事件使中日关系陡然紧张起来。

2010 年 9 月 7 日，北京时间上午 9 时 15 分左右，日本海上保安厅巡逻船“与那国”（Yonakuni）号在钓鱼岛附近海域与我国福建籍“闽晋渔 5179”号渔船发生碰撞。随后，日方又派出“水城”号和“波间照”号两艘巡逻船对我渔

船实施跟踪、冲撞、截停，并非法扣押中方渔民渔船。8 日，日本海上保安厅以涉嫌“妨碍执行公务”为由，逮捕了中国渔船船长詹其雄，以涉嫌“逃避登船检查”为由展开调查。10 日，日本冲绳县石垣简易法院批准拘留詹其雄 10 天。针对日方在钓鱼岛海域非法抓扣中国渔船和渔民，严重侵犯中国领土主权和中国公民人权的行为，中国政府第一时间提出严正交涉和抗议，要求日本巡逻船不得在钓鱼岛附近海域进行所谓“维权活动”，停止所谓“司法程序”，立即无条件放回包括船长在内的全体中国渔民和渔船。① 13 日和 15 日，日方分别放回非法扣留的 14 名福建渔民和中国渔船，但坚持扣留中方船长并启动所谓“司法程序”。19 日，日方宣布对中方船长詹其雄延长扣押 10 日。② 针对日方无视中国政府多次严正抗议的行为，中方随后宣布暂停双边省部级以上交往，中止有关增加航班、扩大中日航权事宜的接触，推迟了中日煤炭综合会议。③ 21 日，在纽约参加联大会议的中国总理温家宝对日本提出了严厉批评，强烈敦促日方立即无条件放人，并警告中方将进一步采取行动，由此产生的一切严重后果，日方要承担全部责任。④ 24 日，迫于各方强大压力，日本冲绳县那霸地方监察厅决定以“保留处分”的形式放还詹其雄。25 日，中方派出包机将詹其雄安全接回国内，并要求日方必须就此事件向中方做出道歉和赔偿。

从事态的发展来看，这次撞船事件对中日关系和东北亚地区安全形势造成非常大的影响。首先，日方此次拒不承认东海存在领土争议，并依国内法扣押中国渔民渔船，逮捕起诉中方船长的行为，表明日方已经开启了一个恶意破坏 30 多年来中日就钓鱼岛问题进行持续对话与谅解的先例。这个事件的发生表明，日本在中日领土争端问题上的立场正日趋强硬。其次，通过此次事件不难发现，日方国内的一些势力主要是右翼保守派和少壮战略派，意图借此机会争取外交安全政策的调整和突破，试图利用中日双方矛盾激化来渲染所谓“中国威胁论”，进而顺势推动美日普天间机场问题的解决，进一步加深日美同盟关系，最终实现日本

---

① “Beijing protests as Japan arrests China boat captain”, *Reuters News*, Sep 8, 2010.

② “Detention of Chinese fishing boat captain extended to Sept 29”, *Japan Today*, Sept 19, 2010, http://www.japantoday.com/category/crime/view/japan-to-decide-on-extending-captains-detention.

③ Jeremy Page, “China Suspends Talks With Japan”, *Wall Street Journal*, Sept 19, 2010, http://online.wsj.com/article/SB10001424052748703556604575501483896375018.html.

④ 《温家宝强烈敦促日方立即无条件放人》，新华网，2010 年 9 月 22 日。

防卫战略和军事部署的调整，尤其是强化针对中国的西南诸岛防卫的战略企图。① 从目前的事态进展来看，日本右翼保守势力的这些做法已经极大地煽动了日本国内针对中国的民族主义情绪，恶化了中日两国的民意和舆论氛围，破坏了中日关系的改善进程，导致了东北亚地区紧张局势的不断加剧。② 再次，此次事件再一次凸显了中日关系的脆弱与不稳定性。虽然两国的经济关系一直保持基本稳定，但中日之间始终缺乏必要的政治与安全互信。此次中日撞船事件不仅导致中日政治关系的倒退，并且两国的经济关系、民间交往、旅游活动也受到了一定程度的冲击和影响。③ 受这一事件的影响，中日两国民族主义的对立情绪正在上升。最后，随着中日间的实力天平逐步向中国一侧倾斜，日本对中国的疑惧正在不断加大，其联合美国、东盟等亚太国家一起制衡中国影响力的意图也日趋明显化。借着这一事件，日本进一步加强了日美军事关系。2010 年 10 月，日本首相菅直人首次在公开场合表示，日本要为应对中国的军事实力做好准备。日本媒体认为，鉴于中日撞船事件的发生，菅直人将原来的“对中协调”姿态改为了“对中警惕”。④

（二）南海争端的多边化、国际化趋势

南海海域主权争端问题涉及中国、越南、菲律宾、马来西亚、印度尼西亚和文莱。由于历史和现实的种种原因，致使争议久拖不决。为利于局势的稳定，中国在 2002 年 11 月与东盟签署了《南海各方行为宣言》。各方同意本着合作与谅解的精神，努力建立互信，保持自我克制，不采取使争议复杂化、扩大化和影响和平与稳定的行动。⑤ 然而，在具体的执行过程中，东盟相关国家的口头宣示与实际作为却大相径庭。当中国本着“搁置争议，共同开发”的原则处理相互间的海洋领土争议时，这些国家却在不断蚕食南海争议岛屿和相关资源。

---

① 吴怀中：《应该吸取的教训》，2010 年 9 月 27 日《人民日报》02 版。

② Harumi Ozawa，“Japan nationalists rally against PM，China”，Yahoo News，Oct 2，2010；James T. Areddy，“Chinese Protest Against Japan”，*Wall Street Journa*l，Oct 16，2010.

③ “11，000 cancelled Japan-China flights amid row：airlines”，*Independent*，Oct 19，2010；“China issues Japan travel warning after tourists attacked”，*People Daily Online*，October 01，2010.

④ 《日媒渲染首相“担心中国军力”》，2010 年 10 月 26 日《环球时报》。

⑤ 相关内容参见中华人民共和国外交部网站，http：//www.mfa.gov.cn/chn/pds/ziliao/1179/t4553.htm。

近一年以来，中国在解决南海主权纠纷时面临着严峻的挑战，主要表现为以下几个方面。

第一，东盟相关国家通过国内立法、行政任命等手段进一步加强了对所占岛礁的实际控制和资源开发的力度。例如，2009 年 3 月 5 日，时任马来西亚总理的巴达维与海军司令阿都阿兹加法上将以及陆军司令来到南沙群岛的弹丸礁（马来西亚称“拉央拉央岛”），首次以总理身份宣示马来西亚“拥有”此片领土。[①] 2009 年 4 月 25 日，越南岘港市人民委员会主席任命该市内务厅厅长邓公语担任“黄沙岛县”（中国西沙）人民委员会主席，以宣示越南对该群岛“拥有”主权。2009 年 7 月 24 日，越南庆和省人民委员会主席武林飞任命越南海军第 4 区 146 旅副旅长阮日顺出任“长沙县”（中国南沙）副主席一职。此外，2010 年 4 月 1 日，在两艘越南海军舰艇的护卫下，越南国家主席阮明哲还视察了位于越南和中国海南之间的双方有争议的白龙尾岛。[②]

第二，《联合国海洋法公约》规定，所有缔约国必须在 2009 年 5 月 13 日前向联合国划界委员会提交专属经济区和大陆架划界方案。以此为契机，越南、菲律宾、马来西亚等国纷纷向联合国划界委员会提交了各自的划界方案，试图为其占据中国南海岛礁的合法化提供“法理”依据。例如，越南 2009 年 5 月 6 日联合马来西亚一起提交了它们在南海南部 200 海里以外大陆架的划界方案。5 月 7 日又单独提交了一份在南海中部部分地区的外大陆架划界方案。[③]

第三，国内政治斗争和金融危机造成的压力，也促使东盟一些国家最近在南海问题上频频出招。东盟相关国家一些政府高层官员不断对南海争议岛礁进行高调的“主权宣誓”之旅，一方面是为了获取军方和民意的政治支持，另一方面是为了缓和民众对经济状况的不满情绪，进而通过外部领土主权、资源争议来转移国内民众的关注视线。

第四，随着中国实力、国际地位的迅速提升，以及中国维护海洋领土权益力度的增强，东盟相关国家担心南海地区的格局、军事实力分布向有利中国的方向发展。因此，一些国家试图通过“主动出击”的做法来强化自己在南海问题上

① 邵建平、李晨阳：《东盟国家处理海域争端的方式及其对解决南海主权争端的启示》，《当代亚太》2010 年第 4 期，第 148 页。

② 李金明：《南海风云动态与趋势》，《世界知识》2010 年第 11 期，第 15 页。

③ 李金明：《南海风云动态与趋势》，《世界知识》2010 年第 11 期，第 16 页。

的主动权，以迫使中国接受既成事实。在过去的一年，越南、马来西亚和菲律宾等国一直在积极扩充海空军实力，不断强化对所占岛礁和相关海域的实际控制能力，对中国渔船、渔民的武装驱逐、抓扣不断发生。

第五，这些国家不仅积极引进西方公司介入南沙资源开发，而且引入外部大国介入南海争端，试图将它们与中国之间的海洋领土争议问题多边化，试图通过东盟和一些外部大国的介入来增加抗衡中国的砝码。事实上，这种企图也得到了一些国家的积极呼应。当前正高调重返东南亚的美国，不仅签署了《东南亚友好合作条约》，而且强化了与东盟一些国家的军事合作，并且多次就南海问题公开向中国发难。[①] 日本、印度等国也逐步加强在东南亚地区的政治、经济和军事渗透。中日在钓鱼岛发生撞船事件后，日本联合东盟、美国就海洋领土争端问题一起向中国施压的企图日益明显。印度面向东南亚地区的“东向政策”也明显具有抗衡中国地区影响力的潜在意图。2010 年中国 – 东盟自由贸易区正式启动之后，印度随即加快了与东盟缔结类似贸易协定的谈判，并且对东盟各国做出了重大让步，印度在与东盟缔结自由贸易区问题上如此心急的态度表明，随着中国影响力的日益增强，印度不仅要在东南亚地区获取可观的经济利益，而且希望通过拉拢东盟对中国的地区影响力进行牵制。

（三）中印边界争端与两国关系的潜在隐患

在过去的一年，中印关系表现出鲜明的两面性。一方面，两国关系有积极进展，继 2009 年 6 月胡锦涛主席在“金砖四国”领导人会议期间会见印度总理辛格之后，温家宝总理于同年 10 月在泰国出席东盟系列峰会期间再次与辛格总理举行会谈。2010 年 4 月，印度外交部长克里希纳访华，随后两国签署了《关于建立两国总理直通保密电话通信线路的协议》。5 月，印度总统帕蒂尔访华，双方就进一步发展中印战略合作伙伴关系交换意见，并达成广泛共识。此外，中印两国在国际和地区事务中的协调与合作也日益增强。例如，中印在“中俄印”

① 2010 年 3 月以来，从美国助理国务卿坎贝尔，到国防部长盖茨，再到国务卿希拉里，美国高层次政府官员接连对南海问题表态，借南海问题联合东盟相关国家牵制中国，相关讨论参见 Geoff Dyer，“Power play in the South China Sea，” *Financial Times*，August 9 2010；Ben Bland，Geoff Dyer and Mure Dickie，“US challenges China on maritime disputes，” *Financial Times*，October 11 2010。

三国、“金砖四国”、“基础四国”、“发展中五国” 等多边机制中进行沟通与协调，在多哈回合谈判、气候变化、能源和粮食安全以及国际金融危机等问题上进行合作。

然而，在双边关系取得进展的同时，也应该看到，印度在边界问题上也采取了一系列导致关系紧张的行动。2010 年 10 月 3 日，印度总理辛格对所谓的“阿鲁纳恰尔邦”（即中国藏南地区）进行了第三次访问，并呼吁当地人们踊跃参与该邦的议会选举。印度外交部长也公然宣称，“阿鲁纳恰尔邦”是印度不可分割的组成部分。① 一年来，印度在临近中国边境地区逐步强化了军事部署。2009 年 5 月底，印度空军宣布，迫于来自中国的更大威胁，印度将在与中国存在争议的“阿鲁纳恰尔邦”部署两个中队的俄制苏 30MKI 先进战斗机。6 月，印度军方宣布再向靠近争议地区的阿萨姆邦部署两个山地师，这使得未来印度在这一地区的兵力将超过 10 万人。②

在舆论上，印度军方一些高层人士公开鼓吹“中国威胁论”。比如，印度空军参谋长法里·霍米·梅杰（Fali Homi Major）上将在接受《印度斯坦时报》（*Hindustan Times*）采访时表示，“相对于巴基斯坦，中国对印度威胁更大，为了抗衡这种威胁，印度正在保持与美国和西方国家的亲密关系”。③ 印度陆军总司令迪帕·卡普尔（Deepak Kapoor）也表示“印度能够面对来自中国的任何挑衅和威胁，印度军队需要进一步强化能力，以应对中国和巴基斯坦的双重挑战”。④ 事实上，印度媒体对中印两国边界争端、经贸摩擦、中国军力动向等问题进行的大量不负责任的报道，已经造成印度国内舆论和民众反华情绪的不断上升。⑤ 这种事态从长期来看，势必会对两国关系的进一步发展构成严峻挑战。

上述这些现象表明，中印互信问题依然是阻碍两国关系发展的主要障碍。虽

---

① “China ire over India border visit,” *BBC News*, Oct 13, 2010, http://news.bbc.co.uk/2/hi/8304679.stm.

② “India to increase troops along China border,” *Reuters News*, June 8, 2009.

③ “India air force chief says wary of China's military,” *Reuters News*, May 24, 2009.

④ “Indian deception against China,” *Pakistan Daily*, Jan 23, 2010, http://www.daily.pk/indian-deception-against-China-15184/.

⑤ “Hostility runs high against China in India: state media,” *India Express*, May 23, 2010, http://www.indianexpress.com/news/hostility-runs-high-against-china-in-india-state-media/622593/0.

然中印两国贸易自2000年以来已增长30倍，但双方的紧张关系说明，单靠经济关系可能还不足以解决两国围绕边界问题等的摩擦。[1] 中印低水平的政治、军事互信，决定了安全两难问题将会在相当长的时间内成为困扰两国关系发展的一大隐患。随着中国实力和影响力的迅速提升，以及中印间实力差距的扩大，印度对中国的心态是异常复杂的。这里面既有印度被中国远远甩在身后的失落与嫉妒，也掺和着印度对中国实力优势的焦虑与恐惧，当然也包含着印度希望与中国加强合作，成为互利合作伙伴的期盼与意愿。正是这套复杂的心态，使得印度的政治精英、战略家和民众对中国的任何举动都保持极度的敏感性，这种敏感性也使得印度在对中国的政策和行为的判断上极易出现偏差与偏见，印度的对华政策也相应地体现了更多的不确定性。正是这个原因，决定了中印关系既存在两国间的协调与合作，亦存在印度针对中国的军备竞赛以及制衡中国影响力的种种意图与动作。

三　中国周边军事关系的紧张化

中国周边军事关系的紧张化，既包括因“天安”号事件导致的东北亚地区的紧张态势，也包括在中国周边频繁进行的高强度军事演习，以及相关国家的大规模军购和军事部署。

（一）“天安”号事件与东北亚安全形势的恶化

随着朝鲜的对外政策在2009年下半年发生了戏剧般的变化，凸显了和解、对话、合作的特点，人们本以为陷入僵局的朝核问题会再现曙光，但突然爆发的“天安”号事件却再一次将朝鲜半岛局势推到危机的边缘。

2010年3月26日韩国“天安”号警戒舰在韩国西部海域爆炸沉没，舰上104名官兵丧生46人。事件发生后，韩国国防部牵头组建了一支国际“军民联合调查团”调查此次沉船事件。这支由美国、英国、澳大利亚及瑞典调查人员组成的国际调查团队于5月20日向外公布了正式的调查结果，称“天安”号是

---

① 《印度对中国在印度洋影响力感到忧虑》，路透社中文网，2009年9月1日，http://cn.reuters.com/article/CNTopGenNews/idCNCHINA-2931120100901。

遭朝鲜小型潜水艇发射的鱼雷攻击而沉没的。① 朝鲜国防委员会随即发表声明，拒绝接受韩方这一调查结果，并要求韩方允许朝方派遣国防委员会检查团赴韩核实物证，但未得到韩方同意。② 5月24日，韩国宣布对朝鲜进行严厉的经济制裁，并呼吁联合国介入“天安”号事件。随后，韩国军方宣布将针对朝鲜进行美韩联合军事演习，并开展对朝心理战。6月4日，韩国将“天安”号事件调查结果提交联合国安理会。针对韩国的强硬举动，朝鲜以超强硬对强硬，指责“天安”号事件是一场骗局，终止朝韩一切通信联系，警告要摧毁韩国心理战设施，③ 威胁提高针对韩国的核遏制和核打击能力，并强烈谴责韩国将调查结果提交安理会。④ 一时间，朝鲜半岛局势再度恶化，南北双方处于严重对峙状态。

“天安”号事件发生后，在尚未弄清事件真相的情况下，美国就警告，朝核问题六方会谈的未来将取决于“天安”号事件的调查结果。⑤ 随后又表示美国完全支持韩国对此事件采取的处理方式，并强调不裁减目前驻韩2.8万名美军的数量，并重申美国会保护盟国的安全和利益。⑥ 自2010年6月底起，美韩接连在日本海、朝鲜半岛西海岸附近争议海域（邻近中国黄海）举行富含挑衅性的军事演习，投入兵力、武器先进程度、演习规模以及演习内容都远超以往。⑦ 与此同时，日本也宣称要对朝鲜实施制裁，并表示如果联合国制裁无法实现，就结成以日美为主体的“共同联盟”对朝鲜实施单独制裁。3月31日，日本宣布将其单独对朝实施的经济制裁期限再延长一年，包括禁止朝鲜船只进入日本港口，限制与朝鲜贸易往来，并对其实施金融制裁等。⑧ 5月29日，日本首相鸠山由纪夫在

① *Investigation Result on the Sinking of ROKS "Cheonan"*, The Joint Civilian-Military Investigation Group, 20 May, 2010, http://news.bbc.co.uk/nol/shared/bsp/hi/pdfs/20_05_10jigreport.pdf.

② "Spokesman for DPRK National Defence Commission Issues Statement", *KCNA via KNS*, May 20, 2010, http://www.globalsecurity.org/wmd/library/news/dprk/2010/dprk-100520-kcna01.htm.

③ "N. Korea threatens to destroy South's 'psychological' loudspeakers in demilitarized zone", *RIA Novosti*, May 24, 2010.

④ "North Korea warns UN against Cheonan warship debate", *BBC News*, June 9, 2010.

⑤ "North Korea accuses U.S. of derailing efforts to resume six-party talks", *RIA Novosti*, May 22, 2010.

⑥ "Statement by the Press Secretary on the Republic of Korea", *U.S. Department of State*, May 24, 2010, http://www.whitehouse.gov/the-press-office/statement-press-secretary-republic-korea.

⑦ 俄国也于6月29日至7月8日期间，在远东军区和西伯利亚军区进行了“东方-2010”大规模战役战略演习，意图彰显俄罗斯在东北亚地区的存在与影响。

⑧ "Tokyo tightens sanctions on Pyongyan", *RIA Novosti*, June 22, 2010.

韩日首脑会见时表示，日本将在有关“天安”号事件的国际合作中全力支持韩国。① 应该讲，韩国对朝逐步升级的强硬态度和做法与美日两国在其背后的支持和助推密切相关，美日的态度和行动实质上加剧了此次危机的程度，恶化了本就十分严峻的地区安全形势。

“天安”号事件发生后，美国借机强化了与日本、韩国的同盟关系，鸠山政府上台后日美关系的疏离倾向以及美国在东亚主导地位的逐步削弱在一定程度上得到了控制。在东北亚的整体格局中，美、日、韩三国军事、政治同盟关系进一步得到强化。在总体格局不断失衡的情况下，感到无安全保障的朝鲜将很难放弃拥核道路，朝核问题正变得更为复杂。

在此次事件中，中国一直承受着巨大的政治、军事和战略压力。在“天安”号事件中，美、日、韩组成的“统一战线”一直要求中国加入惩治朝鲜的行动联盟。当中国顶住压力，没有采取同样立场的时候，一些国家甚至通过在中国周边敏感海域进行大规模军演以及干涉南海争端的做法向中国施加压力。从目前的事态来看，“天安”号事件除了对朝鲜半岛局势造成直接影响之外，还对中韩、中美关系造成了严重冲击，使得朝核问题的解决更加困难。

（二）中国周边国家频频军演

过去的一年，中国周边国家进行的联合军事演习无论从频率、密度还是从规模、强度上看，都达到了前所未有的高度。这些军事演习导致了中国承受的军事安全压力超过了以往。

在东北亚地区，近一年，特别是“天安”号事件以来，美国、韩国和日本等国的联合军演频繁而密切。2010 年 6 月 23 日，新一年环太平洋联合军演正式拉开帷幕。与以往不同的是，参加这次演习的国家除澳大利亚、日本等美国的盟国外，还有新加坡、马来西亚等东南亚国家。演习的科目也包括反潜战、水雷战以及登陆作战。② 随后，美韩以应对朝鲜军事挑衅为由，于 7 月 25 ~ 28 日在日本海进行了“不屈的意志”联合海上军演，此次军演的规模、参加人数、投入的

① “Japanese PM pledges support for Seoul’s reaction to Cheonan sinking”, *Korea. net*, May 29, 2010, http: //www. korea. net/news. do? mode = detail&guid = 47109.

② “RIMPAC 2010 Officially Opens”, *Global Security*, June, 29, 2010, http: //www. globalsecurity. org/military/library/news/2010/06/mil – 100629 – nns01. htm.

武器装备都创下了美韩历次军演的新纪录。[①] 8月16~26日，美韩不顾中国反对和抗议，在西海（邻近中国黄海）联合举行了“乙支自由卫士”演习。大约3万名美军和约56000名韩国部队参加，此外一定数量的美国士兵还通过互联网在本土加入演习。[②] 9月27日至10月1日，美韩在韩国西部海域（黄海）又进行了反潜联合军事演习。[③] 10月13日，韩国在釜山附近海域开始为期两天的“防扩散联合演习”，此次演习由韩国军队主导，美国、日本、澳大利亚、法国、加拿大等15个国家参加。[④] 除此之外，中日在钓鱼岛附近海域发生撞船事件后，日本自卫队宣布将于2010年11月底或12月同驻日美军举行联合军演，其中演习内容设定为“远离日本本土的所属岛屿在遭受武力侵犯的情况下，日美如何共同采取行动，重新夺回该岛控制权”。[⑤]

在东南亚方向，美国进一步加强了同该地区国家的军事合作。2010年2月1~11日，代号为“金色眼镜蛇”的联合军事演习在泰国中部罗勇府乌塔堡海军机场开始。随着日本、印度尼西亚、韩国等国家的陆续加入，这个最初仅为美泰双边规模的军演演变成了东南亚地区一年一度规模最大的多边联合军演。[⑥] 2010年5月开始的“卡拉特”系列联合军演，是旨在提高美军与东南亚国家军队之间的联合作战能力的军事合作。在这个活动中，美国相继与文莱、菲律宾、泰国、印尼、新加坡、马来西亚、柬埔寨和孟加拉国等举行了双边军演。[⑦] 特别值得注意的是，美国于8月11日出人意料地同越南举行了为期一周的海上联合军事演练，其中备受关注的“乔治·华盛顿”号核动力航母和3艘驱逐舰出现在

① “U. S. and South Korea conduct a new round of military exercises in the Sea of Japan and the China Yellow Sea”, *Global Military*, Aug 16, 2010, http: //www. global - military. com/u - s - and - south - korea - conduct - a - new - round - of - Military - exercises - in - the - sea - of - japan - and - the - china - yellow - sea. html.

② Ibid.

③ “S. Korea, U. S. Kick Off Joint Military Drills”, *Chosun Ilbo*, Sep 29, 2010, http: //english. chosun. com/site/data/html_ dir/2010/09/27/2010092700716. html.

④ “Kwang-tae Kim, SKorea kicks off naval maneuvers with US, Japan”, *Yahoo. News*, Oct 13, 2010, http: //news. yahoo. com/s/ap/20101014/ap_ on_ re_ as/as_ koreas_ nuclear.

⑤ “Japan, U. S. cooking up island defense war games”, *Japan Times*, Oct. 4, 2010.

⑥ “Six Nations Gear Up for Cobra Gold 2010”, *Defence Talk*, January 13, 2010, http: //www. defencetalk. com/six - nations - gear - up - for - cobra - gold - 2010 - exercise - 23674/.

⑦ “CARAT 2010 Series Launches in Brunei”, *Navy. mil*, May 3, 2010, http: //www. navy. mil/search/display. asp? story_ id =53057.

中国南海。① 虽然美国官方一再宣称，美国与东盟相关国家的联合军事演习属于正常的军事交流，但其中显然蕴含着美国拉拢东盟国家，维持美国在该地区的军事存在，进而对中国形成“制衡”态势的意图。对东盟的一些国家来说，显然也希望借机引入区域外大国来抗衡中国影响力，进而增强自身在领土谈判中的有利地位。

在南亚方向，引人注目的是美印之间的联合军事演习。美印之间的“马拉巴尔”军演从1992年开始，每年举行一次。自2009年4月29日至5月3日美国、印度以及日本的海上力量在日本冲绳以东海域举行了代号为“马拉巴尔2009”的大规模海上联合演习之后，美印两国海军又于2010年4月23日在阿拉伯海举行了“马拉巴尔2010”联合演习。② 从目前的形势来看，不仅美印海上联合演习的参演设备在不断升级，而且演习内容也扩展为包括反潜、水面射击、防空、海上搜索和拦截在内的一系列的联合训练科目。特别值得关注的是，该演习已从最初的印度的马拉巴尔附近海域延伸至孟买海域，再从阿拉伯海西北部水域扩展至日本冲绳以东海域。③ 不仅如此，在连续进行8年的海上联合军事演习之后，印度和美国还于2009年10月12日至29日举行了迄今最大规模的陆军联合演习。美军在这次演习中展示了大量先进武器。鉴于两国之前达成的一系列武器购买意向，不难看出印度希望大量购买美国先进武器，提升美印军事合作水平，进而加强自身军事实力和战略地位的实际意图。

总的来看，伴随着中国力量与国际地位的凸显，美国逐步调整亚太战略，以及“天安”号事件、中日撞船事件、南海争端升级等带来的一系列冲击，近一年以来，中国周边地区的联合军事演习与以往相比体现出了高密度、大规模、高强度、重实战的四大特征。如果说以往的联合军演还存在时间不定、次数稀少、内容单一、协同较差、缺乏实效的特点，那么当前一些地区相关国家联合军演的频率已经高达月均1次以上，并且演习的内容不仅涉及反恐、维和、打击海盗、

① “U. S. and South Korea conduct a new round of military exercises in the Sea of Japan and the China Yellow Sea”, *Global Military*, Aug 16, 2010.

② “India, Japan, U. S. Foster Relationships During MALABAR”, *Navy. mil*, May 5, 2009, http://www. navy. mil/search/display. asp? story_ id = 45022.

③ Rick Rozoff, “U. S. Consolidates Military Network In Asia - Pacific Region”, *Australia. to News*, April 29, 2010.

海上搜救、人道主义救援等传统内容，而且增添了网络战、反潜作战、海上侦察、海洋封锁、防核扩散以及夺岛作战等新内容。不仅如此，这些演习还清晰地展示了相关国家高度协调配合、多兵种密切协同作战的能力。随着以航母战斗群、隐形战机、无人攻击机、核潜艇等武器装备更加频繁地出现在一线演练之中，一些国家的大量先进装备已经实现了在中国周边区域的前突性部署。此外，虽然这些军演多数属于例行，并且强调不针对第三国，但是如此突然地提升军演频率、规模和强度，甚至一些演习在中国明显反对并抗议的情况下，仍然强行在中国周边敏感海域进行的不寻常做法可以表明，这些军演显然具有威慑、防范或牵制中国的成分。

（三）中国周边一些国家军备的强化

除了频繁的联合军演，造成中国周边军事关系紧张化的因素还包括周边国家大规模的军事采购以及不断强化的军事部署。

在东北亚地区，随着朝鲜核问题陷入僵局，以及半岛局势因沉船事件骤然紧张，美韩日三国强化了应对地区潜在威胁的军事部署和战略合作。2010年9月，日本新版《防务白皮书》公开表示要强化美日军事同盟，共同应对中国的军力扩张。日本防卫省已决定在2011财年进一步增加日本的防务预算，加强军事采购，特别是增加对新型军用运输机、海上反潜直升机和潜艇的采购。日本海上自卫队已决定将潜艇数量从目前的16艘增至22艘，并延长原有潜艇的服役期限。① 种种迹象表明，日本的防卫重点正向西南方海域转移。这一举措明显具有扩大东海警戒监视海域，抗衡中国地区影响力的战略意图。

在东南亚地区，东盟国家近一年来也在不断增强军备，越南、马来西亚、印度尼西亚、菲律宾等国正加速扩展各自的海空军实力。其中，越南已与俄罗斯达成了价值24亿美元、购买6艘俄制“基洛级”柴电潜艇和12架苏－30MK2多用途战斗机的合同。② 马来西亚花费10亿多美元从法国购买了2艘柴油动力潜艇，其中一艘已于2009年9月正式服役。

---

① 《日本计划增加潜艇以监视中国海军动向》，日本共同社，2010年10月21日。

② Nga Pham, “Vietnam orders submarines and warplanes from Russia”, *BBC News*, Dec 16, 2009.

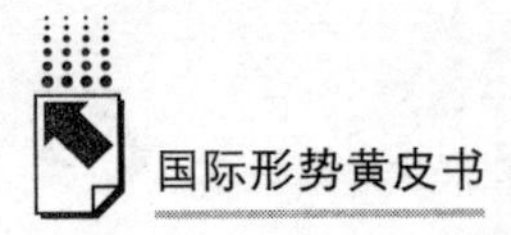

在南亚地区，印度通过大规模采购军事装备，不断谋取地区军事和战略优势，其目前已成为仅次于沙特的世界第二大武器采购国。①

四　中国周边国家出现政治动荡

过去的一年，中国周边的部分国家出现了持续不断的政治动荡甚至流血冲突。例如，2010 年泰国红衫军的大规模抗议活动引发了与军队的流血冲突，缅甸政局在果敢冲突之后一直处于紧张状态，马尼拉影响恶劣的人质劫持事件表明菲律宾社会依然存在不稳定的局面，巴基斯坦、阿富汗的政局和反恐形势依然扑朔迷离，吉尔吉斯斯坦爆发的骚乱使得国内政局动荡不安。这些事态都表明，中国周边的一些国家不时出现政治不稳定的情况，这对中国与相关国家关系会带来直接的影响。

（一）果敢冲突与不稳定的缅甸政局

近年来，处境一直艰难的缅甸军政府迫于各方的压力，决定于 2010 年再次举行民主大选。随着军政府承诺的全国大选的临近，缅甸国内的政治角力也愈益激烈。② 为了能够在大选中获胜，缅甸军政府在大选前采取了多项措施，削弱国内反对势力。首先是修改宪法，确保军队在未来缅甸政治中能继续发挥主导性作用；其次是连续对全国民主联盟进行打击和限制；此外，缅甸军政府也加紧了对少数民族地方武装的打压和控制。依据新宪法，缅甸国防军是国家唯一合法武装，少数民族地方武装需改编为边防军，接受军政府的监管。然而，新宪法在实施中遭到了缅甸国内大部分少数民族武装的反对、抵制以及观望。③ 为了兑现 10 月底完成全部整编的承诺，缅甸军政府率先拿实力偏弱的果敢同盟军开刀，直接引发了 8 月果敢地区的武装冲突。此次冲突持续了大约 20 天，造成 26 名警察和军人死亡，47 人受伤，另有 8 名果敢同盟军在冲突中丧生。果敢冲突体现了中

---

① 事实上，印度目前已成为仅次于沙特的世界第二大武器采购国，参见“India becomes world's 2nd largest arms buyer”, *Pakistan Observer*, Jul 26, 2009, http://pakobserver.net/detailnews.asp?id=21047。

② 罗圣荣、汪爱平：《缅甸果敢冲突及其影响》，《现代国际关系》2009 年第 12 期，第 23 页。

③ 尹鸿伟：《缅甸军政府再出铁拳》，《南风窗》2009 年第 15 期，第 85 页。

央政府与少数民族特区在改编问题上的角力，军政府出于国内政治的需要，试图彻底铲除“拥兵自立、占地自管”的少数民族武装，并迫使其转型后参加大选。①

缅甸政府军在果敢的军事行动对各民族武装造成很大震慑，迫使它们在与政府的谈判中做出一定的让步，但双方的立场仍存在较大差距。军政府的武力高压政策并没有导致各民族武装彻底屈服，一些较大的民族武装如佤邦联合军、勐拉同盟军、克钦独立军、南掸邦军、北掸邦军、克伦邦、克耶邦、孟邦等在与政府谈判周旋的同时，也在不断加强军事部署。种种迹象表明，缅甸军政府武力震慑加政治谈判的策略进展并不顺利，随着大选日期的临近，军政府在此问题上承受的压力将会越来越大。如果政治解决途径陷入僵局，很可能再度爆发武装冲突。

果敢冲突后，缅甸军政府通过各种手段分化、瓦解民盟以及其他一些民族政党，全力巩固军方推出的“联邦巩固与发展党”的绝对优势地位。由于在新的军事首脑机构和新的军事高层人士调整方面军政府还没有最终的方案出台，因此随着大选日期的临近，军政府内部的权利斗争和走向仍然是左右缅甸未来政局的重要因素。

对于缅甸政局，近期一些国家的政策调整引人注目。2009 年 8 月美国参议员韦布访问缅甸。其后，希拉里公开表示美国将检讨和调整对缅政策。② 美缅关系出现了重大变化。随着缅甸大选逐渐临近，美国通过各种手段对缅政局施加的影响正在逐步加强。与此同时，印度也在积极调整对缅关系，逐步加强了对缅甸的政治影响、经济投资以及军事交流。缅甸事实上已成为印度“东向”政策的一个重要组成部分，该政策视缅甸为印度向东南亚地区扩张的地缘跳板。③

缅甸是中国西南的重要邻邦，其国内局势对中国有着直接的影响。缅甸政府军在果敢采取军事行动时，有 3 发炮弹射过国境，造成中国边民 1 死 2 伤。冲突期间，有 14 名中国边民在境外伤亡（其中 1 死 13 伤），更有 3.7 万名难民涌入

---

① 祝湘辉：《缅甸果敢已经不能平静》，《世界知识》2009 年第 18 期，第 29 页。

② Stephen Kaufman, “United States Will Directly Engage Burma, but Keep Sanctions”, September 24, 2009, http: //www. america. gov/st/peacesec - english/2009/September/20090924123349esnamfuak 0. 6288111. html.

③ Brian McCartan, “Myanmar deal right neighborly of India”, *Asia Times*, Jan 11, 2008, http: // www. atimes. com/atimes/Southeast_ Asia/JA11Ae01. html.

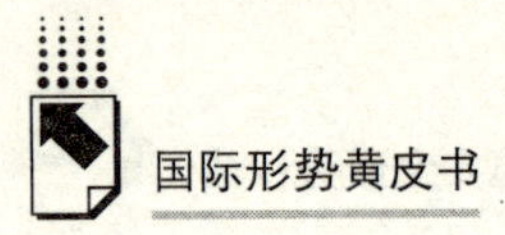

中国境内。① 严重影响了中国西南边境地区的安全和稳定。为了避免类似事件再次发生，中国在果敢冲突后进一步加强了与缅甸政府的沟通与合作。

（二）吉尔吉斯斯坦骚乱频发与不稳定的中亚安全形势

自2005年“郁金香”革命后，吉尔吉斯斯坦的政局就一直不稳。政治派别斗争、经济发展失衡、民族问题、腐败问题等引发的矛盾和争端使得这个国家一直处于动荡不安的状态。从2006年到2007年，伴随着多次集会和示威游行，吉尔吉斯斯坦多次修改宪法，而巴基耶夫也数次解散政府。日益激化的冲突与矛盾使得日后的大规模骚乱不可避免。

2010年4月7日，吉尔吉斯斯坦北部塔拉斯发生大规模政治骚乱。事件起因是巴基耶夫下令逮捕包括社会民主党主席阿勒马孜别克·阿塔姆巴耶夫在内的数十名反对派政治家和积极分子，结果引发了抗议者的大规模示威。随后，骚乱迅速蔓延至包括比什凯克在内的多个城市。巴基耶夫下令全国进入紧急状态并宣布实行宵禁，结果事态进一步恶化。愤怒的示威者占领了电视台、国防部，并冲击总统府，结果导致数百人伤亡。随后，巴基耶夫逃离比什凯克，反对派迅速成立了以奥通巴耶娃为首的“临时政府”，并逐渐控制了局势。4月15日巴基耶夫被迫宣布辞去总统职务。② 至此，吉尔吉斯斯坦政局在几天之内完成了令人惊讶的剧变。

然而，稍显稳定的政局维持了不到两个月，吉尔吉斯斯坦南部城市奥什于2010年6月10日再次爆发了大规模骚乱。事件起始于当地吉尔吉斯族青年和乌孜别克族青年之间的冲突，随后冲突扩大至奥什市周边地区并形成大规模暴乱。据官方统计显示，截至17日，该骚乱已造成至少191人死亡，近2000人受伤，30万难民涌入周边国家。③ 奥什骚乱并不是简单的民族纠纷，事件反映出了吉尔吉斯斯坦长期难以解决的众多难题，包括政治派系倾轧、南北分歧、经济失衡、民生问题、民族矛盾等。虽然吉南部地区的局势已基本恢复稳定，但这些问题还会长期困扰这个国家的发展。

---

① 《缅甸果敢地区局势趋于平稳，我妥善处置涌入境内边民》，新华网，2009年8月30日。

② 吴宏伟：《吉尔吉斯斯坦政权更迭的深层次原因及未来政局走向》，《当代世界》2010年第5期，第34页。

③ 《吉尔吉斯南部骚乱的背后》，新华网，2010年6月29日。

五　趋势与展望

一年来的事实表明，中国与周边国家的关系正经历着明显可见的变化。在金融危机背景下和全球治理过程中，中国地位与影响的凸显、国家利益的扩展和周边国家由此而产生的对中国的疑虑、猜忌乃至采取的围堵行动，导致了矛盾、摩擦和冲突增多的局面。这种情况构成了一种格局的变动。要适应这种新的结构，各方都面对着新的问题，面对各种矛盾与分歧。从目前的趋势看，周边国家传出的“中国威胁论”的声音在增大，应对中国崛起的外交举措和军事行动在增多。无论是美日韩、美国与东盟、美国与印度、印度与日本的密切互动，都对中国造成了外交与军事压力。这种情况，有可能会持续一段时间。中国面对着调整与周边国家关系，消解这种外交与军事围堵的挑战。

从国家利益的视角来看，中国与周边国家的矛盾、摩擦乃至冲突，尽管存在进一步激化的可能，但不会失控，因为各方都不会听任合作的基本关系框架被破坏。事实上，无论是中美、中日、中印还是中国与东盟，在各个领域都存在不可缺少的相互依赖关系，存在共同利益。各方都明白，要应对各自所面对的问题，不论是地区性问题还是全球性问题，都需要开展合作。把冲突的势态发展到不可收拾的地步，各方都会付出不可接受的代价。

现阶段中国与周边国家的关系，具有典型的“安全困境”的特点。双方之间的不信任导致了紧张状况的加剧。中国全面建设小康社会，是要谋求和平发展。中国力量的增强和利益的扩展是这个进程的必然结果。周边国家面对这样的态势实施遏制，不可避免地会导致中国做出相应的反应。如果听任这种情况的升级，就会导致对抗局面的生成，而这不符合各方的共同利益。

从未来发展看，中国与周边国家关系经过一段时间的波折会恢复到正常状态。这个阶段对各方来说是一个磨合过程。在这个过程中，各方都需要对自身和对方的重新审视，需要通过不断的对话调整互动的方式，并形成适当的规范。中国的和平发展需要适应自己的大国身份，周边国家也需要适应中国作为大国的和平发展。如果各方在互动中能够尽快建立起适当的行为准则，就会缩短这个磨合过程。这样做符合各方利益。

参考文献

《吉尔吉斯南部骚乱的背后》，新华网，2010 年 6 月 29 日。

《缅甸果敢地区局势趋于平稳，我妥善处置涌入境内边民》，新华网，2009 年 8 月 30 日。

《日本计划增加潜艇以监视中国海军动向》，日本共同社，2010 年 10 月 21 日。

《印度对中国在印度洋影响力感到忧虑》，路透社中文网，2009 年 9 月 1 日。

罗圣荣、汪爱平：《缅甸果敢冲突及其影响》，《现代国际关系》2009 年第 12 期。

邵建平、李晨阳：《东盟国家处理海域争端的方式及其对解决南海主权争端的启示》，《当代亚太》2010 年第 4 期。

韦弦：《中国崛起的烦恼》，2010 年 4 月 28 日《联合早报》。

吴怀中：《应该吸取的教训》，2010 年 9 月 27 日《人民日报》。

Bland, Ben, Dyer, Geoff and Dickie, Mure, "US challenges China on maritime disputes," *Financial Times*, October 11, 2010.

Bolton, John, "Confronting China's Snarl", *Wall Street Journal*, Aug 10, 2010.

Dyer, Geoff, "Power play in the South China Sea", *Financial Times*, August 9 2010.

Garver, John W., *Protracted contest: Sino-Indian Rivalry in the Twentieth Century* (Seattle: University of Washington Press, c2001).

McCartan, Brian, "Myanmar deal right neighborly of India," *Asia Times*, Jan 11, 2008.

Pham, Nga, "Vietnam orders submarines and warplanes from Russia", *BBC News*, Dec 16, 2009.

Pilling, David, "China and America still march out of step," *Financial Times*, June 16, 2010.

Teather, David, "China overtakes Japan as world's second-largest economy," *Guardian*, August 16, 2010.

"China ire over India border visit", *BBC News*, Oct 13, 2010.

"Hillary Clinton's Speech", National Convention Center, Hanoi, Vietnam, *U. S. Department of State*, July 23, 2010.

"India to increase troops along China border", *Reuters News*, Jun 8, 2009.

"Japan, U. S. cooking up island defense war games", *Japan Times*, Oct. 4, 2010.

"Kwang-tae Kim, SKorea kicks off naval maneuvers with US, Japan", *Yahoo. News*, Oct 13, 2010.

"North Korea accuses U. S. of derailing efforts to resume six-party talks", *RIA Novosti*, May 22, 2010.

"Statement by the Press Secretary on the Republic of Korea", *U. S. Department of State*, May

24, 2010.

"S. Korea, U. S. Kick Off Joint Military Drills", *Chosun Ilbo*, Sep 29, 2010.

Defense of Japan 2010, Ministry of Defense, Japan, http://www.mod.go.jp.

Investigation Result on the Sinking of ROKS "Cheonan", The Joint Civilian-Military Investigation Group, 20 May, 2010.

Report on China's Border Security Situation

Wang Lei

Abstract: A series of frictions and conflicts caused by significant changes in the international structure have emerged between China and its neighbors during the past year. The prevalent suspicions among the border countries are taking shape because of China's rapid rise in strength and status. Meanwhile, the territorial disputes between China and some neighboring countries are showing a significant trend and the state of military relations around China has become strained. In addition, political instability in some border countries has also had a significant impact on China's security situation. Although conflict instead of cooperation has not become a mainstream trend, China faces serious challenges to maintain border security and stability under the new situation.

Key Word: China's Border Security; Territorial Disputes; Military Exercises; Arms Race; Political Instability

国际安全

International Security

Y.4
全球重大武装冲突：2009～2010

徐　进*

摘　要： 在2009～2010年度，全球重大武装冲突的数量与上一年度相比基本持平，其中跨国武装冲突数量极少，国内冲突成为主流。冲突仍然集中在中东、南亚和非洲东北部地区。令人瞩目的战争和武装冲突包括以巴冲突、伊拉克战争、阿富汗战争以及印度、巴基斯坦、苏丹、索马里等国的国内冲突。从2009年开始，严格意义上的国际性重大武装冲突已不复存在，存在的只是重大跨国武装冲突。伴随着美军战斗部队撤出伊拉克，这场跨国武装冲突将逐渐转变为国内武装冲突。

关键词： 武装冲突　跨国冲突　国内冲突

---

* 徐进，中国社会科学院世界经济与政治研究所助理研究员，主要研究领域是国际关系理论和国际战略问题。

一 冲突的总体形势

2009～2010 年度的重大武装冲突数量与上一年度相比基本持平，国际安全形势亦无显著变化。斯德哥尔摩国际和平研究所 2010 年度报告认为，在 2009 年，全球 16 个地点发生了 17 次重大武装冲突，在数量上比 2008 年多出一场。① 德国海德堡国际冲突研究所（HIIK）的年度报告（*Conflict Barometer 2009*）认为，在 2009 年，全球性的严重危机和战争共计 31 场，其中严重危机为 24 场，战争为 7 场。与 2008 年相比，严重危机与战争的总量下降了 9 场，其中战争下降了 2 场，严重危机下降了 7 场。②系统和平中心（Center for Systemic Peace）主任马歇尔（Monty G. Marshall）汇编的冲突报告（*Major Episodes of Political Violence 1946－2009*）认为，到 2010 年仍在延续的冲突有 18 场，2009 年冲突程度大大减弱甚至停止的冲突有 11 场，另有 12 场冲突有死灰复燃的危险。③

综合看来，2009～2010 年度全球重大武装冲突发生的国家或地区包括：亚洲的阿富汗、印度、巴基斯坦、菲律宾；中东的伊拉克、以色列、巴勒斯坦、土耳其；南美洲的哥伦比亚；非洲的民主刚果、索马里、苏丹、乍得。具体情况见表 1。

表 1　2009～2010 年度全球重大武装冲突发生的国家或地区

亚　洲	中　东	美　洲	非　洲
阿富汗	伊拉克	哥伦比亚	索马里
印度（各恐怖组织）	以色列－巴勒斯坦		苏丹
巴基斯坦（塔利班）	土耳其（库尔德工人党）		民主刚果
菲律宾（阿布扎耶夫）			乍得

在南亚，阿富汗的安全形势持续恶化，北约部队与塔利班武装的战斗比较激烈。美国政府批准了未来 12～18 个月打击塔利班的整体战略计划。印度的纳萨

① Stockholm International Peace Research Institute, *SIPRI Yearbook 2010*. http://www.sipri.org.

② Heidelberg Institute for International Conflict Research at The Department of Political Science, University of Heidelberg, *Conflict Barometer 2008*, http://www.hiik.de/konfliktbarometer/pdf/ConflictBarometer_ 2009.pdf.

③ 更新于 2010 年 8 月 27 日，http://www.systemicpeace.org/warlist.htm。

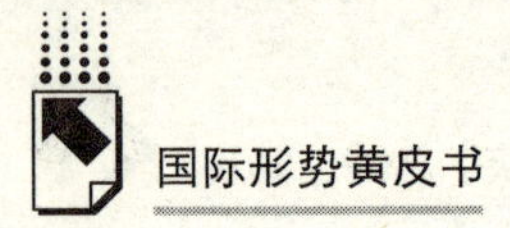

尔武装组织成为该国最大的安全威胁，而巴基斯坦则还在努力清剿本国的塔利班武装。斯里兰卡的泰米尔猛虎组织在2009年被彻底剿灭后，没有死灰复燃的迹象。在东南亚，菲律宾政府虽然声称有能力彻底击败阿布扎耶夫武装，但显然无法在短期内做到这一点。

在中东，伊拉克局势出现重大变化。美国宣布结束在伊拉克的战争行动，在2010年8月撤出了战斗部队，但伊国内并未形成稳定的安全局面。以色列和巴勒斯坦之间，形势总体平静，以军没有对哈马斯武装采取大规模军事行动。在土耳其，政府军与库尔德工人党武装之间的战斗时断时续。

在南美洲，哥伦比亚最大的反政府武装“哥伦比亚革命武装力量”的二号人物豪尔赫·布里塞尼奥在2010年9月被政府军击毙，这是哥政府军的一次重大胜利，对哥伦比亚国内安全形势的进一步好转起到决定性的作用。

在非洲，苏丹南北方的政治和解进程有较大进展，但达尔富尔的数支武装组织还在内斗不已。索马里青年党势力继续扩大，已经开始袭击邻国乌干达。东非国家普遍呼吁联合国尽快向索马里派驻维和部队。民主刚果2010年上半年的安全形势比较稳定，但是8月以来，恩孔达武装在北基伍省境内对政府军发动攻势，导致该地区安全形势持续恶化，近25万人无家可归。

二 跨国武装冲突

本年度与上一年度一样，不存在发生在两国政府之间的重大武装冲突，只存在有多个国家参与的跨国武装冲突。

（一）以巴冲突

2008年12月至2009年1月，以军向加沙地带的哈马斯武装发动了代号为“铸铅行动”的大规模军事行动，击溃了哈马斯的6个旅，毙、俘多数指挥官。不过，此次行动也造成了严重的人道主义危机，有150万人生活得不到保障，至少80万人缺水。① 以色列军事行动的目标，大概是想迫使哈马斯在未来一段时

① 国际在线报道（记者段秀杰）：《联合国官员称加沙人道主义危机“每小时都在恶化”》，http：//gb. cri. cn/19224/2009/01/09/1062s2388410. htm。

间里不对以色列封锁加沙造成太大的麻烦。但随后的事实表明，正是以色列的封锁行动给自己造成了大麻烦。

2010 年 5 月 31 日，以色列海军拦截了一支运载人道物资和亲巴勒斯坦活跃分子到加沙的平民船队。以突击部队强行登船后与船上人员发生冲突，结果约 15 人被以军打死。这支船队由亲巴勒斯坦团体和土耳其人权协会组织，一些船悬挂着土耳其国旗。土耳其较早前已吁请以色列放行这支国际救援船队，但遭到以色列拒绝。冲突发生后，以军声称他们在展开拦截行动前已命令船队折回塞浦路斯，或驶往以色列的阿什杜德港，卸下物资让以方转交给加沙的巴勒斯坦人。①

由于该船悬挂土耳其国旗，组织者之一是土耳其人权协会，且被杀者中有多名土耳其人，因此土耳其政府做出强烈反应，包括召回驻以色列大使，强烈谴责以军的行动，取消了 3 场同以色列的军事演习，并要求联合国安理会召开紧急会议。② 6 月 2 日，联合国安全理事会发表主席声明，谴责以色列的这次行动。③ 全球多个城市爆发反以示威，以色列一时陷入外交被动之中，被迫转而采取软硬两手政策，一方面拒绝联合国秘书长潘基文的要求，不同意国际调查团介入，并继续拦截驶向加沙的人道主义船只；④ 另一方面有限放松对加沙的封锁，允许部分民用物资进入。⑤

9 月 2 日，在美国的压力和斡旋下，中断 20 个月的巴以和谈再次艰难重启。虽然，美方夸海口说本次会谈将在一年内解决问题，但实际上巴、以双方对和谈并无太大的信心，反而在会谈前就相互指责。历史经验表明，巴以和平进程是十分脆弱的，整个过程充斥着太多的不确定因素。任何一个消极因素，都可能使和

---

① 《联合早报》耶路撒冷 2010 年 6 月 1 日综合电：《以截击加沙人道救援船队 15 人被打死》，http：//www. zaobao. com/special/mideast/pages2/peacetalk100601. shtml。

② 法新社安卡拉 2010 年 6 月 5 日电：《救援船队遭袭事件导致关系恶化土耳其将减少与以色列合作》，http：//www. zaobao. com/special/mideast/pages2/peacetalk100605. shtml。

③ 《联合早报》联合国 2010 年 6 月 2 日综合电：《安理会谴责以袭救援船队　以色列仍扬言将继续阻止物资供应船开向加沙》，http：//www. zaobao. com/special/mideast/pages2/peacetalk100602. shtml。

④ 《联合早报》耶路撒冷 2010 年 6 月 8 日综合电：《以军攻击救援船事件以拒绝接受国际调查》，http：//www. zaobao. com/special/mideast/pages2/peacetalk100608. shtml。

⑤ 法新社耶路撒冷 2010 年 6 月 18 日电：《以色列同意让民用物资进入加沙》，http：//www. zaobao. com/special/mideast/pages2/peacetalk100618. shtml。

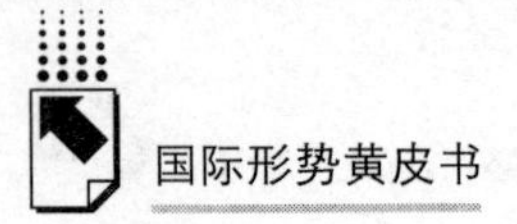

平进程走回原点。双方积怨太深，国内又各有强大的掣肘力量，所以双方的互动很难走出“和谈-破裂-冲突-复谈”的怪圈。

（二）伊拉克战争

2010年8月31日，美军作战部队全部撤离伊拉克，这标志着历时7年零5个月的伊拉克战争终于结束。[①] 这场美国人自己没有宣称胜利的战争给美国、伊拉克以及国际社会留下了复杂而纠结的遗产，其后果与影响，或许人们今天还很难看得清楚。

为了这场战争，美国付出了高昂的代价，致使国力受损，民意分裂。自2003年以来，美国有4416名军人阵亡（联军总共阵亡4734人，见表2），约3.2万人在战斗中受伤。战争耗资7423亿美元，超过越南战争和朝鲜战争的费用，对美国经济构成了沉重的负担。2008年2月，美国《外交政策》杂志对美军退休和现役军官进行的一项民意测验显示，近90%的受访者认为受伊拉克战争的拖累，美国军力已大幅削弱，80%的受访者认为美国此时无力再发动另一场大规模战争。战争同时也在一定程度上撕裂了美国社会，让美国民意出现了前所未有的分裂。开战以来，保守派和自由派的极端对立持续至今，今后仍将会对奥巴马的国内外政策产生不小的掣肘之力。甚至有学者断言，受其影响，冷战以来构成美国外交政策基础之一的自由国际主义已经终结。[②] 小布什政府当年以伊拉克秘密研制大规模杀伤性武器为由开战，但事后发现这是一个谎言，再加上后来爆发出的“虐囚门”等事件，致使美国的国家形象严重受损（在伊斯兰世界的形象尤差）。另外，美国当年以“意愿同盟”（willing coalition）的方式发动战争，致使美欧同盟体系出现裂痕，迫使奥巴马政府积极修补美欧同盟关系，并且以主动姿态重启美俄关系，力图扭转布什政府留下的糟糕局面。

换个角度来讲，美国通过这场战争也获得了重要的战略利益。美国最大的收获是推翻了长期与自己作对的萨达姆政权，除掉了中东地区最大的一颗眼中钉。

---

① 事实上美军早在8月19日就撤走了最后一支战斗部队。不过，美国仍留下约5万人的非作战部队，为伊拉克政府提供培训和支持服务。

② Charles A. Kupchan and Peter L. Trubowitz, “The Illusion of Liberal Internationalism’s Survival”, *International Security*, Vol. 33, No. 1, Summer 2010, pp. 95-109.

表 2　伊拉克战争期间联军阵亡人数

单位：人

年　份	美　国	英　国	其　他	总　计
2003	486	53	41	580
2004	849	22	35	906
2005	846	23	28	897
2006	822	29	21	872
2007	904	47	10	961
2008	314	4	4	322
2009	149	1	0	150
2010	46	0	0	46
总　计	4416	179	139	4734

注：2010 年数据截至 9 月 30 日。

资料来源：http：//www. icasualties. org/Iraq/index. aspx。

尽管伊拉克现政权并不稳定，但它的存在毕竟使中东地区又增加了一个亲美政权，有助于美国在中东地区塑造有利于己的地缘战略格局。美国通过占领伊拉克，间接掌握了伊拉克丰富的石油资源。尽管美国政府并未公开宣称石油是美军入侵伊拉克的战略目标，但通过对伊拉克的军事占领以及对伊拉克新政府的掌控，美国事实上掌握了伊拉克的“黑金”，同时也为本国企业界主导伊拉克重建项目提供了商机。

伊拉克战争的结束，意味着美国开始了一个战略收缩、调整和反思的过程。回想越战结束之后，美国也经历了这样一个过程，这个过程历经十年，反而使美国变得更加强大。或许，美国的优势不在于不犯错误，而在于调整能力强，总能把坏事变为好事。别的不提，光是这 7 年多宝贵的作战经验就是一笔不小的财富（尽管是血淋淋的），它经过反刍和发酵，很可能成为美军下一步改革和发展的强大动力。最后，美国的战略收缩使它可以把眼光转向更有可能在未来威胁它霸权地位的崛起国之上。美国遏制和围堵这类国家显然要比它在伊斯兰世界输出民主和打击反美武装更有经验。

不过对于伊拉克来说，美军留下来的恐怕更多的是混乱与绝望。美国推翻了专制和暴政，却没能带来自由与民主，反而让分裂与恐怖横行。据统计，自 2005 年 1 月到 2010 年 8 月，有 8376 名伊拉克军警阵亡，而死于各类暴力事件的平民则高达

48657 人。[①] 在美军大部撤离之后，伊拉克现政府是否有能力带领本国人民走出混乱与绝望还是个问号。自 2009 年夏以来，伊拉克安全形势呈现以下特点。

第一，恐怖分子和教派武装的主要目标已经不是美军。奥巴马政府执政后，反恐重心逐步向阿富汗转移。美军于 2010 年 8 月 31 日前撤出了大部分作战部队，而且在 2012 年前全部撤出的计划不变。在这种情况下，驻伊美军已不是伊拉克境内各武装派别的共同袭击目标。2009 年联军阵亡人数为 150 人，只相当于 2008 年阵亡人数 322 人的 47%。到 2010 年 8 月 31 日美军作战部队撤离之日，联军阵亡人数为 46 人，呈大幅度下降趋势。尽管仍有 5 万美军留驻，但这些部队只是向伊军提供培训和支持，不再像以前那样在一线巡逻和战斗，预计今后美军的阵亡量将微乎其微。

第二，针对伊拉克安全部队和平民的恐怖暴力事件仍然较多，伊拉克平民死亡量的下降止跌趋升。2008 年，有 5919 名伊拉克人死于各类恐怖暴力事件，而 2009 年下降到 3119 人。如表 3 所示，2010 年前 9 个月，有 2315 名伊拉克人死亡，按这一趋势，2010 年死于恐怖暴力事件的伊拉克人数量很可能低于 2009 年，继续呈下降趋势。不过，由于 2010 年 3 月举行的议会选举难出结果，导致 4～7 月间出现了一轮暴力袭击高潮。这一现象反映了伊国内各派政治势力的争斗错综复杂。4 月以来，伊安全部队与美军对伊境内的“基地”组织展开清剿，取得一定进展，逮捕或击毙了 42 个高级头目中的 34 个。[②] 不过，“基地”组织仍有强大的反扑能力。5 月 11 日，该组织在数个城市发动袭击，造成 102 人死亡，另有 350 多人受伤。[③] 另外，什叶派和逊尼派之间的教派冲突不断。7 月 8 日，巴格达发生多起针对什叶派朝圣者的爆炸攻击，至少造成 60 人死亡。[④] 8 月 7 日，伊南部城市巴士拉一座市场发生连环爆炸，造成至少 40 人死亡，161 人受伤。[⑤]

① http：//www.icasualties.org/Iraq/index.aspx.

② 李牧：《伊拉克情报机关击毙基地组织首领》，http：//world.people.com.cn/GB/57507/11421020.html。

③ 中新社北京 2010 年 5 月 11 日电：《伊拉克一天内遭遇数十起恐怖袭击致百余人死亡》，http：//world.people.com.cn/GB/1029/42361/11562846.html。

④ 中新网 2010 年 7 月 8 日电：《巴格达：针对什叶派朝圣者的袭击事件已致 60 人死》，http：//world.people.com.cn/GB/12093069.html。

⑤ 人民网开罗 2010 年 8 月 8 日电（记者李潇）：《伊拉克连环爆炸案两百多人伤亡》，http：//world.people.com.cn/GB/57507/12378285.html。

表3　伊拉克人死亡人数

单位：人

时　间	安全部队	平　民	总　计
2009年1月	54	133	187
2009年2月	39	163	202
2009年3月	49	229	278
2009年4月	45	302	347
2009年5月	39	149	188
2009年6月	51	316	367
2009年7月	47	193	240
2009年8月	42	397	439
2009年9月	62	96	158
2009年10月	35	285	320
2009年11月	18	88	106
2009年12月	34	253	287
总　计	515	2604	3119
2010年1月	17	118	135
2010年2月	32	204	236
2010年3月	31	152	183
2010年4月	21	240	261
2010年5月	48	231	279
2010年6月	49	127	176
2010年7月	37	497	534
2010年8月	90	273	363
2010年9月	37	111	148
总　计	362	1953	2315

资料来源：http：//icasualties. org/oif/IraqiDeaths. aspx。

第三，政治重建进程有所进展，但各方势力的争夺仍非常激烈。2010年3月，伊拉克举行了自2003年萨达姆政权被推翻后的第二次正式议会选举，选出有325个席位的新一届议会，并在此基础上选出总理。这次选举对伊拉克民族和解、政治和安全局势，以及战后重建都有重大影响。3月26日，选举委员会公布了议会选举的计票结果，由前总理阿拉维领导的“伊拉克名单”赢得91席，现总理马利基领导的“法治国家联盟”赢得89席。马利基随后否认上述计票结果是最终结果，并声称最终结果只能是最高法院最后确认的结果。4月11日，马利基阵营声称，有5个省份的75万张选票被操纵，因此它们要求至少对巴格

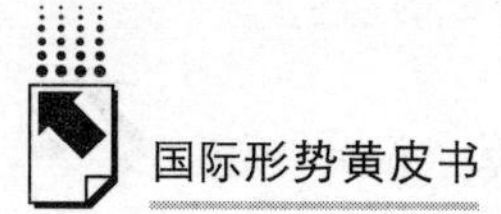

达选区重新计票。[①] 随后，阿拉维和马利基阵营陷入政治拉锯当中，而“基地”组织和各派武装则趁机制造了多起恐怖暴力事件，造成数百人伤亡。

6月1日，伊拉克最高法院核准了议会选举结果：阿拉维领导的“伊拉克名单”91席，马利基领导的“法治国家联盟”89席，什叶派的“伊拉克全国联盟”70席。因此，阿拉维一派最终以微弱优势在议会选举中胜出。不过，最高法院没能解决最关键的组阁权问题，因为伊拉克宪法并未明确规定应由议会第一大党党魁出任总理。随后，阿拉维和马利基紧锣密鼓地拉拢议会中的各派政治力量，争夺总理职位。在伊拉克派系复杂的政党政治中，这种争夺充满了变数。

第四，重建进程仍举步维艰。近年来，得益于石油价格的上涨，伊拉克经济有一定程度的增长，国内生产总值从2003年的580亿美元增长到2008年的1000亿美元，出口额从2003年的130亿美元增长到2008年的340.4亿美元。然而，伊拉克总体上仍处于经济凋敝、民不聊生的状况，尤其是失业率高达15%，这大概是反政府武装能轻易地招募许多青壮年的原因之一。2010年7月6日，伊拉克政府公布了2010~2014年国家发展计划，内容涵盖2700多个项目，涉及资金总额高达1860亿美元，预计将创造300万~400万个就业岗位。这一五年计划旨在重建国内经济体系，实现经济的多元化转型，改变单纯依赖石油出口的局面。现总理马利基表示：“伊拉克正沿着一条正确的国家经济重建道路前进。要在这样一个屡遭破坏的国家进行建设，必须制订详尽而稳定的计划和预算。”[②]

（三）阿富汗战争

自2008年以来，阿富汗的安全形势持续恶化，塔利班的反击势头极其强劲，许多地区的“塔利班化”越来越严重。美国被迫将反恐战争的重心由伊拉克转移至阿富汗，大幅增兵，并展开多轮围剿行动，取得了一定成果，但自身的伤亡数量也大大增加了。如表4所示，2009年联军阵亡人数为521人，是2008年阵亡人数295人的1.77倍。2009年底，联军展开大规模清剿行动，因此2010年上半年的安全形势似乎有所好转，这也反映在联军的阵亡人数上。2010年1~5

① 李来房、徐俨俨、宋聃：《伊拉克大选舞弊风波增加新政府组阁难度》，http://world.people.com.cn/GB/11363377.html。

② 人民网大马士革2010年7月6日电（记者杨俊）：《伊拉克公布五年发展计划》，http://world.people.com.cn/GB/57507/12075011.html。

月，联军月均阵亡人数为44人，相当于2009年下半年的月均人数61人的72%。然后，自6月开始，联军阵亡人数再次拉高，6月阵亡102人，是2001年开战以来最高的单月阵亡人数。2010年前9个月的阵亡人数（531人）已经超过了2009年全年的阵亡人数（521人）。

表4　阿富汗战争联军死亡人数

单位：人

年　份	1月	2月	3月	4月	5月	6月	7月	8月	9月	10月	11月	12月	总计
2001	0	0	0	0	0	0	0	0	0	3	5	5	12
2002	10	12	14	10	1	3	0	3	1	6	1	8	69
2003	4	7	12	2	2	7	2	4	2	6	8	1	57
2004	11	2	3	3	9	5	2	4	4	8	7	2	60
2005	2	3	6	19	4	29	2	33	12	10	7	4	131
2006	1	17	13	5	17	22	19	29	38	17	9	4	191
2007	2	18	10	20	25	24	29	34	24	15	22	9	232
2008	14	7	20	14	23	46	30	46	37	19	12	27	295
2009	25	25	28	14	27	38	76	77	70	74	32	35	521
2010	43	53	39	34	51	102	88	79	42	—	—	—	531

资料来源：http：//icasualties. org/oef/。

2009年12月3日，奥巴马政府批准了由军方制订的未来12~18个月打击塔利班的整体战略计划，主要目的是抑制塔利班的发展，扭转重要地区的局势，并重掌主动权。该计划承认塔利班在阿富汗南部和东部地区取得重大进展，并在全国占据主动权，致使普通百姓对政府的信心下降。不过，该计划也指出，绝大部分的阿富汗人不支持塔利班。如果没有当地民众的支持，塔利班分子很容易被美军辨认出来。鉴于此，该计划不强调反恐而是强调反叛乱，即减少追踪塔利班战斗人员的行动，而更努力地向当地居民提供安全保障，以剥夺塔利班的生存基础。美军承认短期内无法控制阿富汗全国，转而争夺主要地区和人口中心的控制权，包括赫尔曼德省、坎大哈市及其周边地区、帕克提卡省、帕克蒂亚省和霍斯特省。

由于反叛乱的基础是向民众提供安全保障，因而增兵是必要之举，这改变了美军过去以“减员增效”为核心理念的高技术战争主张。奥巴马总统宣布在2010年期间将向阿富汗增兵3万人。另外，北约和盟国也将增派1.6万人。到2010年夏，驻阿联军的总人数已从2009年初的8万人增加到15万人。

该计划还意识到，由于2011年7月驻阿联军将把保障安全的责任移交给阿富汗安全部队，因此增加阿富汗安全部队的规模和能力是减轻联军压力、最终实现“阿人治阿”的关键途径。该计划准备在2010年10月将阿富汗安全部队的人数由20万人扩大至24万人，并在2011年10月扩大至30.5万人。扩军的主体将是轻步兵连和战斗勤务支援部队，因为这些部队对于反叛乱活动是最重要的，也是最容易建立起来的。炮兵、工兵和快反部队的扩编将延期。美国将向其提供必要的作战装备，主要是适应反叛乱作战的轻武器和直升机，大炮一类的重型装备将会延期提供。[①]

根据这项计划，驻阿联军和阿政府军于2010年2月向塔利班盘踞的赫尔曼德省马尔贾地区发起代号为“共同行动”的军事行动。马尔贾是塔利班控制的南部最大城镇，也是其后勤枢纽和鸦片走私网络中枢。攻下马尔贾意味着掐住塔利班的咽喉。2月27日，联军成功攻占了马尔贾。美军下一步的目标是逐步控制沿赫尔德曼河数百公里长的马蹄状城镇带。这一地带人口约占坎大哈省和赫尔德曼省人口总数的80%。而为了防止塔利班获得当地民众的支持，阿富汗政府将派驻1900多名行政管理人员，以重建地方政权。[②] 6月28日，美军与阿富汗安全部队沿着巴阿边境的库纳尔省展开了清剿行动，共击毙150多名塔利班武装分子。此次进攻的目的是挫败塔利班要在该省开辟第二战线并与巴基斯坦塔利班合流的企图。不过，联军攻占坎大哈省的计划在6月初暂时受挫，主要原因是尚未取得当地部族长老的支持。[③] 9月1日，美军再次发起代号为“坎大哈合作”的军事行动，总计有2.5万名美军和阿富汗国民军参战。本次行动的目标是切断塔利班进入坎大哈的武器和人员流动路线，夺取塔利班最高领导人奥马尔的老家——辛格萨尔村，恢复该区民众对卡尔扎伊政府的信心，并将塔利班政治人物逼到谈判桌上来。[④] 目前，此项战事仍在激烈进行中。

在7月21日召开的阿富汗问题国际会议上，包括美国在内的许多国家政要声称，阿富汗战争目前很难再得到国内民众的支持。美国国务卿希拉里坦言，要

---

① 中国网2010年3月31日讯：《美军出台未来12～18个月打击塔利班整体战略计划》，http：//www. china. com. cn/military/txt/2010－03/31/content_ 19724231. htm。

② 新华社专稿（冯武勇）：《阿富汗南部清剿塔利班：美军行动侧重善后》，http：//news. ifeng. com/world/201002/0214_ 16_ 1546616. shtml。

③ 新华网华盛顿2010年6月10日电（记者王丰丰、杜静）：《驻阿富汗美军暂缓坎大哈攻势》，http：//news. xinhuanet. com/world/2010－06/11/c_ 12207698. htm。

④ 新华网2010年9月10日：《重兵进剿塔利班“老巢”美军无奈坎大哈“幽灵”》，http：//news. xinhuanet. com/world/2010－09/10/c_ 12538103. htm。

让美国民众支持美军继续驻守阿富汗将是一项挑战。英国首相卡梅伦表示，英军最早可能从2011年开始撤离阿富汗。北约秘书长拉斯穆森说：“我们对塔利班估计不足。九年的战争表明，我们为所达到的目标付出的代价远远超过预期。”本次会议决定，要在2014年前将安全和预算职责全部移交给阿富汗政府。①“阿人治阿”的时代虽为期不远，但喀布尔政府能否担起这个重任还是个未知数。首先，塔利班到底会不会卷土重来还要看当地政府的执政能力，而这一点令人很不放心。塔利班在阿南部和东部地区根基深厚、势力强大，在北部和西部的活动也在加速蔓延。卡尔扎伊想要在3年时间里让政府的执政能力上个大台阶，困难很大。其次，政治和解受阻与安全局势恶化互为因果。一方面，塔利班把外国部队撤军作为和谈前提，导致和谈进程难有进展、安全局势循环反复；另一方面，阿富汗政府能力不足，撤军后政府军能否掌控安全局势值得怀疑。外国部队也未必会任由9年苦战的结果付诸东流，能否按时撤军尚存变数。最后，阿富汗政府的腐败现象有扩大之势。腐败问题将直接影响民众对政府的支持率，同时又是塔利班能扎根基层的重要原因之一。②

另外，美国内部对阿富汗战争的未来亦有较大争执，这从2010年6月驻阿美军司令麦克里斯特尔因在接受采访时对总统、副总统等政府高官出言不逊而被解职可见一斑。在如何维护阿富汗安全局势、推动美国从阿顺利撤军问题上，麦克里斯特尔和政府文官存在较大分歧。他希望继续增兵并提供更多的民事援助，拉拢塔利班温和派人士，并质疑卡尔扎伊的执政能力。而这些要求都得不到政府的全力支持。麦克里斯特尔的继任者彼得雷乌斯（前中央司令部司令）上台伊始就夸口要在一年内打赢阿富汗战争，而他面临的第一个艰巨任务就是拿下坎大哈省。留给他的时间并不多，因为美军按计划2011年7月开始撤军，而2010年年底，美国还面临北约峰会、中期选举以及重新评估阿富汗战略等事项。如果彼得雷乌斯不能在中期选举之前使阿富汗安全形势有明显好转，那么奥巴马政府将面临巨大的政治压力。③

---

① 新华网2010年7月23日：《美媒：美国在阿富汗陷入“无结果的战争”》，http://news.xinhuanet.com/world/2010-07/23/c_12365607.htm。

② 新华网喀布尔2010年7月22日电（记者王岩）：《阿富汗还会重回老路吗?》，http://news.xinhuanet.com/world/2010-07/22/c_12362794.htm。

③ 杨鸿玺、杨中强：《奥巴马战场换帅难以治本》，2010年7月15日《中国社会科学报》。

三　世界各地区的重大国内武装冲突

南亚、东南亚和非洲是国内武装冲突、内战或恐怖暴力事件的高发地。导致冲突发生和持续的原因很复杂，包括分离主义、意识形态、宗教和民族矛盾、权力斗争、资源争夺和政府无能等。这些冲突大多十分“顽固”，很难找到有效的解决办法。

（一）南亚和东南亚地区的重大国内冲突

印度一直是恐怖组织和反政府武装十分活跃的国家。如表5所示，2009年，印度军警共打死恐怖分子1080人，政府军亦有431人阵亡，冲突共造成720名平民死亡。对比2008年数字，可以看出2009年印度的安全形势稍有好转。2010年前9个月，政府军击毙恐怖分子588人，而自己阵亡313人，平民则有585人死亡。估计全年这三项统计数字将继续下降。

表5　印度国内冲突死亡人数

单位：人

年　份	平　民	政府军	恐怖分子	总　计
2005	913	287	1319	2519
2006	1104	388	1273	2765
2007	1009	404	1185	2598
2008	1019	372	1220	2611
2009	720	431	1080	2231
2010	585	313	588	1486

注：2010年数据截至9月30日。

资料来源：http：//www. satp. org/satporgtp/countries/india/database/indiafatalities. htm。

表6显示，印度主要的反政府武装集中在克什米尔、阿萨姆、曼尼普尔三个邦，但极左的纳萨尔派武装——又称印共（毛派）武装——是个例外。它在全国20个邦中的233个县展开武装斗争，影响力辐射40%的国土和35%的人口。它有9.2万平方公里的实际控制区，并在其中建立了自己的行政和司法体系。它制造的暴力事件和造成的人员死亡量远远超过其他武装派别。印度内政部称在过去3年中，全国91%的暴力事件都是由纳萨尔派武装引起，造成至少

2700多人死亡。难怪印度总理曼莫汉·辛格称该派武装是“印度国内最大的安全威胁”。①

表6 2010年印度国内冲突死亡人数分类

单位：人

	平民	政府军	恐怖分子	总计
安得拉邦	0	1	0	1
阿鲁那恰尔邦	0	0	0	0
阿萨姆邦	23	12	84	119
查谟和克什米尔	31	60	204	295
马哈拉施特拉邦	18	0	0	18
曼尼普尔邦	20	5	96	121
米佐拉姆邦	0	0	0	0
梅加拉亚邦	1	0	9	10
那加兰邦	0	0	3	3
旁遮普邦	0	2	2	4
特里普拉邦	0	2	1	3
纳萨尔派武装	492	231	189	912
总计	585	313	588	1486

注：2010年数据截至9月30日。

资料来源：http：//www.satp.org/satporgtp/countries/india/database/indiafatalities.htm。

自2009年底以来，印政府军加紧了对纳萨尔派武装的打击力度，而该派则加大袭击频率以示反抗。2010年初以来，纳萨尔派武装三次袭击安全部队，造成重大人员伤亡。2月，该派武装分子向西孟加拉邦一个警员营地发动袭击，打死20多名警察。4月6日，该派武装分子伏击了切蒂斯格尔邦丹德瓦达地区的“中央后备警察部队”的车队，造成75名警员丧生，5人受伤。7月20日，印度安全部队在切蒂斯格尔邦的4个兵营几乎同时遭到纳萨尔派武装的袭击，但此次安全部队无人员伤亡。② 从表6可知，2010年前9个月该派武装共造成723名政

① 陈航辉：《丛林游击队：纳萨尔武装》，《世界军事》2010年第8期，第27～30页。

② 新华网孟买2010年4月6日电（记者聂云）：《印度遭袭安全部队人员死亡总数升至75人》，http：//news.xinhuanet.com/world/2010－04/06/c_1219988.htm。

府军和平民死亡，而自己也有189人被击毙。纳萨尔派武装是一支装备颇为现代化的游击队，而且在控制区内建有成熟的党政军领导和组织体系。他们还通过男女平等、土地改革等社会改革措施与下层民众建立了亲密的关系。国大党主席索尼娅·甘地表示："纳萨尔武装的崛起反映出底层民众（尤其是落后的部落地区）没有从政府的发展倡议中受益，打败纳萨尔武装必须标本兼治。"①

克什米尔是印度另一个武装派别十分活跃的地区。印度一直指责该地区的武装分子得到巴基斯坦的支持，因此是跨境恐怖分子。如表6所示，2010年前9个月，这些武装派别共打死平民和军警91人，本方则有204人被击毙。另外，2010年6月11日，印安全部队向示威群众开火，导致一名学生丧生。此事迅速引发一轮动乱，其规模之大令中央后备警察部队和当地警方无力招架。7月7日，印度政府被迫派军队进入斯利那加平乱。这也是政府军10年来首次被用于平息当地骚乱。②

2009年的巴基斯坦的安全形势相比2008年更加恶化，恐怖暴力事件造成大量人员伤亡。据巴基斯坦《战斗报》统计，在2008年3月以后的18个月中，巴基斯坦发生大的恐怖袭击事件121起，造成1896人死亡。平均不到5天就有一起恐怖袭击事件发生，每起致死16人，每月约有105人死于恐怖袭击。③ 从表7也可以看出，从2008年开始，死于恐怖暴力的人以及被击毙的恐怖分子数量均大幅增长。2009年，死于恐怖袭击的政府军和平民共计3315人，比2008年增加516人；被击毙的恐怖分子有8389人，是2008年的2.15倍。经过2009年的多轮军事打击，巴基斯坦2010年的安全形势似乎略有好转。2010年前9个月被击毙的恐怖分子为4167人，而政府军有354人阵亡，平民有1386人死亡，预计全年这三项数字均不会超过2009年。

巴基斯坦塔利班现在是巴政府的头号反恐目标。该组织自2007年成立以来实力迅速上升，对巴国内安全局势造成了越来越大的影响，甚至连陆、海军总部、高级法院等要地，都成为它们袭击的目标。巴基斯坦塔利班主要集中在斯瓦特、巴焦耳和南瓦济里斯坦三个地区。这一带实行部族自治，各部落拥有独立武

① 陈航辉：《丛林游击队：纳萨尔武装》，《世界军事》2010年第8期，第28页。

② 中新网2010年7月8日电：《印度中央政府10年来首度派兵威慑克什米尔》，http://www.chinanews.com.cn/gj/2010/07-08/2390790.shtml。

③ 陈小茹：《五大难题困扰巴基斯坦》，2010年4月30日《中国青年报》。

表7　巴基斯坦死于恐怖暴力的人数

单位：人

年　份	平　民	政府军	恐怖分子	总　计
2005	430	81	137	648
2006	608	325	538	1471
2007	1523	597	1479	3599
2008	2155	654	3906	6715
2009	2324	991	8389	11704
2010	1386	354	4167	5907

注：2010年数据截至9月30日。

数据来源：http：//www.satp.org/satporgtp/countries/pakistan/database/casualties.htm。

装，非常有利于塔利班藏匿其中。这三个地区的居民多为普什图族人，与塔利班有着相同的民族、文化与宗教背景。这三个地区都是攻防兼备的战略要地，地势险要，易守难攻。如果阿富汗一侧的北约部队加大清剿力度，他们就越境进入巴境内躲藏；如果巴基斯坦军队采取行动，他们又会逃窜至阿方一侧藏匿。

2009年上半年，巴政府军曾派数万大军进驻斯瓦特河谷地带清剿塔利班分子，取得了一些成果。据巴三军公共关系办公室部门负责人萨伊德·阿里准将介绍称，巴军2009年进行大型反恐战斗209次，小型战斗510次。南瓦济里斯坦、巴焦尔地区塔利班武装的据点已被悉数摧毁。斯瓦特河谷地区秩序正常，230万难民回归故里。①

不过，巴政府军很难根除塔利班。从2009年下半年至今，塔利班势力又开始回潮，在白沙瓦、拉瓦尔品第、伊斯兰堡等城市制造多起恶性恐怖爆炸事件。2009年12月7日，巴基斯坦东部城市拉合尔一市场发生两起爆炸，造成33人死亡，90多人受伤。② 2010年元旦，巴基斯坦西北部边境地区一个村落的排球场发生自杀式汽车炸弹袭击，造成93人死亡。③ 7月9日，巴西北部地区发生自杀式袭击和汽车炸弹爆炸事件，造成105人遇难，超过100人受伤。该事件堪称巴历史上最严重的恐怖袭击事件之一。巴基斯坦塔利班宣称对此次袭击事件负责，

① 陈小茹：《五大难题困扰巴基斯坦》，2010年4月30日《中国青年报》。

② 新华网伊斯兰堡2009年12月7日电（记者晏忠华　田宝剑）：《巴基斯坦东部拉合尔爆炸伤亡人数升至120多人》，http：//news.xinhuanet.com/video/2009－12/08/content_12608664.htm。

③ 新华网伊斯兰堡2010年1月2日电（记者田宝剑）：《巴基斯坦安全局势依然严峻》，http：//news.xinhuanet.com/world/2010－01/02/content_12744165.htm。

称他们袭击的目标是亲政府的部落长老。[①]

面对频频发生的暴力袭击，巴基斯坦政府处于两难之中。如果狠打塔利班，会激起国内一片反对之声。如果轻打塔利班，又会被美国指责为“拿钱不办事”。2010 年 7 月 19 日，美巴举行第二轮部长级战略对话。美国宣布向巴提供总值 5 亿美元的援助计划，这是美国国会 2009 年通过的 75 亿美元援助计划的一部分。新援助项目主要涉及能源及医疗等领域，目的是帮助巴基斯坦发展经济，从而缓和巴民间的反美情绪。参加战略对话的希拉里敦促巴基斯坦加大军事打击力度，并要求其将北瓦济里斯坦地区的哈卡尼组织定性为恐怖组织。据悉，该组织背后一直有巴情报部门的支持，这是巴军方迟迟不愿采取行动的主要原因。[②]

在菲律宾，总统阿罗约曾承诺在 2010 年卸任之前彻底消除恐怖组织和极端势力的威胁。自 2009 年夏天以来，菲军方加紧围剿行动，力图给阿布扎耶夫组织最后一击。2009 年 7 月 19 日，菲军方发言人布劳纳声称，政府不会与其展开政治对话，不对该组织成员实行特赦。政府的最新战略是将军事行动和解决南部经济问题相结合，从根本上铲除这一组织。[③]

尽管菲军的清剿行动进展顺利，但阿布扎耶夫组织仍有反扑之力。比如，2010 年 2 月 27 日，该组织成员在其绑架的两名人质逃跑后袭击了一个村庄，杀害 11 人。[④] 4 月 13 日，菲南部巴西兰省首府伊萨贝拉接连发生 3 起爆炸事件，菲海军陆战队士兵和警察在赶往爆炸地点的途中遭到伏击，造成 3 名陆战队士兵和 1 名警察死亡。[⑤] 5 月 27 日，武装分子绑架了 3 名橡胶农场的工人。6 月 5 日，这 3 名工人被绑架者杀害。[⑥] 这些事件说明，要想彻底铲除阿布扎耶夫组织，菲律宾还需要做更多的工作。

---

① 中新网 2010 年 7 月 11 日电：《巴基斯坦部落爆炸已致 105 人死塔利班宣布负责》，http：//www. chinanews. com. cn/gj/2010/07 – 11/2394596. shtml。

② 人民网伊斯兰堡 2010 年 7 月 19 日电（记者牟宗琮）：《5 亿美元民事援助的反恐考量》，http：//world. people. com. cn/GB/12193793. html。

③ 孙天仁：《菲律宾对阿布扎耶夫最后一击》，2010 年 7 月 21 日《人民日报》。

④ 中新网 2 月 27 日电：《菲律宾阿布扎耶夫武装分子袭击村庄致 11 死 17 伤》，http：//www. chinanews. com. cn/gj/gj – yt/news/2010/02 – 27/2142284. shtml。

⑤ 新华网马尼拉 2010 年 4 月 13 日电（记者谭卫兵、赵洁民）：《菲律宾南部接连发生爆炸造成 4 人死亡》，http：//www. yn. xinhuanet. com/asean/2010 – 04/14/content_ 19516430. htm。

⑥ 新华网马尼拉 2010 年 6 月 5 日电（记者刘鹏、赵洁民）《菲军方说阿布扎耶夫武装杀害 3 名人质》，http：//news. xinhuanet. com/world/2010 – 06/05/c_ 12185753. htm。

（二）非洲地区的重大国内冲突

2010年以来，苏丹达尔富尔问题的政治进程取得明显进展。2月23日，达尔富尔和平会谈特别会议在多哈举行，苏丹政府与反对派“正义与平等运动”在会上签署了停火协议，并由联合国驻达尔富尔特派团负责监督实施。① 7月10日，苏丹南北方主要政党领导人启动会谈，讨论定于2011年1月举行的苏丹南部公投相关事宜。由南非前总统姆贝基率领的一个非盟委员会为公投后的政治发展设计了四个选择：一是南北方分别建国，双方就合作框架展开磋商；二是南北方分别建国，两国共享“相对松弛的边界，允许双方民众和物资自由流动”；三是南北方分别建国，双方公民需持护照方可穿越边境；四是南方民众在公投中选择维持统一。另外，南北双方还就石油资源分配、公民权、安全事宜以及遵守有关国际协议等四个主要议题展开磋商。②

7月14日，苏丹人民解放运动（简称“苏人解”）的北方局副书记亚希尔·阿尔曼表示，该组织将全面参与苏丹政府与达尔富尔反政府武装的调解工作，将与两个主要的反政府武装组织“苏丹解放军”和“公正与平等运动”进行协商。③ 7月21日，联合国与苏丹达尔富尔地区的主要反政府武装“正义与平等运动”签署谅解备忘录，“正义与平等运动”承诺结束招募和使用儿童兵，停止对儿童的性暴力和肢体残害，为达尔富尔地区的儿童提供保护。该组织还承诺停止袭击医院、学校等民用设施，并切实遵守相关保护儿童安全和权利的国际公约。④

尽管政治进程有所进展，但达尔富尔地区的数支武装组织（包括部落武装）仍在互相争斗、仇杀。2009年，这些部落冲突共造成约2000人死亡，25万人流离失所。2010年以来，他们继续相互攻击，造成大量人员死伤。他们还数次袭

① 中新网2月26日电：《中国驻卡塔尔大使出席达尔富尔停火协议签字仪式》，http：//www.chinanews.com.cn/gn/news/2010/02－26/2140792.shtml。

② 李良勇：《苏丹正式启动南北会谈考虑“四个选择”》，http：//news.xinhuanet.com/world/2010－07/12/c_ 13394922.htm。

③ 国际在线报道（记者方文军）：《苏丹人民解放运动愿为政府与达尔富尔反政府武装调解》，http：//gb.cri.cn/27824/2010/07/15/3245s2921067.htm。

④ 新华网联合国2010年7月21日电（记者白洁、王湘江）：《联合国与苏丹达尔富尔反政府武装签署保护儿童协议》，http：//news.xinhuanet.com/world/2010－07/22/c_ 12359050.htm。

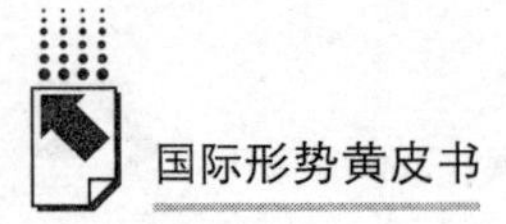

击非盟和联合国维和人员。5 月 7 日，非盟－联合国达尔富尔混合行动的一支车队在苏丹南达尔富尔州遭到伏击，两名维和军人死亡，3 人重伤。[①]

在索马里，局势仍旧动荡，索过渡政府在外国力量的支持下勉强维持，并与最大的反政府组织青年党在多处激战。2010 年 7 月 19 日，青年党武装与政府军发生交火，造成 5 人死亡。另有 23 名平民受伤，其中包括 10 名儿童。该组织称，此次进攻占领了新的地盘，但政府军称他们击退了青年党的进攻。[②]

索青年党已经把恐怖触角延伸至邻国乌干达。2010 年 7 月 11 日，他们在乌干达首都坎帕拉市郊制造了两起爆炸事件，造成 64 人死亡，65 人受伤。该组织发言人阿里·马哈茂德称，这样做是为了“报复”乌干达向索马里派出维和人员。[③] 鉴于此，另一个向索马里派出维和人员的国家肯尼亚加强了边境地区的警戒力量，加强对出入人员的监控。[④]

索马里政局的现状，受到了东非国家的关注。2010 年 7 月 4 日，东非政府间发展组织（伊加特）首脑紧急会议要求由联合国维和部队取代非盟维和部队，要求非盟和联合国努力落实此前索过渡政府与反政府武装达成的协议，敦促大国尽快兑现向索马里提供经济援助的承诺。[⑤] 7 月 27 日，非盟首脑会议决定将向索马里增派 4000 名维和士兵，将与目前驻扎在索马里的 6000 多名士兵一同执行维和任务。9 月 3 日，非盟索马里问题副代表瓦富拉·瓦穆尼尼表示，索马里反政府武装日前在摩加迪沙发起的攻势已经得到控制。如果能够得到人员和装备支持，非盟维和部队有能力将控制范围扩大至摩加迪沙北部地区。[⑥]

西方国家特别是美国现在开始担心青年党变成一个有跨境恐怖袭击能力的伊

① 联合国电台 2010 年 5 月 7 日联合国总部报道（记者黄莉玲）：《特派团谴责杀害达尔富尔维和军人事件》，http：//www. unmultimedia. org/radio/chinese/detail/137322. html。

② 中新网 2010 年 7 月 19 日电：《索马里“青年党”与政府军在首都激战致 5 人死亡》，http：//www. chinanews. com. cn/gj/2010/07－19/2411231. shtml。

③ 新华网内罗毕 2010 年 7 月 12 日电（记者王雅楠）：《索马里反政府武装宣称乌干达爆炸事件是其所为》，http：//news. xinhuanet. com/photo/2010－07/13/c_ 12326538. htm。

④ 新华网内罗毕 2010 年 7 月 12 日电（记者王雅楠）：《乌干达连环爆炸肯尼亚绷紧神经》，http：//world. people. com. cn/GB/12132007. html。

⑤ 人民网 2010 年 7 月 5 日讯（记者安国章）：《东非政府间发展组织召开紧急首脑会议研究索马里局势》，http：//world. people. com. cn/GB/12059272. html。

⑥ 人民网约翰内斯堡 2010 年 9 月 4 日电（记者裴广江）：《非盟官员表示驻索马里维和部队增至 7200 人》，http：//world. people. com. cn/GB/1029/42359/12635327. html。

斯兰极端组织。根据联合国驻索马里监督机构在2006年发表的一份报告，青年党在2006年7月派720名武装分子加入了黎巴嫩真主党与以色列军队的战斗，后来他们有80人返回摩加迪沙。青年党由此获得了伊朗和叙利亚的帮助。奥巴马政府的一名高级官员称，美国担心青年党与很多组织包括“基地”组织结为联盟。①

有学者研究指出，非洲的恐怖主义并非如人们想象中那么严重，主要发生在人口、宗教和部落交叉地带，即阿拉伯非洲与撒哈拉以南非洲的交叉地带。恐怖主义的高危国有索马里和苏丹；中度危险国有毛里塔尼亚、阿尔及利亚、尼日利亚、突尼斯、埃及等国；低度危险国有肯尼亚、坦桑尼亚和乌干达等国。为应对恐怖主义威胁，目前在运作的有不同层次的反恐机制。地区性的机制有非盟在1999年通过的《预防与对抗恐怖主义的阿尔及尔公约》和2004年建立的反恐中心。该中心负责搜集有关情报，分析恐怖主义的新动向，并向成员国提供预警信息。迄今为止，该中心已举行了四届反恐大会。双边性的反恐机制主要是美国在非洲的反恐机制。美国在非洲实施了多项反恐地区安全计划，包括跨撒哈拉反恐计划和东非国家计划等。2007年10月，美军非洲司令部正式成立，开始执行反恐任务。最后是非洲各国自身的反恐机制，以及欧盟、中国等大国在非洲的临时性反恐安排，包括欧盟在非洲的危机管理措施和中国参与索马里海域的反海盗巡逻等。②

四　小结

自2009年以来，严格意义上的国际性重大武装冲突已不存在，存在的只是重大跨国武装冲突。这一现象在2010年得以延续。随着美军的撤出，伊拉克战争日益转变为国内武装冲突。如果驻阿联军真的能够在2011年7月开始撤出的话，那么阿富汗战争也将日益转变为国内武装冲突。当然也可能会有新的跨国武装冲突出现。比如，如果索马里青年党继续对邻国进行恐怖袭击的话，不排除肯

① 《美媒：索马里青年党欲与其他组织结成恐怖大联盟》，http：//www.chinadaily.com.cn/hqgj/2010－07/15/content_10112138.htm。

② 张春：《非洲反恐形势再现波折》，2010年8月26日《中国社会科学报》。

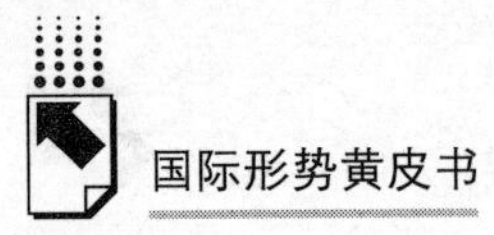

尼亚、乌干达或其他国家会出兵索马里，帮助索过渡政府打击青年党武装。

就目前多数跨国武装冲突而言，外国出兵一方往往打得赢战斗，却打不赢战争。以色列相对于哈马斯，美军相对于伊拉克和阿富汗的反政府武装，在战场上都享有绝对的军事优势，但他们都很难实现彻底剿灭对手，并长期维持当地安全形势稳定的目标，因为他们的对手多数有较深厚的群众基础，而且采取了以低制高（以低技术兵器对抗高技术兵器）、打了就跑、藏身于民的游击战略。美军在伊拉克和阿富汗强调要放下身段、亲近民众、发展经济、重建社会，就是为了使反政府武装这条“鱼”离开人民群众这池“水”。然而，作为外国占领军，他们是不能直接完成这一任务的，而只能协助当地政府去做这件事。因此，当地政府的执政能力是他们最终能按时、体面撤出的关键因素。

参考文献

Stockholm International Peace Research Institute, *SIPRI Yearbook 2009*. http://www.sipri.org.

Heidelberg Institute for International Conflict Research at The Department of Political Science, University of Heidelberg, *Conflict Barometer 2009*, http://www.hiik.de/konfliktbarometer/pdf/ConflictBarometer_ 2009.pdf.

Map of Armed Conflicts in 2009, www.ploughshares.ca/MapACR09.pdf.

Armed Conflict Database, International Institute for Strategic Studies, http://acd.iiss.org.

www.ploughshares.ca.

http://www.satp.org.

http://www.systemicpeace.org/warlist.htm.

http://icasualties.org.

杨鸿玺、杨中强：《奥巴马战场换帅难以治本》，2010 年 7 月 15 日《中国社会科学报》。

新华网：http://www.xinhuanet.com。

中国网：http://www.china.com。

人民网：http://www.people.com.cn。

环球网：http://www.huanqiu.com。

联合国新闻网：http://www.unmultimedia.org。

联合国网站：http://www.un.org。

中国国际广播电台国际在线网：http://gb.cri.cn。

中新网：http：//www. chinanews. com。

中国日报网：http：//www. chinadaily. com. cn。

Major Global Armed Conflicts：2009 – 2010

Xu Jin

Abstract：Major global armed conflicts from 2009 to 2010 basically remained the same as in the previous year. Accordingly, there has been no significant variation in the general international security situation. The Middle East, South Asia, and Northeast Africa are host to the majority of the armed conflicts. The war in Iraq, the war in Afghanistan, the Israeli-Palestine conflict, and the civil wars or armed conflicts in Sudan, Pakistan, and Somalia are all attracting global attention. Since last year, serious international armed conflicts have been replaced by transnational armed conflicts, whereas the latter have been transformed into civil armed conflicts.

Key Words：Armed Conflicts；International Armed Conflicts；Civil Armed Conflicts

Y.5

全球军事形势述评：2009～2010

高　华*

摘　要： 国际金融危机尽管削弱了美国的地位，但军费占全球43%的美国仍然是唯一具有全球军事影响力的国家。2009～2010年度，美国的军事战略进行了大幅度的调整，一方面从伊拉克撤军，把战略重点转向阿富汗；另一方面强调外交手段的运用，并呼吁其盟友共担责任。在美国战略东移的过程中，以军事部署和外交围堵应对中国的崛起已成为国际军事形势的一个重要事实。在军控领域，美俄签署了新核裁军条约，但在反导问题上仍在不断较量。首届核安全峰会的召开表达了各国维护和强化国际核不扩散体制的共同意愿，但要真正消除核威胁还任重道远。

关键词： 全球军事形势　美国军事战略　军费开支　核安全

一　美国军事战略的调整

2010年上半年，美国政府先后出台了《四年防务评估报告》、《核态势评估报告》和《国家安全战略报告》。这一系列的重要战略报告出台，反映了美国安全战略、对外战略和军事战略的调整。

美国新安全战略的基点是“外交接触”和“国际结盟”，呼吁各国分担国际安全义务。该报告的显著变化是放弃了“9·11”事件后小布什政府奉行的“先发制人”战略。奥巴马政府淡化反恐战争概念，强调在维持军事优势的同时，更加注重外交等非军事力量在应对国家安全挑战中的作用，明确将军事作为外交

* 高华，中国社会科学院世界经济与政治研究所副研究员。主要研究领域：国际关系、区域组织与国际安全。

努力无效情况下的最后手段。

奥巴马的国家安全战略可以归纳为“一个目标、两个大局、四大利益、两个途径、三个注重”。① 一个目标是“重振美国的领导地位”，“美国决不当老二”。两个大局是“在国内从事建设，在海外发挥影响”，这体现了美国重视恢复自身国力与国际影响力的两个大局的战略思维。四大利益是指美国的国家安全利益包括“安全、繁荣、价值、国际秩序”四个方面。两个途径，一是维持强大的联盟，北约、亚洲、北美盟国为基本依靠力量；二是建设与其他 21 世纪影响中心的合作关系，包括中国、印度、俄罗斯等国家。三个注重是注重维持美国军事力量的绝对优势，注重美国军事力量的合理使用、注重美国军事力量资源配置的平衡。该战略报告提出美国所要应对的安全挑战是：①恢复和加强国内安全；②在阿富汗、巴基斯坦和全球范围内捣毁、打击、击败“基地”组织及其极端暴力分子；③防止核、生物武器与核材料的扩散；④推进大中东的和平、安全与发展；⑤投资增强伙伴国家的力量与能力；⑥确保网络（电磁空间）安全。其中当务之急的两大重点为，在阿富汗、巴基斯坦打击“基地”组织，在全球防止大规模杀伤性武器扩散。

美国新的安全战略报告反映了这样一种战略思想，即面对多样性、复杂性和跨国性的全球问题，再强大的国家也难以单独掌控全局。美国虽然拥有强大的军事机器，但同时打两场战争无法坚持很长时间，不能再继续单干，而应让盟友分担更多的责任。因此，奥巴马上台后变换了策略，在外交上注重推行“巧”字。正如国务卿希拉里所说：“我们并非不再强大”，“我们正从主要是直接运用和行使美国强权”，转向一种间接的姿态，这需要有耐心和合作伙伴，其结果也来得较为缓慢。②

一年来，美国军事战略调整的最重要的表现就是从伊拉克撤军。2010 年 8 月 31 日，美国总统奥巴马在白宫发表讲话，正式宣布美国在伊拉克的 7 年作战任务已经结束，驻伊 1.5 万人的作战部队全部撤离，剩余的 5 万多名美军留驻伊拉克，重心将转向“民事领域”，任务是“训练伊拉克部队，配合伊拉克执行反恐任务，帮助重建，促进伊拉克政治和解，保护美国在伊拉克的军事和民事成

---

① 杨毅：《中国如何应对美国战略调整》，2010 年 7 月 12 ~ 18 日《知识博览报》，第 24 版。

②《美国新战略重点在于处理威胁》，《纽约时报》网站，2010 年 5 月 27 日。

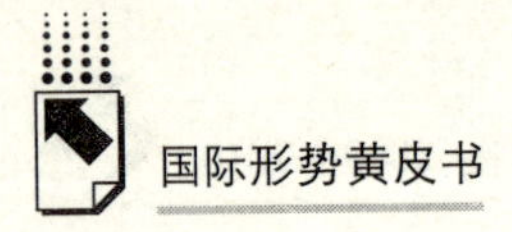

果”等。奥巴马政府计划在2011年底之前完成全部撤军。

奥巴马的撤军之举，是为摆脱战争泥潭而不得不采取的政策。在长达7年半的战争中，美国耗资1万亿美元，造成4000多名美军死亡，3万多名受伤，10万伊拉克人丧生。美国在政治、经济、军事和外交等方面都付出了沉重代价。然而，伊拉克的民主和平并未真正实现，宗教内乱与政治纷争不断，经济建设停滞不前，政治重建障碍重重，至今尚未组建成一个能完全自主掌控局面的强有力的政府。尤其是基础薄弱的民主政体，缺乏广泛的民意支持和有效的组织保证。事实表明，美国无法打赢伊拉克战争，其主导下的伊拉克民主重建也已归于失败，继续下去只会让美国花更多的钱、死更多的人、流更多的血和耗费更大的精力。从美国国内来讲，奥巴马及其民主党支持率下滑，按期从伊拉克撤军，则有可能重新赢得选民支持，进而为2010年11月国会中期选举获胜增加筹码。

对伊拉克政局而言，美国撤军将会带来难以估计的复杂影响，给未来的重建投下浓厚的阴影。目前伊拉克国内形势严峻，武装冲突和恐怖事件不断，建立联合政权的协商举步维艰。十几万美国军队尚且担负不起维持安定的任务，剩下的5万士兵更是绠短汲深。伊拉克自身的安全部队毕竟很不成熟，现政府已经要求阿拉伯国家和伊斯兰国家派军队来帮助维持安全。

美国从伊拉克撤军后，战略重点东移，把军事力量集中用于阿富汗战争。在阿富汗奥巴马政府采用的是“以进谋退”的策略。2009年12月1日，奥巴马在西点军校宣布向阿富汗增兵3万人。他的设想是，在经历18个月“短暂密集”的军事行动之后，美军能够在2011年7月开始从阿富汗撤出。相比于伊拉克，阿富汗战争对美国的意义更为重要：它不仅关乎美国反恐战争的成败，更决定着以阿富汗为基地、辐射亚欧的美国中亚地缘战略目标的成败。

从美国国家安全战略目标来看，今后一段时间，美国会把撤军后收缩的战略力量逐步用在解决核问题上。撤军虽然会短时期影响到美国的“声誉”，但最终还是对美国有利。值得指出的是，美国的干涉欲望未因伊战受损，奥巴马并非全然摒弃美国在战后使用武力谋取利益的一贯策略，只是要把这种策略运用得更加巧妙而已。他在宣布结束伊拉克战事的同时，高调坚持美国将打赢阿富汗战争。人们不禁要问：阿富汗是否会成为奥巴马的“伊拉克”？不仅如此，当美国从伊拉克抽身而出，军事力量获得喘息后，立刻又在伊朗问题上透露出动武的迹象，同时在东亚与东北亚的海域炫耀武力，编织围堵中国的军事大网。可见，在美国

基本战略手段的使用上，奥巴马与布什并无二致，而且从战后的局部战争历史来看，美国民主党政府在发动战争的决心上，并不比共和党优柔寡断。

从一年来美国在亚太地区频繁军演的动作看，美国军事力量的显示与使用仍然是战略手段的重要一环。自2010年6月开始，美国在环太平洋、东北亚和东南亚等地区进行了一系列军事演习。这些军事行动不仅引发了人们对这一地区形势的密切关注，而且令人感到强烈的火药味正在中国周边地区弥漫。

2010年6月23日起，两年一度的多国“环太平洋”演习在夏威夷海域进行，有美国、加拿大、智利、哥伦比亚、法国、澳大利亚、印度尼西亚、日本、马来西亚、荷兰、秘鲁、韩国、新加坡和泰国14国海军参加。该系列演习从1971年开始每两年一次，2010年已经是第22次。面对日益复杂的国际形势，尤其是环太平洋国家政治军事形势的复杂多变，本次军演的指向性备受关注。

在演习中，来自14个国家的34艘战舰、5艘潜艇、上百架军机和2万多人齐聚，海陆空全新装备登场，美军F-22A战斗机首度参演。参加演习的美军舰艇中，包括“里根”号核动力航母、“好人理查德”号两栖攻击舰、“自由”号濒海战斗舰、3艘核潜艇以及其他8艘军舰。其中“自由”号是濒海战斗舰的首舰，更代表未来美国海军舰艇的发展方向。

此次演习的方案设计主管、太平洋论坛战略预计研究中心的卡尔·贝克尔表示，该演习是对美国和盟国海上实力的展示，目的是协调各国的海上协同作战能力，同时借此确保美国在南海的海上通道畅通无阻。贝克尔称，中国海军活动范围正在越过日本列岛，并强调在南海的主权。他认为，环太平洋系列演习历史上原本针对的是苏联在太平洋地区的活动，但“现在必须灌入新的理念，即守卫美国及其盟国在商业以及通信海道方面的安全并展示美国的力量，维护美国的国家利益，并确保美国在太平洋上航行自由的权力”。① 从这些言论中可以感到，演习具有防备中国等亚太地区的新兴军事力量的明确目的。

2010年7月25～28日，美韩在日本海进行了“不屈的意志”联合海上军演，美国“乔治·华盛顿”号航母、亚洲最大登陆舰“独岛”舰等20多艘舰艇和F-22战斗机等200多架飞机参与了军演。美韩双方投入兵力达8000多人。这是自1976年以来，美韩军队进行的最大规模军演。日本首次派出4名海上自

---

① 《环太平洋军演炫耀武力明显》，中国新闻网，2010年7月8日。

卫官，作为观察员参加了演习。8月16~26日，美韩又在韩国东部海域（日本海）与韩国西部海域（黄海）进行联合军演。9月27~31日，美韩再次在黄海举行联合反潜军演。韩国军方称："直到年底，韩美计划每月进行一次联合军演。"（美韩军演最初计划在黄海，因为中国的反对改成在日本海。）美韩接二连三军演给朝鲜半岛局势火上浇油，而美国竟然将演习起因归咎于中国在"天安"号事件上偏袒朝鲜。此外，美国"华盛顿"号航母参演给东北亚局势带来的最新挑战，实际上是透过在中国敏感地区的军演来测试中国的战略意志。

2010年8月11日，美国与越南在南海展开为期一周的首次海上联合军事演习，以"进一步促进美越军事交流，纪念美越关系正常化15周年"。美国派出导弹驱逐舰"麦凯恩"号和核航母"乔治·华盛顿"号参演。美国军方表示，此次联合军演的目的之一是保护美国和越南的共同利益。所谓美越"共同利益"是什么？两个昔日的冷战敌国之所以能够携手，一是南海的能源战略利益让美国无法忽视，美越有望共同开发相关海域水下的石油资源；二是对中国大国崛起之路的围堵设防，美国利用南海岛屿争端拉拢越南，牵制中国，越南则希望借助美国力量平衡中国在东南亚的地区影响力以及使南海既得利益合法化。美越在南中国海进行联合军演，对中国的潜在威胁要大于美韩黄海军演。因为越南与中国南部接壤，美国如果得以在越南立足，等于得到了虎视中国的桥头堡。这次演习标志着美越两国已经从昔日的夙敌变成今日的军事伙伴。美越关系正常化后首次进行的联合军演，其政治意义远远超过了双边演习的范畴。

美国近来高调宣布插手南海事务。2010年7月下旬，美国国务卿希拉里在越南河内举行的第17届东盟地区论坛外长会议上，声称解决南海主权争议是"美国的国家利益所在"。8月18日，美军太平洋司令部司令罗伯特·威拉德在菲律宾表示，美国将长期在南海维持军事存在，并希望周边各国积极发展军力以"保护各自领海"。可见，美国的真实用意是欲借军演重返东南亚，在黄海和南海"两条战线"制衡中国，给中国施加前所未有的包围感。

美国在亚太地区主导的一系列军事演习具有下述三方面的意义。

第一，美国担心被"挤出"亚洲，军事战略重心逐步东移。过去10年来，美国由于发动全球反恐战争，手伸得过长，屡屡受挫。伊拉克和阿富汗两场战争，占用了美国极大的战略资源，使美国疲于奔命，整体上呈现一种颓势。因此，在东亚和东北亚地区，美国无暇投入更多精力，影响力逐渐下降。为此，奥

巴马上任后，高调喊出要重返亚洲、重返东南亚的口号，成为深度介入亚洲事务的“太平洋总统”。

第二，美国患上了“亚洲焦虑症”，或者说是一种战略恐慌，把中国视为其在全球地缘战略筹划中的新聚焦点而围堵中国。美国最新《四年防务评估报告》中明确提到中国军事发展对美国未来的“威胁”，称美国必须提升驻亚太军力以应对未来美中冲突。① 美国环球战略网刊文指出，美国政府从维护“一超”的国家利益出发，已将2015年前后的中国视为全球性竞争对手。美国政府的对华基本军事战略是：战略威慑，前沿围堵，诱压并举，以压为主，避免大战，有限打击，多方准备，以快制胜。②

第三，美国芝加哥大学米尔斯海默教授认为，“平衡手”战略是美国维持霸主地位最有效的方法，其实质是让地区大国相互担忧，彼此制衡，让每一个潜在挑战国都生活在邻国的制衡中。为了对付国际影响力不断上升的中国，美国把“离岸平衡战略”再一次用到了极致，通过保持争端并两头下注的方式，拉拢联合尽可能多的国家，挑起中国与邻国间的冲突，以达到不战而屈人之兵的目的。打开世界地图不难发现，中国已经陷入“C”形战略包围圈：以日本为起点，经南海周边国家和印度，再到阿富汗，从海上到陆地，都被美国包围，只剩下东北亚与俄罗斯接壤的小部分。美国在中国周边构筑的“C”形战略布局，被称之为“亚洲版北约”。

二　军费开支现状与分析

军费开支，是研究各国军事的一个极为重要的量化指标。它所衡量的是国家对军事力量的投入程度。

（一）2009年全球军费开支概况

在全球金融危机和经济不景气的情况下，各国政府为减少预算赤字不得不削减公共支出。然而，2009年全球军事支出的比重不但没有减少，反而升至历史新高。

① 《四年防务评估对应报告：加强装备现代化，扩大军队规模》，〔美〕2010年7月27日《防务新闻》网站。

② 《金一南论美国对华军事战略》，2010年5月31日至6月6日《知识博览报》，第23版。

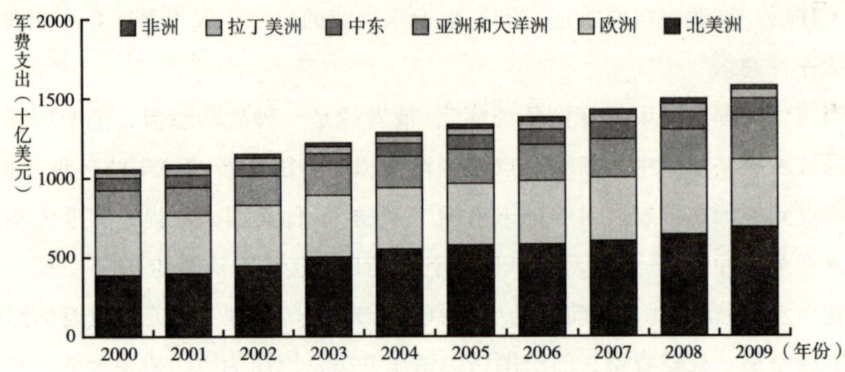

图1　SIPRI 列出的 2000～2009 年世界和地区军费的估算

注：数据单位为十亿美元，按 2008 年美元不变价格与汇率统计。

资料来源：*SIPRI Yearbook 2010*，Oxford：Oxford University Press，2010. p. 178。

瑞典斯德哥尔摩国际和平研究所（SIPRI）最新公布的统计数据显示，2009 年全球军费支出总额高达 15310 亿美元，比 2008 年增加了 5.9%，比 2000 年增加了 49%。2009 年的军费相当于全球国内生产总值（GDP）的 2.7%，全世界人均 224 美元。[①] 2009 年全球有 65% 的国家增加了军费开支，其中包括 G20 中的 16 个国家。非洲军费支出 274 亿美元，[②]比2008 年增长 6.5 %。中美洲军费支出 56 亿美元，涨幅 9.7%；南美洲军费支出 518 亿美元，涨幅 7.6%。[③]中东军费支出 1030 亿美元。[④] 亚洲和大洋洲军费支出 2760 亿美元，涨幅 8.9%。该所军费支出项目负责人萨姆·珀洛－弗里曼认为，“很多国家在 2009 年都增加了广义上的公共开支，这是通过刺激需求应对衰退的一种方法。尽管军费开支通常不是经济刺激方案中的主要部分，但是它没有被削减。这些数字还表明，对于像美国、中国、俄罗斯、印度和巴西这样的大国来说，军费开支体现了长远的战略选择，即使在经济困难时期，这些国家也愿意做出这些选择。”[⑤]

---

① Stockholm International Peace Research Institute, *Armaments, Disarmament and International Security, SIPRI Yearbook 2010*, Oxford University Press, 2010. p. 177.

② *SIPRI Yearbook 2010*, p. 178.

③ *SIPRI Yearbook 2010*, pp. 182－183.

④ *SIPRI Yearbook 2010*, p. 186.

⑤ *SIPRI Yearbook 2010*, p. 177, p. 200.

报告指出，2009年最大的军费支出国仍是美国，在军费上的投资高达6610亿美元，实际增长了7.7%，[①] 占2009年全球军费支出总额的43%。排在第二位的是中国，2009年军费支出为1000亿美元；[②] 法国位居第三，军费支出为639亿美元；英国第四，支出583亿美元；俄罗斯第五，支出533亿美元；日本升至第六，支出518亿美元。

关于中国的军费开支，这里需要说明的是，目前西方各研究机构对中国军费的评估混乱，普遍高于中国官方公布的数字。2009年1月20日，中国国务院新闻办公室发表的《2008年中国的国防》白皮书，正式公布2008年中国国防费年度预算为4177.69亿元。按照2007年底人民币与美元的兑换率计算，约合572.29亿美元。2009年3月4日，李肇星在十一届全国人大二次会议新闻发布会上宣布，2009年中国国防预算为4806.86亿元。2010年3月4日，李肇星在人大三次会议新闻发布会上宣布，2010年中国国防费预算为5321.15亿元，比上年预算执行数增加371.16亿元，增长7.5%。国防预算占当年全国财政支出预算的6.3%，与前几年相比，国防费增幅有所下降。近年来，中国国防支出占国民生产总值的比重仅为1.4%左右，而美国则超过4%，英国、法国等都超过2%。近些年来，西方媒体和一些智库始终强调亚洲军费在增加，欧洲军费在下降，字里行间有意无意透露出，亚洲军费增长和隐形的亚洲军备竞赛都是源于中国，这在一定程度上渲染了“中国威胁论”。

（二）美国仍然是全球军费开支最高的国家

作为全球军费开支最大的国家，美国2009年的军费开支增长可以部分归结为作战开销，尤其是阿富汗战场的开支更是达到创纪录的水平。2009年美国在阿驻军增加了两倍多，美军在阿富汗战场上的开销实际上已经超过了伊拉克战场。按照美国2010年国防开支预算，阿富汗军事行动将花费650亿美元，伊拉克为610亿美元。美军用于阿富汗的支出大部分将用在“反恐、反毒品和加强阿富汗安全力量”等方面。

美国国防部发布的《2009年度美军基地结构报告》显示，目前美国在全球

---

① *SIPRI Yearbook 2010*, p. 197.

② *SIPRI Yearbook 2010*, p. 189.

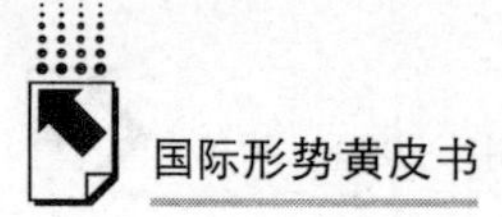

38 个国家设有军事基地，基地总数 716 处，驻军人数约 30 万人。特种作战部队部署 75 国，预算已从“9·11”事件后的 22 亿美元增至目前的 90 亿美元。[①] 由此可见，“只要美国在其军事上的开支几乎等于世界其他国家开支的总和，只要美国以不鼓励其他国家自卫的方式部署其军队，那么，美国将仍须承担维护地球治安的重担。”[②]

时值经济困难时期，美国财政不堪重负，目前的国债是 12.7 万亿美元。[③] 美国极度膨胀的军费已经拖累了其经济发展，因此防务机构从五角大楼到智库，都在想方设法寻找削减军事开支的途径。奥巴马总统发誓削减至每年仅增长 1%。国防部长盖茨认为当前美军方已经膨胀到臃肿不堪，习惯了不考虑成本，美国必须关紧“经费水龙头”。他要求“军工企业进行调试”，准备削减文职人员，改变“笨拙的恐龙式的官僚机构”，并详述了削减 1000 亿美元防务开支的计划。但问题在于，即使是最激进的建议，也仅仅提出应削减开支，而不是结束美国的全球驻军。然而即使美国将防务开支削减一半，也仍然高于目前和潜在的对手。

（三）削减军费开支成为欧洲各国政府的主调

2009 年欧洲军费开支总额为 3860 亿美元，[④] 比 2008 年减少 270 亿美元。[⑤] 欧洲的防务预算总和大约是美国防务支出的一半。经济与金融领域的世纪危机动摇了几乎所有欧洲国家的防卫能力基础，迫使其削减多余的双重支出。俄罗斯打算增加军费以加快军备更新，但落实起来可能困难。虽然一些比较富裕的中欧国家如捷克、匈牙利和波兰增加了军费开支，但是英国、德国、保加利亚、克罗地亚、爱沙尼亚、立陶宛、罗马尼亚、塞尔维亚、斯洛伐克、乌克兰和瑞士等许多国家都削减了军费开支。欧洲大国裁减作战部队和军费开支，是基于其对安全威胁以及如何有效应对的重新认识。并非是它们认为非传统安全的威胁已经减少或

① 美联社华盛顿 2010 年 6 月 4 日电。

② 布鲁斯·琼斯、迈克尔·E. 奥汉隆、布鲁斯·里德尔：《新的国家安全战略》，〔美〕布鲁金斯学会网站，2010 年 5 月 28 日。

③ 美国前总统里根特别助理道格·班多：《破产的帝国》，〔美〕《国家利益》双月刊网站，2010 年 4 月 19 日。

④ *SIPRI Yearbook 2010*, p. 192.

⑤ 2008 年欧洲军费开支总额为 4130 亿美元（*SIPRI Yearbook* 2009, p. 219.）

者消失，而是认为对于这些威胁，并非只有通过大规模军事战争才能有效化解。

目前，英国、德国和瑞士正在酝酿大幅度裁军。此外，英国还准备大刀阔斧地削减国防开支。英国军方自1998年以来首次对军事实力和工作重点进行重大评估，并力求在大约360亿英镑的年度预算中节省高达90亿英镑的开支。① 皇家空军将缩减至第一次世界大战以来的最小规模。② 2010年10月19日，英国首相卡梅伦发布了自1998年以来首份《战略防务与安全评估报告》。③ 卡梅伦称，将在今后4年削减军费8%，将达到北大西洋公约组织设定的军费比例目标，即相当于国内生产总值的2%。4.2万个国防部及军队的职位将被裁减，其中包括皇家海军及空军各裁员5000人，陆军减少7000人，国防部减少2.5万个文官职位。

德国国防部长希望将现有的25万名官兵裁减1/3至16.35万人，并终止全民义务兵制。④ 瑞士《2010年军队报告》草案提出，瑞士常备军将从12万人降至9.5万人。对于北约来说，这意味着一种模式转变：我们需要的军队（任务决定的）直接转变成我们能够负担得起的军队（预算决定的），“智慧地”节约防务开支。⑤

（四）东南亚国家卷入军备竞赛漩涡

值得注意的是，在一些国家和地区，军备竞赛亦在进行。SIPRI的年度报告指出，最激烈的竞争发生在东南亚和南美洲。“发展中国家走上了一条危险的军备竞赛道路。”⑥ 遭到点名的五大军备热点地区（东南亚、南亚、中东、南美和北美）亚洲占两个半，中国军力威胁成为借口。

在冷战时期，东南亚地区曾经是东西方阵营交锋的最前线，是代理战争和武器调配的大舞台。然而随着冷战的终结，各国也丧失了假想敌。近年来，随着中

---

① 美联社伦敦2010年8月13日电。

② 托马斯·哈丁：《皇家空军将缩减至一战水平》，〔英〕《每日电讯报》网站，2010年8月6日。

③ 中新网2010年10月20日电。

④ 路透社柏林2010年8月13日电。

⑤ 德国前驻美英大使、现任慕尼黑安全会议主席沃尔夫冈·伊申格尔：《我们也还能保护卢森堡》，2010年6月17日〔德〕《时代》周报。

⑥ 法新社斯德哥尔摩2010年3月14日电。

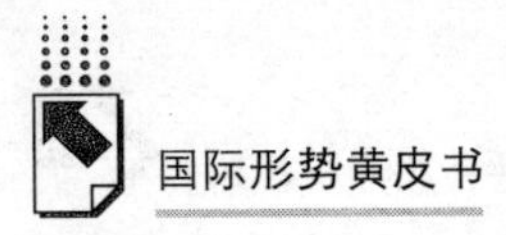

国军事实力日益壮大尤其是海军军力的增强，事态有了新的变化，东南亚一些国家纷纷通过内部调整来加强和扩充自身的军事实力。

首先，东南亚各国的军费增长十分显著，而且各国就军费增加一事，大都对本国国民采取“辩解”的策略，将中国或其他邻国渲染成“假想敌”，拼命强调其增强军备的正当性。印度尼西亚 2010 年度的国防费用同比增加了 20%，达到约 40 万亿印尼盾，而且今后还有继续增加的趋势。新加坡目前的军费已经超过了 GDP 的 5%。[①] 与中国在南沙和西沙群岛存在领土争端的马来西亚和越南已成为东南亚地区“军扩”的“领军人物”。“军扩”最为显著的表现就是投入巨资购买潜水艇和作战飞机。

其次，2005～2009 年期间，购买武器最多的地区是亚太地区，购买额占全球购买额的 41%。东南亚地区的武器进口与前 5 年相比，几乎翻了一番。[②] 多国的进口武器增速达到惊人的 3 位数，其中印度尼西亚（84%）、新加坡（146%）和马来西亚（722%）的武器购买量上升幅度最大。岛国新加坡成为越战结束以来进入世界前十大武器进口国排行榜的第一个东盟成员国，总排名位居第七。

东南亚国家军备竞赛的最大诱因首先来自内部，即一些国家对彼此冲突的记忆和对未来冲突的担忧，其军备行为更多的是针对他们在该地区的同一重量级的潜在对手，而东盟又根本协调不了该地区的边界和其他冲突。其次是亚洲邻国对中国崛起的担心。这些国家一方面想依靠美国为其提供安全和经济支持，另一方面又担心美中关系紧张升级妨碍地区稳定。这种担心经常被西方操纵并放大，中国已被西方塑造成了舆论的公共靶心。2010 年 7 月，美国国务卿希拉里在东盟国家会议上首次反对中国对南中国海海域的诉求，包括越南在内的 11 国都表示支持。还有一种看法认为，中国周边国家加大军备投入，除应对多元化威胁的考量之外，还在于海洋意识的觉醒。[③] 现在问题的核心是，东南亚各国几乎都没有能够让军扩刹车的机制。目前，席卷东南亚的“军扩漩涡”势不可挡，任其发展下去不仅可能导致该地区经济竞争力削弱，阻碍地区经济发展，而且可能破坏该地区的稳定，危及几十年的和平。

---

① 新华社东京 2010 年 8 月 13 日电。

② 法新社斯德哥尔摩 2010 年 3 月 14 日电。

③ 孟祥青观点，转引自 2010 年 3 月 16 日《环球时报》，第 6 版。

就军购来源而言，美俄德法英是 5 个最大的军火销售国，其常规武器出口占全球销售额的 75%。美国和俄罗斯仍然是主要出口国，其武器出口额分别占全球销售额的 30% 和 24%。[①] 从世界范围看，美国对全球军备的“刺激”作用非常之大，美国把战争看成是一种战略性的商贸投资，美国对新型武器的研发占全球投入的 2/3。美国扩张军备的深层次原因在于，要用战争驱动链提升美国国力。从 20 世纪末 21 世纪初的几场战争中，各国都已经见识了美军依靠先进的武器装备采取的新战法。因此，为了在“未来战争”中不致吃亏，必须购买新式武器。

（五）南美洲军备竞赛加速的原因

南美洲是当今世界军备竞赛的另一热点地区。2009 年南美的军费开支升至 518 亿美元，比 2008 年增长了 7.6%。巴西和哥伦比亚是该地区的最大开支国，分别占 16% 和 11%。[②] 今天的拉丁美洲面临着双重威胁：一方面，美国的军事化已经达到顶点，这是一个世纪以来就存在的因素；另一方面，拉美国家展开了军备竞赛，这是过去几十年未曾出现的新情况。拉美国家之间有可能发生冲突的危险值得关注。拉美地区的不稳定，主要来自以下原因。

第一，美国的控制和插手。由于美国所需的自然资源和能源的 1/4 来自拉美地区，为了维持霸权，美国将控制拉美摆在战略优先地位，加强了对拉美的干涉，推行建立基地和利用当地军队的双重军事战略。美国的第四舰队解散半个世纪之后，又在拉美地区“东山再起”，此外还在巴拿马设立了 4 座军事基地。2010 年 6 月 29 日，哥斯达黎加议会通过了本国历史上前所未有的决议，同意美国军队和舰艇进入本国港口，并在“执行任务”和“参与人道主义行动”时享受豁免权。

第二，面临美国及其代理人哥伦比亚的双重威胁。哥伦比亚在南美的角色类似中东的以色列，保持着相对于邻国的巨大军事优势，成为次区域不稳定的主要原因。拉美军队中发展最快的当属哥伦比亚和巴西。[③] 哥伦比亚 15% 的预算用于

---

① *SIPRI Yearbook 2010*.

② *SIPRI Yearbook 2010*, p. 183.

③ 2010 年 4 月 12 日，美国和巴西签署了军事协议。这是自 1977 年以来美巴签署的第一个军事协议。

军事开支，从比例上来说是世界最高的。[①] 近几十年唯一对别国发动过军事进攻的拉美国家就是哥伦比亚（2008 年 3 月在美军支援下进攻厄瓜多尔，造成大量人员伤亡）。对拉美地区影响最大的事件，是 2009 年 10 月 30 日，哥伦比亚与美国签署协议，允许美军使用其境内至少 7 座军事基地，因此获得 50 亿美元经济援助。美国军事力量借哥伦比亚“扎根”拉美，是旨在确保未来能够控制拉美后院战略的组成部分。哥伦比亚政府的一意孤行，遭到厄瓜多尔、玻利维亚、委内瑞拉等国的一致谴责和反对。南美多国外长不无担忧地预测，美军进驻哥伦比亚将造成拉美地区的军事紧张局面，同时引发军备竞赛。

第三，南美军备竞赛加速的内部原因是各国之间缺乏信任，彼此都感受到地区范围内存在的威胁和冲突，或者邻国购买军备的压力。目前南美洲的军备竞赛大幅提速（只有阿根廷、巴拉圭、乌拉圭和秘鲁没有卷入），持续 5 年的武器采购仍未有结束迹象。在 5 年时间里，南美国家用于新装备采购和现有武器装备更新和保养的费用已经高达 1760 亿美元。[②] 虽然各国政府声称“不是为了备战，而是为了打击毒品走私和恐怖主义”，但实际上相互心照不宣。危地马拉总统科洛姆在同一次会议上表示，拉丁美洲从未如此和平民主，但一个居民平均受教育时间仅为 7 年并有 2 亿贫困人口的地区，2009 年的军费开支却高达 600 亿美元。[③] 智利是拉美第一大军事武器进口国，进口的军火数额世界排名第 13 位。2005 ~ 2009 年智利购买的武器数量是之前 5 年的 6 倍。依靠铜矿出口收入，智利近 10 年来在武器装备上已经花费了 60 亿美元。委内瑞拉是拉美地区第二大武器进口国，与俄罗斯签署了数百万美元的军火购买合同。在世界武器装备进口国中，委内瑞拉已从第 54 位上升至第 18 位。拉美第三大武器进口国巴西最近 10 年的武器进口量一直保持均衡状态，但在武器制造方面大步前进，并与法国签署了第二次世界大战后最大的防务协议。尽管玻利维亚是该地区最贫困的国家之一，但也加入了军备竞赛的行列。对此，秘鲁总统加西亚在美洲国家组织会议上指出，南美大陆正在大力扩军，并要求紧急制止已经开始的军备竞赛。

---

① 现在美国的军费开支接近国内生产总值的 5%，参见美国前总统里根特别助理道格·班多《破产的帝国》，〔美〕《国家利益》双月刊网站，2010 年 4 月 19 日。

② 新华社墨西哥城 2009 年 11 月 30 日西文电。

③ 新华社墨西哥城 2009 年 11 月 30 日西文电。

三　国际军控进程中的合作与斗争

2010年国际军控领域出现了一系列热点事件，对国际关系格局的演变和全人类的安全，意味深长。一方面，国际社会为推动核裁军进程、防止核扩散做出了积极的努力并且取得一定的成效；另一方面，全球核安全仍然面临着严峻挑战。

（一）美俄签署新核裁军条约

按照军控制度进行核裁军是美国政策调整中的最强音。如美国著名军控问题专家乔治·邦恩所言，军控制度建设是“国家行为的国际规范”。它们是原则、标准和规则。有了规则，规则可能被破坏，但如同交通规则一样，没有这些规则，可能更不安全。① 俄美之间的条约制度一旦被破坏，就会危及双边关系并可能瓦解军控体系。

2010年4月8日，美国总统奥巴马和俄罗斯总统梅德韦杰夫在捷克首都布拉格签署新的《削减和限制进攻性战略武器条约》或称“START后续条约”，取代已经到期的美苏第一阶段削减进攻性战略武器条约。新条约将双方可以部署的战略或远程核武器数量削减约1/3，部署型战略核弹头和炸弹的数量上限设为1550枚，比2002年《战略进攻性武器削减条约》（SORT）设定的2200枚上限降低了30%。这些核弹头或炸弹所对应的部署型和非部署型发射装置（包括洲际弹道导弹的地基发射井、潜射弹道导弹的潜艇发射管以及执行核任务的重型轰炸机）总数量上限为800具。这里所谓的“非部署型发射装置”是指诸如检修中的“三叉戟”潜艇等。其中，部署型发射装置的上限为700具，比START条约规定的1600具上限减少了50%多。新条约所规定的削减目标要在条约生效后的7年内完成，效力期限为10年，此外还可额外延长5年。

---

① George Bunn, “The Status of Norm Against Nuclear Testing”, *The Nonproliferation Review*, winter 1999, p. 21. Michael Krepon, George Bunn, “The Norm Builder”, http://www.armscontrolwonk.com/2598/george-bunn-the-norm-builder.

这项条约是几十年来俄美两个对手之间达成的幅度最大的削减核武器条约，给占据世界核武库95%的美俄确定了7年内战略核弹头削减1/3的目标。新条约的积极意义和重要性在于：第一，新条约回归自肯尼迪总统开始的超级大国军控主流，摒弃了小布什的单边主义，建立了核不扩散领域的国际合作。第二，条约的签署和实施从一定程度上降低了两国核武库“相互确保摧毁”的超杀能力，俄美的战略核力量更具透明度和可预见性。第三，新条约大幅改善了俄美关系，这成了倡导建立无核世界的美国新总统上任后取得的首个外交成果，奥巴马希望通过此举在外交上掌握主导权。第四，可以借新条约向以色列、伊朗和朝鲜施压，要求其放弃核武器。最后，美俄此时达成核裁军条约，因素很多，最关键的一条是两国都面临资金紧缺，无力再为维护如此多的核弹头花费更多的钱。所以，缓解资金压力对俄美双方来说是互利双赢的。

当然，对于这一核裁军条约，国际社会也存在质疑。第一，被削减核弹头能否走上“不归路”还存在问题。美俄进行核裁军谈判已有40多个年头，核弹头数量看似一减再减，但实际上双方都存在对核弹头“裁而不减”、“削而不毁”的现象。此前签署的条约只是规定了削减的数量，至于如何处理削减下来的核弹头，条约并未做出硬性要求。第二，俄一直依靠西方资助进行销毁。但在当前全球金融和经济危机背景下，新条约能否就西方继续资助俄罗斯做出承诺或安排还存有悬念。第三，双方在核查问题上仍存在较大分歧。第四，美国近30年来一直致力于研发和部署导弹防御系统，俄反导系统大幅落后于美国。俄罗斯对此一直保持高度警惕，担心美国在减少“矛”的同时，增加“盾”的厚度，并最终打破战略平衡，对俄构成安全威胁。所以，俄罗斯坚决要求在起草和签署新版条约时，把进攻性战略武器与反导系统绑在一起，否则将有权退出新条约。第五，新条约签署后还需在美国参议院和俄罗斯国家杜马通过后方能生效。但从目前情况看，获得通过的难度不小。

（二）世界首次核安全峰会召开

2010年4月12～13日，世界瞩目的首届核安全峰会在美国华盛顿召开。包括中国国家主席胡锦涛在内的47个国家的领导人或代表，以及联合国、国际原子能机构和欧盟等国际和地区组织负责人出席了这次会议。与会各国代表签署了《华盛顿核安全峰会公报》和《华盛顿核安全峰会工作计划》，不仅就全球范围

内加强核安全和应对核恐怖主义威胁达成了广泛共识，而且表达了与会各国为维护和强化国际核不扩散体制共同行动的意愿。

在峰会上，胡锦涛主席发表了题为《携手应对核安全挑战，共同促进和平与发展》的讲话，就国际社会合作应对核安全挑战提出了5点主张。第一，切实履行核安全的国家承诺和责任。第二，切实巩固现有核安全国际法框架。第三，切实加强核安全国际合作。第四，切实帮助发展中国家提高核安全能力。第五，切实处理好核安全与和平利用核能的关系。这是中国领导人第一次在多边国际场合专门就核安全问题发表看法。作为核能发展大国，中国一向高度重视核安全问题，反对核扩散和核恐怖主义。胡锦涛出席峰会对于确保会议的成功具有重要意义，胡主席发表讲话表明中国在国际舞台上扮演了积极角色，向世界展示了中国作为负责任大国的国际形象。

需要提及的是，就在世界首次核安全峰会召开后不久，4月17～18日，为期两天的伊朗核裁军国际会议在德黑兰召开。这次会议的主题是“核能为大家，禁止核武器”。包括俄罗斯、法国、中国和巴基斯坦等在内的56个国家政府、国际机构和非政府组织派代表团参加了会议。伊朗总统艾哈迈德－内贾德出席大会并发表讲话，伊朗最高领袖哈梅内伊给大会发来了贺信。虽然与会的是一些部长和副部长级的官员，但此次会议非常重要。所不同的是，会议并没有像世界首届核安全峰会一样被媒体大张旗鼓地报道。美国对这次会议的举行异常愤怒。

（三）美国调整东欧导弹防御计划

东欧反导系统，是美俄近年来的最大争执点。早在20世纪90年代初，美国就开始有计划地发展反导系统，并将此作为遏制俄罗斯核潜力的一个专项任务和长期工程。2007年1月22日，美国正式向捷克和波兰提出，在2012年前分别在两国部署一座反导雷达站和10枚“拦截导弹”或者说反导导弹。这将是美国导弹防御系统在欧洲部署的第一批装备，每年耗资100亿美元。美国认为，反导系统可以使美国的安全达到新的水平，还会使技术进步得到超前的发展。但是美国声称旨在抵御伊朗的威胁，绝对不是针对俄罗斯，但此举遭到俄罗斯的强烈反对，除了临时退出《欧洲常规武装力量条约》之外，俄罗斯还表示要退出中短程导弹条约，并声称反导防御系统的组成部分将成为俄罗斯导弹的目标。2009

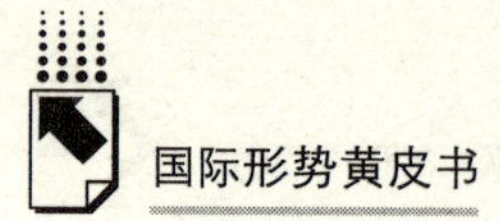

年9月17日，奥巴马宣布取消其前任布什在捷克和波兰部署陆基导弹防御系统的计划，代之以在北欧和南欧海域部署海基中段导弹防御系统。以往美国几乎从未在战略问题上向主要对手做出过让步。因此，从东欧撤导之举在全球引起了轰动。

奥巴马放弃东欧反导计划的动因是出于多种考量。第一，对威胁的判断发生了变化。美国原来的想法是对付伊朗的远程乃至洲际弹道导弹，但是后来认为伊朗的近中程导弹威胁更紧迫，因此必须建立新的反导系统。第二，出于采用成熟技术和降低风险的需要，海基防御系统比陆基防御系统更加有效。第三，可以缓和俄美关系，从而为进一步削减进攻性战略武器的谈判创造良好氛围，同时拉拢俄罗斯以遏制伊朗的核野心。第四，金融危机形势下美国希望以此来削减国防预算。第五，捷克内部对部署导弹存在分歧，该国一些政治力量反对呼声很高。

2010年初，美国将在罗马尼亚和保加利亚部署反导系统的消息，在俄罗斯又一次引起强烈的反响。俄罗斯认为，美国在罗保两国部署反导系统，破坏了客观存在的战略性进攻与战略性防御武器之间的有机联系，其主要目的是借助反导系统让俄核遏制能力贬值，对俄国家安全构成威胁。为此，俄罗斯必须在军事技术和外交方面采取对策，完善自己的进攻性战略武器，同时对俄反导武器进行现代化改造并扩大部署范围。此外，俄罗斯还可建议所有拥有反导潜力的国家订立一项条约，从质和量两个方面对反导系统部署做出限制，以保持大致的战略均势。

事实表明，美国的所谓调整只是将部署地点从波捷南移到罗保，是新政府的老路线，是在用“新计划”取代“旧计划”，美国并不希望取消在东欧的导弹部署计划，而是打算在整个欧洲和中东地区建立一个更灵活、更庞大的防御系统。据报道，美将在2020年以前分4个阶段在大西洋和地中海部署造价更低、机动性更好、拦截效果更佳的海基导弹防御系统。由此看来，美俄之间的不信任关系难以根本改变，美俄在导弹防御问题上的斗争将是长期的。

四　趋势与展望

近两年全球军事形势的发展，显露出一些明显特征和突出趋势。

第一，全球反恐战争已近尾声，未来美国将逐渐把军事战略重点转移到传统

大国对手身上。美军作战部队2010年8月31日已全部撤出伊拉克，2011年7月亦将开始从阿富汗撤军。这一动向表明，打了十年的反恐战争就要落下帷幕。奥巴马及其以后的美国政府将把战略眼光重新聚焦在大国权力政治之上，而权力均势正在发生迅速变化的亚太地区将成为其以后的关注重点。事实上，美军战略部署重点东移的趋势早在20世纪末就开始了，只是反恐战争的爆发阻碍和拖延了这一进程。2010年以来，美国高调声称要重返东南亚，同时借“天安”号事件之机强化美韩同盟。从2011年下半年开始，美军很有可能加速战略部署东移的步伐，为未来亚太地区可能的军事对抗做好准备。

第二，国际金融危机未对大国军费开支和相对军事实力产生影响，美国仍在军事领域保持绝对优势。军事实力是大国以及霸权国保持其国际地位的重要支柱之一，而军费在财政支出诸项目中具有明显的刚性特征，因此，尽管受到国际金融危机的影响，但世界主要大国，均不可能因此而大幅度降低军费开支，从而影响本国的军事建设和军事实力。2009年全球军事支出的比重不减反升至历史新高，就是一个有力的证明。作为世界唯一的超级大国，美国在军费开支和军事领域的绝对优势仍将延续下去，军事超强地位不可动摇。

第三，美国的常规军力相对于世界任何国家都拥有巨大的优势。在此情况下，核武器在美国军事战略中的地位继续有所下降。实际上，奥巴马提出的“无核世界”只是一个道德口号，美国真正关心的是反核扩散体系和反导体系的建设。在反核扩散问题上，五个核大国的基本立场是一致的，区别只在于具体政策细节上。而在反导问题上，美国与俄罗斯之间的立场相去甚远。奥巴马政府虽然暂时放弃了东欧反导计划，但绝不会让东欧成为其全球反导网络中的一个“空白地带”。由北约牵头邀请俄罗斯共建覆盖全欧的所谓“欧洲导弹防御系统”能否实现，仍将是美俄关系中的一大难题。

参考文献

Stockholm International Peace Research Institute, *SIPRI Yearbook 2010*, Oxford University Press, 2010.

George Bunn ,“The Status of Norm Agaisnt Nuclear Testing”, *The Nonproliferation Review*, winter 1999.

〔美〕杰克·斯奈德著《帝国的迷思：国内政治与对外扩张》，于铁军译，北京大学出版社，1991。

〔美〕罗伯特·吉尔平著《世界政治中的战争与变革》，杨宇光、杨炯译，上海人民出版社，2006。

黎弘、滕建群、武天富：《2010：国际军备控制与裁军》，世界知识出版社，2010。

杨毅：《中国如何应对美国战略调整》，2010 年 7 月 12 ~ 18 日《知识博览报》。

中国新闻网，http：//www. chinanews. com. cn/。

〔美〕布鲁金斯学会网，http：//www. brookings. edu/。

〔美〕纽约时报网，http：//www. nytimes. com/。

〔美〕防务新闻网，http：//www. defensenews. com/。

〔英〕每日电讯报网，http：// www. dailytelegraph. com. au/help/sitemap。

〔美〕国家利益网，http：//nationalinterest. org/。

〔德〕《时代》周报。

《环球时报》。

Review of the Global Military Situation：2009 -2010

Gao Hua

Abstract：Although the international financial crisis weakened the position of the United States, because of its global military share of 43 percent, the United States remains an influential military power. During the 2009 -10 period, U. S. military strategy made some adjustments. On the one hand, with the withdrawal of troops from Iraq, military strategy turned to Afghanistan. On the other hand, the U. S. emphasized diplomacy and called upon its allies to share responsibility. The process of the U. S. strategic eastward movement in military deployment and diplomacy is a consequence of China's rise. In the area of arms control, the United States and Russia signed a new nuclear disarmament treaty, but there are still conflicts over the anti-missile issue. The first nuclear safety summit expressed the common wish of the participating countries to maintain and enhance the system of international nuclear non-proliferation. However, there is still a long way to go to ultimately eliminate the threat of nuclear weapons.

Key Words：Global Military Situations；U. S. Military Strategy；Military Expenditure；Nuclear Safety

全球问题

Global Issue

Y.6

全球恐怖主义与反恐斗争：2009~2010

邵 峰*

摘 要：2009~2010 年度的全球恐怖主义形势仍然是比较严峻的，在数量上和烈度上与上一年度大体处于同一水平。恐怖主义威胁主要来自以“基地”组织为代表的宗教极端型恐怖主义、民族分离型恐怖主义和其他各种极端的反政府武装。从恐怖主义肆虐的地理分布来看，南亚、中东地区仍然是重灾区，但也门和索马里的局势发展也越来越令人担忧。从恐怖主义的活动特点看，除了持续高烈度、大规模的袭击之外，一些组织正有意识地把恐怖袭击作为一种战略层面的对抗手段加以运用，这对国际反恐斗争构成了更大的挑战。

关键词：恐怖主义 反恐斗争

* 邵峰，中国社会科学院世界经济与政治研究所研究员。

一　全球恐怖活动的总体评估

目前，对全球恐怖活动总体形势的系统统计和战略评估，最权威者当属美国政府。美国国务院2010年8月6日发表《2009年度国家反恐报告》（“Country Reports on Terrorism 2009”，媒体习惯称《全球恐怖主义形势报告》），[①]以美国的安全威胁为视角，对2009年度全球的恐怖主义形势进行了系统阐述和分析。[②]报告指出，在巴基斯坦的“基地”组织（Al－Qa'ida）领导核心仍旧是对美国本土安全威胁最大的恐怖组织。虽然该组织最近遭到挫折，但它适应性强，恢复迅速，依然能通过代理组织，不断扩展其影响力，“它攻击美国本土及在海外利益的愿望仍很强烈”。“基地”组织及其分支，特别是活跃于阿拉伯半岛的“基地”组织分支，正在积极策划针对美国的行动。“基地”组织将自己的触角伸到非洲，在非洲建立了分支机构。该组织危险性的扩散还表现在继续说服人们追随他们的事业，甚至这种趋势已经蔓延到美国。不过，2009年“基地”组织也遭受到几次重创，这是因为巴基斯坦的军事行动清除了它们的军事据点，并造成了其领导成员的伤亡，并使其筹款、培训甚至袭击变得更加困难。

这份报告评估了世界六个区域的恐怖主义形势。在非洲，威胁美国安全的恐怖分子主要是本地的索马里青年党（al-Shabaab）和外来的“基地”组织，它们之间的联合构成了在非洲之角对美国及其盟友最严重的恐怖主义威胁。在东亚和太平洋地区，国家之间的多边合作、能力建设、大众支持以及政治上的反恐意愿，导致在反恐方面取得了很大的进步，并发展了必要的制度以削弱极端分子可资利用的不满情绪。在欧洲地区，2009年在西欧没有发生重大的恐怖袭击活动，这在很大程度上是由于欧洲在反恐方面所做出的努力。在中东和北非，包括伊拉克、以色列、黎巴嫩、阿尔及利亚、沙特阿拉伯等在内的国家在反恐方面与美国进行了合作。在南亚和中亚地区，由于恐怖组织扩展了它们的行动和网络，在

---

① 报告原文见美国国务院网站：http：//www. state. gov/s/ct/rls/crt/2009/index. htm。

② 对该报告的详细分析见郑东超：《美国发布〈2009年度美国全球恐怖主义形势报告〉》，求是理论网，2010年8月24日，http：//www. bjqx. org. cn/qxweb/n23982c10. aspx。

2009 年经历了更多的暴力袭击。在西半球，跨国恐怖袭击的威胁对大多数国家来说比较低，该地区主要受到哥伦比亚革命武装力量、哥伦比亚民族解放军和其他一些激进的左翼安第斯团体（radical leftist Andean groups）的侵扰。

如同 2008 年一样，报告仍把伊朗、苏丹、古巴和叙利亚列入了“支持恐怖主义国家”名单。2008 年 10 月，作为让朝鲜放弃核武计划努力的一部分，美国国务院宣布将朝鲜从“支持恐怖主义国家”的名单中删除，此次朝鲜没有出现在该名单之中。美国国务院发言人菲利普·克劳利表示，“天安”号事件不是恐怖主义行为，这一事件不会导致将朝鲜列入美国的“支持恐怖主义国家”名单。

美国国家反恐中心为报告提供了统计数据。2009 年在 83 个国家发生了 10999 次恐怖袭击，导致 14971 人死亡。2008 年的数字分别是 11725 次和 15727 人。2009 年的两项数据都略有减少，这是连续第二年下降。2009 年“高死亡袭击”次数（指每次袭击造成 10 人以上死亡）为 234 次，与 2008 年持平。但是，2009 年在恐怖袭击中遭杀害、受伤或绑架的人数达 58142 人，比 2008 年的 54653 人略高。

2009 年发生恐怖袭击次数最多的地区是南亚，占总数的 44%，也是连续第二年死亡人数最多的地区，占总数的 42%。中东地区的恐怖袭击次数占总数的 30%。在 2009 年，南亚和中东的袭击次数加在一起，几乎占了 234 次“高死亡袭击”事件的 2/3。

2009 年伊拉克发生了 2458 次恐怖袭击，比 2008 年的 3256 次明显减少，也是连续第三年下降。2009 年阿富汗发生了 2126 次恐怖袭击，比 2008 年的 1222 次大幅度增加。[①] 而巴基斯坦则是连续第三年增加，达 1916 次。无论是恐怖袭击次数还是死亡人数，伊拉克、阿富汗、巴基斯坦都列前三位。

截止到 6 月 30 日，2010 年上半年全球共发生了 5305 起恐怖袭击，死亡 6180 人。上半年的情况与 2009 年基本持平，总体发展趋势没有发生大的变化。[②]

---

① 以上数据来自：Office of the Coordinator for Counterterrorism，“Country Reports on Terrorism 2009”，http：//www. state. gov/s/ct/rls/crt/2009/index. htm。

② 文中详细数据来自：National Counterterrorism Center，Worldwide Incidents Tracking System（WITS），https：//wits. nctc. gov/FederalDiscoverWITS/index. do？N =0。

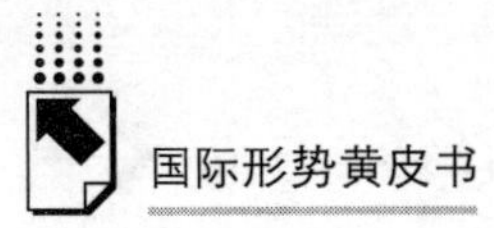

表 1　重点国家遭受恐怖袭击次数和死亡人数统计

国　家	2009 年		2010 年(截止到 6 月 30 日)	
	恐怖袭击次数	死亡人数	恐怖袭击次数	死亡人数
伊拉克	2458	3654	1197	1589
阿富汗	2126	2778	1398	1465
巴基斯坦	1916	2671	687	1051
印度	698	663	342	470
索马里	501	1441	270	585
以色列	488	8	92	2
泰国	483	401	232	120
俄罗斯	429	337	187	173
哥伦比亚	354	323	111	86
菲律宾	283	241	149	94
刚果民主共和国	197	1685	58	226
阿尔及利亚	76	128	24	32
也门	56	73	65	42

资料来源：National Counterterrorism Center，Worldwide Incidents Tracking System（WITS）。

2010 年 9 月，美国两党政策研究中心的一份报告列出了奥巴马政府面临的 8 个恐怖主义威胁来源，包括：①“基地”组织中心（al-Qaeda Central）；②“基地”组织阿拉伯半岛分支（Al-Qaeda in the Arabian Peninsula）；③索马里的青年党（al-Shabab）；④伊拉克的“基地”组织；⑤马格里布的“基地”组织；⑥巴基斯坦塔利班；⑦克什米尔的虔诚军（Lashkar-e-Taiba）；⑧乌兹别克斯坦的激进组织（Uzbek militant groups）。①

尽管美国纯粹是以美国视角来观察统计的，也不乏双重标准等主观成分，但目前还没有其他国家或国际组织有能力承担这项繁重艰巨的任务，因此在这里只能引用其内容和数据作为全球恐怖主义形势判断的主要依据。当然，其他地区组织和国家也有一些局部的统计数据，在做局势判断时可以作为辅助参考，在此仅列举一二。

欧洲刑警组织发表的 2010 年度《欧盟恐怖主义形势和发展趋势报告》指出，欧盟国家 2009 年的恐怖主义形势有所缓和，但仍然面临来自伊斯兰恐怖主

① The Bipartisan Policy Center's National Security Preparedness Group，“Assessing the Terrorist Threat”，http：//www. ict. org. il/LinkClick. aspx？ fileticket = - rknmSWvcag% 3d&tabid = 66.

义、民族分离型恐怖主义、左翼和无政府恐怖主义的严重威胁。伊斯兰恐怖主义仍然被认为是欧盟面临的最大威胁，原因是这些恐怖分子的目标是不加区别地制造大规模的人员伤亡。从统计数字来看，民族分离型恐怖主义仍然是影响欧盟的最主要类型，包括西班牙的巴斯克和法国的科西嘉民族分离型恐怖主义。从总体数字来看，欧盟国家（不包括英国，因为英国的统计标准与欧盟不同）2009年的恐怖袭击次数比2008年减少了33%，几乎只有2007年的一半。2009年，6个欧盟成员国发生了294起恐怖袭击（包括未遂、被挫败、成功实施），587人被逮捕，死亡人数从2008年的4人上升到7人。其中民族分离型恐怖分子制造的袭击占绝大多数，达237次，但是仍然比2008年减少了40%。这些恐怖袭击主要发生在法国、西班牙、爱尔兰。另外，据英国统计，北爱尔兰地区发生了124次袭击。[①]

印度的一份评估报告认为，当前的南亚局势是“更多的杀戮、更多的和平和更大的脆弱性并存”（more killing，more peace，and a greater fragility）。[②] 根据印度的冲突管理研究所（The Institute for Conflict Management）主办的网站The South Asia Terrorism Portal提供的数字，2009年，南亚地区死于与恐怖主义相关的人数为29638人，比2008年的20733人有较大增长，不过，2010年截至10月10日，死亡人数只有7881人，出现了明显的下降。统计数字大起大落的主要原因在于，2009年5月，斯里兰卡反政府武装泰米尔伊拉姆猛虎解放组织被政府军彻底消灭，斯国内局势恢复和平状态。巴基斯坦2009年死亡人数为11704人，比2008年的6715人几乎翻番，2010年截至10月10日，死亡人数为6209人，比2009年稍有减少。印度的死亡数字分别为2009年2232人，2008年2608人，2010年10月10日为止1601人。[③]

总之，2009～2010年度的全球恐怖主义形势与上一年度相比，无论是在数量上还是烈度上，大体上处于同一水平，仍然是比较严峻的。恐怖主义威胁主要来自以“基地”组织为代表的宗教极端型恐怖主义、民族分离型恐怖主义和其

① Europol，“EU Terrorism Situation and Trend Report TE-SAT 2010”，http：//www. europol. europa. eu/publications/EU_ Terrorism_ Situation_ and_ Trend_ Report_ TE－SAT/Tesat2010. pdf.

② The South Asia Terrorism Portal，“South Asia Assessment 2010”，http：//www. satp. org/satporgtp/southasia/index. html.

③ The South Asia Terrorism Portal，http：//www. satp. org/satporgtp/southasia/datasheets/Fatalities. html.

他各种极端的反政府武装。从恐怖主义肆虐的地理分布来看，南亚、中东地区仍然是重灾区，但也门和索马里的局势发展也越来越令人担忧。

二　当前国际恐怖主义的新特点

2009～2010年，国际恐怖主义形势在延续以往既有特征的同时，又呈现一些新的特点。

（一）国际恐怖主义袭击持续保持高烈度、大规模的状态

近年来，国际恐怖主义袭击一直保持着高烈度、大规模的状态，伤亡过百的大规模恐怖袭击司空见惯。2009～2010年，这种恶劣的趋势仍然在持续。为了以大杀伤造成大的恐怖气氛，各国恐怖组织之间似乎在进行一场杀人竞赛，看谁一次行动造成的杀伤更大、场面更血腥，尸横遍地、血流成河的场面通过媒体的渲染和炒作造成更大的影响，从而为自己赢得更大的“声望”和影响力，对政局稳定造成更大的冲击，对政府施加更大的压力。2009年10月到2010年9月的发生的重大恐怖袭击事件很多，限于篇幅仅举几例。

2009年10月25日，伊拉克首都巴格达发生两起自杀式汽车炸弹爆炸事件，造成至少147人丧生，721人受伤，这是该国两年多以来最严重的袭击事件。爆炸针对巴格达省政府大楼和伊司法部大楼，现场距离设于曼苏尔酒店内的中国驻伊大使馆及新华社仅50米，由于爆炸威力强大，使馆门窗几乎全部被毁，天花板脱落，两名酒店中国厨师受伤。

12月8日下午，巴格达市中心发生大规模连环爆炸。短短半个小时，5声巨大的爆炸，巴格达上空浓烟滚滚，烟柱高达数百米，好像遇到了空袭。5起爆炸袭击造成了127人死亡，另有448人受伤。5起爆炸一浪接着一浪，时间安排紧凑精确。爆炸地点要么是政府机构，要么是人群聚集的公共场合，恐怖分子精心策划，有备而来。扰乱即将召开的油田投标工作，打击马利基政府的威信，应当是他们的主要目的。

2010年1月1日，巴基斯坦西北边境省勒基马瓦特区一村庄内的排球场遭自杀式汽车炸弹袭击，死亡人数达95人，另有100多人受伤。袭击者驾驶装有大约300公斤炸药的汽车冲向排球场的外墙，并引爆炸药。当时约有300人在观

看排球比赛，因此爆炸造成的人员伤亡非常严重。

5 月 10 日，伊拉克全境发生 20 多起袭击事件，除导致至少 114 人死亡外，另有约 350 人受伤，是伊拉克 2010 年以来最血腥的袭击事件。

5 月 28 日，印度东部西孟加拉邦发生列车脱轨事故，造成 148 人死亡，另有约 200 人受伤。印度铁道部长玛玛塔巴纳杰 29 日宣称前一天发生的列车脱轨事件是政治阴谋，政府怀疑这是该国反政府武装组织纳萨尔派所为。

（二）国际恐怖组织有意识地把恐怖袭击作为一种战略层面的对抗手段加以运用

从形式上看，在一些国家，当前的恐怖主义有一个非常显著的特点，即与政治对抗和战争有密切联系，构成了斗争或战争的一部分，具有战略对抗的意味。

从理论上讲，恐怖主义是国内政治和国际政治中弱势一方的一个无奈的战略选择，其战略选择顺序应该是：政治解决 - 军事对抗 - 恐怖主义。

政治解决无疑是最佳的战略选择，但是现实政治中的民族分离和强权政治等问题由于政治目标的不相容性决定了政治解决途径的无望。政治解决不成，军事对抗自然成为下一个战略选择。军事对抗包括正规的军事战争和游击战争两种形式，前者需要绝对的实力，后者需要广泛的群众基础。一般情况下，弱势一方很难用军事手段达到目标。在政治解决无望、军事对抗无力而又不愿放弃政治目标的情况下，弱势一方有可能选择恐怖主义作为斗争的辅助手段甚至是主要手段，因此是一种无奈的战略选择。从理性选择的角度讲，恐怖主义的性价比是最高的，影响是最大的。恐怖主义的行为逻辑是：制造恐怖事件—引起舆论关注—制造社会恐慌—对对方施加政治压力—抬高自身的地位和谈判筹码—迫使对方做出让步—达成政治目标。

“9·11”恐怖袭击的确是世界历史上一个里程碑式的重大事件和转折点，国际上各种恐怖组织似乎一夜之间“大彻大悟”，恐怖袭击可以为所欲为、肆无忌惮，可以突破一切人类千百年来传承、累积的文明准则和行为禁忌，从对政治和实力上绝对强势一方的代表性、象征性目标进行小范围的杀伤演变成对对方所控制的社会进行大规模的、无所顾忌的人员杀伤，再经过现代发达的新闻媒体的广泛传播，造成震撼性的冲击效应进而产生巨大的政治影响，达到逼迫对方让步、改变政策甚至承认失败的战略目标。

“9·11”事件之前，恐怖主义是弱势一方一种无奈的战略手段选择，“9·11”事件之后，恐怖主义变成了弱势一方主动的、有意识的战略手段选择。实际上，恐怖主义的行为逻辑没有大的变化，变化的只是在第一个环节，即制造恐怖事件的目标范围无限泛化、手段选择多样化、杀伤程度大规模化。这是一个质的变化，引起后续环节的发酵反应，最终导致恐怖主义组织的意志越来越坚定，而与其相对的政府和国际社会越来越对反恐斗争取得彻底胜利失去信心。

伊拉克战争和阿富汗战争就是典型的案例。美国以其占绝对优势的军事实力可以轻松推翻萨达姆和塔利班政权，但是经过多年的反恐战争，仍然无法稳定两国的政治和安全形势，越来越深地陷入了恐怖主义的泥潭，欲罢不能。2010 年美国奥巴马政府终于下定决心开始从伊拉克撤军，撤出所有战斗部队，同时开始谋划从阿富汗撤军的战略步骤。但是，“基地”组织、塔利班和各种恐怖组织不依不饶，甚至不想给美国留一点情面，以致美国想“体面撤出”都成为一种奢望，它们仍然不断地制造各种恐怖主义袭击。如果美国最终不能从伊拉克和阿富汗“体面撤出”，就等于在某种程度上承认了自己的失败，国际恐怖组织的“声望”和信心将获得极大的提升，对未来的国际社会反恐斗争带来严重的负面影响。

（三）巴基斯坦已成为全球恐怖主义的第三个“圣战战场”

近年来，巴基斯坦的安全形势持续恶化，重大恐怖袭击事件接踵而至，已经成为全球恐怖主义继阿富汗、伊拉克之后的第三个“圣战战场”。美国国家反恐中心副主任特拉弗斯说：“在发生 10 人以上死亡的大规模袭击方面，巴基斯坦第一次稍稍超过了伊拉克，在自杀性爆炸事件的次数方面，巴基斯坦也已超过了伊拉克。其西北部边境省 2009 年共发生 940 起袭击，而 2005 年则仅有 16 起。”①

与以往相比，巴基斯坦的恐怖袭击和反恐斗争体现出一些新特点、新动向，显示巴恐怖主义的本地化进程不断加速、扩大的趋势。有学者对此进行了系统的阐述。第一，从恐怖活动频率和规模上看，巴已成为全球恐怖活动的中心地带和主战场。2009 年，继伊拉克、阿富汗之后，巴基斯坦已成为全球恐怖活动的中心地带和“最危险的国家”。巴基斯坦西北边境地区被称为恐怖分子活动的“天堂”，而斯瓦特河谷地区和南北瓦济里斯坦部落区则成为“无法无天的恐怖主义

① 《美国务院反恐报告：卡伊达仍是美国最大威胁》，2010 年 8 月 7 日新加坡《联合早报》。

国中之国”。第二，从恐怖袭击针对的目标上看，直接针对巴基斯坦国家机器、军政机构、敏感设施和人群集中的平民目标的恐怖袭击已成主流。第三，从实施恐怖袭击的组织载体上看，以巴基斯坦塔利班为代表、以恐怖袭击本地化为目标和宗旨的恐怖组织已壮大。第四，从恐怖分子的思想基础上看，恐怖主义与当地部落教派观念、极端主义、好战思想和反美反印情绪相结合，形成恐怖主义本土化的新特征。第五，从恐怖组织成分上看，其人员结构和地域特征也在发生变化。巴塔组织多数成员是当地巴阿边境的普什图人，随着巴塔增加对巴基斯坦全国范围内广泛目标的袭击，恐怖分子人员结构逐步转向巴基斯坦其他民族，其中主要是内地旁遮普省的旁遮普人。第六，从恐怖袭击的策略和手法来看，其复杂性、协调性、破坏性上升。2010 年以来，巴基斯坦境内发生的恐怖袭击不再仅仅是单一的自杀性汽车炸弹或人弹攻击，而是自杀性袭击和绑架、劫持、突袭、街头枪战、“特种部队式作战”的结合。巴基斯坦内政部长甚至表示，目前面临恐怖分子本土“游击战”的风险。

从目前来看，巴基斯坦不再仅仅是“全球恐怖主义产业链”的“工厂”，更像是恐怖活动“自产自销的市场”。在可预见的将来，巴基斯坦安全形势不断恶化的局面难以改变。国际社会担心巴将陷入巴尔干化、塔利班化，成为失败国家和问题国家，对全球和地区安全形成重大挑战。美国等西方国家还担心，恐怖分子可能乘乱夺取巴核武器或核材料，酿成重大核安全危险。①

2010 年 8 月，巴基斯坦三军情报局的一名高级官员说，“国内恐怖分子已取代印度军队，成为国家安全的最大威胁。”该局 2010 年对国家安全形势的例行评估报告显示，眼下巴基斯坦所受重大威胁的 2/3 来自恐怖分子，而不是印度或是其他国家，63 年来首次将恐怖分子列为巴基斯坦的头号威胁。这是巴基斯坦 1947 年获得独立以来，印度首次未被其视作头号威胁。有专家认为，将恐怖分子列为本国安全的最大威胁，显示了巴基斯坦政府将更主动地进行反恐。这个新定性显示巴基斯坦已将反恐上升为国家战略。此前，巴基斯坦可能只是以配合美国在南亚的反恐为主，但今后巴将更多从本国安全出发，更自觉、主动地加大反恐力度。巴政府一方面会投入更多力量反恐，同时也会要求美国加大对巴的反恐

① 王涛：《巴基斯坦恐怖主义的新特点及其影响》，《当代世界》2010 年第 7 期。

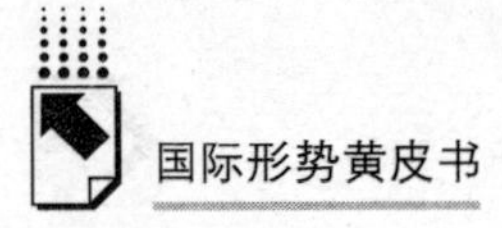

援助。[1] 不过，很多专家认为，克什米尔问题一天不解决，印度仍将是巴基斯坦最根本的战略对手。

（四）“基地”的阴影正在笼罩也门和索马里：一个逼近的噩梦

目前，伊拉克、阿富汗和巴基斯坦已经成为国际恐怖主义与反恐斗争的主战场。然而，必须引起世人和各国领导人关注的是，国际恐怖组织和当地的激进势力正在不断整合，扼红海之喉的也门和索马里正在逐渐发展成新的恐怖主义基地和反恐斗争的战场。如果它们的目标得逞，那无异于一把大铁钳卡住了世界经济运转的命脉，这对本来就捉襟见肘的反恐阵营来说，无疑是一个正在逼近的噩梦。

2004 年 7 月，也门恐怖组织“阿布·哈夫斯·马斯里旅”公开宣称，要将也门变成继阿富汗和伊拉克之后的“第三个圣战战场”。从目前来看，巴基斯坦已经抢先变成了“第三个圣战战场”，那么也门是否会变成第四个，这是国际社会所担心的。

2009 年 12 月 25 日是西方的圣诞节，一名男子当天在一架从荷兰阿姆斯特丹飞至美国底特律的西北航空公司的 253 次航班上试图引爆一个爆炸装置，不过该装置失灵，未发生剧烈爆炸，只是造成包括此人在内的数人受轻伤。嫌疑人名为阿卜杜勒·穆塔拉布，尼日利亚人，现年 23 岁。他供认，自己接受“基地”组织指派，将爆炸物藏在裤裆内带上飞机。事件发生后，藏身也门的“基地”组织阿拉伯半岛分支声称对这起事件负责，也门的反恐形势由此引起国际社会更多的关注。穆塔拉布告诉调查人员，还有大约 20 名极端分子正在也门受训，以发动类似炸机事件的恐怖袭击。奥巴马在 2010 年 1 月 2 日的讲话中说：“由于美国日益受到也门‘基地’组织的严重威胁，作为总统，我已经把加强与也门政府的伙伴关系作为当务之急，我们要训练并装备他们的安全部队，与他们分享情报，并和他们合作打击‘基地’恐怖分子。”实际上，避免也门走向“阿富汗化”或“伊拉克化”，对阿拉伯半岛和东非的稳定以及全球反恐斗争具有十分重要的意义。

也门现在面临较大的反恐压力。近期，也门南部发生多起武装分子针对情报

---

① 《巴基斯坦称恐怖分子取代印度成为巴头号威胁》，2010 年 8 月 20 日《中国青年报》。

总部和安保力量的袭击事件，“基地”组织在阿比扬、拉哈吉、舍卜瓦、达利阿等南部分裂呼声较高的省份频繁发动袭击。比如，2010年6月19日，一伙不明身份武装分子闯入也门南部城市亚丁的政治安全总部，并使用机枪和榴弹与该部门守卫交火，造成至少18人死亡。据悉，武装分子在交火后救出数名囚犯并离开现场。同日，“基地”组织发表声明说，萨利赫领导的也门政府大肆摧残妇女和儿童，决心要在也门大地上燃起大火，推翻也门现政权。10月11日，也门“基地”组织阿拉伯半岛分支军事指挥官卡西姆·拉伊米在“基地”组织的一家网站上发表录音讲话称，“我们即将完成在也门南部亚丁和阿比扬省1.2万人军队的建立工作，这支名为‘亚丁－阿比扬军’的队伍将成为保卫伊斯兰国家的前线力量，并将把伊斯兰世界从十字军及其盟友的手中解放出来。”另外，目前关押在关塔那摩的近200名恐怖嫌犯中，大约有90人是也门人，就在押嫌犯的数量而言，来自也门的恐怖嫌犯比其他任何一个国家都多。事实上，在很长的一段时间里，也门既是极端武装分子的盛产之地，同时也是伊斯兰极端武装袭击的频发之地。“基地”组织在受到挤压、从伊拉克和阿富汗转移以后，其活跃分子在也门首都萨那以东和以南的山区得以重新集结，并与“基地”的沙特分支融合。“基地”组织2009年1月宣布，它在沙特阿拉伯和也门的分支机构合并成“基地”阿拉伯半岛分支，并将也门作为活动基地。

为有效打击极端势力，联合国总部在2010年初便将也门的“基地”组织阿拉伯半岛分支列上了恐怖组织黑名单，此后，也门安全部队便一直在也门南部地区与“基地”组织进行着艰苦的斗争。

索马里反政府组织“伊斯兰青年运动”（媒体也称“青年党”）的恐怖活动日益加剧，造成索马里的政局动荡。2009年12月3日，索马里首都摩加迪沙发生一起自杀式炸弹袭击，造成至少57人死亡，另有约200人受伤，死亡者中有3人是索马里过渡政府的内阁部长。爆炸发生在索马里政府大楼附近的一个饭店，当时饭店正在举行一所大学的毕业典礼。2010年7月11日，乌干达首都坎帕拉发生两起爆炸事件。爆炸发生在深夜，地点分别是坎帕拉城东的一家橄榄球俱乐部和城南酒吧密集区的一家餐馆，造成包括6名美国人在内的78人死亡。当爆炸发生时，不少球迷正观看南非世界杯决赛。索马里青年党12日宣布爆炸事件是该组织所为。青年党5日指责非洲联盟维和部队杀害平民，威胁袭击那些向索马里派遣部队的国家，乌干达是派遣国之一。这意味着青年党首次在索马里境外发起袭击。8 月 24 日，索马里青年党袭击了首都摩加迪沙政府控制区内的一家酒店，造成至少 33 人死亡，其中包括 10 名索马里过渡议会议员，受伤人数超过 100 人。8 月 23 日索马里青年党发言人阿里·拉格赫公开发表了一份措辞强硬的声明，称该组织将对索马里的入侵者发起“全面的战争”。阿里说目前索马里的土地上有许多外国势力，包括邻国乌干达和埃塞俄比亚的势力，以及非盟驻索马里特派团，他们都将成为青年党武装分子袭击的目标。

此外，索马里海盗的“恐怖主义化”问题已经引起许多有识之士的关注。索马里海盗问题近几年持续扰乱着世界经济和相关国家的神经。随着亚丁湾局势呈现很大的不确定性，索马里海盗的“恐怖主义化”有发展成为区域性安全核心问题的趋势，严重干扰着国际海上运输秩序的稳定与各国的海上安全利益，并有加剧中东地区局势动荡的可能。值得警惕的是，海盗行为作为一种恐怖活动，已经显露出与境外国际恐怖主义勾结，加速向恐怖“政治化”发展的苗头。① 而基地组织的介入使局势更加复杂。在美国哥伦比亚广播公司新闻网取得的一卷新录音带中，沙特阿拉伯“基地”组织头目希里呼吁索马里伊斯兰教战士在海上及法国在非洲拥有最大军事基地的吉布提陆上加强攻击美法等西方国家的军事存在。“基地”组织可能利用海盗问题，把恐怖主义引向索马里，而海盗活动则给恐怖主义提供了一个平台。事实上，“基地”组织早已与索马里的一些教派武装建立了联系。

长此下去，非洲之角将成为恐怖组织活动的“安全港”。不仅如此，如果索马里真的被恐怖组织所控制，加上隔亚丁湾相对的恐怖主义肆虐的也门，亚丁湾将变成一个处于恐怖分子包围中的海上通道。几个小小的索马里海盗就让世界不得安宁，如果主角换成“基地”组织的分支“青年党”，或者索马里海盗在国际联合打击下与恐怖组织联手，那么前景不堪设想。这绝不是杞人忧天，恐怖组织袭击油轮的事件已经发生了。2010 年 7 月 28 日，隶属于日本商船三井公司的“M·STAR”号油轮航行到位于波斯湾和阿曼湾之间的霍尔木兹海峡时，船体后部突然发生爆炸，并部分受损，爆炸造成 1 名印度船员轻伤。之后，“基地”组织在一份声明中声称对这起袭击事件负责。

---

① 肖洋、柳思思：《索马里海盗的“恐怖主义化”及对策》，《当代世界》2010 年第 1 期。

（五）宗教极端型和民族分离型之外的恐怖主义仍需引起重视

近些年，由于以“基地”组织为代表的宗教极端型恐怖主义和民族分离型恐怖主义甚嚣尘上，成为恐怖主义研究和打击的主要对象，无论是在学术研究还是在政策研究领域对其他类型的恐怖主义均有所忽略。但实际上，极左翼恐怖主义、极右翼恐怖主义、单个问题恐怖主义、黑社会性质的恐怖主义、邪教性恐怖主义等传统类型的恐怖主义一直没有销声匿迹，而且伴随着国内国际形势的变化在很多国家呈现活跃的趋势。

计划刺杀奥巴马的案件曾于2008年底在美国引起轰动。2010年3月29日，该案有了突破性进展。警方指控丹尼尔·考沃特在2008年11月伙同保罗·斯克莱斯尔曼计划刺杀奥巴马。当时，斯克莱斯尔曼不超过20岁。依据田纳西州警方的说法，考沃特和斯克莱斯尔曼均为极端种族主义分子。他们剃光头，文身，还喜欢玩枪。警方认定两人曾暗中策划抢劫一家枪支商店，之后用抢来的枪支、弹药，袭击田纳西州的一家高中。该高中主要吸收非洲学生。这两人通过袭击该高中，以此显示“白人的力量”。最后，他们将实施谋杀当时还是民主党总统候选人的奥巴马的行动。因为在他们看来，一位新当选的黑人总统是对美国白人的侮辱。斯克莱斯尔曼曾透露，考瓦特和他曾考虑过要在全美范围内杀死88名黑人，然后再杀死12名黑人，并将他们的脑袋砍下，而他们自己最终将自焚。斯克莱斯尔曼说他们之所以这么想，是希望以此向希特勒“致敬”。

由于贩毒、走私等违法活动所引发的恐怖暴力事件在拉美一些国家如同家常便饭。据人民网2010年9月26日报道，墨西哥北部与美国交界的塔毛里帕斯、齐瓦瓦和新莱昂三个州的一些市长面对贩毒集团的威胁，经常居住在美国，另一些市长则分别住在边界两侧的家里。墨西哥总统卡尔德龙上台后，将打击贩毒集团列为首要任务，开展了声势浩大的联合扫毒行动。与此同时，墨西哥富可敌国的贩毒集团也针对高级官员、议员和警官展开了暗杀行动。2010年9月8日，埃尔纳兰霍市市长遭枪击身亡，他也成为墨西哥1个月内第3名命丧枪口的市长。墨西哥情报机构主管古勒莫·瓦尔代斯公布的最新统计数据显示，2006年开始的毒品战至少已经造成2.8万人死亡。墨西哥媒体将此称为墨西哥“毒品战争”。据美国《华盛顿时报》2009年3月3日报道，墨西哥两个最大的贩毒集团拥有的武装人员已达10万之巨，与政府军的13万人规模相当，而且武器装备越来越先进，一些武器的性能甚至超过了政府军。无孔不入的毒帮还将触角伸向了政府机构。2009 年底，卡尔德龙总统身边的一名总统卫队军官、陆军少校冈萨雷斯因向席纳洛阿集团出售有关卡尔德龙动向的情报被捕。最近几年，墨西哥的毒品暴力不仅倍增，而且手段越来越凶残。仅在 2008 年一年，就有近 6300 人死于墨西哥毒品战争，比 2007 年死亡人数多出一倍，创历史之最。墨西哥毒品战争的残暴内幕已经远远超出犯罪范畴，贩毒集团之间的斗争、贩毒集团和政府的斗争，每天都在夺取无数人的生命。美国前众议院议长纽特·金里奇将此称为“墨西哥内战”。① 美国联合部队司令部的一份题为《2008 联合行动环境》的报告称，墨西哥是两个可能会发生“突然崩溃”的国家之一，另一个国家是巴基斯坦。虽然墨西哥崩溃的可能性较小，不过该国的犯罪集团和贩毒集团将不断对政府、官员、警察和司法部门发动攻击并施压。未来几年，该国国内冲突将对国家稳定造成不良影响，而美国应对此做好准备，因为这严重关系到美国的国家安全。② 此外，哥伦比亚革命武装力量、哥伦比亚民族解放军和其他一些极端左翼组织对拉美地区国家政局的稳定构成持续的威胁。

菲律宾因 2010 年 8 月的香港人质危机引起世人的极大关注，实际上，菲律宾的恐怖主义威胁也非常严重。2009 年 11 月 23 日，菲律宾南部棉兰老岛发生屠杀人质事件，死亡人数达 57 人。马京达瑙省布卢安镇副镇长曼古达达图家人、支持者以及记者等数十人乘车前往位于省会谢里夫阿瓜克的选举委员会，递交曼古达达图竞选马京达瑙省省长的材料，车队人员途中遭武装人员劫持并实施屠杀。菲军方表示，此次绑架和屠杀事件是由忠于安帕图安的武装分子所为，为首的是安帕图安的儿子，大约 100 名武装人员参与劫持。曼古达达图家族和安帕图安家族是马京达瑙省两大政治家族，并素来不和。安帕图安家族也是棉兰老岛的一个主要伊斯兰派别。有数据称，菲律宾有超过 100 万支非法枪支在民间流动，每到选举季都会频发枪案。而在菲南选举暴力尤为突出。这里各种武装组织林立，其中包括要求自治的穆斯林武装以及政治大佬的私人武装等。

2010 年 4 月 22 日晚，泰国首都曼谷市著名金融中心是隆路接连发生 5 起爆

① 《墨西哥 1 个月内 3 名市长被毒贩杀害》，2010 年 9 月 13 日《青年时报》。《墨西哥打响毒品战争 10 万毒贩对抗 13 万军队》，2010 年 9 月 5 日《现代快报》。

② 《美国军事报告预测墨西哥有可能“突然间崩溃”》，2009 年 1 月 14 日《环球时报》。

炸，造成最少5人死亡，百人受伤，其中10人重伤。在旷日持久的泰国“红衫军”与政府的对峙中，出现了多起意图制造政治混乱的恐怖袭击事件。5月25日，泰国刑事法院以涉嫌恐怖主义为由对前总理他信发出逮捕令。此前一天，泰国特别调查厅厅长塔里彭迪向刑事法院递交文件和视频录像，指控他信煽动暴力，资助“红衫军”的大规模反政府示威游行。检方认为，正是由于他信在幕后操控，首都曼谷过去两个多月内发生多起恐怖主义事件，导致重大人员伤亡和社会混乱。泰国司法部特别案件调查厅官员10月11日在新闻发布会上称，“红衫军”正在一邻国训练其成员，策划暗杀包括泰国总理阿披实在内的政府重要领导人。这位官员当天还暗示该邻国就是柬埔寨。

（六）以民生基础设施为目标的恐怖袭击将呈增多态势

从前文列出的重大恐怖袭击事件可以看出，重大恐怖袭击的对象多为民用目标。据统计，商业目标和平民目标等非官方目标自20世纪80年代以来，一直超越官方目标（包括政府、外交和军事目标），成为恐怖主义犯罪攻击的第一位或第二位的目标。“9·11”事件后，这种趋势更加明显。可以预见的是，国际恐怖主义势力为了制造更大的恐怖气氛，在各国日益加强对政府、外交、军事等官方目标的安全保护的情况下，商业目标和平民目标仍将处在国际恐怖主义犯罪主要攻击目标的地位，以其为打击目标的恐怖主义犯罪将呈现继续增长趋势。尤其是那些具有象征性且能造成更严重损失与危害的非官方目标，更有可能成为国际恐怖主义犯罪的攻击目标。①

2009年7月21日清晨，数名不明身份者闯进俄罗斯卡巴尔达－巴尔卡尔共和国巴克桑水电站，杀死2名安保人员并抢走他们的武器，打伤2名工作人员，然后“在机房安装爆炸装置”，炸毁两台涡轮机，并在机房引起火灾。卡巴尔达－巴尔卡尔共和国紧邻车臣共和国和印古什共和国，同属非法武装活动较频繁的俄罗斯北高加索地区。11月27日，从莫斯科开往圣彼得堡的“涅夫斯基”号特快列车遭到炸弹袭击，多节车厢脱轨，造成26人死亡，近百人受伤。其后，北高加索车臣地区非法武装组织宣称对该起事件负责。乌马罗夫是该组织头目，

---

① 殷炳华：《国际恐怖主义犯罪的现状及其发展趋向研究》，《吉林公安高等专科学校学报》2010年第1期，第105页。

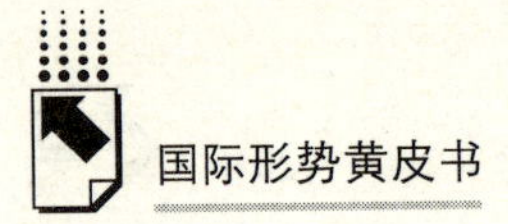

他自封为“高加索酋长国”的首领，从事包括恐怖爆炸、武装袭击和绑架人质在内的多种分裂活动。这些事件表明，如果恐怖分子把目标对准供水、电力、通信、交通这类民生基础设施，或者制造一些森林大火之类的人为灾难的话，因为目标几乎无法做到高标准的安全防范，他们的行动将变得异常容易，而作为政府是很难做到万无一失的。

三　国际社会反恐斗争的新成果、新举措及存在问题

（一）国际反恐斗争的新成果

尽管国际反恐斗争整体效果不能令人满意，但是在各国政府的合作和努力下，还是取得了一些成果。当然，这些成果主要局限在治标的层面上，要彻底消灭恐怖主义，仅靠武力镇压是无法取得最终成功的。在此仅列出一些比较重要的事件，对一年来国际反恐斗争的主要成果做一个简单盘点。

2009 年 10 月 17 日，巴军方开始对塔利班“老巢”南瓦济里斯坦地区展开大规模围剿。2009 年 12 月 12 日，巴基斯坦总理吉拉尼宣布，军事行动已经结束。据军方统计，在此次代号为“拯救之路”的行动中，近 600 名武装分子被打死，同时有 80 名巴安全人员身亡。吉拉尼还宣布，巴基斯坦已经成立国家反恐局，负责制定和实施国家反恐战略。

2010 年 2 月 9 日，巴基斯坦塔利班组织证实其头目哈基穆拉 - 马哈苏德已经死亡。马哈苏德是巴基斯坦最大非法武装组织“巴基斯坦塔利班运动”首领，曾多次逃过美军空袭。

2 月 19 日，据英国《每日电讯报》报道，阿富汗塔利班最高军事指挥官、二号人物阿卜杜勒 - 加尼 - 巴拉达日前在巴基斯坦落网。美国政府官员表示，抓获巴拉达完全是“一个幸运的意外”。《纽约时报》披露说，巴基斯坦安全部队 1 月底突袭卡拉奇的一座房屋时没有遇到任何抵抗，他们逮捕了数名男子。巴基斯坦和美国方面事先均不知道巴拉达就在这几名被抓获的男子之中。他是塔利班名副其实的实权人物。

3 月 2 日，印度 Sulekha. com 网站报道，美国无人机最近曾对巴基斯坦某部落地区发动攻击，期间“东突”组织“突厥斯坦伊斯兰党”头目阿卜杜勒·哈

克·阿尔·蒂尔基斯坦尼被击毙。2009 年 4 月，美国财政部认定蒂尔基斯坦尼为全球恐怖分子，称他负责策划并执行在华恐怖袭击、招募和宣传工作。2009 年 8 月，在一家伊斯兰网站的视频中，蒂尔基斯坦尼威胁称要攻击中国在全球的利益。

3 月 10 日，印度尼西亚总统苏西洛证实，2002 年巴厘岛爆炸案的重要嫌犯、"伊斯兰团"炸弹专家杜勒马丁已被击毙。这次行动意义重大，在很大程度上破坏和打击了恐怖主义团伙。

3 月 24 日，沙特阿拉伯内政部发表声明，宣布已逮捕 101 名恐怖嫌疑人，他们大多与也门境内的"基地"组织阿拉伯半岛分支有关。这些人涉嫌计划发动多起针对沙特国家重要设施和安全人员的恐怖袭击。嫌疑人中有 47 名沙特人、51 名也门人，还有 3 人分别来自索马里、厄立特里亚和孟加拉国。这些恐怖嫌疑人主要分布在沙特南部与也门交界的边境地区，与也门境内的"基地"组织阿拉伯半岛分支有着密切联系。

6 月 1 日，据法国媒体报道，对伊斯兰极端主义者网站进行监测的"SITE"网站称，"基地"组织已经在其网站上宣布了该组织阿富汗分支头目穆斯塔法·阿布·耶齐德（Mustafa Abu al-Yazid）的死讯。作为"基地"组织三号人物，耶齐德被反恐专家认为领导着一个专门负责制订恐怖袭击方案的"智囊团"。这名出生于埃及的极端主义分子在 20 世纪 80 年代因涉嫌参与暗杀埃及时任总统萨达特而被捕入狱，获释后加入基地组织。越来越多的情报显示，他就是 2007 年巴基斯坦前总理贝－布托遭暗杀的幕后元凶。

6 月初，也门当局逮捕了约 50 名涉嫌与"基地"组织有关的外国人，其中包括美国、法国、英国和马来西亚等国公民。多数嫌疑人的身份是在也门学习阿拉伯文的留学生。

7 月 5 日，巴基斯坦军方宣布，该国塔利班武装重要头目马哈苏德 4 日在经过一个位于北瓦济里斯坦的检查站时与巴军人发生冲突而被击毙。据悉，由于马哈苏德劣迹斑斑，是巴基斯坦众多爆炸事件的幕后黑手，巴方曾悬赏 23.4 万美元捉拿这名武装分子头目，但长期未能如愿。马哈苏德人称"瘸子"和"被压迫者的朋友"，他手下的巴基斯坦塔利班武装人员心狠手辣，不断在各地开展爆炸袭击活动。在 3 年多时间内，总共造成 3400 多人丧生。

（二）国际社会加强反恐的新举措

一年来，为了应对持续肆虐的恐怖主义威胁，世界主要国家仍然在完善国内的反恐怖主义立法、加强反恐怖危机管理机制和反恐部队建设、探索采用新技术手段强化安全保障、深化和拓宽国际反恐斗争合作的领域等方面不懈努力。就国际范围来看，以下一些新举措可能对加强国际社会的反恐斗争有所助益。

1. 华盛顿核安全峰会召开并达成广泛共识

核安全峰会于2010年4月12～13日在美国华盛顿举行，主要讨论核恐怖主义威胁以及各国和国际社会的应对措施。这是一次重要的多边国际会议，受到各方重视。根据美国国务院声明，此次由奥巴马提议召开的“核安全峰会”，唯一主题就是通过加强国际合作来应对核恐怖主义威胁。美国政府希望通过召开此次会议，促使各国达成核恐怖威胁的共同理解，寻求保证核燃料安全的有效措施，阻止核燃料的走私。包括中国胡锦涛主席在内的47个国家的领导人或代表，以及联合国、国际原子能机构和欧盟等国际和地区组织负责人出席了这次会议。与会各国代表签署了《华盛顿核安全峰会公报》和《华盛顿核安全峰会工作计划》，不仅就全球范围内加强核安全和应对核恐怖主义威胁达成了广泛共识，而且表达了与会各国为维护和强化国际核不扩散体制共同行动的意愿。

2010年4月12日，美国总统国土安全及反恐事务顾问约翰·布伦南说，核恐怖主义的威胁真实存在。“基地”组织正在积极寻求核武器，但目前还没有核武器能力。据英国《卫报》2010年4月14报道，格鲁吉亚总统萨卡什维利在参加华盛顿核安全峰会时表示，格政府上个月挫败了一起走私核武等级高浓缩铀企图。格鲁吉亚内务部在过去10年里共挫败了8起非法出售浓缩铀的企图，其中包括数起出售核武等级浓缩铀的案件。自1993年以来，国际原子能机构已证实发生了15起走私核武等级高浓缩铀或者钚的案件，但调查人员承认他们目前还不知道高浓缩铀或者钚等核材料走私的真实规模。

2. 美国继续执行奥巴马的新反恐战略，正式从伊拉克撤军

后“9·11”时代，美国民众草木皆兵的恐慌心理渐渐消散，布什“反恐战争”的口号也失去了市场。奥巴马上台后，开始调整美国的反恐战略。上任之初，奥巴马便下令全面改革美国对待恐怖犯罪嫌疑人的政策体系，包括一年内关闭关塔那摩监狱、禁止对恐怖犯罪嫌疑人使用酷刑等；同时重申坚守从伊撤军限

期，将海外反恐的战略重点从伊拉克转移到阿富汗，试图告别布什时代的“暴力反恐”战略，转向军事、外交、政治和经济等手段多管齐下的“综合反恐”模式。一些专家认为，奥巴马面临两难处境：如果继续向阿增兵，势必增加战争投入，招致民怨，引起民主党内部分歧；如果顺应民意，退出阿富汗战场，可能纵容“基地”组织卷土重来，使美国面临遭遇恐怖袭击的风险。

尽管面临政局动荡、安全形势难以好转的困难，美国从伊拉克撤军的决心还是付诸实施。2010 年 8 月 18 日，最后一批美军战斗部队撤离伊拉克，跨越伊拉克与科威特的边境，剩余大约 5 万人的部队将负责训练伊拉克部队，并为其提供支援等。

与此同时，奥巴马政府开始谋划如何从阿富汗“体面撤出”的问题。2009 年 12 月 1 日，奥巴马宣布了美国对阿富汗新战略，即 2010 年 5 月前向阿富汗增兵 3 万，2011 年 7 月开始从阿富汗撤军。但是，奥巴马的阿富汗新战略在政府内部遇到了很大的难题。2010 年 9 月，一本新书《奥巴马的战争》在美国出版。作者是《华盛顿邮报》副总编鲍勃·伍德沃德，他曾因 1972 年报道“水门事件”而一举成名。伍德沃德解释，之所以该书名为《奥巴马的战争》，主要是因为新的阿富汗战略是以奥巴马本人为主导制定的。奥巴马要求手下设法防止阿富汗战争升级，“我要一个退出战略”。总统试图限制增兵规模和美国在阿长期角色，引发军方强烈抵触。这种政策分歧一度引发人身攻击，凸显白宫内部派系纷争。

不仅在美国政府内部，即使在其他相关国家看来，美国能否顺利从阿富汗“体面撤出”也是一个很大的挑战。比如，印度的冲突管理研究所发表的评估报告认为，美国领导的联盟正在寻求从阿富汗“体面撤出战略”（face saving “exit strategy”）。然而，西方势力过早地从阿富汗撤出，不仅对南亚地区，而且对全球的安全和稳定将产生毁灭性影响。①

3. 奥巴马政府继续扩大情报和秘密战行动

进入 21 世纪，世界主要国家特别是美国大规模扩张和加强与反恐有关的情报系统，但是实际的工作成效仍然不能令公众满意。以美国为例，2001 年“9·

---

① The South Asia Terrorism Portal，“South Asia Assessment 2010”，http：//www. satp. org/satporgtp/southasia/index. html.

11”恐怖袭击事件后，为防范类似恐怖活动，美国政府大规模整改、扩充情报机构。2010 年 7 月 19 日，《华盛顿邮报》报道，历时两年调查发现，美国情报机构已变得“如此庞大、笨重、神秘”，以至于“没有人清楚它花了多少钱，雇了多少人，制订了多少计划，究竟有多少机构在做同一件工作”。9 年来，美国新成立或重组至少 263 个情报组织。美国应对恐怖威胁的政府部门中，至少 20% 在“9·11”袭击后建立或重组。大约 1271 家政府机构和 1931 家私营企业眼下在美国大约 1 万处地点从事与情报、反恐和国土安全相关的活动，大约 85.4 万人拥有绝密级别授权。美国情报网络信息采集量迅猛增长，但存在有经验人员缺乏、情报处理效率欠缺等问题。由于法律授权所限，国家情报总监无法对单个部门行使权力。不少情报部门官员说，他们至今不清楚国家情报总监办公室究竟负责什么。

2010 年 6 月 4 日，据美国《华盛顿邮报》报道，美国军方和政府高级官员称，虽然奥巴马政府承诺进行柔性外交行动，但是在阿富汗和伊拉克战区之外，奥巴马政府已大幅扩大了在全球各地针对“基地”组织和其他极端组织的秘密战行动。特种作战部队的人数和预算都已增加，他们已被部署至 75 个国家，而在 2009 年初时他们只被部署在 60 个国家里。除了在菲律宾和哥伦比亚进行了多年的特种作战行动，美军特种作战小组目前还在也门、中东、非洲和中亚展开特种作战行动。白宫所要求的特种作战行动能力远不止单方面袭击行动，还包括训练当地的反恐力量并与他们采取联合行动。

4. 阿富汗政府正式开始寻求与塔利班政治和谈的可能性

2010 年 9 月 28 日，阿富汗政府组建和平高级委员会，正式负责寻求与塔利班展开和谈。和平高级委员会共有 70 名成员。卡尔扎伊的发言人瓦希德·奥马尔否认成立和平高级委员会及与塔利班谈判和美军撤军有关。“阿富汗人需要和平，无论如何，我们想要寻求和平。”卡尔扎伊先前多次呼吁塔利班放弃使用暴力，与政府一起努力，实现阿富汗和平与稳定。但塔利班坚称，除非外国部队撤离阿富汗，否则不会举行和谈。按美联社的说法，宣布组建和平高级委员会同时意味着阿富汗政府正式启动一项关于“招安”塔利班成员的全国性计划。根据计划，政府通过提供就业、扫盲、职业培训等措施“招安”大约 2.5 万～3.5 万名塔利班成员。一些英美官员警告，尽管一些塔利班领导人似乎愿与阿政府和解，但眼下双方接触仍处于初级阶段，和谈进程任重道远。

5. 巴基斯坦加大打击恐怖主义的力度

随着恐怖袭击事件愈演愈烈，巴基斯坦政府也开始加大打击力度，特别是对恐怖分子盘踞的重点地区展开军事围剿。2009 年，巴基斯坦军方发动了两次大规模的集中行动，于 4 月 26 日和 10 月 17 日开始分别针对斯瓦特地区和南瓦济里斯坦地区的塔利班展开“黑雷”行动和“拯救之路”行动。从两次行动的效果看，虽然对境内的塔利班势力造成重创，但也进一步激化了其反政府、反社会的情绪。这一点从两次行动之后巴基斯坦各地所遭受的恐怖袭击次数、频率及强度就不难看出。①

（三）国际社会反恐斗争存在的新问题

在当前的国际反恐斗争中，存在着一些重要的分歧和矛盾，严重影响了国际反恐合作的水平和反恐成效，诸如对恐怖主义定义的分歧、双重标准问题、反恐工具化、国际反恐合作与尊重其他国家主权的问题、保障新闻自由与媒体的社会责任之间的平衡问题，等等，这些老生常谈的问题在此不需多言。本文仅提出三个比较新的问题，希望学术界和决策者给予足够的重视。

1. 很多国家从技术上加强反恐措施引起广泛非议

2010 年 9 月 27 日，德国汉堡机场首度启用饱受争议的全身扫描仪安检，为期至少 6 个月。探测仪应用之初被德国媒体冠以“裸体安检仪”。2008 年，欧盟委员会施压欧洲机场引入“裸检”，曾引起许多民众强烈抗议。批评者说，全身扫描技术安全性尚未得到验证，无线电波是否会引发癌症不得而知。还有人认为，全身扫描仪侵犯乘客隐私权。

据英国《每日电讯报》2010 年 9 月 27 日报道，奥巴马政府正在考虑赋予美国联邦调查局新的权力，以使其能够监控手机短信、电子邮件和其他互联网加密通信。这一消息随后引发了美国民权人士和计算机科学家的强烈反对，同时也引起了计算机专家们的担忧。专家称为加密信息服务开放后门将提供给黑客们一道入侵网路的路径，这将引发更多的安全隐患。

2010 年 9 月，印度政府要求网络运营商提供拦截并破解加密信息的办法，以便执法人员能监控黑莓手机、Skype 即时通信软件等各种通信方式。这项措施

① 唐孟生：《巴基斯坦反恐任重道远》，《南亚研究》2010 年第 1 期，第 47 页。

是否可行引起广泛争议。

这个问题说新其实也不算新，以前就曾引发广泛的讨论，只是一直没有一个公认的合情、合理、合法的结论，再加上不断出现的新技术被引入安全保障措施，对公民的个人权利造成较大的损害，因此争论持续发酵。在当前的全球化和信息化的社会，如何处理好提高反恐效率与保护人权的矛盾是摆在所有国家面前的难题。如何平衡公民自由权利和国家安全之间的关系也成为国际关系学界和法学界非常关注的问题。对公民基本人权的剥夺，既违背文明社会的立国之本，也不符合世界发展的潮流，更是恐怖主义所要达到的目标之一。在安全与自由的取舍之间，因反恐而引起西方国家国内政治的矛盾和激烈争论。

2. 国际社会在反恐问题上的团结合作出现一些不和谐的音符

要切实地提高国际反恐的成效，相关国家之间的团结合作是必不可少的。然而，众所周知，在国际反恐合作中，由于狭隘的国家利益、意识形态斗争、民族宗教情感导致的一些国家在反恐问题上采取双重标准，是阻碍国家之间和地区性合作的主要障碍，这个老生常谈的问题以前多有阐述，不再赘言。本文所讲的是，出于各自国家利益和当权者所在利益集团以及国内政治需要的考虑，政府之间和领导人之间发生一些龃龉也是不可避免的。在合作反恐领域，美国政府与其反恐盟友之间的摩擦、争吵尤其突出。

巴基斯坦目前已经成为国际反恐的最前沿，但是巴政府在反恐领域的处境很尴尬，一方面为反恐竭尽全力、伤痕累累，另一方面巴政府机构也常被指与恐怖组织有染。阿富汗总统卡尔扎伊多年来多次指责巴基斯坦反恐不力，暗中支持塔利班。而美国、英国等西方反恐盟友，也认为巴基斯坦反恐不力，要求其加大反恐力度，并经常指责巴基斯坦三军情报局与恐怖组织关系暧昧。面对来自各方的指责和压力，巴基斯坦感到非常委屈和无奈。目前巴基斯坦的反恐事业面临着巨大的困难。首先，8 年反恐让巴基斯坦财尽力竭，扎尔达里总统表示，巴为反恐需 1000 亿美元资金振兴经济。美国总统奥巴马政府 2010 年提供 75 亿美元的援助，但苛刻的条件遭到巴各界质疑，被认为是对巴内政的干涉。其次，为报复政府的反恐行动，恐怖分子频繁发动自杀性爆炸，造成国内安全局势动荡，百姓终日惶恐不安。而清剿塔利班的行动，也造成数十万民众流离失所。很多民众认为这是美国出兵阿富汗和政府与美国合作反恐造成的。伊朗也将矛头指向巴基斯坦，指责其情报机构与伊朗境内的数次爆炸袭击有关。

2010年9月30日，据美国媒体报道，当天清晨，巴基斯坦西北部库拉姆地区的一座边检站凌晨遭到北约直升机的猛烈攻击，3名巴士兵当场被打死，另有3人受重伤。在这起事件发生后不久，北约直升机又袭击了距离该边检站15公里处的另外一个地点，但这次没有造成人员伤亡。早就对北约跨境实施军事行动不满的巴基斯坦政府抗议北约侵犯主权，随即切断北约经由开伯尔山口向阿富汗运送物资的运输线。北约驻阿富汗部队物资供应大约70%经由巴基斯坦境内线路输送。两条主要运输线分别经由开伯尔山口多尔哈姆镇通往阿富汗首都喀布尔、经由俾路支省杰曼镇通往阿富汗南部坎大哈省。开伯尔山口运输线遭切断后，大批北约运输车不得不滞留在路边或停车场内，成为武装人员袭击目标。在短短的一个星期，就有近百辆油罐车被袭击烧毁。塔利班宣称对此次袭击事件负责，表示这是对最近美国无人机加大了对巴基斯坦西北部地区的打击力度的报复。在美国被迫向巴政府道歉后，巴基斯坦在10月9日才重新开放这条运输线。有美国分析人士认为，塔利班正是利用了美巴当前的矛盾，在运输车队保护不充分的情况下，实施了高频率的袭击。有专家认为，即使“基地”组织经常杀害平民，这也不能成为美国政府“以暴制暴”的理由。美国政府应该停止授权中央情报局动用无人机打击恐怖嫌疑人，因为这些情报机构根本不具备在其他国家杀人的资格。无人机可以用来进行侦查和收集资料，而不该被当做一个无责任杀人工具直接发射导弹清除目标。

3. 一些危害极大的恐怖事件应该引入反恐研究和对策处理的框架

虽然目前国际社会仍然没有形成一个公认的恐怖主义的定义，但是恐怖主义具有的几个关键要素还是获得了比较广泛的认同。包括行动目的政治性和思想狂热性、行为主体的有组织性、袭击对象是非战斗人员、恐怖方式的暴力性和残酷性等。

尽管目前国际社会发生的一些重大恐怖事件从严格意义上来讲不属于恐怖主义的范畴，两者在性质上完全不同，但在犯罪者的作案手法、政府执法机构的处置方式、对社会稳定和人员安全的严重危害等方面都是一样的。比如2010年8月的菲律宾香港人质危机、索马里海盗问题等。因此，虽然某些恐怖事件因不具有政治性和非组织性不构成严格意义上的恐怖主义，但是因其对社会的危害极大，很有必要把这些问题引入反恐研究和对策处理的框架。

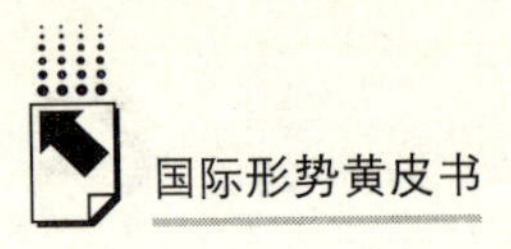

四 趋势展望及对中国的影响

综上所述，在当前恐怖威胁依然严峻的形势下，各国为确保安全都在持续加大投入，调整策略，采取各种措施加强防范，同时也都在寻求有效的国际合作。然而，纵观所有的战略调整和新增措施，都是属于“头痛医头、脚痛医脚”的“治标”层面，在如何脚踏实地逐渐消除恐怖主义产生、发展的根源和土壤这个“治本”层面仍然乏善可陈。打击恐怖主义固然重要，但如何设计出切实可行的消除恐怖主义根源的方案更需要政治家和专家学者的智慧。

展望来年，可以预期，国际社会面临严峻恐怖主义威胁的局面仍然难以扭转，国际社会反对恐怖主义的斗争还要长期坚持下去。其中有四个主要的看点需要重点关注：其一，美国从伊拉克撤出战斗部队后，伊拉克的局势如何演变？其二，美国短期增兵阿富汗的战略能否取得立竿见影的成效，计划中的2011年7月从阿富汗开始撤军能否如期进行？其三，巴基斯坦在美国压力下大规模清剿“基地”组织和塔利班的行动是否持续？巴反恐形势能否好转？其四，也门和索马里的恐怖主义组织是否继续壮大，红海这条世界经济的大动脉能否保持畅通？相比伊拉克、阿富汗、巴基斯坦，亚丁湾地区的稳定牵扯到更多国家的神经，一旦形势恶化，很多国家必将感受到恐怖主义的切肤之痛。

面对严峻的恐怖主义威胁，中国不是局外人，也是恐怖主义的受害者。中国面临的恐怖主义威胁主要包括：①“东突”和“藏独”分子的恐怖暴力活动直接影响中国西部地区的社会稳定和国家安全。②中国的海外利益随国力的上升日益拓展，国际恐怖主义活动对中国的公民、财产和能源运输安全构成现实威胁。③恐怖主义组织在中亚、南亚等与中国相邻国家跨界活动频繁，并出现向中国境内渗透的趋势。比如宗教极端组织“伊扎布特”从20世纪90年代末开始向中国新疆地区渗透，目前在新疆大约有2万名成员，成为威胁新疆地方安全、破坏民族团结、制造民族分裂的不安全因素，对中国的安全构成现实的威胁。有人认为发生在2009年乌鲁木齐的“7·5”暴力事件该组织难逃干系。④中国周边一些国家恐怖主义形势严峻，影响到中国周边安全环境的稳定和国家之间正常的人员交往，比如巴基斯坦和菲律宾。菲律宾发生的香港人质

危机告诫我们，不仅要全力确保国内的稳定和安全，而且要加紧研究和制定切实可行的政策措施以防止、减少和应对恐怖主义对中国海外利益的侵害。

参考文献

Office of the Coordinator for Counterterrorism, "Country Reports on Terrorism 2009", http://www.state.gov/s/ct/rls/crt/2009/index.htm.

National Counterterrorism Center, Worldwide Incidents Tracking System (WITS), https://wits.nctc.gov/FederalDiscoverWITS/index.do? N=0.

The Bipartisan Policy Center's National Security Preparedness Group, "Assessing the Terrorist Threat", http://www.ict.org.il/LinkClick.aspx? fileticket= -rknmSWvcag%3d&tabid=66.

Europol, "EU Terrorism Situation and Trend Report TE-SAT 2010", http://www.europol.europa.eu/publications/EU_Terrorism_Situation_and_Trend_Report_TE-SAT/Tesat2010.pdf.

The South Asia Terrorism Portal, "South Asia Assessment 2010", http://www.satp.org/satporgtp/southasia/index.html.

正涛：《巴基斯坦恐怖主义的新特点及其影响》，《当代世界》2010年第7期。

肖洋、柳思思：《索马里海盗的"恐怖主义化"及对策》，《当代世界》2010年第1期。

殷炳华：《国际恐怖主义犯罪的现状及其发展趋向研究》，《吉林公安高等专科学校学报》2010年第1期。

唐孟生：《巴基斯坦反恐任重道远》，《南亚研究》2010年第1期。

Global Terrorism and Counter-Terrorism: 2009 -2010

Shao Feng

Abstract: Global terrorism in 2009 -2010, both in terms of its quantity and intensity, has remained generally serious and at the same level compared to the previous year. Terrorist threats mainly come from religious extremist forces represented by Al-Qa'ida, ethnic separatists, and other extremist anti-government militants. From the perspective of the geographical distribution of global terrorism, South Asian and Middle Eastern terrorism is the most rampant, but developments in Yemen and Somalia are increasingly worrying. This article points out some new features in the current development of terrorism, including the continued high intensity and large-scale of the attacks, which constitute a greater challenge from international terrorist organizations that have been making a conscious effort to bring the confrontation to a strategic level.

Key Words: Terrorism; Counter-Terrorism

Y.7

气候变化谈判：从哥本哈根到坎昆

王 东*

摘 要： 2009年12月在哥本哈根召开的世界气候大会，对于《京都议定书》一期承诺于2012年底到期后如何应对未来气候变化进行了艰难的协商和激烈的辩论，由于各方分歧严重，会议未能就《京都议定书》第一承诺期2012年到期后全球如何应对气候变化达成一致并签署有关协议。会议产生的《哥本哈根协议》因没有获得所有国家的通过并不具有法律效力。虽然多数国家承认该协议有积极的方面，但对成果内容之有限感到不满和失望。进入2010年后，为了能在年底的坎昆会议上取得成果，各缔约方进行了艰苦的谈判与准备。

关键词： 气候变化谈判　哥本哈根气候会议　坎昆气候会议

为加大应对气候变化措施的力度，寻找各方经济、政治利益的平衡点，2009~2010年间，《联合国气候变化框架公约》（以下简称《公约》）和《京都议定书》（以下简称《议定书》）缔约国展开了一轮又一轮的艰苦谈判，谈判方希望在2013年1月前达成新的后续协议。围绕哥本哈根会议，不同集团之间展开了激烈的较量。由于在关键问题上各方利益和立场差距相差甚远，哥本哈根会议近乎无果而终，这使得2010年底的墨西哥坎昆会议笼罩在悲观气氛之中。

2009~2010年气候变化谈判和哥本哈根会议的举行显示，气候变化问题已成为备受关注的全球热点问题，而且已演变为缔约国之间一场全面的政治、经济利益较量。正如《气候变化的政治》一书所表述的：气候变化正成为西方国家

---

* 王东，中国社会科学院世界经济与政治研究所助理研究员，主要从事非传统安全及全球问题研究。

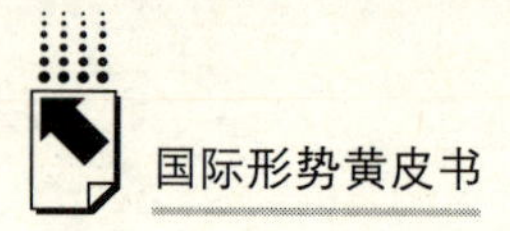

和越来越多的世界其他国家致力解决的问题，还可能成为未来 20 年地区或者全球政治的主要议题。①

一　哥本哈根会议前的谈判与对峙格局

在哥本哈根会议召开前，联合国框架下的气候谈判已经历了曲折的进程。1992 年 6 月在巴西里约热内卢举行的联合国环境与发展大会上，150 多个国家通过了《联合国气候变化框架公约》。《公约》的最终目标是将大气中温室气体浓度稳定在不对气候系统造成危害的水平。《公约》于 1994 年 3 月生效，这是第一个具有权威性、普遍性、全面性的应对气候变化的国际框架公约，奠定了应对气候变化国际合作的基础。《公约》对发达国家和发展中国家的责任和义务，以及履行责任和义务的程序做出有所区别的安排。《公约》要求发达国家作为温室气体的排放大户，采取具体措施限制温室气体排放，并向发展中国家提供资金以支持他们履行《公约》义务所需的费用，而发展中国家则不需要承担具有法律约束力的限控义务。自 1995 年起，《公约》缔约方每年年底举行一次缔约方大会，即联合国气候变化大会。

（一）“巴厘路线图”的哥本哈根约定

1997 年 12 月，第 3 次缔约方大会在日本京都举行，会议通过了《京都议定书》，对 2012 年前主要发达国家减排温室气体的种类、减排时间表和额度等做出了具体规定。根据这份议定书，从 2008 年到 2012 年间，主要工业发达国家的温室气体排放量要在 1990 年的基础上平均减少 5.2%。世界主要工业发达国家中只有美国没有签署《议定书》，因此美国的减排承诺迟迟得不到体现。《议定书》将于 2012 年底到期，2012 年之后如何进一步降低温室气体的排放就成了各国面对的“后京都”问题。

2007 年 12 月第 13 次缔约方大会在印度尼西亚巴厘岛举行，会议着重讨论了“后京都”问题。大会通过了“巴厘岛路线图”，为 2009 年前应对气候变化谈判

---

① 〔英〕安东尼·吉登斯：《气候变化的政治》，曹荣湘译，社会科学文献出版社，2009，第 1 页。

的关键议题确立了明确议程。以“巴厘路线图”为起点，各方进入了实质性解决全球气候变化的阶段，启动了加强《公约》和《议定书》全面实施的谈判进程，目标是在2009年底前完成《议定书》第一承诺期2012年到期后全球应对气候变化新安排的谈判并签署有关协议。

依据“巴厘路线图”的约定，谈判方应依照《公约》确定的“共同但有区别的责任和各自能力”原则，综合考虑社会、经济条件以及其他相关因素，确定温室气体排放目标，其中发达国家在2020年前应将温室气体排放量在1990年水平上减少25%～40%。“巴厘路线图”的重要意义在于推动《议定书》发达国家缔约方在第一承诺期（2008～2012年）切实履行其减排温室气体承诺。“巴厘路线图”与《议定书》第一承诺期的完成谈判时间一致，实现了“双轨”并进，并决定于2009年12月在丹麦哥本哈根举行的《公约》第15次缔约方会议和《议定书》第5次缔约方会议上最终完成谈判，加强应对气候变化国际合作，促进对《公约》及《议定书》的履行。这正是哥本哈根会议引起全世界广泛关注和重要性的所在。

（二）哥本哈根会前五轮谈判与交锋

为准备哥本哈根会议，缔约方在2009年举行了五轮谈判。谈判中，各方加紧协调与磋商，紧锣密鼓地起草和修改哥本哈根会议文本草案。立场接近的缔约方形成了不同的集团，反映不同利益的各种草案也在策划之中，包括发达国家的“丹麦文本”，中国、印度、巴西和南非四国的“北京文本”（亦被称为“中印草案”）。

表1　2009年哥本哈根会议前举行的五轮谈判

第一轮：3月29日至4月8日，德国波恩	各方阐明了各自的立场和目标，确定发达国家在2012年后的温室气体量化减排目标应是哥本哈根会议核心任务之一。由于发达国家与发展中国家存在着很大的分歧，谈判未取得实质性进展。
第二轮：6月1～12日，德国波恩	为推进哥本哈根会议谈判取得新的实质性成果，会议形成了一份200多页的应对全球气候变化新协议草案文本，作为哥本哈根会议的基础性文件。
第三轮：8月10～14日，德国波恩	对第二轮谈判形成的草案文本进行了初步磋商，由于仍然存在巨大分歧，谈判进展缓慢，草案文本的修改被搁置，留待下一轮谈判解决。

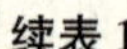

续表 1

第四轮:9 月 28 日至 10 月 9 日,泰国曼谷。	经过协商,将第二轮谈判形成的 200 多页的草案文本压缩一半,准备提交给哥本哈根会议讨论。谈判在草案文本技术性修改方面,以及在适应气候变化、技术转让、能力建设等问题上有所进展,但在发达国家减排目标和资金支持这两个关键问题上没有取得进展,为哥本哈根会议埋下伏笔。
第五轮:11 月 2 ~ 6 日,西班牙巴塞罗那	在适应气候变化、技术合作、通过保护森林来减排温室气体等方面的协调取得了初步的共识和推进,在减排目标和资金支持等关键问题上仍未取得突破。

资料来源:根据新华社有关气候变化谈判的相关报道整理。

从表 1 可以看出,哥本哈根会前的五轮谈判成果非常有限。谈判进展主要体现在两个方面,一是初步形成一个草案文本,二是在适应气候变化、技术合作、通过保护森林来减排温室气体等方面的协调取得了初步的共识。不过,在减排目标和资金支持这两个关键问题上,发达国家和发展中国家立场相去甚远,未取得任何进展。《公约》秘书处执行秘书德博埃尔在会前曾说:"如果不能解决这两个问题,我们将无法在哥本哈根达成一个协议。"①

经过哥本哈根会议前的五轮谈判,谈判各缔约方的分歧与不同态度已经进一步表面化和明朗化,并形成不同的利益集团或者说是力量组合,被媒体称为"两大阵营、三股力量、多个主体"。两大阵营为发展中国家和发达国家,三股力量分别是欧盟、伞形集团和发展中国家,多个主体组合划分为"基础四国"(包括中国、印度、巴西和南非)、小岛国集团、77 国集团等。这"两大阵营、三股力量、多个主体"在谈判中的立场和态度既有对抗也有交叉,体现了气候变化多边谈判的错综复杂。

包括中国在内的发展中国家对哥本哈根会议高度重视,立场和态度十分明确,多次呼吁发达国家应严格履行《议定书》义务,切实按照"巴厘路线图"兑现承诺,为发展中国家应对气候变化提供资金、技术和能力建设的支持,尊重发展中国家的诉求。中国国家主席胡锦涛提出,要坚持《公约》及其《议定书》的主渠道和法律基础地位,坚持"共同但有区别的责任"原则,按照"巴厘路

① 《联合国气候变化谈判巴塞罗那会议无实质进展》,新华网,2009 年 11 月 7 日,http://news.xinhuanet.com/world。

线图”的规定积极行动，在充分考虑各国国情、发展阶段、历史责任、人均排放等因素的基础上共同推动哥本哈根大会取得成功。①

在气候变化谈判过程中，中国、印度、巴西和南非四国由于立场相近逐渐走到一起，且四国首个英文字母形成“BASIC（基础）”，因而被称为“基础四国”。哥本哈根会议前，“基础四国”的立场是，坚持气候变化谈判应该在《公约》、《议定书》和“巴厘路线图”的框架下进行。“基础四国”和77国集团在气候变化问题上的立场和态度基本一致，哥本哈根会议前，“基础四国”和77国集团就有关谈判的原则等问题交换了意见，中国总理温家宝在北京会见了参加中国、印度、巴西、南非“基础四国”气候变化部长级协调会的外方代表和77国集团的代表，表示中方高度重视“基础四国”磋商机制的作用，愿加强与77国集团的协调配合，推动哥本哈根会议朝着正确方向前进。

哥本哈根会议前“基础四国”和77国集团的谈判立场和态度就已经明确，这一阵营认为，哥本哈根会议成果应涵盖长期合作行动、发达国家减排承诺、发展中国家国内适当减缓行动、建立综合适应机制、资金支持和技术转让等内容，并应考虑最不发达国家、小岛屿发展中国家和非洲国家在应对气候变化方面的特殊需求。② 这些国家认为，发达国家对发展中国家的资金和技术支持问题始终是谈判的一个关键。用77国集团主席的话说“所有问题的根源在于，那些手中有钱的国家却不愿意出钱解决那些实际上是由他们所造成的问题”。③

欧盟在谈判中一直将自己视为应对气候变化的领导者，支持《公约》及其《议定书》的内容。欧盟曾提出2050年减排50%的目标（包括发展中国家），以便将全球气温上升幅度控制在2℃以内，为此发达国家在2050年前将减少废气排放80%。欧盟强调美国应承担减排责任，在减排责任问题上始终与美国存在着分歧。在哥本哈根会议前，欧盟一方面对发展中国家强调的《议定书》不可替代立场表示理解，并表示所有发达国家必须为发展中国家减缓气候变化影响的

① 《中国国家主席胡锦涛：2009年9月22日联合国气候大会上的讲话》，中国网，2009年9月22日，http://www.china.com.cn/news。

② 《中国政府关于哥本哈根气候变化会议的立场》，中国气候变化信息网，2009年5月20日，http://www.ccchina.gov.cn/cn/。

③ 《七十七国集团主席：哥本哈根承诺与妥协》，中国气象报社，2009年11月26日，http://www.cma.gov.cn。

行动提供资金帮助；但另一方面又提出，希望哥本哈根会议能在《议定书》的基础上，建立一个将发达国家义务和发展中国家义务绑在一起的法律协定，实施单轨制。会议前欧盟在应对气候变化谈判是实行双轨制还是实行单轨制问题上就已经开始摇摆，似乎多少有向美国倾斜的“嫌疑”，并对“巴厘路线图”要求发达国家切实履行《议定书》第一期承诺有些暧昧，在资金支持和技术转让问题上也缺乏诚意。

鉴于会前谈判中的立场差异，欧盟已经对会议达到预期目的不抱什么希望。2009年11月10日，欧委会发布公告，重申了欧盟关于应对全球气候变化和哥本哈根国际气候谈判最新立场。公告说：“由于联合国关于哥本哈根国际气候谈判的五次协调会议进展不力，目前发达国家提出的2020年减排目标总体仅比1990年低10%～17%，与25%～40%的期望相差甚远，而几大新兴经济体未拿出切实行动控制排放，即将召开的哥本哈根会议已难以达到预期目标。”①

伞形集团包括美国、日本、加拿大、澳大利亚、新西兰等国。它们坚持气候变化中期减排低目标，且以一些发展中国家参与减排为前提条件，这些国家由于立场相似形成一个集团。美国在奥巴马上台后态度有所转变，但仍然拒绝接受《议定书》。2009年11月25日临近哥本哈根会议，迫于多方压力，美国匆忙宣布奥巴马总统将出席哥本哈根大会，并承诺2020年温室气体排放量在2005年的基础上减少17%，到2050年减排83%。② 上述目标与美国众议院早些时候通过的《美国清洁能源安全法案》（也称气候法案）规定的目标基本一致，据专家推算，这一目标仅相当于在1990年的基础上减少4%，美国的这一减排承诺不仅姗姗来迟，而且与发展中国家对发达国家的要求相去甚远。③

在哥本哈根会前，美国公然反对《公约》和《议定书》确定的“共同但有区别的责任”原则。美国气候变化特使托德·斯特恩公开表示：“我们绝对承认

---

① 《欧盟公布哥本哈根国际气候谈判最新立场》，http：//www. chinamission。

② 新华社华盛顿2009年11月25日电，http：//news. xinhuanet. com/world/2009－11/26/。

③ 据《联合国气候变化框架公约》和《京都议定书》确定的“共同但有区别的责任”原则，发展中国家要求发达国家2020年在1990年水平上至少减排40%，而美国的承诺仅相当于在1990年的基础上减少4%。美国这个减排目标不仅比欧盟相去甚远，而且低于《议定书》规定的第一期承诺（2008～2012年减排7%）。

排放（温室气体）到大气层的历史角色，但说内疚或罪责或者补偿我是明确不同意的。”① 美国一方面拒绝履行一个发达国家大国应尽的义务和应负的责任；另一方面，美国一贯反对应对气候变化谈判的双轨制，在哥本哈根会前与欧盟站在同一立场，试图在义务和责任问题上将发展中国家也纳入其中。美国在气候变化问题上的态度遭到了来自各方的批评。在美国国内，各界批评政府由于在气候变化问题上态度消极导致美国在国际上处于被动，希望奥巴马政府通过公布减排承诺平息对美国的质疑声，重新建立美国在气候变化问题上的主导地位和领导权。

伞形集团的其他国家，在哥本哈根会前与美国保持基本一致的立场。尽管日本、加拿大和澳大利亚批准了《议定书》，但在谈判中仍然紧随美国，减排态度消极，极力推卸减排义务和责任，并极力要求发展中国家接受约束性的减排义务和责任。

鉴于哥本哈根会前谈判未取得重要进展，且不同集团之间分歧之大，人们对哥本哈根会议的最终成果并不乐观，一些媒体甚至预言哥本哈根将是一次“还没开始就已经失败”的会议。尽管如此，各缔约国并没有放弃磋商与合作，还是希望能在哥本哈根达成一项协议，避免会议无果而终的结局。

二　不同利益集团角逐哥本哈根会议

2009 年 12 月 7 日，《气候变化框架公约》第 15 次缔约方会议（COP15）暨《京都议定书》第 5 次缔约方会议（CMP5）在丹麦首都哥本哈根召开。此次会议被联合国称为“世界有史以来规模最大的一次气候谈判”。192 个缔约国的气候与环境部长以及包括美国总统奥巴马、中国总理温家宝在内的 100 多位国家元首或政府首脑出席了此次会议。此外，参会的还有各界人士和有关国际组织或非政府组织的代表，以及数以万计的新闻媒体。联合国秘书长以及《公约》秘书处执行秘书德博埃尔与丹麦首相拉斯穆森都出席了会议。会议规模之大，人数之多，规格之高，足以表明各缔约国对此次会议的重视。

① 《解振华：若美国 2020 年减排四成中国愿奉陪》，2009 年 12 月 11 日，中国新闻网，http：//www. chinanews. com. cn/。

哥本哈根会议从2009年12月7日开幕到19日闭幕，持续了两个星期，比原定计划推迟一天结束。《公约》秘书处执行秘书将此次会议分为三个阶段：第一阶段的主角是各缔约方的谈判代表，第二阶段的主角是各国部长，最后阶段有各国首脑和政府领导人参加。部长级谈判12月16日正式开始，目的是在前一阶段交锋的基础上商定各种实质性问题，以便在最后两天各国政府领导人参加的峰会上敲定。在从会议开始到结束的两周里，会场变成了没有硝烟的战场，不同集团之间展开了异常激烈的较量。最后形成的《哥本哈根协议》是缔约国经过艰苦谈判、磋商，共同努力的结果，也是不同利益集团博弈、较量的结果。

（一）关键问题上的利益与立场冲突

在哥本哈根会议上，围绕气候变化问题形成的不同集团在发达国家减排目标、资金和技术支持、协议效力等主要问题上展开较量和博弈。从以下三个方面可以看到，那些以前谈判中争论不休的老问题在此次会议上仍然是争论的焦点。

围绕减排目标问题的争议。发展中国家要求发达国家在1990年的基础上减排25%～40%，但发达国家对于承诺何时兑现并没有明确的时间表和具体的行动，这是发展中国家不能接受的。小岛国集团提出气温应该控制在不超出1.5℃，否则小岛国将面临生存问题。小岛国集团和最贫困国家要求发达国家在1990年的基础上到2020年至少减排45%，在2050年减少95%，并希望新兴发展中大国和发达国家一样也加入减排行列。[①] 这一立场也使发展中国家之间产生了分歧。美国和发达国家坚持有条件的减排。欧盟委员会主席巴罗佐说，发达国家和发展中国家都必须制订强制的减排指标，只有当其他国家一起行动时，欧盟才愿意将中期减排目标提高到30%。[②] 这一点是发展中国家所不能接受的。

围绕资金问题的争议。欧盟在会上宣布说，将在2010～2012年间每年向发展中国家提供24亿欧元的援助资金，帮助它们应对气候变化带来的挑战。但这与发展中国家的要求还有距离。最不发达国家认为，发达国家的资金援助应达到

① 新华社哥本哈根2009年12月16日电。

② 《美国和欧盟继续坚持“有条件”谈判立场》，新华网，2009年12月19日，http://news.xinhuanet.com/world。

它们国内生产总值的1.5%，这将超过每年3000亿美元。“77国集团加中国”代表发言时表示，欧盟允诺的资金“不是个大数目”。尤其是小岛国，呼吁国际社会，尤其是发达国家应率先采取行动大幅减排温室气体，同时增加经济和技术援助。

围绕资金问题争吵的一个焦点是，美国和发达国家把中国的减排目标和对发展中国家的资金援助挂钩，试图把矛盾转向中国等新兴发展中国家，引起了中国和美国在这一问题上的对抗。美国表示支持至2012年发达国家共同提供100亿美元的快速启动资金，但美国坚持仅依靠美国和发达国家是不够的，主要发展中国家需采取行动，并认为这是本次谈判的核心内容之一。“我们并不是对所有的发展中国家提出要求，但对主要发展中国家的要求是必要的。”在资金问题上，美国只同意考虑贫穷国家和最迫切需要资金的国家，但不能包括中国。希拉里强调，发达国家的资金援助必须用于最不发达国家，且必须有“一个包括了所有主要经济体采取减缓（气候变化）行动，并提供其行动透明度的基础上形成的有力的协议”。[①] 中方代表团副团长苏伟的回应是：“发达国家减排是应当履行的国际义务，而中国身为发展中国家将采取自主减排措施”，“欧盟将他们该承担的国际义务和中国国内的自主减排行动相比是不厚道的”。中国外交部副部长何亚非批评美国在减排上的态度“极不负责任，毫无诚意”。[②]

有关协议效力的争议。欧盟轮值主席国瑞典环境大臣安德烈亚斯·卡尔格伦表示，哥本哈根会议应该达成确定规划，现在会议各方要做的就是将“巴厘路线图”的规定完全落到实处。[③] 而来自小岛国的“一份有法律约束力的协议”，也包括《议定书》的内容。但美国代表多次在不同场合表示，要在哥本哈根达成一份“法律条约”非常困难，会议结果更可能是“政治宣言”。美国气候变化特使托德·斯特恩还重申美国“肯定不会重返《京都议定书》”。[④] 美国与欧盟国家之间的分歧十分明显。苏丹高级外交官在代表“77国集团和中国”发言时指

① 冯迪凡：《气候大会谈判美国对中国发难》，2009年12月18日《第一财经日报》。

② 《哥本哈根会议由展示期望进入核心讨论》，新华网哥本哈根12月13日电，http：//news. xinhuanet. com/world。

③ 《哥本哈根会议由展示期望进入核心讨论》，新华网哥本哈根12月13日电，http：//news. xinhuanet. com/world。

④ 哥本哈根气候大会（COP15）每日信息摘要（四），2009/12/11，中华人民共和国驻丹麦王国大使馆网站，http：//dk. china - embassy. org/chn/。

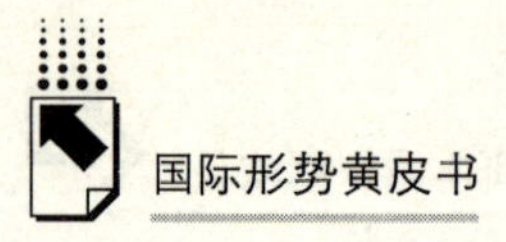

出，哥本哈根会议不能只有一份类似“政治宣言”的结果，而是应该为发达国家的减排目标和资金支持做出具体规定。

（二）最后“草案战争”的博弈

由于各国立场不一，各利益集团纷纷在会议上提出代表各自利益的草案文本，被媒体称为“草案战争”。

在哥本哈根会议期间，发达国家曾试图通过一个事先没有同发展中国家进行广泛酝酿的“丹麦草案”。该草案由英国《卫报》在网站公布，被视为由英国、美国和丹麦等小圈子秘密拟订的草案。该文件抛弃了《京都议定书》内容，为发达国家和发展中国家分别制订了减排目标，强制要求发展中国家同意定量减排目标和措施，还建议削弱联合国在应对气候变化援助资金方面的支配权，并提出发达国家将根据发展中国家减排具体行动来决定是否给予资金援助。消息传出后引起轩然大波，招致发展中国家强烈愤慨，纷纷退席以示抗议，甚至有媒体惊呼哥本哈根会议走到了破裂的边缘。77 国集团轮值主席国苏丹的代表专门举行了记者会，对“丹麦草案”进行了抨击，表示 77 国集团坚决反对“丹麦草案”，认为草案对会议取得成功构成严重威胁，而且对于发展中国家来说，这一草案的内容是极其危险的。

在气候变化谈判过程中，中国、印度、巴西和南非四国提出了联合草案。四国的立场可以概括为：第一，坚持气候变化谈判应该在《公约》、《议定书》和“巴厘路线图”的框架下进行，并建议为该议定书附件中提到的发达国家设定 2013~2020 年内的强制减排目标，对没有加入《议定书》的美国，则规定其减排承诺应与其他发达国家具有可比性。第二，全球温度增加不应超过 2°C 的科学观点应得到认可。第三，发展中国家需要采取减缓温室气体排放的行动，但发展中国家的自主行动不应接受国际“三可”核查（可测量、可报告和可核查）。①

太平洋岛国图瓦卢则代表小岛国正式提交了一份对《京都议定书》的修订案。岛屿国家要求哥本哈根会议应该通过谈判达成一项和《议定书》具有同样法律地位的新协议，其中包括将全球气温上升限制在 1.5℃以内，并将中国及印

① 《哥本哈根气候大会（COP15）每日信息摘要（四）》，2009/12/11，中华人民共和国驻丹麦王国大使馆网站，http：//dk. china - embassy. org/chn/。

度等排放总量巨大的发展中国家纳入减排计划。这项提议虽然得到岛国联盟（AOSIS）和部分发展中国家支持，但遭到发达国家以及中国等发展中国家的反对，该提议从程序上未能进入大会的常规谈判。

不同的草案文本表明，在哥本哈根会议上，围绕气候变化问题的立场分歧日益复杂，发达国家和发展中国家阵营都出现了不一致。不同利益之间分歧明显，使会议直到最后也没有达成一致。为了维护大会的正常进行，停止无休止的“草案战争”，联合国气候变化框架公约执行秘书特意发表声明，称任何正式的协议草案必须走联合国会议的正式渠道，即经由大会主席向各代表团散发。

在哥本哈根会议的最后冲刺阶段，一份由28个主要国家领导人及代表起草的草案文件，经过中国、印度、南非、巴西四国领导人与美国领导人的磋商、妥协后，形成了《哥本哈根临时协议》。在就《临时协议》举行决议会议时，一些拉美、非洲国家代表对协议提出了强烈批评和抗议，谴责这份协议在未与其他各方协商的情况下推出，在程序上“不民主、不透明”。[①] 经过彻夜谈判，最后虽然绝大多数国家没有坚持反对协议，但由于图瓦卢、委内瑞拉、玻利维亚、古巴以及苏丹等一些国家的反对，协议未获得一致通过。为了避免会议无果而终，联合国秘书长潘基文积极斡旋，并使用了文字上的技术处理，才使各方在会议“加时期”的19日，同意“注意《临时协议》”。这就是人们所说的那份不具法律约束力的《哥本哈根协议》。

（三）成败参半的《哥本哈根协议》

《哥本哈根协议》只是一份两页纸的政治声明，没有获得所有国家的通过，因而也没有法律效力。对于这份协议，各方的评论和解读褒贬不一。一方面，多数国家对成果内容之有限感到不满和失望，另一方面，多数国家也承认该协议毕竟有其积极的方面。

《哥本哈根协议》的主要内容包括：第一，实行双轨制战略，坚持《公约》及《议定书》确立的“共同但有区别的责任”的原则。第二，为了达成公约规定的最终目标，重申全球气温上升幅度不得高于2℃。第三，发达国家

---

① 《哥本哈根气候大会艰难达成协议》，腾讯公益网，2009年12月19日，http：//news.qq.com/a/。

同意在2020年前，每年集资1000亿美元，协助穷国应对气候变化。在2010～2012年间，提供300亿美元协助那些最容易受到影响的发展中国家应对气候变暖。第四，各国须在第二年1月前提出各自减排计划。第五，发展中国家有汇报减排进展的责任，包括每两年向联合国提交报告，需要接受国际监察，但不会损害国家主权。第六，承诺减排、保护森林。

对于协议的主流看法是，尽管哥本哈根会议没有实现预定的目标，其成果不尽如人意，但会议并非失败的会议。联合国秘书长潘基文表示："这次会议是成功的，是朝正确方面迈出的重要一步。"① 中国外交部长杨洁篪说会议在三个方面取得了"重要而积极"的成果：一是坚定维护了《公约》及《议定书》确立的"共同但有区别的责任"原则；二是针对发达国家实行强制减排和发展中国家采取自主减缓行动方面迈出了新的坚实步伐；三是就全球长期目标、资金和技术支持、透明度等焦点问题达成广泛共识。②

当然，许多国家和个人都表达了对会议及其成果的失望和不满。欧盟委员会主席巴罗佐会后表示，"协议内容与我们的愿望相差甚远"。欧洲议会主席布泽克在声明中也表示对会议结果相当失望，同时呼吁欧盟要继续向其他国家施加压力，争取达成一份"更加雄心勃勃的协议"。③ 以77国集团为主的一些发展中国家则认为，《哥本哈根协议》忽视了发展中国家的利益。一些国际环保组织也发表声明对大会结果感到失望。发展中国家之所以失望和不满，主要是因为在哥本哈根会议上，发达国家自始至终在推卸责任，极力否定《公约》和《议定书》确立的"共同但有区别的责任"原则，试图将谈判带入偏离"巴厘路线图"的轨道，向发展中国家提出种种不合理的要求，导致一些发展中国家悲观和愤怒情绪上升。

中国国家气象中心副主任吕学都在评价此次会议时说"会议成果成败参半，未达到预期成果，常规议题和两个附属机构都谈完了。但是全世界最关心的两个工作组的谈判，只能说取得了一部分的成果"。"如果要追究哥本哈根会议的结

① 联合国秘书长潘基文：2009年12月21日在纽约联合国总部接受记者采访时的表态。中广网，2009年12月22日，http：//www.cnr.cn/gundong/。

② 《中国外交部长杨洁篪会议后的表态》，中国新闻网，http：//www.chinanews.com.cn/gn/news/2009/12-20/。

③ 新华社2009年12月21日电。

果，我认为是比较失败，如果追究责任的话，最主要还是在发达国家，发达国家还是缺乏诚意”。①

尽管有种种不满和失望，客观地讲，哥本哈根会议毕竟向前迈进了一步。面对全球气候变暖以及极端天气的肆虐，世界各国政府和各界都在进行着反思和探讨，寻找导致气候变暖的原因和应对途径。正如哥本哈根会议中国代表团谈判团团长解振华所说，哥本哈根会议是一次举世瞩目的盛会，194 个国家派代表参会，119 位国家元首和政府首脑出席，极大地促进了全球对气候变化问题的关注，“仅从这一点看，哥本哈根会议就是成功的”。②

三　坎昆会议前景不容乐观

哥本哈根会议最终的结果与各国代表和人们的期望值相差甚远，许多需要解决的棘手问题不得不留给 2010 年底的坎昆会议。坎昆会议的重要任务就是推动谈判尽早达成具有法律约束力的新协议。在哥本哈根会议后，联合国秘书长潘基文表示，他将尽力推动在 2010 年实现这一点。③ 然而，2010 年举行的四轮为坎昆会议做准备的谈判，未能取得实质性突破。

（一）哥本哈根会议后各国面临的压力和难题

由于《议定书》第一期承诺到期时间所剩无几，哥本哈根会议后世界各国所承受的国际和社会舆论压力也随之加重。2010 年世界许多国家程度不同地加大了减排力度，纷纷出台了新的减排方案或远期规划。甚至拒绝加入《议定书》的美国，在减排问题上的态度也发生了细微的变化，重新启动了国内气候立法进程。

自 2009 年 10 月美国气候立法进程陷入停滞状态后，2010 年 5 月 12 日，美国民主党参议员约翰·克里和独立参议员乔·利伯曼在美国参议院听证会举行的

① 《吕学都：哥本哈根谈判失败根在发达国家》，网易，2009 年 12 月 28 日，http：//www.china5e.com。

② 《解振华：哥本哈根会议取得两大重要成果》，政府门户网站，2009 年 12 月 26 日，http：//www.gov.cn。

③ 中国网，2009 年 12 月 19 日，见 http：//www.china.com.cn/news/。

记者会上发布了气候法案草案,[①] 这份参议院版本的气候法案草案在减排的总体目标上，全盘接受了众议院版气候法案草案和哥本哈根会议上美国减排承诺设定的目标。尽管这份气候法案草案姗姗来迟，而且最终参众两院能否通过还是一个未知数，但它所体现的美国国内减排政策的松动，毕竟为下一步全球气候谈判取得新的进展带来了希望。

欧盟委员会2010年5月26日发布报告指出，金融和经济危机大大降低了欧盟实现温室气体减排目标的成本，因此欧盟应考虑把2020年温室气体减排目标由20%提高至30%。[②] 虽然欧盟的表态还需要得到欧盟各国政府的同意，但毕竟做出了承诺。

目前，气候谈判的主要症结是发达国家对2020年量化减排指标没有明确的承诺，停留于口头的减排意向差别很大。美国提出的到2020年在2005年水平上减排17%的指标还未通过气候变化立法，缺乏国内相应的法律基础；欧盟气候变化政治决策存在着多种变数，眼前放弃减排需要附加条件的可能性不大；包括日本在内的其他发达国家，有的因政府更迭影响了其国内减排指标的立法进程（日本），有的在观望美国和欧盟等国的态度。[③]

针对种种问题，新上任的《公约》秘书处执行秘书菲格雷斯指出：为促进谈判取得进展，各国政府应在五大“关键领域”承担历史责任，共同应对全球气候挑战。这五大关键领域是：发达国家的减排指标、对发展中国家的援助、快速启动资金的落实、减排核查机制以及法律协议形式。[④]

（二）2010年的四轮谈判成果有限

2010年底墨西哥坎昆会议前，《公约》和《议定书》缔约各方分别举行了四

---

① 这份987页的气候法案草案命名为《美国电力法案》，与此前美参众两院发布的几份气候法案草案对比，在碳交易体系的设置、核电、碳捕获与存储技术（CCS）以及海上油气开发等领域的论点方面发生了转折性的变化。

② 新华社德国波恩5月30日电，http：//news. xinhuanet. com/world/2010－06。

③ 联合国气候变化谈判中国代表团团长苏伟：在参加2010年第二轮联合国气候变化谈判接受新华社记者采访时的表述。新华社德国波恩2010年6月11日电，http：//news. xinhuanet. com/world/2010－06。

④ 《公约》秘书处执行秘书菲格雷斯：2010年8月2日在德国波恩举行的联合国第三次气候变化谈判会议开幕前记者会上的表述。联合国电台，2010年8月2日，http：//www. unmultimedia. org/radio/chinese/。

次气候变化谈判，对坎昆会议文本文件进行讨论和磋商，也为坎昆会议谈判取得进展重建互信。根据2007年的“巴厘路线图”规定，坎昆会议前应通过一份新的协议以代替即将到期的《议定书》，但哥本哈根会议显然没有完成这一任务。2010年坎昆会议前缔约方举行的四轮谈判，目的是使哥本哈根会议达成的政治共识能够在坎昆会议上形成具有法律约束力的文件。然而，这四轮谈判所取得的成果十分有限。

表2　2010年坎昆会议前举行的四轮谈判

第一轮:4月9～11日,德国波恩	哥本哈根会议后的首次正式谈判,目的是为2010年一系列气候变化会议设定议程。会议讨论了2010年气候变化谈判的工作基础及各次谈判要达到的目标,就增加气候谈判会议次数达成共识,并通过了2010年气候谈判的工作计划。
第二轮:5月31至6月11,德国波恩	气候变化长期合作行动特设工作组拟订了一份22页的坎昆会议谈判案文,但在会议上遭到发展中国家的激烈反对,认为该文本过多反映了发达国家的意愿,而忽视了发展中国家的立场,导致谈判没有取得实质性的进展。
第三轮:8月2～6日,德国波恩	在第二次谈判提出的草案文本基础上,会议又提出一份新文本供大会讨论,然而变动不大,谈判各方存在的分歧依然没有消除,谈判进展缓慢。
第四轮:10月4～9日,中国天津	天津谈判开始前,77国集团、非洲集团、最不发达国家和小岛国集团等9月28日在天津便开始了非正式磋商,协调立场。天津谈判开始后,会议参与方进入了坎昆会议草案文本的逐条谈判阶段。

资料来源：综合2010年新华社关于气候变化谈判的系列报道。

2010年10月4日，第四轮气候变化谈判在中国天津举行。这是中国第一次承办联合国气候变化谈判会议，也是坎昆会议前的最后一次会议。来自缔约方以及观察员国、联合国相关机构、政府间组织、非政府组织和媒体的2300多人参加了会议。虽然会议取得了一些进展，但仍然争吵不断。

例如，美国认为中国不该将自己等同于其他发展中国家，应被纳入强制减排的法律约束范围，而且中国等发展中国家国内自主的减排行动，也应遵循“可测量、可报告、可核查”的“三可”要求，并且拿出了一套相当细致的流程。中国首席谈判代表苏伟在天津会议上强调，“磋商和分析”不是变相“三可”，发展中国家承诺将国际援助之下的减排行动纳入“三可”；至于国内资金支持的自主减排行动，则可以在确保主权得到尊重的前提下接受国际“磋商和分析”。

中国表示坚决反对美国把中国的减排与发展中国家区别看待，甚至“与小岛国能不能获得援助挂钩”。①

在天津谈判会议上，各代表团就日程表中的事项进行了讨论，各国政府表示非常希望看到坎昆会议取得进展。中国代表团团长苏伟对天津谈判的评价是，作为一个以谈判案文为主的工作会议，天津会议总体看是成功的，与当初的设想基本吻合。如果案文有进展，那么坎昆会议就会有结果。应该说在谈判案文上是有进展的，不只是缩减了一些中括号，主要在于这个工作减少了各方分歧，为下一步最终达成共识奠定了良好基础。《公约》秘书处执行秘书菲格雷斯说：“我们离在坎昆会议上达成一套系统决议越来越近了。”②

从四次谈判的总体情况看，虽然取得一定的进展，但几个根本性分歧并没有消除。

（三）对坎昆会议的期待

《联合国气候变化框架公约》第16次缔约方大会将于2010年11月29日至12月10日在墨西哥坎昆举行。这次会议无疑将是气候变化谈判进程中的一次重要会议。《公约》秘书处负责人菲格雷斯女士多次表示，各方应在坎昆会议上努力达成“一揽子平衡的决定”，而不要指望达成包容一切的庞大协议。她表示“天津会议就是为能在坎昆达成平衡的一揽子协议而做好准备”。

可以预见，在2010年底举行的坎昆会议上，与会方将在哥本哈根会议阶段性成果和协议的基础上进一步推动谈判进程，许多未能解决的问题有待新的突破，同时哥本哈根会议争论的问题也会再次出现。由于发达国家与发展中国家在许多问题上依然存在着巨大的分歧和利益冲突，争论有可能集中在碳减排标准与核查、各国碳排放权交易机制、发达国家对于发展中国家提供技术和资金支持等敏感问题上。尤其是在资金问题上，发达国家对于发展中国家提供技术和资金支持的问题会受到人们的重点关注。舆论普遍认为，如果会议在援助资金和减排等问题上能进一步达成共识，那么形成一个表达合作愿望的、可操作的框架性文件

---

① 《天津谈判进展不顺，年底坎昆气候大会难乐观》，2010年10月11日《新世纪周刊》，http://www.sina.com.cn。

② 《气候变化谈判天津会议闭幕，为坎昆会议奠定基础》，中国广播网，2010-10-01，http://www.cnr.cn/china/news。

还是可以期待的。当然，人们对于会议抱过高的期望并不现实。2012 年底前出台这个条约还需要几次会议和各国间的不断磨合。

四　中国面对的挑战

随着气候变化谈判的进一步深入，中国面临的压力和挑战主要是：第一，国内的压力和挑战体现在经济发展与环境保护的协调上，一方面经济需要持续发展，另一方面减排的压力越来越大；第二，随着中国经济的崛起，以及经济发展对能源需求的增加，中国作为一个能源消费大国面临的国际舆论压力不断加大；第三，在当前的国际格局中，随着中国影响力的上升和成为越来越重要的参与者，在有关气候变化国际会议上，中国的作用和影响也越来越大，这意味着中国需要担当更多的国际责任和义务。

在哥本哈根会议前，中国承诺到 2020 年单位 GDP 二氧化碳排放降低 40% ~ 45%，这种努力没有前提条件，也不与其他国家减排行动挂钩，① 为此，中国将把应对气候变化作为重大战略问题纳入经济和社会发展规划（“十二五”规划）。哥本哈根会后，中国加快了节能减排的步伐，并相应出台了一系列措施。中国对世界的承诺和采取的实际行动是对“中国责任”的真实诠释。

参考文献

〔英〕安东尼·吉登斯：《气候变化的政治》，曹荣湘译，社会科学文献出版社，2009。

新华网，http：//www. xinhuanet. com。

人民网，http：//www. people. com. cn。

环球网，http：//www. huanqiu. com。

中国网，http：//www. china. com. cn/news/。

中华人民共和国驻丹麦王国大使馆网站，http：//dk. china – embassy. org/chn/。

中国新闻网，http：//www. chinanews. com. cn/gn/news。

中国广播网，http：//www. cnr. cn/china/news。

---

① 哥本哈根会议中国代表团团长解振华在 2009 年 12 月哥本哈根会议上的表态。新华网，http：//news. xinhuanet. com/world/2009 – 12/15。

Climate Change Negotiations: From Copenhagen to Cancun

Wang Dong

Abstract: During the UN Copenhagen Climate Change Conference in December 2009, after very difficult negotiations and fierce debates, as the Kyoto Protocol was approaching its 2012 expiration, the related parties failed to reach a new agreement on global joint actions against climate change. The final outcome of the conference, the Copenhagen Accord, was not passed unanimously, so it is not legally binding. Although most countries recognize the positive aspects of this document, many countries are dissatisfied and disappointed with the limited results of the conference. In order to make progress in Cancun (Mexico) in November 2010, the participating countries have carried out much preparatory work, including participating in four rounds negotiations.

Key Words: Climatic Change Negotiations; Copenhagen Climatic Change conference; Cancun Climatic Change conference

全球能源政治：2009～2010

薛 力*

摘 要： 全球能源政治通常指与油气开发相关的国与国之间的斗争与合作。2009年以来能源政治领域表现为：油气工业上游（勘探与开发），围绕争议地区油气资源的所有权，有关国家纷纷强化自己的“主权”存在；在中游（油气输送），有一些争端，但更多的是合作进展；在下游（炼油、化工与销售），合作共赢是主旋律。中国在上中下游的合作成果都比较抢眼。委内瑞拉的反美能源外交是国际能源政治的一个热点。气候政治确实影响了各国的能源政策，各国纷纷制定与节能减排相关的法律，并加大对绿色能源的支持力度。总之，“斗争—妥协—维持合作”已经成为国际能源政治的趋势。

关键词： 能源政治 能源外交斗争 妥协 合作 趋势

石油与天然气占全球初级能源消费的60%，① 国际层面的能源政治在很大程度上就是指与油气开发相关的国与国之间的斗争与合作。2009年以来，全球能源纠纷此起彼伏，但纷争的烈度有所下降，合作的领域在加深、加宽，“双方在交易中互相妥协以维持合作关系、避免两败俱伤”成为一大趋势。本文将描述2009年以来能源斗争与合作在不同领域的表现，解释斗争与合作的原因，并展望未来的趋势。

一 全球能源政治的性质与分类

能源是经济的动力，政府有责任确保本国的能源安全。因此，能源是与政治

---

* 薛力，法学博士，中国社会科学院世界经济与政治研究所国际战略研究室助理研究员，主要研究兴趣是能源政治、亚洲整合。

① *BP Statistical Review of World Energy June 2010*, p. 42.

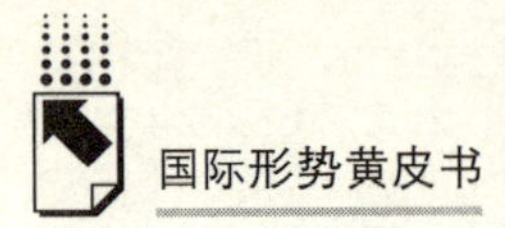

关系密切的特殊商品。而油气在全球初级能源消费中占大部分，油气消费又属于刚性消费，因此油气安全成为各国能源安全的重心。

能源安全对油气生产国、过境国与消费国有不同的含义：对生产国来说，就是顺利地勘探与开发，并以合理的价格销售石油与天然气；对过境国来说，就是让石油与天然气顺利地过境并获得合理的收益；对消费国来说，就是以合理的价格获得稳定、充足的石油与天然气供应。

能源政治是指与能源相关的政治活动，通常指为实现本国或本地区能源安全而进行的政治活动，但也包括为实现政治目的而使用能源资源的活动。气候政治是能源政治的一个特殊类型，它既有为全人类谋利益的成分，也有为本国与本地区谋求能源安全的成分，后者通常是主要的。

国家为了实现能源安全既斗争又合作，为此而采用战争与和平两类方法。和平的方法包括三类：独占性开发，合作开发，既不合作也不开发。使用战争手段获得油气的例子如希特勒对罗马尼亚普洛耶斯蒂油田的占领，萨达姆·侯赛因对科威特的占领。战争手段的使用会受到许多限制，现已较少被采用。独占性开发在石油工业发展的早中期比较常见，如英国石油公司的前身英波石油公司对波斯（伊朗）油气资源的开发。这种开发现在也比较少见。既不合作也不开发是指国家对某些区域的油气开发持强烈的反对态度，自己不开发，也反对他国开发，一些主权争议区的油气就是这方面的例子。合作开发的历史悠久，但主要是石油寡头之间的合作，如埃克森石油公司、壳牌石油公司、美孚公司、德士古公司、英国石油公司、加利福尼亚标准石油公司与海湾石油公司等“石油七姐妹”为开发中东石油资源而签署的“红线协定”就是个例子。20 世纪 60 年代产油国推行能源国有化运动以来，为了减少开发风险，能源公司纷纷走合作开发的路子。现在合作开发已经成为国际油气开发的主流。

与其他工业领域不同，在油气开发领域，国有石油公司（NOC）的影响日益扩大，现在已经占国际大能源公司的大部分，以至于有人认为，“新的石油七姐妹”① 已经成为行业规则制定者。而即使是号称私有的英美石油公司

① 新的石油七姐妹是指：沙特阿美石油公司（Saudi Aramco），俄罗斯天然气工业股份公司（Gazprom），中国石油天然气集团公司（CNPC），伊朗国家石油公司（NIOC），委内瑞拉石油公司（PDVSA），巴西石油公司（Petrobras）和马来西亚国家石油公司（Petronas）。这些公司控制着全球近 1/3 的油气生产和超过 1/3 的油气储量。

（IOC），也受到政府强有力的支持，20世纪50年代美国能源公司就是在政府支持下，打破了英国人对伊朗油气开发的独家垄断。可以说，通过本国政府施加影响力，与伙伴公司及资源国在斗争中互相交易、互相让步，是国际能源开发中的必然伴生物。国家间的能源关系本质上是一种交易，合作是斗争的结果。

从产业分工的角度讲，石油与天然气工业可以分为上游、中游与下游三个部分。上游指油气勘探与开发；中游指油气的集输与储运；下游指炼油与化工，也包括批发与零售终端。因此，能源政治可以分为如下几类：上游领域国家间的斗争与合作，包括围绕能源资源所有权的主权之争，油气勘探与开发领域的合作与竞争；在油气集输与储运领域国家间的斗争与合作，对象包括海上运输路线、原油输送管道，属于下游领域的成品油输送管道、天然气输送管道也可归为这一类别；在下游领域国家间的斗争与合作，包括炼油过程、石油与天然气化工、油气产品的批发业务与零售终端等方面。一些无法归入上述类别的例子则放在“其他”项下予以分析，如气候政治与委内瑞拉的能源外交等。

二　上游领域的纠纷与合作

解决能源安全问题的第一步是获得尽可能多的能源资源，在国际层面，这可以通过三个途径来实现：拓展领土，就争议区域的开发达成协议，获得他国的油气勘探与开发许可。因此，油气工业上游的能源政治实际上包括两类：围绕油气资源所有权而展开的领土主权之争，围绕油气资源开发的纠纷与合作。

（一）围绕油气资源所有权的领土主权之争

随着科学技术的发展，原先没有经济价值的一些陆地与海洋，由于发现丰富的自然资源（如石油与天然气）而身价倍增，相关国家纷纷采取行动，试图“证明”自身对这些地区拥有主权，以便顺理成章地获得这些地方油气资源的所有权。北极地区与马尔维纳斯岛海域就是典型的例子。

1. 北极地区的能源纠纷

北极地区的主体为一片由主权国家领土环绕的海洋，北极问题主要是海洋问题。北极圈内资源丰富，依不同估计，蕴藏着全球22%～30%尚未发现的油气资源。[①] 该地区的陆地边界已经全部确定，但海上边界存在争议。一些国家采取种种行动旨在强化自己的领土主张，以便在未来获取尽可能多的利益。

在强化北极“主权”方面，加拿大的做法颇具代表性。一方面，2007 年俄罗斯在北极海底插旗事件发生后，加拿大很快向北极水域派出巡逻舰，并表示要在当地修建深水港口；2008 年组建北极特种部队“北极巡逻兵部队”，并开始了在北极地区的年度军事演习；2010 年 8 月在雷索卢特（Resolute）进行为期三周的军事演习，美国与丹麦也派军舰参加。但另一方面，也不排斥进行一些和平对话与合作。

俄罗斯作为另一个争夺北极“主权”的大国，也在做软硬两手准备。一方面，俄罗斯对加拿大表示要按照海洋法国际公约和科学研究解决罗蒙诺索夫海岭的归属问题。2010 年 4 月，俄罗斯与挪威就巴伦支海划定新边界达成协议并在 9 月完成划界。9 月，普京还呼吁在北极建立“和平区”。另一方面，俄罗斯又准备建造最强的破冰船来开发北极。[②] 2010 年 10 月，俄罗斯海军总司令维索茨基还在政府海洋工作会议上表示，“俄海军将通过增加新舰只和增设新驻点来提升自身在北极地区的作战能力”。[③]

由于不存在像《南极条约》那样的全面条约，北极地区的争端将长期存在，但不大可能爆发大规模的冲突。北极地区的油气资源储量并没有经过严格的勘探，其中心地区的油气还不具备开采条件（目前主要是在北极圈边缘地带如阿拉斯加北坡等处进行商业开采），各国对北极的争夺带有未雨绸缪的性质。[④]

2. 马尔维纳斯岛海域能源纠纷

2009 年 12 月，阿根廷议会通过一项法律，宣称马尔维纳斯岛（英国称福克兰群岛，以下简称“马岛”）为阿根廷领土。2010 年 1 月，英国对此表示抗议，但阿根廷没有理会。2 月初，英国宣布允许本国迪塞尔石油公司在马岛海域勘探。2 月 15 日，阿根廷扣押准备将输油管道运往马岛的丹麦货船“霍尔领袖号”。16 日，阿根廷总统克里斯蒂娜签署的法令规定，所有经过阿根廷本土港口

---

① 《北极打响能源争夺战》，2010 年 9 月 1 日《参考消息》；《关于北极的六个反思》，2010 年 9 月 1 日《参考消息》。

② 《俄拟再造最强破冰船开发北极》，2010 年 9 月 21 日《参考消息》。

③ 《俄拟提升北极作战能力》，2010 年 10 月 4 日《参考消息》。

④ 至于这几年被媒体热炒的北极航线，实际上一年中只有几天可以航行，因此，商业价值并不大。最乐观的估计不过是：“最早自 2030 年起，北冰洋在每年夏天都将有一段短暂的无冰期。”参见《关于北极的六个反思》，2010 年 9 月 1 日《参考消息》。

前往马岛等地的货轮和客轮都需要向阿政府事先申请，阿根廷军舰封锁了马岛海路。17日，英国皇家海军“约克号”驱逐舰抵达马岛海域，与另外3艘舰只会合。21日，迪塞尔公司钻油台“海洋守卫者”开始钻探。2月26日，西班牙和阿根廷合资的雷普索尔YPF石油公司宣布将在马岛四周海域勘探石油，勘察工作将于年底前展开，但承认成功率只有10%左右。3月底，迪塞尔公司宣布，初步勘探结果表明马岛海域的石油质量不高，不适合进行大规模的商业开采。① 5月，南美洲国家联盟特别首脑会议发表声明，重申支持阿根廷对马岛拥有的主权，呼吁英阿两国遵守联合国大会关于马岛问题的相关决议，尽快恢复谈判，通过和平手段解决马岛争端。

1982年马岛战争之后，英国和阿根廷之间已平静了28年。1995年两国签署协议，同意合作开发马岛周围海域的石油和天然气资源，但英国以“尊重岛上居民意愿”为由，一直不同意就马岛主权问题进行谈判。阿根廷政府2007年指责英国在马岛主权归属问题上没有重开谈判的诚意，宣布取消合作开发协议。由于北海油田产量下降后英国已成为石油净进口国，加上近年来油价高企，因此马岛海底的600亿桶石油（相当于北海油田的储量）对英国有莫大的吸引力，并单方面批准能源公司在马岛周围海域进行勘探与开发。阿根廷对此显然不能接受。但双方都无意开战，当时的英国首相布朗表示“要努力确保不会演变成军事对抗”。阿根廷方面则排除了军事解决争端的可能性。由于美洲国家只能提供道义支持，而美国实际上支持英国，阿根廷希望在联合国框架下阻止英国政府继续在马岛采取单边行动。此次争端随着迪塞尔公司勘探结果的公布而暂时告一段落，但未来双方仍有可能争端重启。

（二）围绕油气资源开发的纠纷与合作

围绕油气资源的主权之争固然引人注目，但在上游领域，更常见的是主权国之内围绕能源资源开发所发生的纠纷、竞争与合作。从国家间层次看，能源国有化、驱逐外国能源公司等激烈的政府行为，通常会引发东道国与能源公司及其母国之间的能源纠纷，从而成为国际能源政治中的热点。但从2009年以来，没有发生此类事件。从国内层次看，中央（或联邦）政府与地方政府（或非政府地

---

① 宋洁云、冯俊扬：《英国石油公司马岛探油受挫》，新华社布宜诺斯艾利斯2010年3月29日电。

方武装）之间围绕能源开发所发生的争端，由于涉及外国能源公司，也成为能源政治热点，尼日利亚与苏丹的例子具有代表性。油气开发中的新进展是国际能源政治的主要成分之一，伊拉克所进行的两轮能源招标、玻利维亚吸引外来投资上所取得的成果具有代表性。

1. 尼日利亚能源纠纷

国际能源公司在尼日利亚的竞争虽然激烈，但这在许多产油国普遍存在，也没有导致纠纷与暴力事件。尼日利亚能源纠纷主要是在国内层面，这些纠纷导致了多重后果：石油产量下降，炼油厂开工不足，国际油价波动，许多外国公司与政府向尼日利亚政府施加压力要求保护本国人员安全。

尼日利亚是撒哈拉以南非洲国家中唯一的欧佩克成员国，石油产量多年居非洲首位。其油气资源主要分布在海岸盆地（包括尼日尔河三角洲及近海水域），这里是非洲海岸区含油气最为丰富的地区，政府曾规划 2010 年石油日产量达到 400 万桶。但这一目标已经不可能实现。从表 1 可以看出，2006 年以来尼石油产量一直在下降。其主要原因是 2006 年以来反政府武装尼日尔河三角洲解放运动（MEND）进行的所谓“石油战争”。这个组织制造恐怖爆炸事件，实施绑架案件，袭击石油设施。事件主要发生在三角洲地区（包括三角洲州、河流州、伊莫州等南部 9 个州），少数发生在海上油井平台与首都阿布贾。2009 年 7 月 7 日，该组织在三角洲州劫持了一条施工船，船上有 6 名外国石油工人；11 日，袭击了拉各斯市能源枢纽阿特拉斯湾码头（Atlas Cove Jetty），打死了 5 个工人；2010 年 3 月 15 日，在三角洲州瓦里（Warri）市制造爆炸，致使两人受伤；10 月 1 日，在阿布贾制造了两起汽车爆炸，造成 14 人死亡，40 多人受伤。该组织所绑架的大部分是外国人，至今已有超过 300 名外国人在这一地区遭绑架。一些石油公司遇袭后不得不撤离。

表 1　尼日利亚 2005 ~ 2009 年原油日产量

单位：万桶

年份	2005	2006	2007	2008	2009
BP 数据	249. 9	242. 0	230. 5	211. 6	206. 1
欧佩克数据	236. 6	223. 4	205. 9	201. 7	184. 2

资料来源：*BP Statistical Review of World Energy June 2010*, p. 8；IEA, *Annual Statistical Bulletin 2009*, p. 30。

尼日利亚能源纠纷的主要原因有两个：财富分配与环境污染。巨额石油收入并没有改变产油区人民的赤贫状态，油气开发与污染却使得许多人失去了原先赖以生存的土地与谋生手段（如捕鱼）。尼日尔河三角洲解放运动反复声称其目标是进一步获得三角洲地区石油资源的支配权。① 他们是在为维护贫困居民的权利而战斗，因为政府未解决三角洲地区的落后与不公正现象。为此，他们最终拒绝了政府2009年的特赦令。该组织势力比较强大（短暂接受特赦令期间就有8000多人向政府缴械），拥有一些名人的支持（如1986年诺贝尔文学奖获得者沃莱·索因卡），具有一定的民意基础，因此，他们的“石油战争”还会进行下去。在这个国家进行能源投资者，需对投资风险进行充分的评估。

2. 苏丹能源纠纷与合作

绵延多年的苏丹能源纠纷，迎来了最后解决的曙光。由于纠纷属于国内层面，苏丹政府需要应对的能源纠纷对手有两个：在达尔富尔地区是正义与平等运动（JEM），在南部地区是苏丹人民解放运动（苏人解，SPLM）。

2009年2月，苏丹政府代表和正义与平等运动主席哈利勒·易卜拉欣签署了《解决达尔富尔问题善意与建立互信协议》，就双方建立信任、释放俘虏、实现和解等一系列关键问题达成原则协议。此后，达尔富尔地区较少发生与能源相关的冲突事件。2009年苏丹石油日产量达到49万桶，创历史新高。②

2010年4月，苏丹大选顺利进行，现任总统巴希尔成功连任，由巴希尔领导的苏丹全国大会党和萨尔瓦·基尔领导的苏人解分别在苏丹北部地区和南部地区取得压倒性胜利。双方组成联合政府并为2011年1月苏丹南方的独立公投做准备。苏人解以30%的比例（这是2005年《全面和平协议》所规定的苏人解在政府中比例）参加新政府。一般认为南方将在公投后独立。由于大会党与苏人解对此都有心理准备，双方这几年合作比较顺利，预计南北“分家”的过程将相对顺利。南北过渡地区油田的划分等虽然敏感，但不会影响大局。中国维和工兵已于2009年9月初开始建设苏丹南部公投基站。

3. 伊拉克能源开发中的竞争与合作

2005年以来，伊拉克的石油产量稳步上升，2007～2009年的日产量分别为

① http：//en. wikipedia. org/wiki/Movement_ for_ the_ Emancipation_ of_ the_ Niger_ Delta；http：//en. wikipedia. org/wiki/Niger_ Delta_ People%27s_ Volunteer_ Force.

② *BP Statistical Review of World Energy June 2010*, p. 8.

214.3 万桶、242.3 万桶和 248.2 万桶，均超过了伊战前一年（2002 年）的 211.6 万桶。[①] 伊拉克的目标是：2015 年日产量达到 1200 万桶，成为全球第一大产油国。为此，伊拉克已经进行了两轮油田招标。2009 年 6 月进行了第一轮国际招标，推出的 8 个大油田中只有东南部的鲁迈拉油田成功标出，由英国 BP－中石油联合体中标。12 月进行了第二轮招标，推出的 10 块油田有 7 块拍出，中标者为中石油－道达尔－马来西亚国家石油公司联合体、俄罗斯卢克石油公司－挪威国家石油公司联合体、英荷壳牌公司－马来西亚国家石油公司联合体、日本国际石油开发公司－马来西亚国有石油公司联合体、俄罗斯天然气工业股份公司－韩国天然气公司－马来西亚国家石油公司－土耳其石油公司联合体等。第三轮国际招标已在 2010 年 10 月进行，伊拉克石油部推出的 3 块天然气田分别由韩国、科威特公司牵头的企业联合体中标。在前两轮招标中，人们原先担心的“英美垄断伊拉克油气开发”局面并没有出现，BP 公司与英荷壳牌都是联手其他公司参与投标，美国能源巨头则悉数阙如。形成这种局面有多方面原因。

第一，伊拉克国家财政总收入的 95% 来自石油出口，政府急需最大化能源收入以支付重建开支。这一点得到了美国的默许，即让那些急于参加伊拉克油气开发的公司为此买单。伊拉克石油部部长沙赫雷斯塔尼表示，能让伊拉克以最低成本实现最大利润的公司将会胜出。

第二，美国公司对这些“鸡肋”项目不感兴趣，它们可能在争取更为有利的开发合同。许诺给予英美石油公司 30 年开采权的《石油天然气法》迟迟未能出台，英国公司因忍不住而试探性参加了招标，美国公司则坚信政府不会让他们整体缺席伊拉克石油开发。

第三，伊拉克安全形势逐步好转，中标公司能从这些招标项目中获得一定好处，预计投资回报率可达 10% 以上。如果伊拉克依然处于战争状态，美国作战部队不可能在 2010 年 8 月 31 日撤出，伊拉克石油部不会进行招标；如果仅仅是赔本赚吆喝，也不可能有这么多公司参与投标。连接基尔库克油田和土耳其杰伊汉港的输油管道虽遭袭击，依然担负着 1/5 的原油出口重任，日输油量为 45 万桶左右。这也说明伊拉克安全形势并没有影响脆弱的管道石油出口。

---

① *BP Statistical Review of World Energy June 2010*, p. 8.

4. 玻利维亚能源开发与合作

2006年10月29日，玻利维亚完成了能源国有化。这使得国家从能源中获得的收益明显增加。2008年玻利维亚政府从天然气中获得的收益从2005年的2.5亿美元增长为23亿美元。一些能源公司撤出后，留下来的外国能源公司依然管理着天然气的日常生产，但对天然气的新投资减少，天然气产量增速缓慢。① 为了增加天然气生产与出口，政府采取了许多措施：制定了总投资达107.5亿美元的2009～2015年中期能源投资计划；允许外资投资供国家石油公司勘探的地区；莫拉莱斯亲自出面邀请中国、俄罗斯等国家参与玻利维亚的油气开发。这些努力已经见到了一些成效。2008年9月，俄罗斯天然气工业股份公司和法国道达尔公司与玻利维亚签订协议，将在玻利维亚投资45亿美元开采石油天然气。2009年11月，西班牙－阿根廷石油公司里普索尔（Repsol）宣布将向玻利维亚投资15亿美元，以增加在该国的石油生产和储存规模。

玻利维亚能源国有化导致的国际争端大致已经过去，与邻国的能源合作得到了恢复。但要获得大规模的外来能源投资，莫拉莱斯政府还有许多事情要做，尤其是建立稳定、有吸引力的投资环境。

三　中游领域的纠纷与合作

原油与成品油的集输与储运主要通过海运来进行，与此相关的是海上通道之争。这方面2009年以来没有发生比较引人注目的事件。天然气的销售大部分通过管道进行，而且天然气在取暖等方面属于刚性消费，因此，围绕天然气输送管道的斗争与合作成为2009年以来国际能源政治的重头戏之一。俄罗斯与白俄罗斯、乌克兰、欧盟之间的纠纷尤其引人注目。里海地区在油气管道合作方面的进展也值得一提。对中国来说，几条油气管线的开通与动工兴建也是国际能源合作的重大成果。

（一）俄罗斯与乌克兰的能源纠纷

始于2005年的俄乌天然气争端不时发酵。2009年1月1日，俄罗斯再次停

① *BP Statistical Review of World Energy June 2010*, p. 25.

止向途经乌克兰的管道供气。从1月7日起，9个欧亚国家天然气供应中断，欧盟对此强烈不满。但这也促成俄乌双方加快谈判的进度，并于1月19日达成为期10年的天然气供销合同。按照合约，双方将参照欧洲市场价格进行2009年的天然气贸易，俄方将给予乌方相当于欧洲市场价格20%的折扣；乌克兰同意2009年俄罗斯输欧天然气过境管道使用费与2008年保持一致；自2010年1月1日起，俄、乌交易的天然气价格以及过境费将完全按照欧洲市场的价格水平来确定。同日，俄罗斯恢复向乌克兰管道供气。为避免再次出现类似情况，俄罗斯、乌克兰、欧盟三方还签署协议书成立过境输气监督委员会。至此，俄乌能源争端大致告一段落。2010年初，俄罗斯支持的乌克兰地区党领导人亚努科维奇赢得总统大选，这有利于两国关系的稳定。2010年6月，在俄白能源争端中，乌克兰表示可以增加过境输气量，以弥补白俄罗斯关闭通往欧洲的天然气管道对欧洲的影响。

为了彻底消除无法控制乌克兰管道的弊端，俄罗斯加快了“北溪”与“南溪”两大替代管线的修建。这两大管线建成后年输气量将达到目前过境乌克兰的天然气量的2/3。乌克兰很清楚这意味着什么，因此主张对本国天然气管道实施现代化改造以替代南溪管道，亚努科维奇2010年初竞选时还表示乌克兰应该参加到北溪项目中。俄罗斯对此的反应是：如果乌克兰国家石油天然气公司与俄罗斯天然气工业股份公司合并，乌克兰将自动加入俄罗斯的南溪和北溪天然气管道项目。

乌克兰所需天然气的2/3来自俄罗斯。可以预期，“北溪”与“南溪”项目建成后，俄罗斯对欧洲市场的影响力将上升，乌克兰则将失去与俄罗斯“斗气”的本钱。乌克兰将为其领导人过去几年的短视行为付出长远代价。

（二）俄罗斯与白俄罗斯的能源纠纷

俄罗斯出口到欧洲的管道天然气，80%经过乌克兰，20%经过白俄罗斯。立陶宛所需天然气100%依靠白俄罗斯管道，波兰与德国的进口天然气中也有一小部分来自这一管道。俄罗斯方面认为白俄罗斯没有按照合同如数付费，白俄罗斯则抱怨俄罗斯气价太高，而且欠付过境费。为此，双方于2007年8月已经吵过一回。2010年6月21日，俄罗斯又开始削减供气量，白俄罗斯则关闭了通往欧盟成员国的天然气输出管道。与上次纠纷时的情形类似，双方都没有让事情拖延

太长时间，在确认白俄罗斯已偿还2010年1～4月的拖欠债务后，俄方于6月24日上午恢复向白俄罗斯的天然气供应，并向白方转账支付了2.28亿美元的天然气过境运输费。

这起经济纠纷的原因是政治性的。俄罗斯、白俄罗斯和哈萨克斯坦三国关税同盟按计划应该在2010年7月1日启动，白俄罗斯并不急于这一进程，但希望在能源价格上得到更多优惠。卢卡申科还希望在2011年的大选中连任。俄罗斯则对卢卡申科的一些做法不满：拖延两国的整合进程，不承认南奥塞梯与阿布哈兹的独立，收容吉尔吉斯斯坦前总统巴基耶夫，不时批评俄罗斯的政策具有美国式的帝国主义派头。[①] 不过，由于俄白双方关系非常密切，很难真正闹翻。俄罗斯选择这个时间点打能源牌，是想敲打卢卡申科，希望他能有所改变，但也不希望他倒向西方。卢卡申科是个老练的政治家，知道这张能源牌不好用，因此见好就收，甚至表示不会与俄罗斯打经济战。确实，他能够用的筹码不多。也正因为如此，未来几年他可能还会用能源牌，哪怕效果越来越差。

（三）俄罗斯与欧盟的能源纠纷

俄罗斯与欧盟在能源领域的纠纷主要涉及《欧洲能源宪章》（简称《宪章》）与《能源宪章条约》（简称《条约》）。由于油气出口贡献了俄罗斯出口收入的50%～60%，[②] 出口的天然气绝大部分进入欧盟，占欧盟进口天然气的25%。因此，俄罗斯一挥舞能源“鞭子”，欧盟就“气促”加“气短”。为解决这个问题，欧盟一直希望把俄罗斯拉入《宪章》与《条约》，以约束俄罗斯的能源外交行为。俄罗斯则认为，现有的能源市场调节体系是不公正的，加入《宪章》不利于保障自己的国家利益，为此于2009年5月23日重申不会批准《欧洲能源宪章》，除非对它进行重大修改。6月，梅德韦杰夫又提出建立新的能源宪章作为全球能源市场游戏规则。可见，俄罗斯在短期内不大可能加入《欧洲能源宪章》。

俄罗斯认为，自己是欧洲能源市场的可靠供应者，之所以给欧盟造成“不可靠”的印象，主要问题出在过境国，白俄罗斯、乌克兰两国得了不少便宜还

---

① 《本轮俄白“斗气”到底谁是赢家》，2010年7月1日《中国青年报》。

② Основные положения энергетической стратегии России на период до 2020 года. http：//www. mte. gov. ru/oficial/strateg_ energ. htm，转引自冯玉军《俄罗斯能源开发及其对华能源合作》，第11页，未刊稿。

捣乱。因此，加快了“北溪”、“南溪”两大输气管道的建设步伐，以摆脱这两个不可靠过境国的影响。但是，管道建成后，俄罗斯对欧盟能源市场的直接掌控能力将增强，这可能会增加欧盟的不安并进而加快推行能源多元化政策（纳布科管道协议的签署就是一个迹象）。因此，双方围绕《宪章》与《条约》的攻防还会进行下去。

（四）里海能源问题

2009 年以来，围绕里海海底及沿岸能源开发、运输发生的纠纷不多，相反，能源合作的势头明显增强。

2009 年 1 月的俄乌“斗气”，又一次促使欧盟加快推行能源多元化政策，拖延多年的“纳布科”项目因此复活。2009 年 4 月 16 日，德国 RWE 集团同土库曼斯坦签署了有关向欧洲供应土库曼斯坦天然气的长期合作备忘录。5 月，相关方在土耳其首都安卡拉签署了有关该项目的政府间协议。① 管道年输气能力为 310 亿立方米，但原定的供气国——阿塞拜疆无法提供这么多天然气，欧洲从伊朗获得气源的建议又遭到美国的反对。这是造成项目拖延多年的原因之一。土库曼斯坦同意供气后问题大致得到缓解。

2009 年 5 月，哈萨克斯坦总统签署了土哈俄三国沿里海天然气管道铺设协议。这是一条重建管道，年输气能力为 300 亿立方米。10 月，阿塞拜疆国家石油公司与哈萨克斯坦国家石油天然气公司签署协议，同意成立合资企业以修建跨里海的石油输出管道。这样，哈萨克斯坦向西出口石油就不仅仅通过俄罗斯管线了。

2009 年 4 月，土库曼斯坦天然气出口的主动脉中亚－中央天然气管道发生爆炸，5 月份管道修复。土库曼斯坦认为俄方未提前通知土方就大幅削减引气量，是造成事故的主要原因，因此一直没有恢复向俄罗斯恢复供气。12 月，双方就 2003 年天然气买卖合同签署了补充协议，解决了一些争端问题。2010 年 1 月，土库曼斯坦恢复向俄罗斯供应天然气。

① 纳布科天然气管道全长 3300 公里，目的是将里海天然气经土耳其、保加利亚、罗马尼亚、匈牙利和奥地利输往欧洲，以改变欧盟天然气供应依赖俄罗斯的局面。该管道由欧盟投资，预计投资总额约为 109 亿美元，将于 2014 年投入运营。预计管道年输送 310 亿立方米天然气，将解决欧洲 5% 的天然气需求。可与拟修建的“伊朗－土耳其”天然气管道相接。

里海油气开发中各大势力之间的纵横捭阖，为国际能源政治舞台提供了一台多幕“样板剧”。俄罗斯凭借苏联时期建立的油气管线系统，控制了中亚国家的油气出口通道。它非常希望继续保持这种局面，因此，反对修建绕开俄罗斯的管道，主张提升现有管道的运能、新修建的管道必须与现有管道系统相连，上述土哈俄沿里海天然气管道项目就是一个例子。油气进口国与中亚油气生产国则不同意俄罗斯的立场。中亚油气资源国希望大幅度提升油气产量并实现出口市场多元化，其原则是：坚决打破俄罗斯的垄断但不拒绝与之继续合作。美国、欧盟、中国、日本、韩国等油气进口国显然倾向于生产国的立场，土耳其、阿塞拜疆等油气过境国也是如此。

因此，中亚天然气资源大国土库曼斯坦一方面顶住俄罗斯的压力，修建了通往伊朗、中国的管线，并计划通过跨里海管线给纳布科管道供气；另一方面也同意重建因为老化已经停运的沿里海土哈俄天然气管线。而中亚头号石油大国哈萨克斯坦则在继续通过俄罗斯出口原油的同时，向东修建了通往中国的原油管线，向西修建通往阿塞拜疆的跨里海石油管线。这对于他们在未来的能源博弈中化被动为主动非常重要。以土库曼斯坦为例，天然气年产量不到700亿立方米，自身消费加上许诺提供给四条出口管线的天然气量每年将近2000亿立方米。[①] 这样，它就可以从容调配天然气的输送方向，并“压”天然气进口国大量投资以提升土库曼斯坦的天然气产量。

（五）中国油气管道建设

2009年以来，中国在油气管道建设方面收获颇丰。国内油气管线方面，比较引人注目的是年输气量达到120亿立方米的川气东送工程于2010年8月正式投入商业化运营。但更重要的是一些进口油气管线建设。

1. 中亚天然气管道双线开通

2010年8月，中亚天然气管道B线纯天然气气头到达新疆霍尔果斯计量站，A线已经于2009年12月正式输气。这意味着中国将每年至少从土库曼斯坦进口

① 2009年其本国消费量为200亿立方米，各个管线的年输送能力分别为：中国－中亚管线400亿立方米，中央－中亚管线800亿立方米，俄土哈管线300亿立方米，1998年开始营运的土库曼斯坦－伊朗管线为280亿立方米，纳布科管线为310亿立方米。最高年产量为2008年的661亿立方米，2009年因为停止向中央－中亚供气而导致产量大幅下降。

天然气400亿立方米。

2. 中俄石油管道的开通

2010年8月，中俄石油管道开通，管道从俄罗斯阿穆尔州的斯科沃罗季诺延伸到中国东北的大庆市。管道全长999公里，其中927公里在中国境内，72公里在俄罗斯境内。管道的设计年输送原油能力为1500万吨。

3. 中缅油气管道的动工兴建

中缅两国于2009年3月正式签署修建油气管道的政府间协议。其中，石油管线的走向为皎漂港－曼德拉－瑞丽－昆明，长度为1100公里，缅甸境内长771公里，管线建成后每年可以向中国输送2000万吨原油，石油管线项目2010年6月开工。天然气管线全长2806公里，缅甸境内部分为793公里，每年输送120亿立方米缅甸西海天然气。天然气管线起点为兰里岛，在瑞丽进入中国后，经保山、大理、楚雄、昆明、曲靖进入贵州，最终到达广西南宁。

从总体来看，中国规划中的进口油气通道包括四个：东北方面的中俄油气管线；西北方面的中亚油气管线，以及规划中的中俄天然气管线；西南方面的中缅油气管线；东部沿海的液化天然气进口海上通道。中国在三条陆上进口通道的建设上都取得重大进展，显然有助于提升中国的能源安全。值得注意的是，中亚天然气管线是一条缓和里海能源纠纷、实现合作共赢的管线，一方面，土库曼斯坦天然气出口多元化战略得到强有力的推进，并增加了能源收益；另一方面，除了中国外，土库曼斯坦、乌兹别克斯坦与哈萨克斯坦都在这条管线中占有股份，这大大有利于管线的建设与维护。

四　下游领域的纠纷与合作

油气工业的下游领域包括炼油、石油化工、天然气化工、原油销售（批发与零售）、成品油输送与销售、天然气输送与销售等。天然气输送与销售是同一过程，已经在前一部分介绍。而成品油输送与销售通常在一国内进行，与国际政治关系较小，因此，这里主要分析炼油、石油化工与成品油领域的能源政治。在这些方面，“优势互补、合作共赢”是主旋律。表现为几种类型：产油国之间合作以进军下游市场，如俄罗斯与委内瑞拉、委内瑞拉与伊朗；产油国与进口国合作以进入自己的短板领域，如沙特与中国、委内瑞拉与中国、俄罗斯与中国；能

源进口国之间实现双赢的合作，如中石油与新日本石油公司合建炼油公司。在这方面，中国的表现比较抢眼。

中国与俄罗斯的能源合作涵盖了上中下游。2009 年 2 月 18 日，两国签署的 250 亿美元“贷款换石油”协议，实现了合作共赢：俄方获得了急需的资金，中方获得了一定数量原油的稳定供应。2010 年 9 月，位于天津的中俄东方石化 1300 万吨/年炼油项目正式动工，在中俄东方石化有限公司中，中石油集团占股 51%，俄罗斯石油公司则占股 49%。项目建成后将主要加工俄罗斯原油。这是俄罗斯进入中国能源工业下游的一大进展。

沙特阿拉伯是中国最大的原油进口国，但两国的关系已经不限于原油买卖。中石化已经进入沙特油气勘探领域，而沙特也进入了中国石油工业的下游。2009 年 11 月，福建炼油乙烯一体化合资项目正式投入商业运行，年加工原油 1200 万吨，主要加工沙特原油。福建联合石化由福建炼油化工有限公司、埃克森美孚中国石油化工有限公司和沙特阿美中国有限公司按 50%、25%、25% 的股比投资兴建。这是中国第一个炼油与石化一体化的合资项目。作为欧佩克的最大产油国，沙特对中国这个快速发展的市场有着很大的胃口，青岛大炼化项目有可能成为沙特进入中国石油业下游的又一大步骤。① 中国对提升与沙特的能源合作也有兴趣。2009 年 2 月 10 ~ 12 日，胡锦涛主席访问沙特时，双方签署了新的能源合作协议。② 在国际媒体看来，这具有隔山震虎之效。俄罗斯《生意人报》认为，中沙能源协议让俄罗斯的能源巨头在有关中俄能源合作的谈判桌上再也坐不住了，③ 加上中方也做出了一定的让步，这才有几天后 250 亿美元“贷款换石油”协议的签署。

五　其他能源纠纷与合作

有些能源政治案例涉及石油与天然气工业的上游、中游与下游，如委内瑞拉能源外交与全球气候政治。

---

① 《沙特阿美公司与中石化恢复青岛炼油厂项目谈判》，2009 年 11 月 12 日《第一财经日报》。

② 《胡锦涛同沙特国王会谈两国签署能源等 5 项协议》，新华网利雅德 2009 年 2 月 10 日电。

③ 安蓓、张艺：《中俄签 250 亿美元贷款协议》，光明网北京 2009 年 2 月 17 日电。

（一）委内瑞拉的能源外交

查韦斯曾多次表示要用亚太市场取代美国市场。2007 年提出到 2012 年每天向中国供油 100 万桶，但实施并不顺利，2009 年每天出口到亚太地区的数量只有 11.5 万桶，少于流向欧洲的 12.3 万桶，更少于出口到北美与拉美的数量。2012 年目标已经难以实现。造成这种局面的主要原因是 2005 年以来委内瑞拉石油产量持续下降。根据 BP 的数据，2009 年的产量已降到 2000 年的 75%。①

表 2　委内瑞拉 2005～2009 年原油日产量

单位：万桶

年份	2005	2006	2007	2008	2009
BP 数据	293.7	280.8	261.3	255.8	243.7
IEA 数据	306.7	303.6	298.2	295.8	287.8

资料来源：*BP Statistical Review of World Energy June 2010*，p. 8；IEA，*Annual Statistical Bulletin 2009*，p. 30。

委内瑞拉原油产量减少的一大原因是老油田产量下降，新油田投资不足。根据“石油主权计划”，每桶原油的售价中上交委内瑞拉国库的比例从 45% 上升到 86%。如此高的比例打击了继续留在委内瑞拉的国际能源公司的投资热情，而本国投资又指望不上。委内瑞拉国家石油公司（PDVSA）存在着诸多问题，而它的投资基金已被转到总统的社会项目上。为了解决能源开发资金，委内瑞拉加强了与伊朗、俄罗斯与中国的合作，并采取了一些特殊的安排，取得了相当的成果。俄罗斯石油公司、卢克石油公司、俄罗斯天然气工业公司和 TNK－BP 公司等俄罗斯四大能源公司都在委内瑞拉成立了合资企业。2009 年俄罗斯与委内瑞拉还签署了建立合资银行的协议。

委内瑞拉与中国的合作力度更大。2008 年，中石油集团与委内瑞拉签署能源合作框架协议，联手开采奥里诺科重油带呼宁 4 区块，并将在中国合建 2000 万吨的炼油厂。重油开采项目委内瑞拉占 60% 股份，炼油厂项目中国占 60% 股份。2010 年 4 月，中石油联手中国国家开发银行同委内瑞拉签署了 200 亿美元贷

① *BP Statistical Review of World Energy June 2010*, p. 8.

款换石油协议，预计在25年合同期内，该项目将生产29亿桶左右的超重原油。

在推动留在委内瑞拉的国际能源公司的投资热情上，委内瑞拉政府也取得了进展。2010年2月，由西班牙石油公司雷普索尔和美国雪佛龙公司分别牵头组成的两大财团与委内瑞拉政府达成协议，在6年内将总共投资300亿美元，对奥里诺科重油带卡拉沃沃（Carabobo）区块进行开发，预计生产能力为90万桶/天。

从经济角度看，市场容量巨大的美国无疑是委内瑞拉理想的能源合作对象。长期以来，委内瑞拉是美国前五大石油供应国，也曾经占有美国炼油能力的30%。但查韦斯认为，美国把拉丁美洲当做政治经济附庸是造成拉美贫困、贫富差距巨大的主要原因，因此，拉美有必要摆脱对美国的政治经济依赖，以实现自身的独立、发展与社会公平。为此，他在政治上组织反美战队，强化拉美国家的团结；经济上减少与美国的联系，加强与拉美、亚洲、俄罗斯等的合作。丰富的油气资源是他实现自己政治经济目标的主要手段，他认为有必要对欧美石油公司控股的重大开发项目进行国有化，在国家控股的前提下与外国公司合作；在中游领域，与中国合资组建联合船队；在下游，减少了对美国的石油出口比重，增加对拉美、欧洲与亚太地区的出口比重。以2009年为例，每天160万桶出口原油中，流向北美（实际上是美国）的为62.6万桶，比高峰期少了一半以上，也少于流向拉美的74.5万桶。① 在巴西、阿根廷、古巴、叙利亚、中国等地合资兴建或扩建大型炼油厂，也是委内瑞拉进军下游领域的成果。

总的说来，委内瑞拉能源外交有三个明显特征：为了政治目的系统地运用能源资源，具有强烈的反美色彩，涉及能源的上、中、下游三个领域。查韦斯在2009年初赢得修宪公投意味着他2012年后仍可能担任总统，这增强了他的地位。因此，委内瑞拉的能源外交还会继续推行一些年头。

（二）气候政治中的斗争与合作

能源勘探、开发、运输、消费等上中下游都会对环境产生污染，能源使用过程中排放到大气中的一些物质，被全球主流意见视作导致全球气候变暖的主要原因，因此，控制温室气体排放变成气候政治的重心。联合国192个成员国经过讨

---

① IEA, *Annual Statistical Bulletin 2009*, p. 47.

论确定了“共同但有区别的责任”这一应对气候变化的原则。奥巴马上台与哥本哈根气候变化大会的召开大大提升了气候政治的重要性，以致有人认为，气候政治将成为21世纪头号国际政治。发达国家与发展中国家分别强调这一原则的不同方面，双方立场难以协调，因此，至今没有签署具有法律约束力的全球减排协议。坎昆会议也很难就此取得突破性进展。

但气候政治确实影响了各国的能源政策，各国纷纷制定与节能减排相关的法律，并加快开发绿色能源，如开发风能、太阳能、氢能、生物质能等新能源，推广清洁煤技术，重视发展核能、天然气等相对清洁的能源。

核电是比天然气更清洁的能源，核能发电技术相当成熟，发电成本从长期来看比较低廉（油价在每桶40~50美元以上使用核电有成本优势），但也存在核废料不容易处置、民众顾虑多等不利因素。总体而言，使用核能利大于弊。

（1）2009年6月，在奥巴马政府的积极推动下，美国众议院通过《2009美国清洁能源安全法案》。这一法案在参议院则遇到了代表油气业利益的共和党的强烈抵制。鉴于法律在推动节能减排上的基础性作用，奥巴马在2010年7月推出了缩减版的法案，即只将温室气体排放的限制施加给温室气体排放占美国总排放1/3的电力行业。

除了法律制定上的努力外，美国在推进绿色能源上也有许多进展，比较引人注目的是两个：大力开发非常规天然气如页岩气和重启核电站建设。由于技术上的突破，2009年天然气产量达到5934亿立方米，超过了俄罗斯的5275亿立方米，成为全球第一产气大国。2010年2月，美国总统奥巴马宣布将提供80亿美元的政府贷款担保以帮助修建两座新的核电站，这是美国在时隔30年后重新启动核电站建设。

（2）作为《京都议定书》的最大推手，欧洲除了力求在哥本哈根气候变化大会上签订有法律约束力的协定外，在新能源推进上也有重要成果。2010年9月，位于英格兰西南沿海的世界上最大的海上风能发电场——他内海上风能发电场投入运行，其发电量足以满足苏格兰所有家庭用电。德国与意大利反对核电的势力一直很强大，但是，2010年9月德国总理默克尔决定延长17处核电站的工作使用期限。继2009年议会通过重启核能的法律后，2010年4月，意大利决定与法国合作在5年内修建4座核电站。

（3）作为全球最大的温室气体排放国之一，中国通过多方面努力来应对气

候变化。2009年11月，国务院常务会议决定，到2020年中国单位国内生产总值二氧化碳排放比2005年下降40%～45%，并提出相应的政策措施和行动。2010年9月，《新兴能源产业发展规划》上报国务院并有望于年底出台，规划2011～2020年累计直接增加投资5万亿元，除核电和水电外，可再生能源投资将达到2万亿～3万亿元，其中风电占约1.5万亿元，太阳能投资则达到2000亿～3000亿元。为此，正在调研调整《国家核电中长期发展规划（2005～2020年）》，2020年核电装机的发展目标将从4000万千瓦提高到8600万千瓦。

中国风电与核电进入快速发展期。中国是全球最大的风电市场和风力发电机组生产基地。2009年中国国内的风能装机容量已经达到2500万千瓦，2020年风电装机容量有望达到2.5亿千瓦。截止到2010年10月，中国已经建成的核电站有6个，但在建的有12个（包括1个扩建项目），筹建的达到25个。中国是全球最大的核电市场。

（4）受气候政治影响，油气资源丰富的国家也开始重视节能减排，一大举措是核能的开发。继阿联酋2009年与韩国签署核电开发协议后，科威特也在2010年9月做出决定，在2022年前建成4个核电站。

六　小结与展望

从总体趋势来看，2009年以来的能源政治呈现以下几个特点。

围绕争议区油气资源的所有权，有关国家纷纷采取措施，以强化自己的“主权”存在，但都保持了一定的克制，避免纠纷发展为直接的武装冲突。在油气勘探与开发领域，没有发生能源国有化、驱逐外国能源公司等激烈的政府行为，所存在的主要是国内层次的争端。在国际层面，合作勘探与开发的进展显著，伊拉克、玻利维亚、委内瑞拉、俄罗斯、巴西等资源富有国都与投资国签署了大量的开发协议。

在油气工业的中游领域，纠纷主要发生在俄罗斯与白俄罗斯、乌克兰、土库曼斯坦之间，但各方都无意扩大纠纷，使合作能够继续进行。一些重要的油气管道在年度内或者开通，或者加快建设，或者签署了修建协议。中国在这方面进展甚大，东南西北四条油气进口通道中，三条陆上管线都取得重大进展。

在油气工业的下游领域，“优势互补、合作共赢”是主旋律，中国在这方面的表现也比较抢眼，以政治与经济相结合的方式与许多产油国签署了大量的合作协议，“石油换贷款”成为有中国特色的国际能源合作方式。

在2009年来的能源政治中，委内瑞拉的能源外交是一个引人注目的典型事例，而气候政治因在很大程度上改变了各国的能源政策，因而也构成了能源政治的一个重要方面。

展望未来，涉及主权领土的能源争端会持续，甚至可能上升，但以非和平方式解决的可能性较小。能源投资之争会持续。在中东、非洲、南美、中亚等油气资源富集区，已经进入的国家会试图保持优势，后进入的国家则会试图扩大投资。在这种竞争中，各种政治因素会继续起重要作用。能源运输线不论是陆地还是海上，还可能出现热点，但不会导致过于紧张的局面。新兴国家在全球经济政治中的地位日益上升，它们会在能源领域扮演更重要的角色。

参考文献

BP Statistical Review of World Energy June 2010.

IEA, *Annual Statistical Bulletin 2009*.

EIA, *Annual Energy Outlook 2010*, April 2010.

EIA, *International Energy Outlook 2010*, July 2010.

OPEC, *World Oil Outlook 2009*.

安蓓、张艺：《中俄签250亿美元贷款协议》，光明网北京2009年2月17日电。

《本论俄白“斗气”到底谁是赢家》，2010年7月1日《中国青年报》。

《北极打响能源争夺战》，2010年9月1日《参考消息》。

冯玉军：《俄罗斯能源开发及其对华能源合作》，未刊稿。

《俄拟再造最强破冰船开发北极》，2010年9月21日《参考消息》。

《俄拟提升北极作战能力》，2010年10月4日《参考消息》。

《胡锦涛同沙特国王会谈两国签署能源等5项协议》，新华网利雅德2009年2月10日电。

《关于北极的六个反思》，2010年9月1日《参考消息》。

《沙特阿美公司与中石化恢复青岛炼油厂项目谈判》，2009年11月12日《第一财经日报》。

宋洁云、冯俊扬：《英国石油公司马岛探油受挫》，新华社布宜诺斯艾利斯2010年3月29日电。

Global Energy Politics：2009－2010

Xue Li

Abstract：Global energy politics（GEP）mainly refers to struggle and cooperation with respect to the development of oil and natural gas. Since 2009 GEP has been characterized by the following：in the upstream（exploration and development）of the petroleum industry，countries claiming oil and gas resources have been inclined to strengthen their "sovereignty" claims in disputed areas；in the midstream（transportation）of the industry，cooperation has surpassed contention；in the downstream（refining，the chemical industry，and sales）of the industry，there has been win-win cooperation. China has reaped a harvest in these three fields. Venezuela was a hotspot for anti-U. S. energy diplomacy. To respond to climate politics，on the one hand many countries have passed acts to reduce GHG emissions and on the other they have developed green energy. In sum，conflict-reconciliation-cooperation now represents the mainstream in GEP.

Key Words：Energy Politics；Conflicts In Energy Diplomacy：Reconciliation

Y.9

全球城市突发灾害与治理

王鸣鸣*

摘　要： 中低收入国家城市化加速后，城市居民面临着因人口增长、气候变化、社会两极分化等因素而加剧的“城市风险”。从已发生灾害所造成的人员伤亡和相对财产损失看，发展中国家远超发达国家。中低收入国家城市贫民的脆弱性过高，抗灾能力大大低于发达国家城市人口和本国中高收入阶层。城市贫民窟的地理位置、生活条件、人口密度等使其居民非常缺乏抵御突发灾害的能力。为降低灾害对全球中低收入国家城市贫民的威胁，联合国、各国政府、非政府组织历经10年努力在贫民窟的治理和改造方面取得了一些成效，为今后进一步行动提供了经验。

关键词： 全球城市化　城市风险　灾害损失　风险管理　联合国　非政府组织

2010年新年伊始，超强地震在中南美洲连续发生，造成的生命财产损失之惨烈不仅远远超过2008年的中国四川地震，即使在过去数百年中也十分罕见。随之而来的冰岛火山喷发、巴基斯坦洪水肆虐、中国玉树地震、中国舟曲的泥石流、日本等国的罕见高温、俄罗斯莫斯科的山火等，再次让人们感觉到，尽管人类文明已有高度发展，但灾害依然是严峻的安全问题与社会问题。

联合国秘书长全球减灾事务特别助理，减灾战略秘书处主任玛格丽特·瓦尔斯特伦女士2010年8月在北京指出：“灾害不是自然的，灾害是不恰当的社会经济发展政策和实践的后果。”① 国际红十字会与红新月会国际联合会发布的2010年

---

* 王鸣鸣，中国社会科学院世界经济与政治研究所副研究员，主要研究外交政策分析。

① 王丹红：《联合国减灾官员中国行：论灾害频仍和城市应对》，人民网，2010年8月10日，http://scitech.people.com.cn/GB/12390538.html。

度《世界灾害报告：聚焦城市风险》指出，生活在中低收入国家的部分城市居民，面临着因迅速城市化、人口增长、气候变化等因素而加剧的“城市风险”。[①] 现在，城市已经拥有一半的世界人口和人类所创造的绝大部分精神和物质财富。城市发生灾害，所造成的损失远超其他区域，对人类生命和财产的威胁前所未有。面对这样的全球性挑战，世界各国都需要对城市化与自然灾害问题作深层次思考。

一 全球城市化

城市化是人口、产业、生活空间和观念意识从乡村向城市转化的一个过程。尽管城市化自古代就开始了，但今天人们所说的城市化，主要指的是现代社会发展的一种普遍现象，即城市的加速扩张到基本停止的过程。

城市化的基础是世界经济从第一产业向第二、三产业的转型。从 1950 年到 2010 年，世界经济增长了 6 倍。增长的绝大部分来自第二、三产业，而这两个产业主要集中在城市地区，成为城市化的经济基础。今天 97% 的国内生产总值和 65% 的经济活跃人口（Economically Active Population）属于工业和服务业。[②]

城市化程度是衡量一个国家和地区经济、社会、文化、科技水平的重要标志，也是衡量国家和地区社会组织程度和管理水平的重要标志。城市化是人类进步必然要经历的过程，是人类社会结构变革中的一个重要线索，标志着现代化目标的实现。只有经过城市化的洗礼之后，人类才能迈向更为辉煌的时代。

不言而喻，发达国家的城市化进程早于发展中国家。英国的城市化加速期始于 19 世纪初。1801 年，英国的城市人口为 27.5%，到 1851 年达到 51%。[③] 1840 年，美国城市人口超过 10%，到 1920 年达到 51.2%。1947 年，日本城市人口为 33.1%，到 1965 年达到 56.5%。1960 年，韩国城市人口为 28%，1970 年达到 50.2%。[④] 目

---

① International Federation of Red Cross and Red Crescent Societies：*World Disasters Report 2010*：*Focus on Urban Risk*. 参见 http：//www. ifrc. org/Docs/pubs/disasters/wdr2010/WDR2010 – English – 2. pdf。

② http：//www. ifrc. org/Docs/pubs/disasters/wdr2010/WDR2010 – English – 2. pdf.

③ 谷延方：《重评圈地运动与英国城市化》，《新华文摘》2008 年第 21 期，http：//www. doc88. com/p – 69091444695. html。

④ 张晓晨编译《韩国城市化的人口漩涡》，2010 年 4 月 19 日《财经文摘》，http：//finance. sina. com. cn/leadership/mroll/20100419/12017778777. shtml。

前，发达国家和一些新兴工业国的城市化率在70%～90%之间，并且不再继续增加。

而发展中国家的城市化加速期大都始于20世纪80～90年代。中国经过十几年发展，城市人口从1995年的30%上升到2009年的46.6%。① 现在，世界欠发达人口大国的城市化率在30%～70%之间，都处于加速期内，今后世界城市的新增人口将全部来自发展中或欠发达国家。

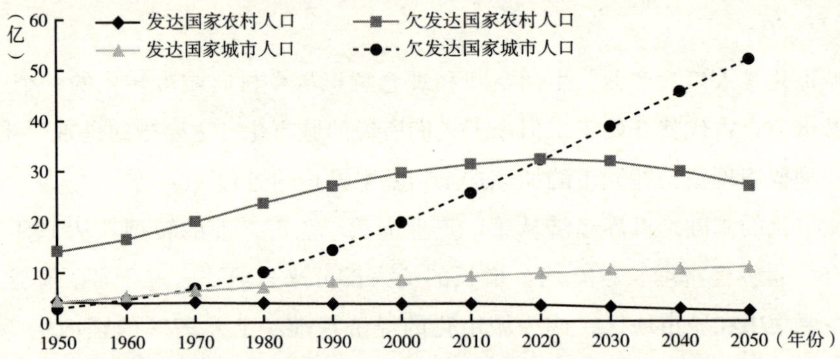

图1　发达与欠发达国家城市/农村人口走势（1950～2050年）

资料来源：联合国网站，http：//esa. un. org/unpd/wup/index. htm。

2008年以前，世界人口的多数生活在农村。根据联合国人口基金的报告，2008年成为全球"城市化"进程的"分水岭"，历史上第一次城市人口超过农村人口。②

2010年3月25日，联合国经济与社会事务部人口司发布《世界城市化展望2009年修正版》。报告说，目前世界城市人口已经趋近35亿，农村人口为34亿多。报告预计，随着发展中国家城市化的推进，到2050年，世界城市人口将上升到64亿，农村人口将减至29亿。亚洲的城市人口到2050年将上升18亿，非洲将上升9亿，拉美和加勒比地区将增加2亿。③

① 余靖静、叶锋：《中国城市化率即将过半"二元结构"新挑战如何破除》，《瞭望》新闻周刊，2010年10月9日，http：//news. xinhuanet. com/fortune/2010－10/09/c_ 12639879_ 3. htm。

② United Nations Population Fund："Linking Population，Poverty and Development". http：//www. unfpa. org/pds/urbanization. htm.

③ UN Department of Economic and Social Affairs，Population Division："World Urbanization Prospects：the 2009 Revision." http：//esa. un. org/unpd/wup/index. htm.

据统计，2007年欧洲和北美等发达地区的城市化程度为74%；拉美和加勒比地区的城市化程度为78%。在亚洲和非洲，农村人口的比例较高，占总人口的60%。不过，由于亚洲人口总数很高，因此亚洲的城市人口占世界城市人口总数的近一半。在今后40年中，非洲和亚洲的城市人口将显著增加，非洲可能翻3倍，亚洲可能翻两倍。①

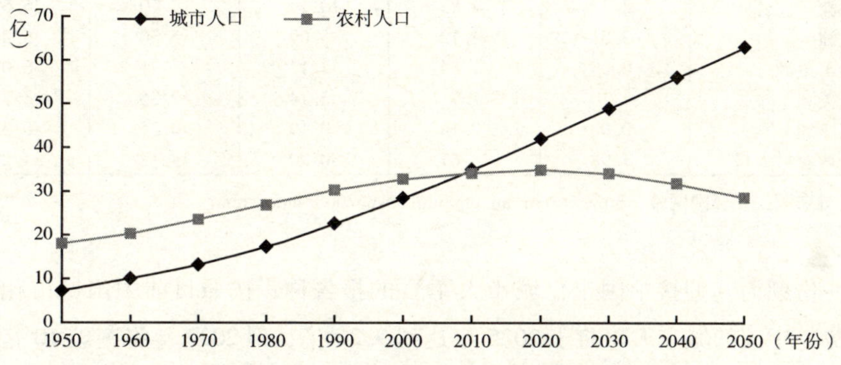

图2 全球城市与农村人口走势（1950~2050年）

资料来源：联合国网站，http：//esa. un. org/unpd/wup/index. htm。

大约200年前，全球百万人口级城市只有两个，伦敦和北京。1950年达到75个，2008年431个。绝大部分新增加的百万级城市在亚洲、非洲和拉丁美洲。②

据中国国家统计局报告，2009年中国人口总数13.35亿，其中城市人口6.22亿，占46.6%；农村人口7.13亿，占53.4%。③ 联合国《世界城市化展望2009年修正版》指出："在世界的城市化进程中，中国的城市化速度尤为突出。1980年中国有51个50万人以上人口的城市，从那时起到2010年，中国增加了186个这样规模的城市。全球50万以上人口的城市中，有1/4在中国。"④ 麦肯锡

① 《2008年底半数世界人口将居住在城市》，中国新闻网，2010年2月26日，http：//news. xinhuanet. com/newmedia/2008－02/27/content_ 7678116. htm。

② http：//www. ifrc. org/Docs/pubs/disasters/wdr2010/WDR2010－English－2. pdf.

③ 中华人民共和国国家统计局：《2009年国民经济和社会发展统计公报》，2010年2月25日，http：//www. stats. gov. cn/tjgb/ndtjgb/qgndtjgb/t20100225_ 402622945. htm。

④ 联合人口司：《中国五十万以上人口城市数量增长全球最快》，http：//www. un. org/chinese/News/fullstorynews. asp？ newsID＝13209。

表1 全球城市和农村人口增长情况细分（1950～2050年）

单位：亿人

年份	1950	1970	1990	预计2010	预计2030
全球城市人口	7.37	13.32	22.75	34.95	49.65
高收入国家	4.27	6.52	8.18	9.25	10.16
中低收入国家	3.10	6.80	14.56	25.70	39.49
非洲	0.33	0.86	2.04	4.12	7.59
亚洲	2.37	4.85	10.15	17.70	26.69
欧洲	2.81	4.12	5.09	5.30	5.50
拉丁美洲	0.69	1.64	3.14	4.71	6.03
北美洲	1.10	1.71	2.14	2.86	3.51
大洋洲	0.08	0.14	0.19	0.25	0.31
全球农村人口	17.98	23.67	30.20	34.12	34.26

资料来源：联合国网站，http：//esa. un. org/unpd/wpp2008/index. htm。

公司一份题为《迎接中国十亿城市大军》的报告称：按照目前中国城市化的发展趋势，中国的城市人口将于2025年达到9.26亿，到2030年将突破10亿。到2025年，中国将出现221个100万人口的大城市，23个500万以上人口的大城市。北京、上海、广州、深圳、天津、武汉、重庆和成都都是人口超过千万的巨型城市。①

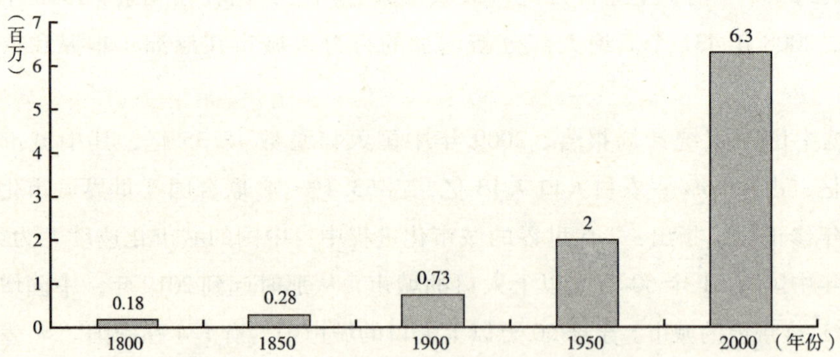

图3 1800～2000年世界前100城市平均人口变化

资料来源：世界卫生组织网站，http：//www. ifrc. org/Docs/pubs/disasters/wdr2010/WDR2010 – full. pdf。

① 《新华每日电讯》记者王优玲：《麦肯锡：2025年中国将出现8个超千万人口巨型城市》，http：//news. xinhuanet. com/fortune/2008 –03/25/content_ 7854598. htm。

二　城市风险与灾害类型

城市化作为人类文明发展的一种表现，同时带来了大量的问题。红十字会与红新月国际联合会2010年的报告《世界灾害报告：聚焦城市风险》开宗明义地指出："我们在城市危险面前的脆弱性随处可见：地震使医院、学校、住房倒塌，带来不言而喻的灾难；火山喷发带给城市机场一片混乱；洪水把整洁的城市街道变成飘满杂物的河道；毒品交易可以将市中心区变成战场；传染病能借助拥挤不堪的贫民窟迅速蔓延。"① 当人类的生产和生活地域从乡村转向城市并与人口的增长相结合后，人类就为自己创造出了种种前所未有的挑战与风险。

（一）城市灾害风险

相对于城市而言，农村曾经是多数突发灾害的重灾区，因为城市化以前农村是人类生活和工作的主要区域，而且农村人口缺乏抗御灾害的知识、财力和物力。在城市化加速之后，城市人口超过了农村，在城市形成了一个数量庞大、居住密集的中低收入群体。这个群体抗御灾害能力甚至比乡村农民还要弱，所面临的风险也就更大。

由于城市集中了国家的大量人口、基础设施和经济活动，在过去十年中，大规模的灾害往往使城市受害最重。比如，2008 年中国汶川地震的伤亡人口绝大部分在北川县城、什邡市、都江堰市、绵竹市；2010 年初的海地地震的损失集中在太子港市；4 月的青海玉树地震中遇难的2200 多人中有95%是在县城；8 月的甘肃舟曲特大泥石流所造成的人员财产损失更是集中在城区范围内。

在城市突发灾害的风险评估方面，目前尚无被广泛认可的标准和方法。一些政府和非政府组织正在收集各种数据，作为今后建立这种标准的基础。商业性质的慕尼黑再保险公司以其具有一定规模的突发灾害数据库和根据公司业务需要制定的指数系统，成为当今受认可程度较高的风险评级机构。该机构为 50 个全球人口最多（200 万人以上）、经济最繁荣（占全国 GDP 一定比例）的城市设计了风险指数。该指数分析了全球中低收入国家的 30 个城市和高收入国家的 20 个城

① http：//www. ifrc. org/Docs/pubs/disasters/wdr2010/WDR2010 – English – 2. pdf.

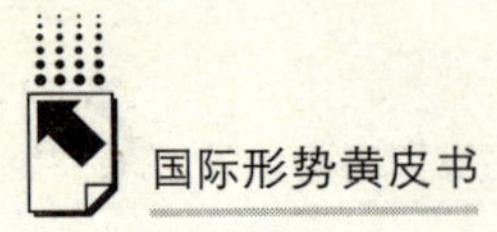

表2　2000～2010 年大灾对城市的影响

单位：万人，亿美元

灾害名称	国　家	年　份	影响城市	死亡	受灾	财产损失
海地地震	海地	2010	太子港	22.3	340	不详
四川地震	中国	2008	北川、都江堰、什邡、绵竹、江油	8.7	4597.66	850
纳吉斯飓风	缅甸	2008	仰光	13.84	242	40
爪哇地震	印尼	2006	日惹	0..57	317.79	31
克什米尔地震	巴基斯坦	2005	穆加法拉巴德	7.33	512.8	52
卡特里娜飓风	美国	2008	新奥尔良	0.18	50	1250
孟买水灾	印度	2005	孟买	0.12	2000	33
南亚海啸	印尼、斯里兰卡、印度、泰国、马来西亚、缅甸	2004	班达亚齐、清奈	22.64	232.17	92
巴姆地震	伊朗	2003	巴姆	2.68	26.76	5
欧洲热浪	意大利、法国、德国等	2003	多个	7.22	不详	不详
德累斯顿洪水	德国	2002	德累斯顿	0.0027	33	116
古杰拉特地震	印度	2001	普杰、阿穆达巴	2	632	26

资料来源：EM－DAT：THE OFDA/CRED 国际灾害数据库。①

市，有史以来第一次将多种灾害考虑在内，包括地震、风暴潮、洪水、火山、森林火灾、冻害等等。指数由三部分变量组成：所面临灾害性因素的多寡、脆弱程度和易受损失的财产价值。脆弱程度涉及城市多数建筑物的结构和材料、城市减灾防灾设施、预案、法律法规等。易损财产价值的估算是基于家庭平均财产和工商服务业生产总值。这种评估方法的最重要因素是财产价格和这些财产所面临的风险发生的频度和烈度。用这个指标分析，东京风险最高，随后是旧金山。前 20 名中有 17 个属于高收入国家。

从已发生灾害所造成的相对财产价值占 GDP 的比重看，发展中国家的损失比例无疑远高于发达国家。例如，1994 年美国加利福尼亚州诺思里奇发生里氏 6.7 级地震，造成的经济损失占到当地 GDP 的 1%；1972 年的尼加拉瓜里氏 6.2 级地震，造成的经济损失占到全国 GDP 的 40%；1986 年萨尔瓦多里氏 7.5 级地

① http：//www.em－dat.net.

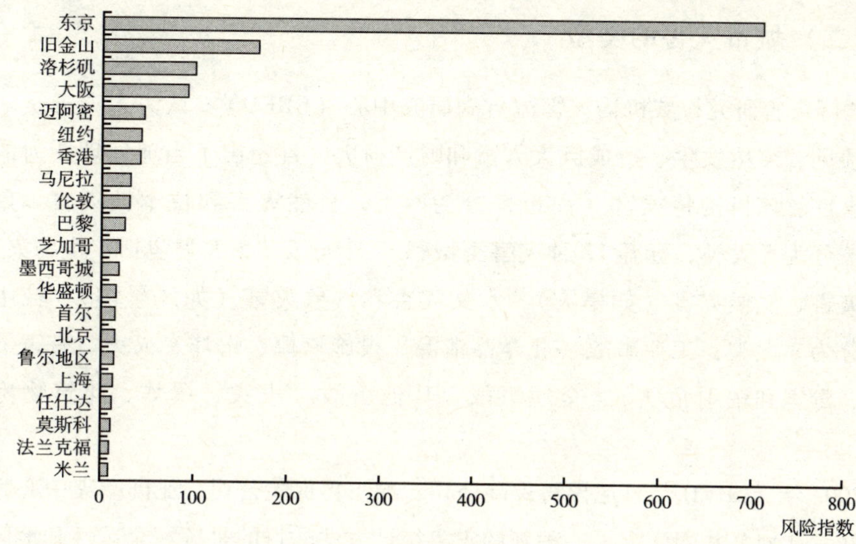

图4　全球风险指数前20位大城市

资料来源：慕尼黑再保险公司（2004）。①

震造成的经济损失占到全国 GDP 的 30%。慕尼黑再保险公司的数据显示，在 1985～1999 年期间，全球最富裕国家受自然灾害影响导致的经济损失占到 GDP 的 2%，而最贫穷国家的这个比例则达到了 13%。②

与慕尼黑再保险公司评估体系中财产价值权重过大不同，非营利研究组织地质灾害国际在研究亚洲和美洲（两个经常发生地震灾害的地区）城市的地震风险中，主要评估了人口、建筑质量、滑坡、火灾、医疗条件、地方政府救援能力等变量。风险高居前 10 位的城市依次为：加德满都（尼泊尔）、伊斯坦布尔、新德里、基多（厄瓜多尔）、马尼拉、伊斯兰堡、圣萨尔瓦多、墨西哥城、伊兹密尔（土耳其）、雅加达。③

---

① Munich Re："Statistics and Natural Hazard Risk for 50 Selected Megacities", January 2005. http://www.munichre.com/app_pages/www/@res/pdf/media_relations/press_releases/legacy/pm_2005_01_11_01_en.pdf.

② Tiffany M. Luck, "World's Most Earthquake-vulnerable Cities", May 23, 2008. http://www.financialpost.com/careers/World+most+earthquake+vulnerable+cities/532784/story.html.

③ http://www.financialpost.com/careers/World+most+earthquake+vulnerable+cities/532784/story.html.

（二）城市灾害的类型

国际灾害研究权威机构灾害流行病研究中心（CRED）① 认为，灾害是一种无法预见、突然发生、造成巨大人员和财产损失，且超出了当地处理能力的情势或事件。该机构将灾害（灾难）分为两类，自然灾害和技术性灾害。自然灾害被分为5大类，涵盖12种灾害类型和32个分支。5大类包括：生物灾害、地质灾害、气候灾害（如旱灾）、水文灾害和气象灾害（如风暴潮）。技术性灾害分为3大类：工业事故（化学品泄漏、设施垮塌、爆炸、火灾、有害气体泄漏、毒害和辐射危害）、交通事故、其他事故（火灾、爆炸、建筑物垮塌等）。

2007年，CRED与慕尼黑再保险公司、瑞士再保险公司、亚洲减灾中心和联合国开发计划署共同认定了一种新的灾害统计方法，目的是统一全球性和地区性灾害统计标准。该法提出，进入国际灾害数据库的自然灾害需要具备以下条件：因灾死亡人数为10人或以上；至少100人受到灾害影响；宣布进入紧急状态；呼吁给予国际援助。

与一般灾害分类相似，城市灾害也可分为：地质灾害（地震、泥石流、山体滑坡等）、气候气象灾害（水旱灾、风灾、极端气温、海洋灾害等）、事故灾害（各种污染、食品安全、工业事故、火灾等）、城市暴力（暴乱、大规模犯罪、绑架等）、疫病灾害（瘟疫流行等）。与乡村不同，一些灾害是城市所特有的，如事故灾害和城市暴力。另有一些是城市和乡村共同面对的，但在城市的环境下其危害性更大。

1. 城市地质灾害

虽然2008年四川地震震级低于2001年东昆仑巨大地震（8.1级），但是造成的损失、受到的关注却远远超过了后者。显然，这是因为它涉及多个城镇，而后者基本发生于无人区域。从历史上看，对城市破坏最大的突发灾害就是地震。1755年葡萄牙里斯本大地震造成7万多人死亡，占里斯本人口的1/4；1976年中

---

① 1973年由位于比利时布鲁塞尔的天主教鲁汶大学公共健康系设立的研究团体，该组织从突发流行疾病开始，逐渐发展为包括健康问题在内的自然灾害研究方面的专业学术机构。1980年，该组织成为国际卫生组织的一个研究中心。1988年建立全球自然灾害数据库，国际红十字会和红新月会每年的自然灾害报告数据多出于此数据库。见 http：//www. cred. be。

国唐山大地震则是人类开始在城市居住以来损失最惨重的地震之一，24万多人死亡，占总人口的1/5，97%的地面建筑被毁。

在2010年，全球范围内造成人员伤亡和财产损失较大的城市地质灾害共有3次地震和两次泥石流。1月12日，海地首都太子港发生200年一遇的大地震，整个城市瞬间变成“人间地狱”，伤亡人数接近或超过1976年唐山地震。2月27日，智利第二大城市康塞普西翁发生里氏8.8级特大地震，800多人死亡，200多万人受灾。这是地震史上有记录的第五大地震，将康塞普西翁市往西挪了至少250厘米。4月14日，中国青海省玉树藏族自治州玉树县县城附近发生7.1级地震，约2220人死亡，15000户民房倒塌，10万人受灾。8月7日晚至8日凌晨，中国甘肃省甘南州舟曲县城发生强降雨引发特大泥石流灾害，截至9月4日，遇难1478人，失踪287人，而舟曲县城人口仅为4万左右。沿河房屋被冲毁，泥石流阻断白龙江，形成堰塞湖。

地震对城市的威胁主要是房屋倒塌以及次生的火灾、海啸等。房屋倒塌危险与建筑质量之间有密切的关系，即所谓“地震不会杀人，建筑会杀人”。2010年太子港、玉树县城两次地震损失惨重的共同原因是：震级高、震源浅；房屋抗震性差和人口密集。20世纪，全球因地震死亡的总人数近120万，中国近60万，约占1/2。1949年以来，中国各类自然灾害造成的死亡人数约为55万，而地震造成的死亡人数约37万。

泥石流对城市的威胁主要是由于城市选址不当或生态遭到破坏。城市扩张速度加快后，原来城市周边不适于居住的地区逐渐变成城市的一部分，有些甚至开始建设基础设施，而这些地方可能是区域性洪水和泥石流、滑坡等地质灾害的高风险地区。

中国甘肃舟曲县自建制以来，县城就一直坐落在三眼峪沟泥石流堆积扇上。14年前，县城区域只有2万人，城区集中分布在泥石流危害较轻的白龙江两岸。现在已超过4万，县城的范围迅速扩大。由于沿白龙江很难找到一块开阔地建房子，因而泥石流危险区也被开发，这导致该县在特大泥石流灾害中损失惨重。在中国，由于人口不断增加和山区的经济快速发展，这种现象并非舟曲县所独有，很多山区都面临着同样的问题。

城市所面临的另一种地质灾害是地面沉降。地面沉降对城市发展的安全威胁是：地面裂缝；建筑物开裂；地面水准点失效；① 地面安全高程损失。② 造成地面沉降的自然因素是地壳的构造运动和地表土壤的自然压实。人为导致的地面沉降则可能是因为大量开采地下水和地下矿藏。地面沉降虽然是缓慢的，但其发展是不可逆的，会带来突发灾害。发生地面沉降的地区属于地层不稳定的地带，有可能造成建筑物的突然损毁或地基下沉。在沉降区进行城市建设和资源开发时，需要更多的建设投资。最重要的是，地面沉降区多出现在沿海地带，当地面沉降到接近海平面时，会发生海水倒灌，使土壤和地下水盐碱化。

中科院2004年的科学发展报告指出，自20世纪80年代起，中国地面沉降已由沿海城市向内地扩展，由浅部向深部发展。地面沉降这种地质灾害，已成为影响大中城市安全发展的制约因素。例如，近40年来，地面沉降已给长三角地区造成直接经济损失3500亿元。研究数据表明，中国几大直辖市都在下沉：天津的塘沽地区20世纪90年代比60年代海拔高度降低了3米，海河呈现了海水倒灌的态势；上海地面平均以每年10毫米的速度下降，有专家预警，再下沉2米，上海会陷于汪洋之中。③

意大利的水城威尼斯在过去的100年中，平均地面下沉达1米，著名的市政府大楼罗内丹宫已累积下沉了3.81米。每遇风暴，海水便涌入市区，使市内的圣马可大广场一片汪洋。该国建于12世纪的古罗马大教堂因地面下沉已经开裂和倾斜。

目前世界上已有50多个国家和地区发生了不同程度的地面沉降，如墨西哥的墨西哥城，美国的圣华金谷地、长滩、休斯敦，日本的东京、大阪，泰国的曼谷，英国的柴郡，新西兰的怀拉基，澳大利亚的拉特罗布谷地等。一般沉降量为数米，有些地区已经超过了10米。在美国50个州中，约有45个州的4.4万平方公里的地区发生了地面沉降。日本沉降面积约占日本可居住面积的12%，1128平方公里地面标高处于海平面以下。

---

① 地面水准点是城市测绘、城市规划建设等的重要基准，失效后易使城市规划建设和土地利用混乱。

② 安全高程指堤坝的安全高度，损失后会降低城市河道堤防的防洪标准，使河道汛期泄洪能力下降，造成市区内涝，排污能力减低。

③ 金磊：《我国城市的灾害特点与规律再认识》，2006年5月26日，http://www.chinajsb.cn/gb/content/2006-05/26/content_174975.htm。

2. 气象灾害

随着城市的不断扩建、人口的不断增加，使得城市有了自己独特的气候环境。城市气象灾害主要是指城市范围内或影响到城市的台风、暴雨（雪）、寒潮、大风（沙尘暴）、低温、高温、干旱、雷电、冰雹、霜冻和大雾等所造成的灾害。由于城市人口集中，财产密集，一旦发生气象灾害，受灾的损失较大，而且容易发生与气象灾害有关的次生灾害（火灾、污染、传染病等）。

暴雨洪涝灾害是最常出现的城市气象灾害。在城市高层建筑集中区，热岛环流有利于城市上空的热对流发展，易于引起暴雨出现。城市上空存在的大量污染物，有利于凝结核的形成，使城市降水量相对郊区、乡村有所增加。由于城市的排水系统有一定限度，超过这个限度的降雨就可能中断城市的交通运输、能源和食品饮水的供应，使城市的生活、生产陷入混乱。2010 年 4 月 7 日，一场半世纪以来最密集的豪雨在巴西第二大城市里约热内卢附近引发洪水和山泥倾泻。由于被冲的贫民窟建在堆积了数十年的垃圾山丘上，轻易被洪水冲散。现场地基不稳，难以步行，加上臭气冲天，救援工作十分艰难。2010 年 10 月，中国海南省遭遇长时间大雨，三亚、琼海、万宁等市全部被淹，人们在市区只能以船代步，直接经济损失 100 亿元以上。

近些年来，城市热害现象越来越突出。全球变暖趋势的加剧和城市化的发展，城市的热岛效应和绿地的减少，使城市高温现象开始突出，威胁到市民的身体健康，造成城市供水、供电紧张，严重影响城市正常运转。2010 年 6 月，印度北方遭遇 19 世纪末以来最长时间的持续高温。首都新德里 6 月 27 日的最高温度达到 45℃，最低也有 32℃。当天，印度西北部地区的最高气温都在 40℃以上。热浪造成了 200 多人死亡。城市医院中挤满了中暑者。6 月中旬，热浪袭击科威特、伊拉克、以色列和沙特阿拉伯等中东国家。科威特气温一度达到 54℃，创下该国气温新高。6 月下旬，俄罗斯中部地区出现破纪录的 37℃的高温天气。7 月初，通常夏季气候宜人的欧洲高温肆虐，意大利最高气温超过 40℃，法国和西班牙的气温普遍超过 35℃，德国高温达到 40℃；美国华盛顿和纽约地区也出现了超过 38℃的极端高温天气。

城市热岛是指城市市区气温比郊区气温高的现象。一般而言，百万人口大城市的市区平均气温要比郊区高 0.5 ~ 1.0℃，城市越大，热岛效应越显著。研究表明，北京城市热岛强度在增大，城区最低气温比郊区每 10 年增加 0.5℃，城

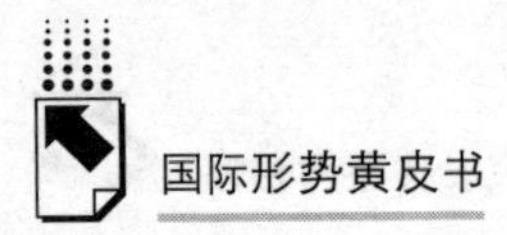

区最高气温增加约0.1℃。京津唐地区热岛强度遥感监测显示，2010年7月5日，北京、天津和唐山3市的城区及其区县都有较强的热岛效应出现，其中北京城区大部分地区的地表温度比郊区高出4.5～6.5℃，达到了强热岛或较强热岛。

城市的烟尘雾灾害，是因为雾出现时，地面风速一般较小，近地气层稳定，不利于污染物的扩散、稀释。随着城市的发展，工厂、汽车排放到空中的污染物增多，在风力微弱、相对湿度较大、大气结构稳定或有逆温层存在的条件下，大量的烟和极细微的粉尘就会漂浮在城市上空，形成烟尘雾。城市雾霾日数的增多，使交通运输受到影响，输变电设备绝缘能力下降，微波及卫星通信质量下降。更为严重的是，城市雾霾常属于严重大气污染，严重影响人们的身体健康。2010年8月初，莫斯科郊区发生的特大火灾产生的浓烟连续多日笼罩莫斯科天空，往日耀眼的太阳变成了黄色，家家户户紧闭门窗，街头行人或用口罩或用手帕遮住口鼻来抵挡刺鼻的烟味，就连在地下十几米深的地铁内也是烟雾缭绕。

一些沿海城市还可能受到海水涌浪引起的洪灾的威胁。经济合作与发展组织公布的指数系统排列了136个人口超过100万的港口城市面对百年一遇海水涌浪引起的洪灾的脆弱度。研究显示，亚洲一些地区潮涌洪灾的风险最高。受到潮涌洪灾威胁的20个人口密度最大的港口城市中，一半属于中低收入的亚洲国家。预计到2070年代，受潮涌洪灾威胁最大的20个大型港口城市中有17个属于现在的中低收入国家（14个在亚洲，其中中国4个，孟加拉国2个）。①

3. 事故灾害

突发事故灾害是在人们生产、生活活动过程中突然发生的、违反人们意志并且造成大量的人员伤亡、经济损失或环境污染的意外事件。城市的事故多种多样，如火灾、爆炸、交通事故、危险品泄漏、电气水事故等。

火灾曾经是城市特有的毁灭性灾害，比如1666年的伦敦、1871年的芝加哥、1917年希腊的塞萨洛尼基都曾被大火夷为平地。在当代世界，高收入国家城市的大型火灾已不多见，而都市贫民窟或违章建筑区则成为火灾的多发地。南非灾害分析与监测研究所收集1995～2004年开普敦的18504次火灾数据进行分析研究，提供了一个非常详尽的火灾风险示意图。尽管火灾的规模都不大，但数量的众多所带来的损失十分惊人。这些火灾大多发生在非正规聚居区里，起因是

---

① http：//www. ifrc. org/Docs/pubs/disasters/wdr2010/WDR2010 – English – 2. pdf.

蜡烛、煤油灯、劈柴、汽油桶、煤炭等。贫民窟人口的密度越大，水源等灭火设施越稀缺。例如，2004 年 2 月发生在开普敦附近豪特湾贫民区的一次火灾，烧毁了 1200 间房屋，造成 5000 多人无家可归。

城市工业企业的爆炸、泄漏等灾害除了造成企业损失，还往往给周边的居民造成巨大附带损失。2010 年 7 月 16 日，中国大连新港附近中石油一条输油管道起火爆炸，大量原油入海后对当地的生态环境造成巨大破坏，仅清污费用及对养殖户的赔偿就高达数亿元。2010 年 7 月 28 日，南京塑料四厂拆迁工地丙烯管道被施工人员挖断，泄漏后发生爆炸。爆炸事件导致至少 13 人死亡，120 人住院治疗。匈牙利维斯普雷姆州奥伊考的一家铝厂废物池 2010 年 10 月 4 日发生泄漏，大约 100 万立方米含有铅等重金属的有毒废水涌向附近 3 个村镇和河流，导致 9 人死亡，150 多人受伤。

2010 年的全球事故灾害中，空难比较引人注意。截至 10 月，共发生 10 起坠机事故，造成 700 多人死亡。1 月 25 日，埃塞俄比亚航空公司一架载有 83 名乘客和 9 名机组人员的客机从贝鲁特起飞后不久坠入海中。机上 90 多人丧生。4 月 10 日，波兰总统莱赫·卡钦斯基赴俄罗斯参加卡廷惨案 70 周年纪念活动，专机在斯摩棱斯克“北方”军用机场附近失事，共有 132 人在事故中遇难，其中包括总统夫妇以及军队参谋长及副外长。5 月 12 日，利比亚非洲航空公司一架从南非起飞的客运班机在利比亚首都的黎波里机场降落时坠毁，机上有 93 名乘客和 11 名机组人员，其中一名荷兰籍 8 岁男童是唯一幸存者。5 月 17 日，一架载有 44 人的阿富汗民航班机在该国北部山区坠毁，机上人员全部遇难。5 月 22 日，印度南部发生由于飞行员误操作导致的客机冲出跑道起火事件，158 人遇难。7 月 28 日，巴基斯坦发生 18 年来最严重的空难。一架载有 152 人的客机在巴基斯坦马尔加拉山区坠毁，机上 152 人全部遇难。8 月 24 日，中国河南航空公司一架客机在黑龙江伊春市降落时失事，死亡 42 人，另有 54 人受伤。

4. 城市暴力

随着城市化进程的加快，城市暴力日益成为发展中国家城市生活的一部分。在拉丁美洲和撒哈拉以南非洲，城市中的暴力冲突的惨烈程度甚至堪比战争。联合国人居署报告，从 1980 年到 2000 年，城市暴力犯罪率增加了 30%，在发展中国家，60% 的城市居民受到过这些犯罪的伤害，10 亿住在贫民窟中的穷人是最

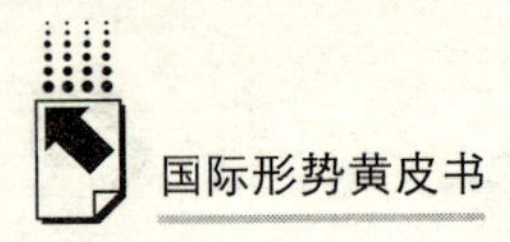

大的受害者。①许多非洲国家城市出现了新的隔离现象，即富人生活在安装有电网的高档住宅后面，而穷人生活在没有法律和秩序保障的贫民窟中。

城市暴力多种多样，一般可分为三类，即经济暴力、社会暴力和政治暴力。

经济暴力是指包括贩毒、绑架、抢劫等在内的以获取经济利益为目的的犯罪。此类犯罪与社会和经济发展中的不平等与贫困化有关。在一些城市的“地下经济”中，穷人通过提供非法的服务和贸易谋生。一些拉美国家发动城市“清扫”运动，将穷人和小商贩从城市的某些地方驱逐出去并进行隔离，也导致了暴力犯罪数量的上升。

社会暴力是指为攫取社会权力在个人、家族和社区之间发生的暴力。这种暴力多以帮派的形式出现，贫民分属不同的帮派，并彼此实施暴力行为。例如，在肯尼亚首都内罗毕，60%的人口居住在5%的区域内，帮派势力在该区域内争权夺利，从邻国索马里和乌干达走私武器用于暴力行为。另一类社会暴力则并非有组织的行为，属于突发的刑事犯罪。2010 年中国最骇人听闻的城市社会暴力事件当属3 ~5 月各地接连发生的6 起小学幼儿园血案。犯罪嫌疑人为了报复社会，拿幼儿园或小学的学生痛下杀手，导致毫无抵抗能力的弱小学生伤亡，共造成18 人死亡，70 多人受伤。

政治暴力是指为夺取和保持政治权力或实现某种政治诉求而导致的暴力行为。例如，2010 年3 月中上旬泰国爆发反政府示威游行，首都曼谷至少有 54 人丧生。5 月6 日，希腊雅典市数万人举行游行，抗议政府采取新的削减开支计划。抗议者在街头高声呼喊，防暴警察手持眩晕弹和催泪瓦斯与投掷石块的示威者在街头展开搏斗，一群示威者还试图冲击议会大楼。骚乱导致 3 人丧生。

在城市暴力中，小型武器的泛滥使其更加可怕。据小武器调查组织（Small Arms Survey）报告，全球有6.5 亿小型武器在平民手中，占已知数量的3/4。在非战争状态下，每年有20 万人死于涉枪暴力，仅在巴西每天就有 100 人左右。全球非法枪支贸易额达到10 亿美元。②

① 《联合国人居计划署报告城市安全威胁日增》，人民网，2007 年 10 月 2 日，http：//world. people. com. cn/GB/14549/6339870. html。

② http：//www. ifrc. org/Docs/pubs/disasters/wdr2010/WDR2010 – English –2. pdf.

5. **疫病灾害**

疫病是一种最古老的城市灾害，由于城市人口接触密集，疫病在城市容易流行。在1420～1485年间，伦敦城暴发了7次瘟疫，其中的黑死病使英国城乡损失了1/3的人口，以致一度使农村劳动力向城镇转移的趋势停止。即使到现在，疫病对城市的威胁仍然存在。比如2003年发生在中国的SARS，2009年流行全球并造成染病人数在3个月内从几百人上升到16万多人的H1N1流感。

在中低收入国家的大型城市中，贫困人口缺乏最基本的卫生饮水和废物处理设施，这导致儿童患腹泻的比例居高不下，巴基斯坦达38%、喀麦隆为23.9%、刚果为32.3%。全球每年5岁以下儿童有1000万死亡，其中腹泻导致的有200万人。1990～2006年，每1000出生人口中5岁以下死亡人数，工业化国家从10人下降到6人，而发展中国家仅从103人下降到79人。在贝宁和刚果这样的国家，城市儿童的营养不良率（46%）也高于农村（16%）。据《柳叶刀》杂志估计，全球有半数居住在亚、非、拉国家的城市居民患有一种或几种与不洁饮水和蚊虫叮咬等有关的传染性疾病。即使在发达国家，城市也是传染病的高发区。例如，结核病在某种程度上就是城市病，纽约的发病比例是全国平均值的4倍，在英国甚至比在中国都更为常见。①

据世界卫生组织报告，登革热在威胁着全球25亿人口的健康。现在每年大约有5000万感染者，数量更多的病人并没有被报告。2007年，在美国就有89万人报告患登革热，其中2.6万人是登革出血热。此病1953年出现在菲律宾，后传到曼谷。1970年传至9个国家，现在已达100多国。2007年，在乌拉圭报告病例达到8万人，其中6000例是出血热。

面对城市疫病灾害，日前也传来了一则好消息。2010年9月21日，新一期《进化》杂志刊登的一份报告称，城市化进程可能会促使人类产生抗病基因。英国伦敦大学皇家霍洛韦学院等机构研究人员调查了非洲、亚洲、欧洲多个地方居民的基因数据，发现城市化历史的长短与当地居民基因组中是否存在一些抗病基因有相关性。研究人员伊恩·巴恩斯说，这是因为疾病在人口密度高的城镇中更容易传播，城市化带来了更大的传染病风险，这种风险已足以形成一种进

① http：//www. ifrc. org/Docs/pubs/disasters/wdr2010/WDR2010 – English – 2. pdf.

化上的压力，经历长期的自然选择，那些城市化历史悠久地区的居民就具有某些抗病基因。①

三 城市灾害管理

城市化已经成为各国实现现代化的共同选择。但高速的发展进程改变了自然生态和社会环境，并由此引来频发的灾害。其中有严重的自然灾害，有因科技发展而导致的技术灾害，更有各种人为灾害，现代化城市已经成为灾害的巨大载体。随着现代城市灾害的群发性和连锁性特征的显露，传统的防灾减灾体系越来越不适应城市可持续发展的要求，新的以降低城市风险和减少弱势群体脆弱性的综合城市发展战略，正日益成为国际社会关注的重点。

西方发达国家虽然从 20 世纪 70 年代起便重视城市的灾害和危机管理问题，但国际社会进行系统的专题研究则是始于 1989 年以后的国际减灾活动。在美国科学院院长弗兰克·普雷斯博士的倡议下，联合国通过决议，确定 1990～2000 年为联合国"国际减灾十年"。1994 年 5 月在日本横滨举行的减灾大会上，对国际减灾十年的历程进行了中期回顾。横滨战略和行动计划确认和加强了"国际减灾十年"的目标，即在减轻自然灾害的同时，要减轻技术与环境灾害对城市引起的损失及动荡。1994 年 6 月在伊斯坦布尔召开的第二届联大人类居住大会也强调了"对所有人都适合的避难所"及"都市居民能够接受的住房"两个发展议程。1995 年 11 月，为纪念联合国成立 50 周年，所有成员国正式通过了重申《联合国宪章》的目标和原则的庄严宣言，要求"处于风险中的城市，行动不能拖延了"，并决定 1996 年国际减灾日的主题是"城市化与灾害"。

进入 21 世纪，无论是"9·11"恐怖袭击事件，还是每年都在递增的城市灾害及事故，都进一步促使各国政府和国际组织全方位关注有效应对城市灾害问题。

2010 年 10 月 13 日是减少自然灾害国际日，联合国发起的 2010～2011 年世界减灾运动所强调的主题是："让城市抗灾：我的城市准备好了"。本次运动

---

① 华社特稿：《城市化也能增强人体免疫力》，2010 年 9 月 27 日，http：//news. xinhuanet. com/mrdx/2010－09/27/c_ 13531504. htm。

"城市"一词指广义上的城市地区，包括不同级别"地方政府"的责任，无论是地区、省、大都市、城镇还是村庄。运动的目的是争取100位市长对"2011年城市抗灾十项要素"中的至少一项要素做出承诺，并且动员数百个参加运动的地方政府以及尽可能多的市民对安全的学校和医院做出承诺。①

（一）脆弱性差距：现象与成因

国际红十字会和红新月会2010年《全球灾害报告：聚焦城市风险》提出了城市突发灾害的脆弱性差距（Vulnerability Gap）概念，指出城市突发灾害的主要受害者是发展中国家的城市贫困居民，他们与发达国家城市居民和本国中等以上收入人群相比，所面临的风险水平差距巨大。例如，日本遭受热带风暴的频率和强度都比菲律宾要高，人口也较菲律宾密集，但菲律宾在热带风暴中丧生的人数却是日本的17倍。②

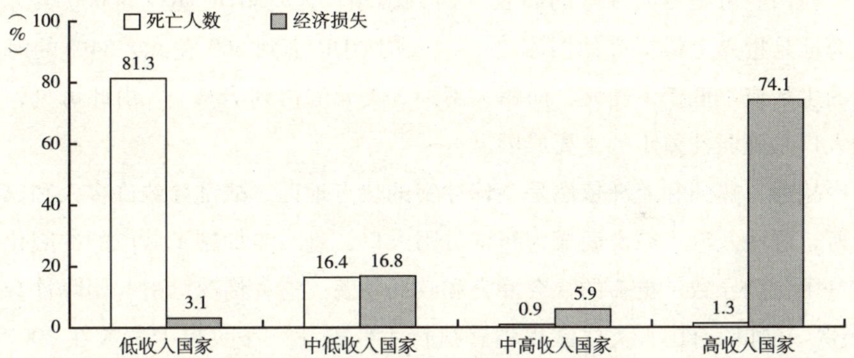

图5　四类收入水平国家热带风暴损失

说明：受热带风暴袭击频度最高的高收入国家是日本，韩国第二，美国第三。

2010年1月海地7.3级地震死亡人数超过22万人。2月智利发生里氏8.8级地震，释放能量相当于海地地震的500倍，经济损失占全国GDP的10%，但死亡仅为800余人。9月4日，新西兰南岛发生7.1级地震，这是自1931年以来

① 联合国网站：《2010～2011年世界减灾运动》，http://www.un.org/zh/events/disasterreductionday/campaign.shtml。

② http://www.ifrc.org/Docs/pubs/disasters/wdr2010/WDR2010－English－2.pdf.

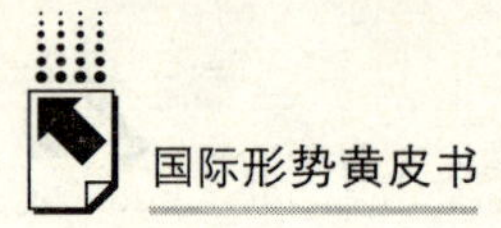

该国遭遇的最为强烈的一次地震。地震虽然造成10万所房屋受损，仅有数人受伤，没有人员死亡。

除了智利和新西兰地震震中离人口稠密地区相对较远，震源相对较深外，智利和新西兰都是地震多发国家，有严格的建筑规范，健全的应急响应机制和丰富的地震处置经验。新西兰的防震技术更是处于世界领先水平。早在20世纪60年代，新西兰就已开始将特制的橡胶垫用于建筑物的基础来隔震，并通过立法确保基础设施建设质量。而在海地，甚至连建筑规范都没有。智利和新西兰地震发生后，国家领导人都第一时间发表讲话，宣布部分地区进入应急状态，呼吁国民保持冷静。而在海地，当地民众到震后第二天甚至都不知道自己的总统是否还活着。

海地与智利和新西兰的最大不同是贫穷落后。智利属于中等发达国家，2009年智利人均国内生产总值为14341美元，紧随阿根廷的14561美元之后居拉美第二位。新西兰更是尽人皆知的高收入西方国家，人均GDP超过30000美元。相反，海地是世界上最贫穷的国家之一，人均GDP不到560美元，54%的海地人每天的生活成本低于1美元，而每天不到2美元的占到78%。[①] 由此可见，城市贫困人口是脆弱性差距的主要成因。

冷战后，非洲和亚洲依然是全球冲突的热点地区，战乱导致许多人和家庭流离失所，这些人流入城市后成为新增贫困人口，进一步加剧了城市的贫困化，而城市贫困化则导致了更多的社会冲突和政局动荡。这种情况已引起国际社会的广泛关注。正如联合国人类住区规划署执行主任安娜·蒂贝琼卡夫人在2007年1月召开的77国集团加中国会议上发出的警告："在我们生活的这个时代，出现了前所未有、迅猛发展而不可逆转的城市化。增长最快的城市是发展中世界的城市。增长最快的社区是贫民窟。崭新的城市时代的另一特征让人无法接受，即在2007年这一年，全球贫民窟居民人口预计将会超过10亿大关。贫民窟是日益增长的犯罪和暴力的中心，就气候变化而言，城市贫困是最大的污染源之一。在这个地球村，他人的贫困很快就会成为我们自身的问题：产品缺乏市场、非法移民、污染、艾滋病、其他疾病、不安全、犯罪、宗教狂热、恐怖主义。联合国人居署《2006年世界城市状况报告》的调查结果明确显示，我们不能再无视贫民

① 世界银行网站，http：//siteresources. worldbank. org/INTHAITI/Resources/Haiti. AAG. pdf。

窟居民的疾苦。如果我们这样做，就可能无法实现针对很大一部分贫民的千年发展目标。如果我们这样做，就可能出现严重的社会排斥现象，随之带来危及和平与安全的不利影响。”①

从理论上来讲，当城市人口占了世界人口的一半，而城市贫民窟人口又占了城市人口的1/3时，全球城市化的意义就不再仅仅是人口、经济、社会的城市化，而同时也意味着灾害与风险的城市化。正是由于缺乏这个认同，迄今在全球范围内无论政府还是非政府组织，都没有找到有效解决城市贫民住房、饮水、食品、卫生、防火、防洪、防暴力等方面的安全问题的途径和方法，从而使得这一群体仍然处于城市灾害的最高风险状态下。

发展中国家城市居民在住房方面的脆弱性表现为，在风暴、水灾和滑坡易发地，用易燃或劣质建设材料建房，且缺乏公共基础设施和服务。1976年危地马拉的地震之所以被称作“贫民地震”，是因为几乎所有地震受难者都住在深谷附近的贫民区。相比较而言，收入较高的人群的住区则能避开易发生崩塌的沟壑，或者易于发生季节性洪水的湿软地区及河岸地区。在发展中国家的都市，贫民窟的规模大约是规划城区成长速度的两倍。全球城市人口总数每12~15年增长一倍，贫民窟人口则每5~7年增长一倍。在发展中国家的城市中，每3个人中就有1人生活在贫民窟中。②

由于城市管理部门在规划中没有考虑这部分贫民窟，或者规划的设施远远落后于贫民窟的成长速度，因而贫民窟区域的水、电、卫生等基础设施欠账越来越多。再者，即使城市投资建设了基础设施，如防洪排水系统，但只保障了城市规划部分的安全，穷人大量涌入后不能选择居住在安全区域，而有可能住在城市的泄洪区域。在印度德里，就存在这种状况。由于居住在贫民窟中的人与社会的其他部分隔绝，无缘教育服务和正常的就业机会，赚取货币的手段和途径非常有限，因此就没有抵御灾害和进行灾后恢复的资金与能力。这样，城市贫民一方面容易受灾，另一方面受灾之后又没有自救能力，这就是他们的脆弱性所在。

在许多发展中国家，由于经济发展缓慢，贫困人口庞大，因而税收来源非常

---

① 《联合国人居署执行主任在77国集团加中国会议上的讲话》，联合国人居署网站，http://cn. unhabitat. org/list. asp? typeid = 6&catid = 7&start = 591&page = 57&AllContent = 1。

② http://www. ifrc. org/Docs/pubs/disasters/wdr2010/WDR2010 - English - 2. pdf.

有限。当地政府财力不足，市政管理者就无法向贫民窟居民提供公共服务和安全保障。例如，墨西哥的政府税收只占 GDP 的 11%，危地马拉为 12%，巴基斯坦只有 9%。[①] 这种情况导致了一种恶性循环：政府不提供服务－城市灾害频发－合法性受到民众质疑－民众不交税－政府不提供服务。

还有一些发展中国家在向民主体制过渡过程中，原有的垄断权力被削弱，精英集团由于经济政治改革中利益分配问题而彼此争斗，无暇顾及城市管理。进而导致城市暴力蔓延，恐怖主义、腐败贿赂盛行，法律法规失去公信力，政府提供公共产品的能力进一步降低。

（二）城市灾害管理：降低脆弱性

人类当今所面临的灾害是自身发展、自然灾害与环境恶化的联合体，因此要降低灾害风险，就需要有关国家和地方政府进行一定的社会、经济和生活方式的改革，比如发展方式、居住方式和分配方式的转变。从战略上来讲，则应从灾害发生后的应急响应模式向风险降低模式转变。

由于城市突发灾害的受灾人群是以贫困居民为主，因此减少灾害和降低风险就应该以贫民为出发点。国家和城市领导人防灾抗灾的政策措施是否有效，主要表现在贫民受灾害威胁的程度能否降低。这些努力包括制订合理的用地计划和住房标准，向弱势群体提供道路、电力、饮水、卫生、公共交通、通信、教育、健康服务和垃圾处理设施等。

在很多国家，贫民窟是城市化进程中的一个难以避免的现象。贫民窟居民在灾害面前的脆弱性主要是由于他们脆弱且恶劣的居住区域和环境所带来的，而且这两个问题是他们自己无法解决的。因此，城市的管理者有义务在城市土地规划和住房建设上制定合理的政策和采取积极的措施。

世界各国城市的贫民窟大都是从农村涌入城市的农民和没有住房的穷人通过非法占用公有土地或私人土地的方式逐渐建立和发展起来的。随着城市的发展，贫民和贫民窟的规模日益扩大。由于贫民聚集地区不在城市的住宅用地计划之内，因此没有基础设施，治安、卫生条件恶劣。不少国家曾经简单地用拆除贫民窟和驱逐贫民的方法进行治理，但被证明是无效和违反人权与法律精神的。所

① http：//www. ifrc. org/Docs/pubs/disasters/wdr2010/WDR2010 – English – 2. pdf.

以，给贫民窟以一定的法律地位和行政区划管理是进行改造、治理和减灾的第一步。

联合国经济、社会和文化权利委员会早在 1991 年就通过了关于“适足住房权”（The Right to Adequate Housing）的一般性意见。2000 年 4 月联合国人权委员会通过决议，设立适足住房权特别报告员。第一任特别报告员米隆·科塔里对适足住房权所下的定义是：“每一位男人、女人、年轻人和儿童获得并持续享有安全家庭和可以和平并有尊严地生活的权利。”科塔里的继任者罗尔尼克向人权理事会表示，决策者犯下的一个错误是将住房仅仅看做一种商品和投资资产。① 1997 年，联合国通过的关于强迫驱逐问题的第 7 号一般性意见中，强调国家有义务确保“驱逐不应使人变得无家可归，或在其他人权方面易受侵犯”。② 保障适足住房权，意味着认可在贫穷的社区里广泛存在的现有居住权形式并予以此种形式合法化。

现在，多数发展中国家已经或正在改变以强制拆除和驱逐的方法对待贫民窟。20 世纪 90 年代以来，巴西政府把贫民窟的治理与解决贫困和社会问题联系在一起，改变了过去所采取的取缔政策，对一些有条件的贫民窟进行了土地合法化行动。联合国人居署报告发现，当贫民窟居民对居住权更有信心时，在以社区为基础的贫民窟改造中，各种措施都会变得更加有效。如果对自己是否享有居住权没有信心，贫民窟居民就不大可能尽力改善自己的住房和居住条件。

城市贫困人口居住条件的改善是政府应该起主导作用的最重要城市减灾措施，包括改善贫民窟居民的房屋结构，建设卫生的给排水系统、垃圾回收和处理系统等，把贫民窟改造成拥有基本城市基础设施和生活设施的城市社区。联合国 1991 年通过的关于适足住房权的一般性意见指出，适足住房的标准决不只限于四面有墙壁和头上有屋顶，它必须至少要包括以下要素：使用权保障、力所能及、适于居住、住房机会、各种服务近便、能提供基础设施以及适当的文化环境。③ 迄今为止，一些国家的贫民窟改造计划取得了成效。比如在里约热内卢的贫民窟，绝大多数家庭用上了自来水，接上了国家电网。根据联合国人居署的报

① 《人权专家强调经济危机下“适足居住权”应该得到保障》，联合国网站，http：//www. un. org/chinese/News/fullstorynews. asp? NewsID = 11307。

② 《居住权》，联合国网站，http：//www. un. org/chinese/hr/issue/housing. htm。

③ http：//www. un. org/chinese/hr/issue/housing. htm.

告，由于中国和印度的努力，千年发展计划中的“贫民窟目标”（Slum Target）已经实现，2.27亿人的居住条件得到改善。①

过去20年中，联合国等政府间组织为解决贫民窟问题做出了不懈努力。与此同时，非政府组织在治理中也起了重要作用。例如，“贫民窟居民国际”（Slum Dwellers International，SDI）是一个由28个亚非拉国家城市贫民组织组成的国际联盟，主要目的是帮助受灾贫民社区设计经济适用的住房，收集资料数据以便当地政府做出救灾决策，协助贫民窟居民向政府申请用地，向政府和承包商提供贫民窟基础设施规划咨询等。该组织已经在印度、肯尼亚、马拉维等多个国家成功地帮助贫民从地方政府那里获得居住用地、经费补贴和基本服务，受益家庭超过15万个。② 该联盟的一个分支肯尼亚无家可归者协会就成功地为内罗毕的一些贫民聚居区制订社区改造计划和与政府谈判获取合法用地权利。SDI的另一个作用是引导外来资金和物资援助的使用方向和速度。外来援助在一个陌生的环境中经常需要通道和网络才能发挥作用，SDI恰好能够扮演这样的角色。

灾害发生后，对于灾后重建的贫民社区来说，一个十分棘手的问题是房屋、土地和财产的所有权和使用权。由于财产纠纷或所有者权力的主张，受灾地区贫民窟的居民乃至合法的房客都经常被要求离开原居住地。根据联合国2005年通过的难民和背井离乡者房屋和财产归还原则，自然灾害和冲突导致的难民在条件允许时，有权在重建后回到其原居住处。为解决这个问题，泰国政府社区组织发展局，将政府对贫民窟的基础设施投资、房屋改建贷款和给穷人的政府补贴通过社区居民融资组织投放给各个不同的改造项目，穷人可以用这些钱向房主购买土地，或长期租赁，或用政府提供的其他土地补偿房主的经济损失。

在减少城市暴力方面，除警察和司法系统的作用外，需要有效和全面的城市地方治理，包括完善社区组织、进行司法改革、提供教育和工作机会，进行反对有组织犯罪的国际合作，以及进行枪支控制等。其中，政府的政策措施与居民的参与和配合至关重要。这就需要官方与民间充分沟通取得市民的信任，明晰双方的权利义务。在哥伦比亚，市政府与市民社会组织合作向贫民窟提供公共交通、教育、住房乃至图书馆，大力培训警察，严格控制枪支和酒类。经

① http：//www.ifrc.org/Docs/pubs/disasters/wdr2010/WDR2010 – English – 2.pdf.

② http：//www.ifrc.org/Docs/pubs/disasters/wdr2010/WDR2010 – English – 2.pdf.

过一段时间，上述措施取得了效果。2008 年，巴西军警开入里约热内卢著名的圣塔玛塔贫民窟，清除了其中的贩毒组织，设立第一个“调解”警署（Pacifier Police Division）。市政府还投资修缮道路、粉刷房屋、设立医疗所等。采取上述措施后，案发率下降了 85%。2016 年夏季奥运会之前，巴西政府计划将这一做法推广到其他贫民窟。①

国际组织和各国非政府组织也为减少城市暴力做了大量工作。在塞拉利昂，国际红十字联合会的分支机构建立儿童康复中心，向饱受 11 年战乱的儿童兵提供心理治疗、文化教育和技能训练。在南非，“足球预防犯罪”项目对各种背景的青少年进行足球培训以使他们远离犯罪团伙。西班牙红十字会在中美洲 8 个不同国家设立各具特色的暴力防范项目，帮助问题少年。这些项目包括设立歌舞学校，培训手工制作方面的职业技能等。

总之，减少城市灾害的关键是降低贫困人口的脆弱性，而缩小城市居民的贫富差距，让城市贫民安居乐业就能降低他们的脆弱性，进而减少城市灾害。可见缩小差距和安居乐业是解决城市灾害问题的核心。但这个核心问题的解决是十分庞杂的系统工程，需要进行经济、政治、社会、环境的综合治理，并非城市减灾计划所能胜任的。

2010 年 10 月 4 日是联合国世界人居日，本年的世界人居日与上海世博会使用了同一个口号：“城市，让生活更美好”。联合国秘书长潘基文在人居日贺词中呼吁各国政府、民间社会和私营部门携手帮助居住在城市贫民窟中的近十亿人走向美好的城市生活。虽然千年减灾计划中的改善贫民窟条件指标已经实现，但得到改善人口赶不上贫民窟的新增人口。在全球气候变化、地壳活动频繁、环境污染加剧的当今世界，服务于贫困人口减灾防灾的任务严峻而又紧迫。

令人欣喜的是，许多国家在帮助城市贫民防灾减灾方面已经加快了行动。巴西政府已经推出“增长加速计划”，目标是将 1200 万人口的贫民窟转变为现代化的居民区。墨西哥政府正在一些贫民区启动特别职业培训项目，意在通过建立社区“社会科学论坛”，抗击贫困和暴力。委内瑞拉制订了涵盖扫除文盲、初等教育乃至高等教育的一系列社会计划。南非政府正在扩大公共工程项目，力图通过劳动密集型项目，创造上百万个短期就业机会。可见，2010 ~ 2011 年度联合

① http：//www. ifrc. org/Docs/pubs/disasters/wdr2010/WDR2010 - English - 2. pdf.

国城市减贫计划已经得到各国政府的响应和众多国际政府组织的配合，相信通过今后数年的协同努力，全球城市赤贫阶层的生存状况会得到不同程度的改观。

参考文献

International Federation of Red Cross and Red Crescent Societies: *World Disasters Report 2010: Focus on Urban Risk*, http://www.ifrc.org/Docs/pubs/disasters/wdr2010/WDR2010 - English - 2.pdf.

United Nations Population Fund: "Linking Population, Poverty and Development", http://www.unfpa.org/pds/urbanization.htm.

UN Department of Economic and Social Affairs, Population Division: "World Urbanization Prospects: the 2009 Revision." http://esa.un.org/unpd/wup/index.htm.

中华人民共和国国家统计局：《2009 年国民经济和社会发展统计公报》，2010。

http://www.stats.gov.cn/tjgb/ndtjgb/qgndtjgb/t20100225_ 402622945.htm.

王绍玉、冯百侠：《城市灾害管理》，化学工业出版社，2010。

刘承水：《城市灾害应急管理》，中国建筑工业出版社，2010。

谢耘耕：《突发事件报道》，上海交通大学出版社，2009。

陈安等：《现代应急管理：理论与方法》，科学出版社，2009。

姚国章：《日本灾害管理体系：研究与借鉴》，北京大学出版社，2009。

Sudden Disasters and Governance of Global Cities

Wang Mingming

Abstract: The accelerated urbanization in low- to mid-income nations has led city dwellers to face more risks of serious disasters due to population density, climate change, property gaps, and so forth. The casualties and relative property losses in the low- and mid-income countries far surpass those in high-income countries because the urban poor in the former are highly vulnerable and their capability of surviving disasters is much lower than that of those in high- and mid-income level countries. The living conditions and density of the impoverished populations living in slums cannot be protected from urban disasters. In order to reduce the impact of disasters on the poor in low- and midincome countries, the UN, concerned governments, and NGOs have noted that more than ten years will be required to achieve positive results in managing and renovating the slums and in providing experience for further action.

Key Words: Global Urbanization; Urban Risks; Urban Disasters; Risk Management; UN; NGO

Y.10
国际人口迁徙的现状与趋势：2009～2010

李小丽*

摘　要：全球范围内的金融危机，对国际迁徙人口的流动产生了重大的影响。国际移民连续多年持续增长的势头出现逆转。被迫迁徙人口居高不下。在就业、安全、福利、保持民族文化传统等社会压力下，发达国家排斥移民的情绪普遍抬头，移民融入遭遇文化、宗教瓶颈。一些国家的政府基于社会压力和政治动机转向右倾，进一步紧缩移民政策，出现了不利于国际迁徙的政治环境。

关键词：移民　难民　流离失所人口

在全球化进程不断扩大的大背景下，国际人口迁移出现了一些新的变化和发展。经济移民整体上升的趋势受到经济危机的影响，增长幅度受到抑制，部分国家有较大下降；家庭团聚等社会性移民门槛不断提高；自然环境剧烈变化形成的生态移民也在增加；战争等多种政治因素形成的难民人数居高不下，移民安置困难重重。作为经济和社会发展的标志性的现象，国际移民的流向及动态发展直接反映全球经济形势、各国政治和社会发展的状况，也是国际政治秩序和环境的重要体现。

一　全球人口迁徙的总体情况

进入21世纪之后，国际移民连续多年大幅度增长。根据国际移民组织提供

---

* 李小丽，中国社会科学院世界经济与政治研究所正处级调研员，近几年主要研究世界难民、移民问题。

的统计数据估算，经过10年的累计，全球国际移民人数由2000年的1.5亿人增长到目前的2.14亿人，约占全球人口的3.1%，平均每33个人中就有一个移民，其中，49%为女性移民。①

表1 全球移民人口及分布情况

单位：万人，%

地区	移民人数	人口比例	地区	移民人数	人口比例
欧洲	6980	9.8	拉美	750	1.3
亚洲	6130	1.5	澳洲	600	16.8
北美	5000	14.2	合计	21390	3.1
非洲	1930	1.9			

资料来源：国际移民组织②2010年。

欧洲目前是移民聚集最多的地区，总数已接近7000万人。随着欧盟经济政治一体化的发展，欧洲内部形成了世界上最大的自由迁徙区。2009年，欧盟增加的人口中，超过60%来自移民。

亚洲是世界上人口最多的地区，移民人口仅次于欧洲。亚洲经济的高速发展，带动了区域内部迁徙人口增加。特别是受到中国和印度两个人口大国移民迁徙的影响，亚洲不仅是全球短期劳务输出移民最大的来源地，同时也是区域内部移徙人员最多的地区。

美洲的移民人口已超过了5700万人，迁徙人口具有较强的“南北”特点。拉丁美洲和加勒比地区移居美国、加拿大及欧洲发达国家的人口越来越多，美国和加拿大持续保持着永久性移民主要接收国的地位，使得北美地区成为世界上移民主要的聚集区。美国的国际移民人口在2010年已达到4281.3万人，排名世界第一。

非洲移民主要在非洲国家区域流动，大部分受临时劳工的影响分布在南部非洲、西非的马格里布等地区。

澳洲是移民人口比例最高的地区，澳大利亚和新西兰是传统的移民两大目的

① 参见国际移民组织网站，http：//www. iom. int/jahia/Jahia/about - migration/facts - and - figures/lang/en。

② 参见国际移民组织网站，http：//www. iom. int/jahia/Jahia/regional - and - country - figures。

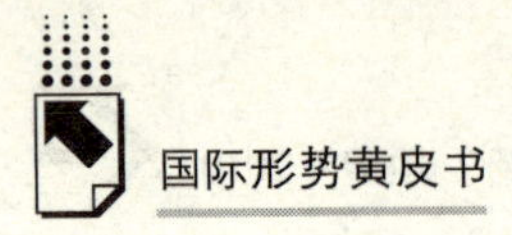

地国，受气候影响迁徙的首批生态国际移民也来自澳洲周边的小岛屿国家。

全球移民人口中，存在大量非法移民，几乎所有国家和地区都受到非法移民的影响。据国际移民组织估计，全球非法移民约占移民总数的10% ~15%。

（一）国际移民持续增长的势头出现逆转

自20世纪90年代开始，世界经济持续繁荣和国际政治格局的巨变带动了许多国家移民人口的强劲增长，全球移民每年平均以2%的速度持续增加，迁徙人口出现了总体不断走高的趋势。

2008年，美国金融危机引发的世界经济危机对国际迁徙人口产生了重大影响，在金融风暴与经济衰退冲击之下，全球发达国家的失业率节节上升，世界各国劳动就业率普遍大幅下滑，直接波及国际移民。特别是受到经济危机的挤压，区域产业结构被迫进行调整，促使国际劳动力人口重新布局，迁徙人口开始出现下降。

在有34个市场经济国家参加的经济合作组织内部，自2002年起，合法长期移民连续5年大幅增加，年均增长11%。2008年由于受到少数几个国家国际移民人口数量下降较多的影响，合法移民开始出现逆转下降的态势。与上一年相比，移民下降了6%。①

2009年，经济危机的范围和影响进一步扩大，世界范围内移民需求继续萎缩，抑制了许多人移民的意愿，多数国家的移民数量都有所减少，国际移民人口出现了持续走低的趋势。

欧美发达国家移民数量下降的趋势比较明显，在英国，波兰和捷克等欧盟新成员国的登记劳工数也比2008年同期锐减55%。

受失业率上升等因素的影响，美国对国际迁徙者的吸引力开始减弱。过去几十年一直保持移民递增势头的移民潮开始减退。进入美国的移民数量30多年来首次出现下滑。墨西哥移民是美国第一大移民群体，居移民人口的第一位。2009年第一季度，申请移民美国的墨西哥人只有13.7万人，比上一年度同期减少了13%。

澳大利亚在2008年底达到了近年来移民的最高峰，进入2009年之后，移民人数开始大幅下降。据澳大利亚统计局公布的数字，截至2010年6月，一年内

① 参见经合组织（OECD）网站，http://www.oecd.org/dataoecd/12/53/45612345.pdf。

在澳永久居留及长期居留的移民人数为23.27万人，比上年同期减少了31%，创下16年来长期移民人数减幅最大的纪录。新西兰移民申请量在2010年降到了历史最低水平，前6个月提出移民申请的人数均比前一年下降了30%，预计全年最终被批准的移民数远远低于新西兰移民计划设定的数额。

在亚洲，韩国、泰国和马来西亚等一些吸收移民较多的国家相继采取了限制移民的措施，停止或临时冻结了向外国劳工发放工作签证。

转趋严酷的移民生存环境使一些移民转向回国发展，国际移民组织已收到多个国家报告出现移民回流，其中包括西班牙、捷克共和国、阿拉伯联合酋长国和美国。印度尼西亚政府部门估计在马来西亚、韩国等地工作的移民回国人数超过6万，印度估计有上万名印度劳工被迫自迪拜回国，离开美国回国发展的墨西哥移民多达13.9万人，甚至超过了申请移民人数。

（二）被迫迁徙人口高居不下

全球范围内的国际迁徙者有相当一部分属于被迫迁徙，其中包括战争、冲突和种族、宗教迫害等原因造成的难民、流离失所者以及自然灾害产生的国际生态移民。由于被迫迁徙者大部分涉及复杂的政治因素和国家利益，移民安置极为困难，全球被迫迁徙的人口累积已达到相当的规模。2009年，仅在联合国管理和关注下的被迫迁徙人口就有4300万人，比上一年度增加了3.1%。①

1. 难民

难民是特殊的移民，国际社会对难民形成了特殊的保护体系。2009年，联合国难民署和近东救助工程局两大难民救助机构管理下的难民人口出现略微变化，近东救助工程处管理的巴勒斯坦难民由于自然出生率增长，难民人口有所增长。联合国难民署管理的难民则有少许下降，两家合计管理的难民共有1520万人，与上一年度持平。全球移民中，难民人口的比例由2000年的8.8%下降到2010年的7.6%。②

2009年因为政治原因迁徙进入44个工业化国家寻求庇护者有37.7万人，与

---

① 联合国难民署："Division of Programme Support and Management", *2009*：*Global Trends*, 15 June, 2010, UNHCR。

② 参见国际移民组织网站，http：//www.iom.int/jahia/Jahia/about－migration/facts－and－figures/lang/en。

2008年同期相比保持了相同数字。其中来自亚洲和中东的寻求庇护者大约有45%，非洲占29%，欧洲15.5%和美洲9%。

在44个工业化国家里，寻求庇护者申请人数增加的有19个国家，25个有所下降。欧洲南部国家的申请数量平均下降了33%，其中意大利和土耳其下降超过40%。在寻求庇护者中，阿富汗人有2.68万，比上年增加了45%；伊拉克人有2.4万；索马里人有2.26万，向下依次排列的国家为俄罗斯联邦、中国、塞尔维亚和尼日利亚。在美国提出寻求庇护的有13.49万人，连续4年排名第一；在法国提出庇护申请的有4.2万人，比上年增加了19%；加拿大位居第三，庇护申请量下降了10%，英国、德国位列第四、第五，在这5个国家寻求庇护的人数占到了总数的48%。

2. 流离失所人口

流离失所人口主要是指国内冲突和自然灾害等原因造成的被迫迁徙者。从严格的属性界定划分，流离失所者并不属于国际迁徙。但由于国内流离失所者的处境与难民十分相似，大部分人都生活在冲突和不稳定的环境下，缺失国家和政府的有效管理，联合国和国际社会从人道主义救助的角度出发，也将其列入国际难民机构关注的人口范围。

根据挪威流离失所监控中心（IDMC）统计，近年来该组织关注的流离失所人口一直处于增长的态势。截至2009年底，在全球54个国家中，由于武装冲突、暴力和侵犯人权等原因，被迫迁徙的流离失所人口达到了2710万人，比上一年度增加了28.6%。①

截至2009年，在非洲21个国家估计有1160万国内流离失所者，超过全球国内流离失所者总人数的40%，基本与上年度持平。苏丹仍是非洲国内流离失所现象最严重的国家，约有国内流离失所者490万；其次为刚果民主共和国190万；索马里150万。

流离失所人口增加的区域主要是美洲和南亚、西南亚地区。由于国内武装冲突和反恐战争，南亚、西南亚被迫离开家园的流离失所者达到了430万，增长23%。美洲地区国内流离失所者人数又有所增长，总人数估计已达500万人，增

① Internal Displacement Monitoring Centre Norwegian Refugee Council, *Internal Displacement Global Overview of Trends and Developments in 2009*, May 2010, p. 8.

长率为11%。哥伦比亚贩毒集团和团伙制造的暴力行动使不少当地居民跨越边界被迫到周边国家，影响到整个区域，哥伦比亚与苏丹已并列成为世界上流离失所问题最大、持续时间最长的国家。

欧洲和中亚地区大约有240万国内流离失所者，其中土耳其最多，约占40%，中东地区也有约380万国内流离失所者，2009年，以上两个地区流离失所人口分别出现了3%和4%的小幅下降。

（三）偷渡现象和非法移民有所减少

全球经济危机对国际移民的工作和环境产生了巨大的冲击和影响，欧美一些发达国家出于自身国家利益及政治的需要对移民采取了更为严格的限制措施，打击非法移民的手段也更为强硬。双重措施的共同作用对偷渡和非法移民的增加产生了一定的遏制作用。

在大多数经济发达或比较富裕的国家中，多数移民通常工作在建筑工地、旅店、餐饮业和制造业等周期性较强的行业。与当地人相比，其失业率在经济危机中增长得更快。由于经济低迷时更容易受到冲击，非法移民的生存则处于更为艰难的境地，这在一定程度上抑制了一些国家的偷渡现象的增加。

西班牙经济受到经济危机的影响很大，国内各个行业对劳动力的需求明显下降，非法移民生存十分困难，偷渡进入西班牙的非法移民也大幅减少。据西班牙内政部公布的数据，2009年前7个月，通过各种渠道偷渡到西班牙的非法移民人数总共有4457人，与上年同期相比下降超过40%。与移民偷渡人数最多的2006年相比，则减少了73%。在过去一些偷渡现象比较严重的地区，甚至创造了历史上十分罕见的连续数月没有偷渡报告的纪录。

美国一直以来都对世界各地的非法移民有着强大的吸引力，金融危机爆发之后，这种吸引力随之锐减。美国移民政策研究所发布的报告显示，自美国经济陷入衰退以来，境内的非法移民净流入已减缓近零，非法移民人口估计值一直保持在1200万左右。美国与墨西哥接壤的边境是非法移民进入美国最直接的通道，经济不景气和强化边境隔离带建设，使美国边境偷渡现象大幅度减少。据美国国土安全部提供的数据显示，2009财年，边境地区共查获46.3万偷渡者，比上年同期减少了13.1万多人，下降了17%。其中大约有97%的偷渡者是在美墨之间1952英里边境上截获的，而其他则几乎全部是在美国与加拿大的边境上截获的。

值得关注的是：世界各地大量存在的非法移民并未见到大批主动回流的现象。非法移民大多生存能力非凡，尽管处境艰难，一般很少选择主动回国。偷渡现象的减少和各国政府加强了驱逐遣返的力度是非法移民人数有所降低的主要原因。

二　国际移民环境的发展变化

美国金融危机引发的全球大范围经济衰退，不仅严重冲击世界各国的经济发展，而且也使国际移民环境产生了巨大的变化。一些国家的民众基于就业、安全、社会福利等因素的考量对外来移民的态度发生改变，政府出于政治动机和应对失业率上升等社会压力，在移民问题上转向右倾，出现了不利于移民的政治环境。

（一）欧美国家排外情绪重新抬头

经济危机使大多数输入移民较多的国家民间生活、就业压力增大，经济景气时淹没的排斥移民情绪在社会公众中有所抬头。美德马歇尔基金会（U.S. - German Marshall Fund）2009 年 11 月进行的一项调查显示，英国、法国、意大利、德国、波兰和荷兰的受访者中，至少有 80% 的人希望加强边境控制，另外至少 73% 的人希望对雇佣非法移民者采取更严厉的制裁。

欧盟地区是政治经济一体化较为发达的地区，区域内移民流动相对宽松。在经济危机环境下，多个国家内部都出现了不利于国际移民的声音。

德国外来移民的数量已经接近德国总人口的 9%，如何对待 700 万外来移民成为国内公众广泛讨论的话题。2010 年 4 月，德国具有政党背景的弗里德里希·艾伯特基金会组织的一次抽样调查显示：许多德国民众认为外来移民占用了原本属于他们自己的社会福利和就业机会，德国传统文化遭受外来文化影响的程度已经达到了“危险等级”，对待外来移民的态度开始转向狭隘的民族主义观点，有 1/3 的德国人希望定居德国的外国人回国。在德国政坛，一些德国政治家为了赢得更多选票，一味迎合排外情绪，公开表示反对外来移民似乎已经成为一种时尚。

意大利国内也存在严重的排外情绪。2010 年 2 月，意大利大区联合会应意

大利众议院的要求对2000名18～29岁的青年人进行了一项调查，报告显示：对外国人持明确开放态度的青年人占被调查对象的39.6%；有排外情绪的人占被调查者总数的46%，其中希望外国人尽可能离开意大利的为20%；不能容忍外来移民的占15.3%；只接受意大利人和欧洲人的占10.7%。意大利统计和公共舆论研究所（DOXA）以“意大利人的国际团结晴雨表”为内容进行调查，结果显示：83%的受访者认为意大利现有移民太多，国家经济和社会吸收能力无法再接受移民；2/3的意大利人对移民问题有所担心，认为移民对自身的安全和生活保障有影响；对移民持敌对态度的意大利人占25%。

美国等传统移民国家内部也出现了排斥移民的声浪。由于大量非法移民的子女通过出生原则获得美国国籍的越来越多，并数倍扩大亲情移民，越来越多的美国人担忧外来移民会挤压自己的生存空间，要求修改宪法出生地原则的呼声也在增长。2010年，得克萨斯州共和党籍州议员里奥·伯尔曼（State Rep. Leo Berman）向州议会提出一项议案，要求废除非法移民子女的出生公民权。2010年4月23日，美国亚利桑那州州长简·布雷维尔签署了SB1070法案，准许地方警察在没有搜捕令的情况下对怀疑为非法移民的人进行盘查和拘捕，规定雇用非法移民将受法律制裁，无法出示有效证件证明其合法身份将被视为犯罪。这一法案在全美社会引起墨西哥裔族群的愤怒和强烈抗议，谴责该法案种族歧视和侵犯人权。

加拿大政府也面临民间要求减少移民的政治压力。由前政府资深官员及顾问等政商名人发起组成的非政府政策研究机构——“移民政策改革中心”（Centre for Immigration Policy Reform），新近提出建议，加拿大人大批失业的情况下，引进移民填补劳动力需求不合时宜，要求降低每年25万名移民配额及17.5万名临时外籍劳工的额度，以避免出现像欧洲一样的移民对立情绪。全国民间平均数据显示，仅有16%的加人赞同增加合法移民，39%的人认为应保持不变，而38%则认为应该减少移民。

在澳大利亚，印度、中国等国家移民的大量涌入和本土人口出生率增长缓慢，加重了国内一直存在的“族群比例”担忧。澳大利亚Macroplan人口咨询公司根据调查的数据预测：基于现有的移民数量增长趋势，海外移民潮和澳大利亚人口老龄化的加速将使澳大利亚居民构成发生很大的变化，本土出生的澳洲人口将在15年内成为少数群体。

（二）发达国家进一步紧缩移民政策

在世界经济不景气的国际大环境下，西方发达国家对外国移民劳动力人口的需求受到很大影响，用于恢复经济发展建设的资金捉襟见肘，一些主要的西方发达国家为配合国内的经济调整政策，相继采取了提高技术移民门槛、增加投资移民名额等措施，利用自身的优势地位加强对移民的选择，吸引国际资金流入本国。

1. 提高移民门槛，抑制移民流入

近几年来，一些引入移民较多的发达国家陆续都采取了提高移民门槛、紧缩移民政策的措施。对技术和亲属移民进一步加大了控制力度，尤其是技术移民，申请周期越来越长，难度越来越大。

英国从2008年开始，针对非欧盟国家移民正式实施新的“记点积分”制度，并在当年调高了计分标准，限制非技术类人员进入英国。这一政策由于滞后效应并未立即产生效果，英国移民的人数还在惯性增加。据英国国家统计局公布的数据显示，2009年，进入英国的移民人数为19.6万人，其中因工作目的来英国的外籍人口有8.1万人，比前一年增加了3.3万人；获得英国国籍的移民总数增长了14.2万人，比2008年增加了12%。英国政府大力推动的留学产业，也造成数量可观的外籍人口滞留本土，2009年获得留学签证的外国人数量达到36.2万多人，比上一年增长了35%。2010年5月，英国保守党卡梅伦担任首相后，批评前工党政府的移民制度“大致上已失控”，已达“不可持续”的地步，承诺政府尽力推行移民新政，对欧盟以外国家的经济移民人数设定上限，改革留学生签证政策，大幅度削减移民人数。英国移民事务大臣格林指出，新政府需要“更精明地进行移民控制”，引进英国真正需要的人。

澳大利亚的移民计划历来以技术移民为核心，近几年也对移民政策进行了一系列调整。澳大利亚移民部从2007年9月1日起实行新的移民政策，实行工作签证，提高语言要求，突出技术工作经验。2010年2月，澳大利亚再次调整了技术移民政策，宣布由技术职业清单取代紧缺职业名单和关键职业清单，限制从事低技术含量工作的移民进入澳洲。澳政府移民部还将采取一系列措施，准备采用调整普通技术移民打分标准等办法，强化对移民的筛选。澳大利亚工党新政府上台之后，放弃了各届政府第二次世界大战以来坚持的以移民为导向的经济增长

战略，在移民问题上坚持“移民的速度需要和经济大环境相适应”，承诺通过削减移民实现澳大利亚可持续发展目标。

加拿大移民管理机构近年来逐渐收紧了技术移民的职业范围，提高了语言要求，减缓了技术移民的申请量。荷兰移民局从2008年开始有意识地提高移民的审核条件，提出了更详细的要求，封闭了通过比利时变相移民荷兰定居的渠道。

2. 运用经济杠杆，强化移民选择

纵观近几年移民输入国移民政策的变化情况，一个共同的特点是向投资移民倾斜，利用经济杠杆调控移民数量。2008年美国爆发金融危机之后，债务危机和资金链条断裂像瘟疫一样在世界各地蔓延，即使是一些发达国家，也遭遇到资金窘迫，银行信贷紧缩，开发建设项目因缺少贷款而被迫搁浅的境况，需要通过采取各种措施谋取发展和振兴经济必须的资金，海外投资成为最好的替代资金来源。吸引投资移民可以达到吸收外来资金和控制移民数量的双重效果，从而成为各国普遍看好的重要手段。

美国、加拿大、澳洲等传统的移民国家有着相对比较完善的移民政策，近些年都采取了增加移民名额、简化手续等办法吸引投资移民。

美国为吸收投资移民，近几年迅速扩大了投资区域，美国移民局批准的经济特区呈现爆炸式增长，并且还在继续增加。美国奥巴马政府宣布将2009年9月30日到期的投资移民经济特区项目延长3年，使美国能继续保持吸引投资移民的优势。据美国投资移民同业协会统计，全美获得认可的“投资地区中心”数量已从2006年的20多个增加到目前的近100个，吸引外国投资移民节节上升。据美国国务院发布的数据，2009财政年度，通过投资在美国获得永久居留权的移民签证从1443人骤增至4218人，比上一财年增长了近2倍。2010年2月，美国国会表态将全面放宽对投资移民的审批，进一步促进了投资移民美国继续升温，2010年有可能成为投资移民的“美国年”。

加拿大政府在全球经济衰退的情况下，对移民政策有针对性地进行了调整。2008年技术移民的职业类别大幅减少到38类，2010年进一步紧缩了技术移民配额，针对不同国家加快调整了投资移民审批的速度。为了吸引中国的投资移民，大幅增加了中国投资移民的名额。2009年加拿大投资移民控制名额总共为2055个，中国香港和北京共获得1080个名额，如果加上中国台湾地区的名额，分配给中国投资移民的名额大大超过了50%。同时，审批时间也从51个月加快到30

个月。

在移民问题上一贯保守谨慎的英、德、法等欧洲国家也开始越来越重视外来投资移民。英国为拯救不断下滑的经济，采取了紧缩移民政策等一系列措施。2009年颁布临时措施划定来自非欧盟国家的移民人数上限，开始修订《英国边境、移民和公民法》，力图通过颁布新的法律收紧高技术移民，相对保持投资移民政策稳定，希望通过投资移民创造新的就业机会，带动经济的发展。

亚太一些移民国家也先后调整了投资移民政策。新西兰政府继2009年7月降低投资移民要求之后，于11月又正式实施了新的创业移民政策，申请人只需投资50万新西兰币在当地创立或经营生意，就可获得永久居民身份。澳大利亚则在2010年4月开始实施投资移民新政策，提高了申请人投资比例要求。新加坡近年来成为移民的热门国家，投资移民的门槛水涨船高。据新加坡经济发展局公布的新标准，从2011年1月1日起，新加坡投资移民的金额将由原先的150万新加坡元提高到250万新加坡元，从经济条件上限制移民的大量涌入。

受到国外优厚条件的吸引，近期中国投资移民出现明显的增长趋势。美国自2006年初正式对中国开放投资移民以来，申请人每年都在增加，近年则以翻倍速度在增长。据美国国务院最新披露的资料显示：2009财政年度投资50万美元以上获得绿卡的“投资移民”达到了4218人，比上一财政年度（1443人）增加了近2倍，其中7成左右来自中国、韩国等亚洲国家和地区。中国投资移民的人数增长最多，人数多达1979人，约占当年投资总数的46.9%，移民超过第二位韩国人数的2倍。① 加拿大宽松的投资移民政策吸引了大量中国投资移民。从2009年底开始，中国申请加拿大投资移民的人数大幅上升，比上年同期增加了1倍。由于涌向加拿大的投资移民增幅太快，加拿大联邦政府移民部于2010年6月25日将投资移民金额和申请人资产要求分别增加1倍，以抑制增长过快的投资移民潮。

3. 利用有利时机，加强打击非法移民

美国金融危机引起全球性经济衰退，但在政治上为一些国家打击非法移民创造了更为有利的环境。不少国家政府以顺应民意为理由，采取驱逐遣返、重金罚

---

① 参见中国日报网站，http：//www. chinadaily. com. cn/hqcj/zgjj/2010 - 07 - 05/content_ 536180. html。

款等措施，加大了对非法移民的打击力度。

美国奥巴马政府为了政治上获得共和党对广泛移民改革法的支持和政府重建移民执法制度的威信，在国内大张旗鼓地打击非法移民，重点查处涉嫌聘用非法劳工的企业、偷渡犯罪团伙，加速遣返触犯法律的非法移民。2009 财年遣返非法移民数量创下了历史最高纪录，全年遣返非法移民 39.2 万人，其中有犯罪记录的只有 19.5 万人。

比利时是西欧国家移民政策最为宽松的国家，在 2008 年底圣诞节前夕也开始大规模清理非法移民。在中餐馆清查华人身份，甚至在华人聚集区设置路障检查身份证以及快速遣送。

西班牙由于对待非法移民的宽厚态度曾经被称为移民的天堂，随着西班牙经济的恶化，国内失业人口在 2010 年 3 月初达到了 417 万人，失业率为 19%。就业矛盾使民间和政府对待移民的态度发生了很大转变，对非法移民也由容忍接纳转变为严厉打击。政府宣布对非法移民不再实行大赦，大幅提高入籍门槛，并制定出台了新移民法，对家庭团聚移民提出了近乎苛刻的要求。与此同时，警察等执法机构加强了对移民身份的检查，政府对雇佣黑工的罚金调高了 1 倍，延长非法移民的拘押期。非法移民的生存越发艰难。

欧盟在西班牙担任欧盟轮值主席国期间策划了代号为 Hermes 的打击非法移民的联合行动。2010 年 10 月，行动开始落实，欧盟各成员国统一在汽车站、地铁站、火车站等非法移民出没频繁的地区展开大规模清查拦截，考察欧盟各国在打击非法移民行动中互相配合的能力。

英国为了能够增加本地劳工的就业机会，在逐步收紧移民政策的同时也加大了非法劳工市场的整治力度。从事餐饮、农耕等低技术含量工作的非法移民获得合法身份越来越难。政府还加大力度查处雇佣非法移民的雇主，罚金从 5000 提高到 1 万英镑，二次重犯则被拘留并吊销营业执照。非法移民就业已非常困难，其生存空间越来越小，偷渡赴英的吸引力已大大下降。

周边国家加强打击非法移民使加拿大面临的移民压力大幅上升，加拿大已着手制定新的移民法案，应对非法移民和偷渡者增加的趋势。公共安全部长维克多·陶斯和公民、移民及多元文化部长杰森·肯尼在立法说明会上共同表示，加拿大政府将通过立法严厉打击滥用加拿大移民制度贩卖移民的犯罪行为，确保加拿大的安全及移民制度的完整和公平。

发达国家苛刻的高移民门槛在一定程度上达到了抑制移民潮的效果，但同时也有可能导致更大范围的非法移民泛滥风险，增加控制移民的困难。

（三）就业率差距显著扩大，移民陷入生存窘境

全球经济衰退使吸纳移民人数较多的建筑、制造、餐饮服务等行业急剧萎缩，世界各国的移民都或多或少感受到了失业潮的冲击，大多数国家的移民与本地人的就业率差距显著扩大。

据经合组织统计，其成员国移民青年的失业率很高，2009 年，美国为15%，加拿大为20%，欧盟 15 国平均高达 24%。[①]

在加拿大，移民经常面临找不到工作的窘境，即使有专业技能的技术移民，找到专业对口的工作也比较困难。对移民的隐性歧视进一步扩大了失业率。2009年加拿大多伦多市落地 5～10 年的新移民失业率达到 15.1%；15～24 岁的年轻新移民失业率则达到了 30.2%。

芬兰移民失业现象十分严重。2010 年 5 月，芬兰人的失业率约为 8.7%，而 14.3 万外国移民的失业率大大高于本土公民。以难民身份从阿富汗、伊拉克和索马里来到芬兰的移民中，阿、伊移民失业率高达 61%，索马里移民失业率为 55%，人数最多的俄罗斯移民失业率也达到 28%。

移民在奥地利更容易成为劳动力市场不景气的牺牲品。奥地利联邦统计局的报告显示，2009 年，生活在奥地利的外国人年均失业率达 10.2%，而奥地利本国人的年均失业率只有 4.1%。有移民背景的奥地利公民，2009 年的失业率也达 10.1%，明显高于“纯粹”奥地利人 3.6% 的失业率。

葡萄牙境内失业的外国移民人口总数还在不断地增加，截止到 2010 年 2 月，在葡萄牙职业介绍中心登记失业的外国移民共有 4.24 万人，比上年同期增加了 34%。

隐性歧视也增加了移民就业的困难。加拿大卑诗大学（UBC）2009 年 5 月在加拿大族裔成分最多元的城市多伦多进行了一项调查，结果显示：在履历其他条件相仿前提下，本地英裔民众获得面试的几率为 16%，其他族裔新移民则为 5%。由于雇主担心族裔文化背景差异造成工作上出现问题，即使是第二、第三

---

① 参见经合组织（OECD）网站，http://www.oecd.org/dataoecd/12/53/45612345.pdf。

代移民，英裔也比华裔、印裔、巴基斯坦裔等非英裔加拿大人获得面试的机会多出40%。

在爱尔兰，政府公平署委托进行的一项研究表明：爱尔兰带有外籍姓名的求职者，得到面试机会的几率不及有典型爱尔兰姓名求职者的一半。会计和零售业对非裔、亚裔以及德国裔都存在歧视现象。芬兰雇主通常以芬兰语语言能力欠缺为由拒绝外国移民求职者。

移民能否迅速就业是决定其能否长期融入当地社会的关键因素之一。高失业率使大批移民徘徊于劳动市场之外，极易产生挫败感而产生对社会不满的“疤痕效应”。

三　国际人口迁徙导致的矛盾与问题

国际移民具有很强的民族、宗教、文化和社会属性，移民融入更是一个长期碰撞磨合的复杂过程。大批移民的流入，在经济上弥补了劳动力短缺，推动了社会发展。但另一方面也会引起国家人口构成的改变，在政治上更对国家观念的认同、民族国家的合法性和社会稳定产生潜移默化的影响。世界性的经济危机使发达国家一些行业对移民的依赖性与本国失业问题的结构性矛盾更加尖锐化，受政治力的影响，移民群体与主流社会的“冲突”出现了增多的趋势。

（一）法国驱逐罗姆人引发政治风波

2010年，在国际移民事件中，反响最大的是法国驱逐东欧国家的罗姆人。法国国内的国际移民总量已达到668.5万人，移民已经成为法国公众关注的一大社会问题。法国总统萨科齐上台之后，积极推动欧盟紧缩一体化的移民政策，对待国内移民坚持一贯的强硬政策，在经济危机大潮冲击下，民众对待移民的心态出现倾斜，国内移民问题产生的社会、政治矛盾越发突出，反移民的情绪空前高涨，政府借助民意在2009年先后驱逐了2.9万名非法移民。2010年7月，法国西北部城市圣艾尼昂发生罗姆人涉嫌盗窃拒捕被宪兵击毙事件，随后引发罗姆人包围宪兵队，焚毁汽车和法国国旗，破坏商铺和公共设施的骚乱。法国政府为强化国内治安，从2010年8月始，针对非法居留和刑事犯罪移民推出了一系列强

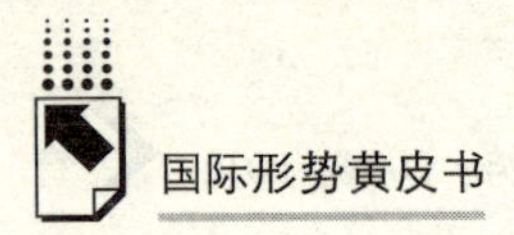

硬措施，主要包括在年内取缔境内半数非法罗姆人的居住地；第一时间遣返非法居留并触犯法律的罗姆人；取消有严重犯罪记录入籍移民的法国国籍。这些措施实施后，已先后有1000多名罗姆人被遣送回罗马尼亚及保加利亚，拆除了100多个非法营地。

法国政府集中遣返罗姆人的行动在国际社会引起了大范围非议。总统萨科齐和一些内政部长被指推行种族歧视政策，外长贝尔纳·库什内甚至考虑辞职。联合国消除种族歧视委员会专家也对遣返行动提出质疑，要求法国解释。欧盟委员会提醒法国应遵守欧盟境内人员自由往来原则，罗马教皇出面要求法国人“接受罗姆人”。法国境内上百个非政府组织动员了7万人上街反对“歧视罗姆人”政策，欧洲多国还爆发“反法示威”，法国驻罗马尼亚使馆还遭受到长时间“围困”抗议。

面对国际社会的政治压力，法国政府始终保持了强硬态度。内政部长奥特弗（Brice Hortefeux）强硬表示，政府的行为符合法国民意，法国将继续驱送非法滞留的罗姆人自愿离境。2010年10月12日，法国议会以294:239票通过了一项剥夺外国出生移民罪犯法国国籍的法案，移民部长贝森（Eric Besson）认为这是欧洲移民政策前进的一大步。

法国驱逐罗姆人的行动，其基本动机是加强对移民的管理，通过严格的移民政策和管理，整顿社会秩序，维护社会的安全稳定，最大限度地发挥移民对经济发展所起的作用，但从另一个侧面真实地反映出移民在法国社会和经济中被边缘化的事实。2005年以来，法国已多次爆发移民背景的骚乱，在宗教、文化、国家认同等多个层面形成了“移民冲突”，移民越来越多地被视为社会问题的根源。尽管对国家稳定和社会治安产生的干扰强度不大，但潜移默化的对立对政府和社会都无异于引发冲突的“定时炸弹”。此外，法国在欧盟自由迁徙区内部驱逐罗姆人，对欧盟的政治原则构成了巨大挑战，法国在欧盟的政治形象也受到波及。

（二）德国移民融入失败凸显社会难题

移民融入在世界各国都是一个十分敏感和难以彻底解决的大问题，在全球经济危机的冲击下，移民与主流社会存在的认同差距和不和谐问题开始在一些发达国家集中爆发，移民融入已经成为社会公众广泛关注的焦点。

德国在20世纪60年代中期西德经济起飞时就引入了大量的移民，经过多年的积淀，境内移民和具有移民背景的人口增长很快。根据德国联邦统计局公布的数据，2009年德国人口比上一年度下降了23.5万人，总人口为8190万人，其中1570多万人具有移民背景，接近德国人口的1/5。① 德国接纳国际迁徙者的门槛相对较低，长期以来对移民融入的难度认识不足，国家缺乏主导的移民融合政策，由此积累产生了不少社会问题，移民与主流社会存在一条无形的认同鸿沟，有10%～15%的移民拒绝融入德国社会。② 德国进行的调查数据显示，具有移民背景的公民普遍受教育程度和职业培训程度低，大约14%的移民没有义务教育毕业证明，而非移民所占的比例甚至还不到2%，近44%的移民没有取得职业资格。柏林自由大学的教育家格尔德·霍夫（Gerd Hoff）认为，移民教育缺失"增加了社会不稳定性，对社会的民主造成威胁"。

土耳其移民是德国第一大移民群体，长期以来为德国社会和经济发展提供了大量的低端劳动力，由于伊斯兰宗教背景因素的影响，德国社会一直未能完全接纳土耳其移民。2010年8月，德意志联邦银行董事萨拉辛出书贬低穆斯林移民，在德国上下引起巨大反响，相关言论受到包括德国总理在内的各界猛烈抨击。国内民意调查显示，只有35%的人不太同意萨拉辛的理论，支持的人有30%。56%的接受调查者把移民未能融入社会归咎于移民，只有11%归咎于政府。③ 这一事件在一定程度上加剧了穆斯林移民的情绪对立，撕裂了脆弱的相互关系，严重削弱其对国家的认同感。德国总理默克尔承认近年来试图建立文化多元化社会的努力已经"彻底失败"，社会增加了政治动荡的风险，对今后经济的发展也会产生不利的影响。

（三）美国亚裔移民难入主流社会

美国是传统的移民国家，对移民采取多元化融入方式，曾经被称为民族的大熔炉。但实现完全的移民融合也是一项艰巨的挑战。在200多年的历史中，亚洲各国移民在美国的人数达到了1550万。依地理依据，美国形成了"亚裔美国

① 参见德国联邦统计局网站，http：//www.destatis.de/jetspeed/portal/cms/Sites/destatis/Internet/DE/Navigation/Statistiken/Bevoelkerung/MigrationIntegration/MigrationIntegration.psml。

② 参见http：//www.oushinet.com/179－2605－93655.xhtml。

③ 参见http：//www.zaobao.com/special/feature/pages/feature100905.shtml。

人”的概念。近年来，亚裔移民勤奋工作，被称为“模范少数族裔”，在美国公众心目中的好感度有所上升，奥巴马政府中多名亚裔部长也在一定程度上提升了亚裔的社会知名度。但美国社会肯定亚裔作出贡献的同时，对亚裔的隐性歧视和政治信任度依然存在差距。

亚裔人口依职业划分存在明显的两极分化现象，在亚裔人口较为集中的纽约，亚裔就业率高于平均水平，但有41%为低收入者，近20%亚裔人口生活在贫困线以下。在经济危机中，加利福尼亚州亚裔人口的平均待业时间长达27周，拉丁裔与白人的待业时间分别只有亚裔的40%与42%。

亚裔移民与美国主流社会仍存在心理距离，2010年1月，华裔移民组织百人会委托哈里斯互动公司进行的民调显示：美国公众对亚裔的忠诚度心存怀疑，45%的人认为亚裔移民会更效忠于祖籍国。近6成华裔移民认为自己遭受过族裔歧视，多数华裔移民认为，亚裔移民与阿拉伯裔移民一样，容易被怀疑从事间谍工作。至少28%的受访者表示很少或从未与亚裔移民接触。亚裔政治影响力远远低于其他族裔，82%的华裔认为亚裔在华盛顿权力太小。

东西方文化的差异也在一定程度上影响到亚裔移民融入美国社会。纽约曼哈顿研究所发布的杜克大学教授维克多的报告显示，受到文化融入指数排位的影响，中国内地移民融入美国社会的综合指数在美国十大主要移民群体中排名第七，在全球排名中处于下游。

四　趋势与展望

国际人口迁徙，有着政治、经济和社会等多种复杂原因，其中主动迁徙的原因主要是经济、社会原因。被动迁徙则以政治和自然原因为多。全球出现移民人口下降，主要是世界大范围经济危机产生的直接后果。随着世界经济的复苏，这一趋势可能会发生变化。

在国际移民人数较多的发达国家，人口就业结构、出生率等社会基本环境没有发生根本的改变，需要移民补充缺失劳动力的刚性社会需求也未发生大的变化，经济危机对劳动力移民的抑制只是暂时性的。目前，世界经济已经开始进入复苏阶段，对移民需求大的国家，经济发展多数逐渐走出低谷。对移民劳动力的需求也在趋向恢复增长。

德国经济2010年发展良好，出现持续复苏势头，预计全年GDP将会取得3.5%的增长，2011年将会继续保持2%的增长率。[①] 近年来由于德国移居国外的人口超过同期进入德国的外国移民，劳动力人口自然增长又无法满足社会需求，德国劳动力市场中工程师、技工和信息技术等类型的技术人才已严重不足，引入移民是唯一填补人手不足的有效方法。

澳大利亚是金融危机之后为数不多的幸免于严重衰退的发达国家之一，其经济增长已基本回到平均速率，就业率也已接近充分水平，增加移民数量是维持足够的劳动力和避免未来经济发展受到限制的一个必要条件。

加拿大经济在2009年就显露出持续全面复苏的势头，经济的恢复将逐步扩大对移民的需求。政府为推进经济的发展，承诺将保持移民的数量，以满足加拿大短期、中期和长期的经济发展需要，弥补人口老化和低出生率所导致的劳动力不足。

俄罗斯人口持续负增长增加了对外国移民的需求，远东阿穆尔州对外经济联络、劳动和消费市场部代表透露，该州从事木材加工、建筑、贸易和农业生产的用人单位2010年提交的劳动移民申请额为3.95万人，比2009年该地区所给的名额多出一倍多。

发达国家人口持续老龄化与人口出生率不断降低导致维持社会发展和福利水平需要引进大量的移民，预计2011年全球移民数量将会与世界经济发展保持同步回升的发展态势。

中国自实行改革开放政策后，大批人口开始走出国门，在20世纪70年代末和90年代初曾经出现过两次向外移民高峰。近年来，经济多年高速发展使中国社会财富快速增加，2009年对世界经济增长的贡献率达到了50%。[②] 教育的普及和社会的开放极大地拓宽了国民的眼界，提高了基础素质，国民主体价值观念出现了多元化改变。对财富、生活品质以及实现自身价值的追求促生了国内各层民众走出国门的梦想，向外移民势头更趋热络。财富资本向外扩张的需求也带动中国移民流向海外。在全球移民出现回潮的大背景下，中国国际移民不仅没有大幅下降，反而有不断增加的趋势。

中国国际迁徙人口逆势增加，是在中国经济高速发展的大背景下出现的，直

---

① http：//finance. jrj. com. cn/2010/10/1821178358456. shtml.

② 参见中国政府网站，http：//www. gov. cn/ldhd/2010－10/10/content_ 1718832. htm。

接反映出中国经济的活力。而随着中国社会生活和福利水平的提高，中国对外国移民的吸引力也会水涨船高，中国的大城市已出现外国人口聚集区和国际移民“三非”① 问题。强化移民管理，防范国际迁徙带来的政治风险也在迅速成为政府需要面对的重要课题。

发达国家出于国家利益坚持高门槛的移民政策，对今后国际移民的流向有着很大的导向作用。一方面高门槛在一定程度上使人口迁徙的自由度向高素质的技能人才倾斜，高端人才可以比较容易地进入发达国家，进一步加剧了国际人才竞争。另一方面高门槛政策人为地限制了普通劳动力的流动，为偷渡等违法行为创造了社会环境，增加了非法移民扩大化的危险以及国家管理移民的难度。目前随着各国不断紧缩移民政策，国际移民人口“两极分化”的现象越来越严重。发达国家利用现有的经济收益水平、社会福利待遇和环境资源条件等优势吸引全球移民精英，使发展中国家在人才竞争上处于十分不利的地位。

经历经济危机之后，国际社会对移民在经济发展中的作用以及在政治上带来的影响有了深刻理解。越来越多的国家认识到：国际移徙问题并不是孤立的，在区域和国家范围内加强移民管理、发展全面合作是规范和解决人口迁徙乱象的有效手段。国际社会需要建立统一的、更具约束力、更加完善的解决移民问题的国际合作框架。

参考文献

Internal Displacement Monitoring Centre Norwegian Refugee Council, *Internal Displacement Global Overview of Trends and Developments in 2009*, May 2010.

Statistiken/Bevoelkerung/MigrationIntegration/MigrationIntegration. psml.

国际移民组织网站，http：//www. iom. int/jahia/Jahia/lang/en/pid/1。

经合组织（OECD）网站，http：//www. oecd. org/dataoecd/12/53/45612345. pdf。

联合国难民署：Division of Programme Support and Management, *2009*：*Global Trends*, 15 June, 2010, UNHCR。

德国联邦统计局网站，http：//www. destatis. de/jetspeed/portal/cms/Sites/destatis/Internet/DE/Navigation/。

① 三非系指：非法入境、非法滞留、非法就业。

The Situation and Changes in International Migration：2009－2010

Li Xiaoli

Abstract：The global financial crisis has had a significant impact on the flow of international migration. The momentum of sustained growth in international migration was reversed this year. However, the number of forced migrations remains very high. Against the backdrop of great social pressures, such as employment, security, welfare, as well as great pressures to maintain their national cultures and traditions, the exclusion of immigrants is generally increasing in the developed countries. The integration of immigrants is facing a bottleneck due to both culture and religion. Some governments have turned to the right and further tightened immigration policies due to both social pressures and political motives. Thus, the political situation for international migration is becoming worse.

Key Words：Immigrants；Refugees；Homeless People

Y.11

欧洲主权债务危机与国际关系

郎　平*

摘　要： 2010 年，欧盟经历了史上最严重的危机。从希腊开始，欧洲主权债务危机在欧洲迅速蔓延，西班牙、葡萄牙等多个国家深陷其中，欧元濒临崩溃的边缘。在经历了数月的犹疑之后，欧盟诸国推出了救援+紧缩的两手对策。德国的立场成为欧盟决策的关键。随着危机的日趋缓和，欧洲经济似乎已经挺过了最艰难的时刻，但它对欧洲政治经济一体化和国际政治经济格局的影响却值得我们继续关注。

关键词： 主权债危机　希腊　欧盟　一体化

俗语说得好："患难见真情"。一场源于希腊的欧洲主权债务危机从发端到蔓延、升级，再到缓和，可谓过程跌宕起伏，但"真情"如何？在国际关系层面，欧洲主权债务危机成为一个表现各方利益冲突的舞台。对欧盟而言，这场危机是欧元区成立以来所经历的最大的考验，不仅是经济上的，更是政治上的。从他们在危机中的表现不难看出，欧洲一体化的未来最终取决于欧元区各国的政治意愿和决心。欧债危机在经济层面上看或许已经开始缓和，但在政治领域，它的影响更加深远。能否经受此次考验不仅影响到欧洲国家的社会和政治稳定，更决定着欧洲的未来，并可能改变未来的国际政治经济格局。

一　欧洲主权债务危机的演进及根源

欧洲主权债务危机滥觞于希腊。2009 年 11 月，希腊新政府宣布，上届政府

* 郎平，中国社会科学院世界经济与政治研究所副研究员，研究领域：国际政治经济学、当代全球问题。

掩盖了政府赤字与政府债务的真实水平，2009 年希腊修正后的财政赤字是 GDP 的12.7%，而非此前公布的6%，于是市场出现恐慌。12 月 8 日，惠誉国际信用评级公司率先把希腊主权信用评级由“A -”降为“BBB +”，使希腊成为主权信用评级最低的欧元区国家。这是希腊主权信用级别 10 年来首次跌落到 A 级以下。12 月 15 日，希腊政府发售了 20 亿欧元的国债。16 日和 22 日，全球另外两大评级公司标准普尔和穆迪也下调了希腊的主权信用评级。受此影响，希腊两年期国债收益率升至 3. 39%，创当年 3 月以来的最高水平。[①] 不过，此时金融界普遍认为，希腊是个 GDP 仅占欧盟总量 2. 6% 的小国，其债务危机尚不足以掀起大浪。

然而，进入 2010 年，事态急剧恶化。年初，希腊政府宣布 2009 年最终财政赤字达到 GDP 的 13. 6%，年底政府债务未清偿余额与 GDP 之比达到 115. 1%，在 2010 年底可能突破 120%。由于担心希腊政府对总额为 3000 亿 ~4000 亿美元的国债违约，投资者开始大规模抛售希腊国债。此时，希腊政府几乎面临绝境，一方面难以从市场融资，另一方面也难以通过发行新债偿还旧债。4 月 23 日，希腊政府正式向欧盟与 IMF 求援，表示如果不能在 5 月 19 日之前获得援助，希腊政府就不能为即将到期的 113 亿美元国债再融资。4 月 27 日，标准普尔率先将希腊主权信用评级下调至垃圾级，希腊债务危机全面爆发。

随着希腊国债收益率跃升到新的高点，其他“欧猪”四国[②]葡萄牙、意大利、爱尔兰和西班牙债券均不同程度地遭受了信用危机。事实表明，投资者对主权债务的担忧可以从一个欧元区国家传导至另一个欧元区国家。2010 年 1 月 11 日，穆迪警告说，由于葡萄牙提高了用于偿还债务的财富比重，且投资者持有两国国债所要求获得的收益率差距也有所上升，葡萄牙经济很可能会和希腊一样“慢性死亡”。葡萄牙若不采取有效措施控制赤字，将调降该国债务信用评级。[③] 4 月 27 日，标准普尔下调了葡萄牙的主权债务评级，这导致投资者担心葡萄牙会很快步希腊之后尘。

严酷的现实使得欧盟决策层担忧危机会向更大经济体扩散，特别是西班牙。

---

① 国债收益率越高，说明发债国为借债需支付的利息越高，也就是说发债国的信用越差。

② 葡萄牙、爱尔兰、意大利、希腊和西班牙被戏称为“欧猪五国”（PIIGS）。

③ 《穆迪：葡萄牙和希腊经济或慢性死亡》，新浪财经，2010 年 1 月 13 日，http：//finance. sina. com. cn/stock/usstock/economics/20100113/23247239690. shtml。

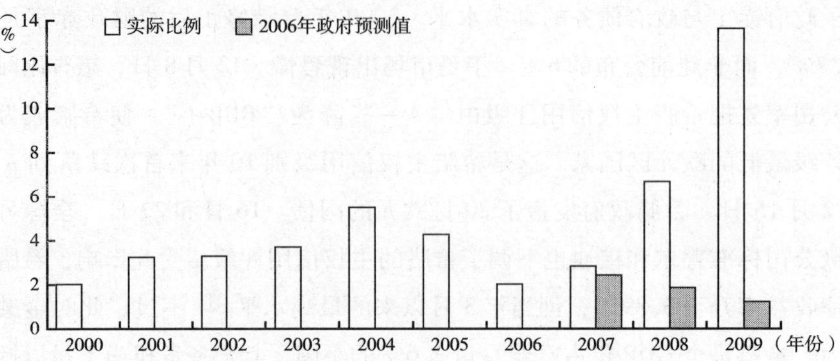

图1　2000～2009年希腊财政赤字占GDP比重

资料来源：实际值来自IMF，IFS，2010。预测值来自：NATIONAL STRATEGIC REFERENCE FRAMEWORK：2007 - 2013，Ministry of Economy and Finance，ATHENS，OCTOBER 2006，Page 11，TABLE 1 - Forecasts / projections of macroeconomic figures for 2007－2013。

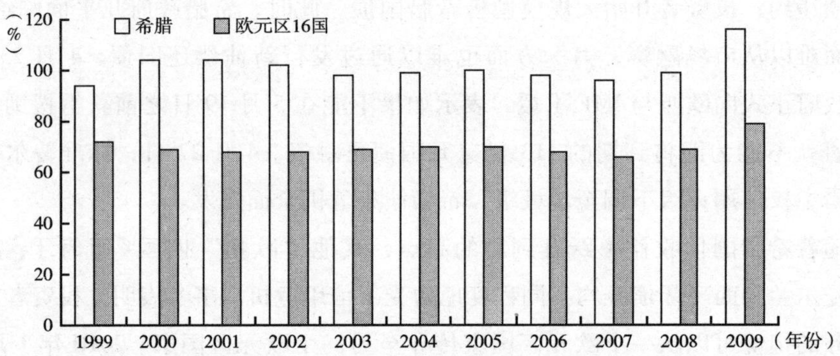

图2　1999～2009年希腊政府债务占GDP比重

资料来源：EUROSTAT。

2月4日，西班牙财政部表示，西班牙2010年公共预算赤字可能占GDP的9.8%，成为2009年欧元区财政赤字第三高的国家，仅次于希腊和爱尔兰。[①] 2月5日，由于市场担忧情绪蔓延，西班牙股市当天下跌6%，创15个月以来最大跌幅。4月28日，标准普尔下调了西班牙的主权债务评级。5月29日，惠誉也下调了西班牙主权债务评级。由于西班牙与希腊和葡萄牙等小国不同，有4600万人

① 《西班牙今年财政赤字占GDP9.8%，恐沦为希腊第二》，中新网2月4日电。

口，是欧元区的第四大经济体，因此一旦卷入债务危机，欧盟必然遭受沉重一击。

在爱尔兰，金融形势也令人担忧。2009 年爱尔兰财政赤字占 GDP 的 12%，在欧元区国家中仅次于希腊。在希腊债务危机爆发之前，爱尔兰就已经遭遇了债务危机。由于政府出台了一系列措施，爱尔兰似乎挺过了最艰难的时刻，但事实远没有这么乐观。2010 年 8 月，标准普尔调低了爱尔兰的债务信用评级。9 月，爱尔兰政府表示将对其几大银行中实力最弱的一个进行拆分，以防储户挤兑。在这一过程中，爱尔兰的经济及政府财政又面临着新的威胁。①

此外，即使是比利时这个被认为经济发展稳健的国家，也预报未来 3 年预算赤字居高不下。一时间，处于债务危机阴影下国家的 GDP 占到欧元区 GDP 的 37% 左右，希腊已不再是危机的主角，希腊债务危机演变成欧洲债务危机。

即使是德国和法国这两个欧元区的领头羊，也感受到了危机的压力。2010 年 2 月 4 日，德国预计 2010 年预算赤字占 GDP 的 5.5%。8 月 24 日，德国联邦统计局的数字显示，德国 2010 年上半年的预算赤字倍增至 428 亿欧元，占 GDP 的 3.5%，比年初的预计有所减少，但仍大大超出了《稳定与增长公约》中规定的 3% 的红线。此前一直坚称“没有主权信用被下调风险”的法国，也突然改变了往日的“自信”。5 月 30 日，法国预算部长弗朗索瓦·巴鲁安表示，如果法国不执行切实的经济改革和削减财政赤字计划，其主权信用评级很可能被下调。由于担心欧洲出现严重金融危机，大量资金逃离了欧洲，美国国债再次成为避险天堂。欧元对美元大幅度贬值，欧洲股市暴跌，整个欧元区面临着成立 11 年以来最严峻的考验。

2010 年 5 月 10 日，欧盟与 IMF 终于拿出了一项总额高达 7500 亿欧元的希腊援助计划，以防止危机进一步蔓延。这 7500 亿欧元资金主要通过三种方式筹集：第一，由欧元区成员国政府集体担保，通过发行债券的方式筹集 4400 亿欧元；第二，IMF 承诺提供 2500 亿欧元贷款；第三，欧盟委员会以欧盟预算为担保筹集余下的 600 亿欧元。5 月 18 日，欧盟和 IMF 向希腊拨付了第一批 200 亿欧元贷款，其中 145 亿欧元来自欧元区国家，55 亿欧元来自 IMF。救援计划的出台，再加上欧洲中央银行、欧盟和欧元区各国政府的一系列救助措施，进入 7 月份以

① Neil Shah and Quentin Fottrell, “European Crisis Flares Up, This Time in Ireland”, *The Wall Street Journal*, 9 September 2010.

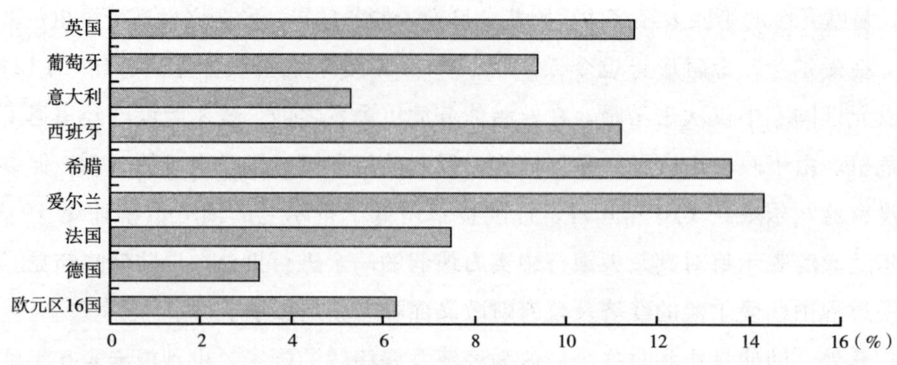

图3　2009 年欧洲主要国家财政赤字占 GDP 比重

资料来源：EUROSTAT。

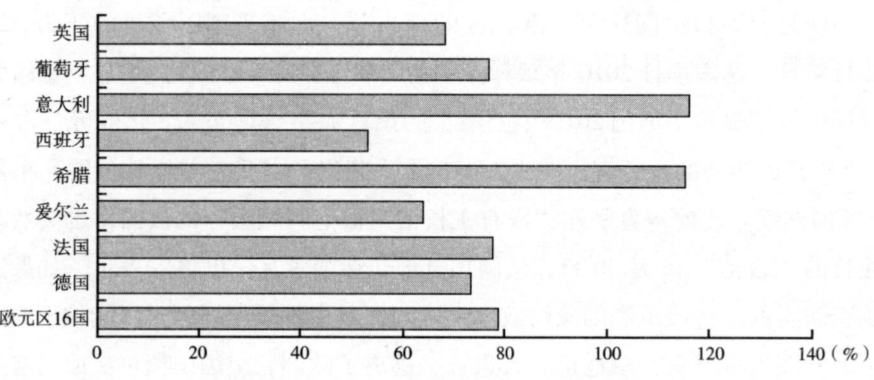

图4　2009 年欧洲国家政府债务占 GDP 比重

来，蔓延欧洲的主权债务危机出现了缓和迹象。

首先，希腊成功拍卖了短期国债，市场信心有所恢复。7 月 13 日，希腊政府成功售出 16.25 亿欧元的 6 个月期国债，顺利通过了自 5 月敲定欧盟/IMF 救助协议以来的首个发债考验，尽管此次拍卖的收益率仍然居于高位。① 8 月 5 日，欧洲央行、IMF 和欧盟委员会公布的联合报告称，7 月 26 日至8 月 5 日间对希腊进行的评估显示，希腊在实施财政紧缩政策方面取得了“显著进展”，有望获得第二批贷款。②

① 《希腊成功拍卖短期国债欧元上演绝地大反击》，新浪网，2010 年 7 月 14 日，http://finance.sina.com.cn/money/forex/20100714/08278290204.shtml。

② 朱周良：《初试及格，希腊有望获得第二批救命钱》，2010 年 8 月 6 日《上海证券报》。

其次，欧洲银行业近期好消息不断。7月23日，欧洲银行监管委员会公布了欧洲银行业压力测试的结果，结果显示欧元区绝大多数银行的基本状况好于预期，风险可控。随后，巴塞尔银行业监管委员会表示将“松绑”资本规定。8月2日，欧洲两大金融巨头法国巴黎银行和汇丰控股均公布了亮眼的业绩，环球股市随之大涨。

这些利好消息提振了市场对欧洲金融市场的信心，希腊和欧洲股市大幅上扬，欧元兑美元汇率也出现回升势头。瑞信和瑞银等多家金融机构大幅调高了欧元汇率的预期值。根据欧洲央行最新公布的数据显示，该行7月30日当周的国债购买规模已降至810万欧元，这意味着随着欧洲经济逐渐步入正轨，欧洲央行已经基本停止购买国债，欧元区主权债务市场已基本恢复正常。目前欧洲国债收益率基本维持在危机前的水平。①

欧洲主权债务危机之所以爆发，主要源于以希腊为代表的“欧猪”五国不断恶化的财政赤字。从近期的客观形势看，美国次贷危机的爆发使得欧洲国家不得不推出财政救市方案，通过扩大公共财政支出来刺激经济，从而导致政府财政赤字迅速扩大；从主观看，希腊前政府不诚实、与高盛公司造假，国际炒家推波助澜都是此次危机爆发的诱因。然而，冰冻三尺，非一日之寒，这些国家的巨额财政赤字和政府债务均是长期积累的结果。从历史上看，近10年来，由于核心竞争力不断下降，劳动力市场缺乏弹性，这些国家经常账户逆差不断扩大。再加上要维持传统的高福利制度，因而不得不长期对外举债。从1999年到2009年这11年内，希腊每年的财政赤字与GDP之比均超过3%，意大利与葡萄牙也分别有6年与5年超过3%。而在加入欧盟和欧元区之后，这些国家又可以很容易地得到大量转移支付，外资大量流入。由于资金宽裕，希腊政府并无动力来压缩财政赤字。危机发生后，由于欧元区国家只有统一的货币政策，而没有财政同盟，这些国家就无法通过财政转移手段进行应对和调整。② 当然，欧盟没能及时救援也导致了危机进一步恶化。

二　危机中的众生相

在欧洲债务危机中，希腊首先粉墨登场，与其他欧元区国家一起上演了一场

---

① 陈听雨：《欧央行料将逐步撤出刺激措施》，2010年8月5日《中国证券报》。

② 余永定：《欧洲主权债危机和欧元的前景》，《财经评论》2010年第54期。

精彩的“欧元保卫战”。为了保卫欧元，欧盟诸国面临着两大要务：一是围绕救援希腊的问题展开的交锋，救还是不救？怎么救？二是各自出台了紧缩财政的计划以求自保。前者是为了帮助希腊和欧元区国家渡过眼前的难关，后者则是为了推动欧元区国家能够继续往前走。这段艰难的互动历程一方面体现出欧盟诸国继续推动欧洲一体化的政治决心和意愿，另一方面也暴露出欧洲国家间复杂的利益冲突和对立。此外，在大西洋彼岸隔岸观火的美国也没有闲着，从政府官员到学者媒体都纷纷加入到这场保卫战中来。

（一）债务危机中的希腊

从危机爆发至希腊正式求助于欧盟和IMF之间的5个月里，希腊政府的态度经历了一个无奈的转变，由最初的信誓旦旦到被迫求援。深陷信用危机的希腊不得不承认，单靠本国的力量无法重建全球投资者的信心。

危机爆发之初，希腊政府对独立解决本国的财政问题充满信心。2009年12月，希腊的主权信用评级三次被下调，希腊议会于12月23日投票通过了2010年危机预算案，试图缓解该国公共债务缠身的窘境。根据该预算案，希腊财政赤字占GDP的比例将由2009年度的12.7%降至2010年度的9.1%。正如希腊总理帕潘德里欧在投票开始前所说，这份预算不仅涉及经济调整，而且事关信誉重建……是重新获得信誉的“一份契约”，能证明希腊改变现状的“能力和决心”。然而，这份预算案却遭到欧盟和国际评级机构的批评，认为该计划过于依赖一次性措施，缺少了诸如削减公共部门工资或杜绝大范围逃税行为等永久性改革行动。①

此时，希腊并不欢迎欧洲组织的“关心”。希腊财政部长乔治·帕帕康斯坦季努表示，希腊政府不会请求也不期待欧洲央行的任何帮助，希腊政府并不期盼任何力量参与巩固财政。② 2010年1月25日，希腊政府以较低价格发售了80亿欧元的国债，是其主权信用评级被下调以来的首次成功发售。为了兜售国债，希腊财长帕帕康斯坦季努亲自带队进行路演。数据显示，希腊政府2010年必须筹集约540亿欧元资金才能满足融资需求，但市场人士担心，希腊在没有外界的援

---

① 黄继汇：《希腊议会12月23日投票通过2010年度危机预算案》，2009年12月25日《中国证券报》。

② 《欧盟多国或步希腊后尘陷信用危机》，2010年1月12日《经济参考报》。

助情况下，很难依靠自身力量偿还其高企的负债。

为了进一步安抚市场的信心，希腊总理帕潘德里欧于2月2日晚发表电视讲话，公布了一系列更加务实的措施，包括在未来一年内停止招聘新公务员，同时关停并转一些政府机构，政府部门公务员工资削减10%；增加燃油税，推迟退休年龄，严厉打击偷税漏税现象等。帕潘德里欧呼吁，在这个关键时刻，希腊各党派和各行业应齐心协力，推动各项改革措施的实施，“为了我们的国家，为了我们的孩子，我们需要保护好我们的经济……这是我们每个人的责任。”①

此时，希腊对救援的态度已经有了微妙的变化。2月11日，希腊总理帕潘德里欧表示，希腊更希望得到欧盟的政治支持，而不希望国际货币基金组织更多介入此事。他希望德国和法国能进一步帮助同样身处债务危机的意大利和西班牙等国。② 2月22日，希腊经济部长卢卡·卡采利在接受采访时表示，资金救援尚无必要，但欧盟应当提供某种机制性安排，遏制住市场投机行为。③

虽然希腊一直不愿发出援助请求，但金融市场混乱局面一再升级，使得希腊想要通过市场来满足融资需求已变得几乎不可能。3月4日，希腊政府公布了解决债务危机的新举措，宣布将采取一系列削减预算和增加税收的新措施，包括将增值税率提高两个百分点，对烟草和燃料征税，冻结公务员养老金一年，削减希腊公共部门的奖金等，旨在削减48亿欧元的财政赤字。帕潘德里欧在非公开的内阁会议上表示，政府已经“做了它必须做的事情”，现在轮到欧盟出手支持希腊。④ 他说，如果在希腊大幅削减开支之后，欧洲国家还是不能向它提供切实可行的支持，那么希腊将转而向IMF求援，这将是“最后一招”。⑤

鉴于市场认为希腊将走向破产，希腊总理帕潘德里欧表示决不能再让目前这种混乱状况继续下去。4月23日，希腊正式向欧盟和IMF求援。帕潘德里欧在电视讲话中表示，“请求援助的时刻已经来临，这是必要之举；希腊向盟友正式

---

① 梁叶倩：《希腊公布应对经济危机措施》，新华网雅典2010年2月2日电。

② 《欧盟就救助希腊达成共识，具体方案下周二公布》，2010年2月12日《第一财经日报》。

③ 尚军：《欧盟委员会否认有筹资救助希腊的计划》，新华网布鲁塞尔2010年2月22日电。

④ 《希腊宣布财政紧缩措施，要求欧盟援助》，《华尔街日报》中国网站，2010年3月4日，http：//cn. wsj. com/gb/20100304/beu084348. asp。

⑤ 美联社雅典3月3日电。

发出启动援助机制的请求是刻不容缓的国家大事，而希腊面临的真正挑战才刚刚开始。”① 5月2日，帕潘德里欧对外宣布，希腊已与欧盟和IMF就一揽子救助方案达成协议，但全国上下必须为救助做出“巨大牺牲”。6日，希腊议会批准了新的紧缩方案，计划在未来3年中削减赤字300亿欧元，具体方法包括提高增值税和消费税、降低养老金以及公共部门工资等综合措施，这是希腊从欧元区和IMF获得贷款的前提条件。帕潘德里欧在投票前向议员们发表讲话说：“我们不能允许国家陷入破产，我们不能因为计较政治成本而将自己的责任弃之不理。”② “如今这个问题波及的范围极其广泛，这把火不仅波及希腊，也有蔓延至欧元区甚至更广范围的风险。扑灭这把火的成本非常之高，对于希腊公民来说也非常之高。”③

其后的几个月，希腊政府开始逐步落实新的紧缩方案，并取得了初步的成效。5月10日，希腊内阁批准了退休金改革方案；6月2日，希腊政府宣布了拖延已久的国有企业私有化计划，以整顿该国公共财政并逐步削减巨额公共债务。6月7日，希腊财长表示，国家预算已步入正轨，2010年前5个月的赤字削减规模超过了40%。希腊的结构改革在逐步推进，并获得了欧盟和IMF的初步认可。

希腊从最初的坚持“独立自主”到不顾国内的反对、接受严格的紧缩条件以获得贷款，是面对严峻危机不得不做的选择。希腊总理帕潘德里欧及其领导的社会党能够毅然承担起挽救危机的责任，在议会和舆论中都赢得了比主要反对党新民主党更高的支持率。外界普遍认为希腊目前糟糕的财政状况是由原执政党新民主党造成的，而危机则是新民主党政府掩饰问题的严重程度才酿成的后果。正因为如此，帕潘德里欧政府提出的紧缩方案才能够在议会中顺利通过。这对希腊现任政府而言，多少是个安慰。

（二）欧盟诸国的紧缩计划

随着欧债危机的急剧恶化，欧盟诸国深感强化预算纪律的迫切，就严控预算

---

① 《希腊正式向欧盟和IMF求援600亿美元》，《华尔街日报》中国网站，2010年4月24日，http://cn.wsj.com/gb/20100424/beu092924.asp。

② Nick Skrekas, Alkman Granitsas, Bob Davis, “Greece Passes Austerity Package”, *The Wall Street Journal*, 7 May 2010.

③ 黄媛：《希腊总理：全国上下将为救助做出巨大牺牲》，新浪财经，2010年5月2日，http://finance.sina.com.cn/stock/usstock/c/20100502/16547865408.shtml。

赤字达成共识。2009年，欧洲各国中只有芬兰和卢森堡两国的公开赤字与GDP的比例在《马斯特里赫特条约》的红线之内，欧洲的平均赤字水平是6.3%。5月12日，欧盟委员会提出将通过加强对整体经济的监督，来有效行使其监控预算的权力。为了严格限制欧洲国家间普遍存在的政府过度开支现象，欧盟不得不剥夺某些国家对本国经济的控制权，以避免花钱鲁莽的国家把自己的债务转嫁给欧元区全体成员。欧盟要求各国在开支计划被提交本国议会之前，由欧盟对其进行史无前例的详细审查，并对违规国家实施新的财政处罚。负责经济与货币事务的欧盟委员雷恩表示，欧盟之所以采取这样的措施，是为了使各成员国政府的开支计划与“欧洲的目标保持一致”。[①] 5月21日，欧盟财长会议就对负债累累的欧元区成员国“实施金融和非金融制裁的原则达成了非常明确而广泛的共识”。[②] 为了响应欧元区协同开展的紧缩开支运动，欧盟各国纷纷出台了紧缩开支的计划，大幅度调整政策，以恢复市场的信心。

被市场担心或成为“希腊第二”的国家——西班牙推出了巨额紧缩计划。2010年1月，西班牙政府宣布实行总额达500亿欧元的一揽子紧缩计划，以使西班牙能在2013年前将公共赤字降至欧元区的红线之下。5月20日，西班牙政府宣布从6月份起将公务员的薪酬平均削减5%，冻结公务员2011年的工资增长和退休人员的养老金。西班牙首相萨帕特罗和其他内阁大臣的月薪将减少15%，其中政府高官的月薪减少10%。[③] 为了强化公共财政，西班牙政府还下令禁止地方当局在2011年以任何形式获得长期信贷。不过，5月23日，西班牙央行宣布接管陷入困境的地区性储蓄银行，再次加剧了市场对其债务问题的担忧。

5月25日，意大利政府批准了一项规模达240亿欧元的一揽子节省开支的计划，旨在2012年将赤字压缩至欧元区规定的3%。计划重点是削减政府开支和打击逃税避税行为，措施包括冻结公共部门薪水支出，推迟6个月发放养老金，提高残疾补助金领取标准，削减高收入公共部门负责人、部长和议员的工资等。7月，该计划在参议院和众议院都获得通过。由于有财政紧缩政策的支撑，意大利成为“欧猪”五国中唯一没有被国际评级公司降级的国家。

---

① 美联社布鲁塞尔2010年5月13日电。

② 法新社布鲁塞尔2010年5月21日电。

③《西班牙推出巨额紧缩计划》，法新社马德里2010年5月20日电。

5月13日，葡萄牙领导人同意采取严厉的财政紧缩措施，以平息市场对于葡萄牙步希腊后尘的担忧。葡萄牙总理若泽·苏格拉底和反对派领导人佩德罗共同草拟了削减计划，包括将政界人士和公共部门高级雇员的工资削减5%，并且将增值税、所得税和利润税的税率提高1～2.5个百分点等。该项计划在内阁会议上得到了批准。葡萄牙政府表示将在2010年把赤字占GDP的比重从2009年的9.4%削减到7.3%。苏格拉底表示，“为了保卫葡萄牙，为了保卫欧元和欧盟，我要求所有同胞做出这些努力。”①

英国虽然尚未加入欧元区，但欧元区经济的急速恶化迫使英国以更快的速度削减巨额公共赤字。据英国国家统计局2010年7月13日首次公布的“国家资产负债表”显示，英国实际负债达4万亿英镑，比此前估计的9030亿英镑高很多。如果按照英国总人口6140万来计算，每个英国人需要分摊约6.5万英镑的国债。② 为了确保经济增长，英国政府不得不重拳削减财政公共支出。5月24日，政府公布了削减62亿英镑的开支计划。③ 6月22日，政府公布了新的紧急预算案，计划通过大幅削减公共开支，调高增值税、征收银行税的办法，在未来5年内削减政府部门总开支的25%。这是英国几十年来最严厉的预算案之一。7月初，英国政府决定进一步削减预算，要求多个政府部门为削减开支40%进行筹划。

债务问题并不严重的德、法等国也保证大幅削减开支，为巨额债务缠身的“欧猪”五国们树立榜样。5月30日，德国财政部长沃尔夫冈表示，虽然德国的债务问题并不严重，但恐怕也不得不实行增税和节支，以确保经济增长。例如，德国政府正考虑将某些项目7%的优惠增值税率上调至全额的19%。6月，德国总理默克尔表示，德国将在2014年前削减800亿欧元的开支，包括减少儿童补贴、削减1.5万个政府工作岗位、延缓大型项目建设以及提高退休年龄等举措。

5月20日，法国政府宣布了一系列紧缩开支的政策，包括将冻结公共开支3年，减少10%的政府运作开支，并表示可能将最低退休年龄提高至65岁。6月12日，法国政府公布了450亿欧元的紧缩计划，目标是在2013年前将财政赤字

---

① 《葡萄牙出台紧缩计划》，路透社里斯本5月13日电。

② 《英国实际负债规模暴涨三倍达4万亿英镑》，2010年7月15日《第一财经日报》，http://finance.sina.com.cn/world/ozjj/20100715/02538296254.shtml。

③ 《英拟削减60亿英镑政府开支》，法新社伦敦5月23日电。

占 GDP 的比重自目前的 8% 降至 3%。法国总理菲永表示，法国政府共将削减 1000 亿欧元公共赤字，其中一半将来源于支出缩减，另一半将来源于收入增加。[①] 法国政府也承认，如果不做出一些艰难的预算决定，要保持该国的 3A 信用评级会很艰难。

总的来看，紧缩财政之风已经吹遍欧洲。在北欧，丹麦政府宣布了对该国福利制度采取强硬行动，削减事业救济等津贴的举措。在中东欧，匈牙利新政府公布了新的财政计划，将采取增收与节支双管齐下的办法，通过向银行、金融、保险机构增课新税，降低办公经费、通信费、工资等手段，减少财政赤字。波兰财政部推出了一项新的财政规则，规定每年国内财政支出的增幅上限不得超过全年通货膨胀率的 1%，计划在 2012 年将财政赤字从 2010 年的 7% 降至欧盟规定的 3%。毋庸置疑的是，经济紧缩不利于经济的恢复和增长，但对欧盟诸国来说，眼前的危机不克服，欧元有成为软货币之虞，欧洲经济将可能严重衰退甚至崩溃，欧盟未来的发展更是无从谈起。因此，欧盟诸国也只能在危机中先求稳定，再谋发展。

（三）救援还是不救援?

随着危机的不断发展和蔓延，欧盟在是否需要救助希腊的问题上态度一波三折。危机之初，出于对希腊经济状况的担忧，欧盟委员会和欧洲中央银行都有积极行动和强硬表态。2010 年 1 月 5 日，由欧盟委员会和欧洲央行官员组成的代表团前往希腊，就希腊政府如何削减巨额财政赤字交换意见，讨论内容包括希腊经济走出危机的路线图、减少财政赤字和控制国债发行等。那时希腊认为自己不需要外界救援，欧洲中央银行首席经济学家于尔根·施塔克也敦促希腊依靠本国力量解决财政赤字问题。[②]

然而，随着危机的发展，欧盟有点坐不住了。2 月 3 日，欧盟委员会再度向希腊提出削减财政赤字的建议，敦促希腊政府及时执行改革计划以维持经济竞争力，并逐步推进一系列有利于希腊和整个欧元区长远利益的政策。2 月 11 日，

---

① 《法国总理宣布大规模紧缩财政计划》，法国中文网，2010 年 6 月 16 日，http：//www.cnfrance.com/info/boke/20100616/2753.html。

② 《欧盟多国或步希腊后尘陷信用危机》，2010 年 1 月 12 日《经济参考报》。

欧盟各国领导人经过激烈磋商，终于就救助希腊一事达成一致，但各国对由哪个机构主导援助分歧较大。此时，希腊政府仍然认为不需要资金救助。①

3月，在希腊非正式开口求助之后，在是否救援问题上欧盟诸国分为了两大阵营。以德国为代表的反对意见认为，欧洲货币联盟成立时曾制定的“不救助”条款，不允许对任何一个成员国提供救助，希腊也不例外；而以法国为代表的多数欧盟国家则支持对希腊进行救助。在如何救助的问题上，德国主张由IMF发挥主导作用，而法国等国家则不希望IMF插手，担心损害欧元的独立性，并担心美国借机干预欧洲事务。3月15日，欧元区就采取一系列双边行动达成一致，计划向希腊提供200亿～250亿欧元的一揽子援助计划。② 根据该计划，一旦希腊采取财政紧缩措施，仍不能在市场上为自己筹集到资金，将启动救援机制，并“明确了采取协调一致行动时技术上的各项安排”。③ 不过，在IMF的作用问题上，欧洲领导人却未能消除分歧。

由于德国不愿救助，法国阵营做出了妥协，提出将提供援助的欧元区国家的双边贷款与IMF的援助相结合。欧元集团主席容克3月22日也表示，尽管他本人并不赞成求助于IMF，但并不反对由欧盟和IMF共同提供救援。④ 25日，欧元区国家同意与IMF联合创立一个金融安全网，希腊可以从欧元区国家和IMF那里借贷，贷款的2/3由欧元区国家承担，剩余的部分由IMF提供。⑤ 这项协议的达成是两大阵营再度相互让步的结果，德国放弃了IMF牵头，同意由欧元区经济体筹集大部分资金，有条件地认可了欧元区成员国援助的机制，但前提条件是IMF必须介入，而且欧元区国家必须接受更严格的预算制度。

4月23日，希腊正式请求启动救援机制，但德国仍然迟迟不愿点头。德国经济部长布吕德勒声称，欧元区国家已做好“万不得已”时援助希腊的准备，但迄今为止，这种情况尚未发生。⑥ 5月2日，欧盟、IMF与希腊终于达成了救助协议，欧元区决定启动历史上首个对成员国的救助方案，在未来3年与IMF共

① 尚军：《欧盟委员会否认有筹资救助希腊的计划》，新华网布鲁塞尔2010年2月22日电。

② 《欧盟国家同意向希腊提供250亿欧元援助》，英国《泰晤士报》网站，2010年3月13日。

③ 路透社布鲁塞尔2010年3月15日电。

④ 法新社布鲁塞尔2010年3月22日电。

⑤ 路透社布鲁塞尔2010年3月25日电。

⑥ 法新社柏林2010年4月23日电。

出资1100亿欧元帮助希腊渡过危机难关。4日，德国内阁通过了对希腊的援助方案，同意在3年内向希腊提供224亿欧元的援助。唇亡齿寒，德国政府意识到让希腊破产会使欧元急速贬值并损害德国的经济。

但是，欧盟的这些措施仍然未能平息投资者对欧元区未来的担忧，希腊债务危机不仅没有得到缓解，反而呈现蔓延的势头，引发欧洲乃至全球金融市场剧烈动荡，欧元对美元汇率一度跌至14个月来的新低。5月5日，全球出现恐慌性大抛售；6日，华尔街遭遇“黑色星期四”，创下1987年“黑色星期一”以来单日内最大跌幅。8日，欧盟领导人就一项金融防卫计划达成一致，以保护欧元区国家免受希腊债务危机引发的投机性攻击。默克尔指出，这一机制将向市场发出“非常明确的信号”，要求他们撤退。为了给市场吃下定心丸，避免危机进一步扩大，欧盟经过谈判，在10日达成一项总额7500亿欧元的庞大救助计划，以帮助可能陷入债务危机的欧元区成员国。

在欧盟出台救助希腊计划的过程中，德国似乎成了欧元区救助希腊的唯一障碍。德国之所以采取这样的立场，与国内的舆论有关。德国是一个节俭的国家，德国民众对希腊奢侈浪费的生活习惯十分不满，不甘心用自己积累的财富去救助希腊这样的拖延改革的国家。德国舆论和绝大多数选民始终反对德国出手救助。然而，正如欧盟一位官员所说，救助希腊现在已不是一个只关乎希腊的问题。①在希腊危机已经演变成对整个欧洲的政治和经济秩序的严重威胁的时候，德国政府也不得不与其他欧洲国家站在一起维护欧洲的利益。

（四）危机中的德国与美国

在欧盟国家中，德国并未遭受债务危机，但作为欧盟的动力机车，德国却成为此次危机的一大焦点。作为欧盟中分量最重的国家，德国的立场左右着欧盟的走势，而且德国被认为是此次欧债危机的受益者和推手。从欧洲盟友到美国总统、银行家和媒体，都纷纷将矛头指向德国。坚持节约、用本国产品及严格控制债务的德国人，似乎一下子成为众矢之的。

在希腊危机不断蔓延之时，首先在欧盟内部出现了对德国经济政策的批评，这一声音主要来自法国。2009年，德国贸易顺差是1360亿欧元，法国的贸易逆

① 彭博新闻社网站2010年3月19日报道。

差则是430亿欧元。根据法国宏观经济研究所分析人士的统计，最近两年由于德国产品竞争力不断上升，法国丧失了30%的市场。① 法国财长拉加德认为，德国正让欧元区陷入通缩。她批评德国政府过于注重出口和以降低劳动力成本来加强竞争力，认为这并不是可持续的模式。此外，一些欧盟高官指责柏林的出口导向型经济是以欧元区“其他国家为代价”来实现经济增长。欧盟的一份报告称，欧盟应施加压力迫使德国“弱化已取得的竞争优势”，提高工资以扩大内需。②

在大西洋彼岸，美国对德国提出的紧缩财政政策大加指责。美国总统奥巴马认为这一措施可能会推迟全球经济复苏。美国财政部长盖特纳接受采访时说，欧洲不仅应该削减开支，同时也要重视经济增长。像德国这样拥有巨大贸易顺差的国家，更应刺激起庞大的“内需增长”。说得确切些，只要德国多花钱，大力刺激内需，就能缓解这场欧债危机的恶化之势。德国总理默克尔的回应是：德国加强出口“是正确的事情，德国每年减少100亿欧元预算赤字不会踩下全球经济的刹车”。③

美国投资大鳄索罗斯亦称，德国正在扼杀欧元。索罗斯在柏林洪堡大学（Humboldt University）发表演讲时说：“德国客观地决定了欧元区财政和宏观经济政策，但对此却缺乏主观认识，一旦所有的国家都试图效仿德国，那么欧元区将陷入通缩漩涡。”④ 在索罗斯看来，德国只希望做维持国家竞争力的事情，同时避免让自己成为其他国家伸手掏钱的口袋。索罗斯暗示，德国应该向美国学习大笔花钱。美国经济学家斯蒂格利茨也认为，紧缩政策正把欧洲引向灾难。欧洲需要的是团结互助，而不是使失业率升高和导致萧条的紧缩政策。⑤

《洛杉矶时报》的一篇评论认为，希腊的危机是德国的利益。默克尔拖延救

---

① 安德烈·米洛夫佐罗夫：《德国打造新帝国》，2010年6月16日俄罗斯《晨报》。

② 《低薪以他国为代价》，2010年3月16日德国《日报》。

③ 《索罗斯：德国乃欧洲危机的主角》，新浪财经，2010年6月24日，http://finance.sina.com.cn/stock/usstock/c/20100624/09278169341.shtml。

④ 《索罗斯：德国乃欧洲危机的主角》，新浪财经，2010年6月24日，http://finance.sina.com.cn/stock/usstock/c/20100624/09278169341.shtml。

⑤ 《诺贝尔经济学奖得主约瑟夫·斯蒂格利茨认为“紧缩政策导致灾难”》，2010年5月23日法国《世界报》。

援方案的出台并不仅是在迎合国内选举的需要，而是因为希腊危机对德国而言有莫大的好处：由于欧元疲软，德国出口大增，有利于德国从2009年的经济衰退中尽快恢复元气。①《华盛顿邮报》的文章认为，目前，欧洲的债务、货币和银行危机，根源不在希腊、葡萄牙和爱尔兰，甚至不在西班牙，而是在德国。虽然欧洲各国政府有长期的结构性预算问题，但最迫切的挑战来自税收收入的下降和转账性支出的增加，而这是由增长速度放慢和高失业率带来的。因此，正确的政策不是让整个欧洲大陆穿上紧缩财政的“紧身衣”，而是应该以降息和直接购买政府债务的形式，推出额外的货币刺激措施。如果德国的通胀率提高到3%～4%，希腊和西班牙就可以避免陷入通货紧缩。②甚至还有观点认为，是德国人的节俭阻碍了欧元区的增长。欧元区目前真正的问题是德国内需的长期疲软，为了欧元的生存，这种情况必须改变。德意志银行首席经济学家托马斯·迈尔说，“德国人好像在欧元区张罗一个大型宴会，他们出售食物，并向宴会客人提供贷款，结果客人喝醉了，吃得太多了，现在德国手里攥了一大堆账单。”这种情况告诉我们，欧元区的模式必须调整，希腊需要改变，德国也需要改变。③

美国对德国的“叫板”从另一个侧面凸显了德国的主导地位。现在，无论是拯救濒临破产的欧盟国家还是欧元的命运、欧盟的未来，都取决于德国。德国前外交部长菲舍尔曾经说过，“由于规模、位置和历史的原因，德国在欧盟这一独特的架构中有着特殊的作用，它是国家利益和全欧利益的集中体现。假如德国今后不再作为推动力量，那么欧洲一体化本身就将成为历史。”④从1871年德意志帝国成立之日起，德国就一直在为争夺欧洲的主导权而战，挑起了两次世界大战，德国自己也伤痕累累。1990年两德统一后，德国更是一度忙于“消化”国内的负担。如今，席卷欧洲的主权债务危机为德国在欧洲发挥更大的作用提供了一个契机。

---

① Thomas Meaney and Harris Mylonas, “Greece's crisis, Germany's gain,” *Los Angeles Times*, March 15, 2010.

② Steven R. Pearlstein, “Forget Greece: Europe's real problem is Germany,” *The Washington Post*, Friday, May 21, 2010.

③ Anthony Faiola, “Germany's frugality bemoaned for inhibiting euro zone growth,” *The Washington Post*, Sunday, February 28, 2010.

④ 安德烈·米洛夫佐罗夫：《德国打造新帝国》，2010年6月16日俄罗斯《晨报》。

三　危机后的欧洲走向何处

欧洲债务危机正在演变成一场欧洲政治危机。自从欧洲各国政府承诺采取经济紧缩政策开始，罢工浪潮就开始在欧洲蔓延，社会动荡引发了骚乱，严重破坏了欧洲的社会秩序和政治稳定。如果经济紧缩不能引领欧洲经济走出低谷的话，它甚至可能造成一些欧洲国家的政权更迭。对于欧盟而言，此次债务危机凸显了欧洲一体化进程中的诸多问题，从文化传统到制度设计，从政治民族主义到超国家主义，如果这些问题得不到解决，此次债务危机或许成为欧盟一体化的分水岭，欧盟在国际政治经济格局中的地位将遭遇严峻的挑战。

（一）罢工潮与政府的困境

危机始于希腊，罢工浪潮亦始于希腊。自希腊政府宣布将采取紧缩财政开支的政策开始，希腊的罢工潮就一波接着一波，愈演愈烈。2009 年 12 月 17 日，在希腊左翼工会的号召下，数千名希腊工人、公共部门职员、记者等民众在希腊各地举行了大大小小 60 多场游行示威活动，抗议政府出台财政紧缩政策。2010 年 2 月 24 日，希腊公务员工会和私营企业工会举行 24 小时大规模罢工，数万名示威者走上街头，手持写有“向富人征税”、“反对富豪统治”等标语的横幅，此次罢工导致学校关闭、政府机关停止办公、公共交通瘫痪、银行医院无法正常营业。3 月 11 日，250 万名希腊劳工再度走上街头抗议，当天，希腊的机场、火车站、港口、银行、学校等服务设施几乎全部停止运营，雅典仅有一条地铁线提供公共交通服务，形势严重恶化。5 月 5 日，希腊再度爆发全国性大罢工，罢工终于引发暴力冲突和严重骚乱。在首都雅典，示威人群一度冲破封锁线，逼近议会大厦，有 3 人在火灾中丧生。数月中，希腊的大罢工似乎就没有停止过，9 月 12 日，希腊又有 2 万人上街抗议，并与警方爆发冲突。

罢工浪潮同样让其他欧洲国家“坐困愁城”。2010 年 3 月 4 日，葡萄牙 50 万名公务员大罢工，抗议政府削减开支、冻结公务员薪酬的计划。4 月 26 日，葡萄牙多行业工人再度举行大罢工，葡萄牙的陆海交通几近瘫痪。5 月 29 日，数以万计葡萄牙示威者走上首都里斯本街头，打着写有“紧缩计划糟透了”、“让我们效仿希腊举行全国罢工”等标语抗议政府采取的一系列财政紧缩政策。

6月9日，西班牙爆发自2004年工人社会党上台以来最大规模的罢工。首都马德里、巴塞罗那等多座城市相继爆发大罢工，包括公务员、医生和教师在内的西班牙各领域公共服务人员纷纷走上街头，抗议政府的紧缩政策。6月13日，德国数万人上街抗议政府劫贫济富，要求政府撤回削减社会福利开支的计划，让银行和富人承担更多的义务。在示威过程中，两名警察被严重炸伤。6月25日，意大利运输行业全国性大罢工，抗议政府采取紧缩政策。9月7日，法国工会组织全国性大罢工，抗议政府提高退休年龄计划，上街抗议者超过100万人，交通、教育、公共服务等部门受到严重影响；同一天，英国首都伦敦地铁工会组织罢工，抗议裁员，数以百万计乘客出行受阻。9月23日，法国工会发动了一个月内的第二次全国大罢工，全国有231个示威集会，290万人走上街头，抗议政府打算推行的退休制度改革，法国交通大受影响，超过一半列车服务受阻。9月30日，欧洲多国工人走上街头抗议政府的严厉紧缩政策。

经济紧缩、社会动荡动摇了政府的执政根基，多个欧洲国家的政府面临着严峻的政治危机。在德国，围绕希腊救援方案的政治争论已经趋于白热化，一些政治家严厉斥责政府对希腊危机的干预，即使在默克尔的执政联盟中，也有数位议员和反对党一起对救援计划发表了批评意见。德国联邦银行行长韦伯就明确表示，对目前陷入债务危机的希腊，从欧盟层面开展援助，既不能产生好效果，在政治上也站不住。他认为，目前其他国家经济状况也不好，欧洲中央银行不应就希腊危机展开专门行动。5月初，默克尔推动议会通过了不受欢迎的救援计划，这直接导致了默克尔领导的执政联盟在地方选举中遭受重创，执政联盟因而在上议院中失去了多数席位。民调显示，北威州21%的选民认为他们的决定受到政府援助希腊的影响。① 此次选举结果改写了德国的政治版图，默克尔今后推行的主要政策将不得不受到反对党的牵制。基民盟内部指责默克尔应为选举失利负责，该党资深政治家威利·维默要求默克尔“立即辞职”。6月7日，默克尔宣布了德国战后幅度最大的财政紧缩计划，许多德国评论家认为，这项计划是压垮“骆驼”的最后一根稻草，执政联盟将从此走向末路。② 6月30日，德国总统选举，执政联盟候选人克里斯蒂安·武尔夫经过三轮投票才勉强胜出，分析认为这

① 吴妮：《地方选举惨败，默克尔被喊下课》，新华网，2010年5月11日。

② Tristana Moore, “Is Germany’s Government Headed for a Breakdown?” *Time*, Jun. 24, 2010.

充分说明执政联盟内部分歧严重，默克尔的前途堪忧。

在英国5月份的大选中，工党结束了13年的统治，取而代之的是保守党与自由民主党组成的执政联盟。此次工党之所以落败，其中一个重要的原因是应对危机不利。失业率高企，企业大量倒闭，英国民众对维持债务的可持续性忧心忡忡，民众的怨愤自然指向政府。对于新政府而言，一年后还将举行关于选举改革的全民公投，届时，执政联盟还将重新洗牌。因此，在这一年之内，如何应对紧缩财政开支与经济发展的矛盾，是英国联合政府面临的一大难题。

在意大利，由于党内分裂，总理贝卢斯科尼在8月初失去了议会的多数席位，也为他进一步推行紧缩政策加大了难度。7月15日，为了使紧缩预算案在参议院获得通过，贝卢斯科尼曾威胁说，一旦预算案在议会被否决，就会立刻辞职，解散政府。虽然该议案以微弱的优势获得了通过，但预算案投票转变成政府信任投票，凸显贝卢斯科尼面临的困境。为了大幅削减大区和市政财政支出，政府的紧缩政策引起地方政府普遍不满。意大利20个大区的主席先前发表联合声明，认为紧缩预算案将导致地方政府工作无法开展。如今失去了议会的多数席位，支持率下降，内阁丑闻和党内矛盾，贝卢斯科尼很可能会解散议会提前大选。

在西班牙，萨帕特罗政府亦陷入了下台的边缘。2010年5月，西班牙最新的民调显示，超过半数的选民对政府应对危机的举措不满，希望提前大选。西班牙的失业率高达20%，乃欧元区之首。为了从债务危机中脱困，政府不得不推行紧缩政策，但此举却得罪了传统的盟友工会，同时又被反对党施压，要求萨帕特罗下台。目前，萨帕特罗领导的社会党的支持率仅为35.1%，落后于最大的反对党人民党10.5个百分点。9月30日，西班牙出现了这个国家自2002年以来的首次工人大罢工，这也标志着工会和社会党政府之间的传统亲密关系的破裂。

（二）告别高福利?

希腊之所以爆发主权债务危机，其中一个很重要的原因是希腊的传统生活方式使然。在希腊的高福利制度下，希腊人一直维持高消费、重享受的生活方式："百万富翁过亿万富翁那样的生活"。政府公务员享有各种名目的奖金和补贴，发奖金的名目甚至包括会使用电脑、会说外语、准时上班等。而希腊所有的政府和私人企业界员工每年均会获得14个月的薪金。据估计，仅严格意义上的政府部门公务员数量就占希腊全国劳动人口的10%。如果算上养老金管理机构等一

些公共部门的从业人员，这一比例将更高。这种生活方式所导致的结果就是政府的福利开支居高不下，根据欧盟委员会的数据，到2050年，希腊的养老金开支将上升到相等于国内生产总值（GDP）的12%。相比之下，欧盟所有成员国的平均养老金开支比例不足3%。鉴于希腊的社会保障制度已经成为经济的重要拖累，有专家预言，如果不进行大刀阔斧的改革，否则该制度将会在15年内崩溃。①

欧盟为摆脱危机而出台的政策，对希腊的传统生活方式造成了极大的冲击，希腊很可能将彻底告别高福利时代。按照欧元区的救助条件，希腊政府启动了新一轮的紧缩政策，包括将继续冻结公共部门工资，减少奖金发放，增加税收，调整退休年龄，削减养老金等。尽管希腊总理呼吁民众为了国家把日子过得“再紧一点”，但是希腊民众并不买账。示威者宣称不愿为政府的过错买单。他们认为，正是因为那些贪污腐化的政客们几十年来一直窃取和挥霍公众钱财，国家公务员们拿得多干得少，才造成了希腊今天的局面。普通民众不应承担这一后果。37岁的政府文员 Pavlos Anastoulis 表示，“该为这场危机买单的，是那些窃取公帑的人，逃税的人，而不是我们这些月收入不足900欧元的人。社会即将爆炸，已可闻到火药味。”② 为此，希腊总理帕潘德里欧在推行紧缩政策的同时，承诺将严打贪污腐败，“贪腐每年让我们的GDP损失8%，为了公众的利益，必须对国家加强治理……我们每个人都责无旁贷。”

作为欧洲文明的发祥地，希腊曾把自由和民主的价值观传播到整个欧洲大陆。希腊文化是欧洲文化的基础，希腊精神也影响了整个欧洲，这始终让希腊人引以为豪。但如今，在欧债危机下，希腊也将在欧洲国家中率先开始“文化革命”。庞大的公务员队伍、严重的偷税漏税和贪污腐败都将成为紧缩计划的“严打”对象。尽管这种改变是不得已而为之，许多希腊人甚至将其看做是一种屈辱，但希腊已别无选择。希腊只是欧洲的一个缩影，其他欧洲国家也大多都面临着高福利制度的拖累，尤其是葡萄牙、西班牙和意大利这些南欧国家。从局势发

① 《希腊政府被指浪费公款，每年拨出福利数十亿欧元》，中新网，2010年4月30日，http://news.ifeng.com/world/detail_2010_04/30/1474985_0.shtml。

② 《希腊财政节俭政策引发民众不满，总理面临考验》，凤凰网，2010年5月6日，http://news.ifeng.com/world/special/xilashehuidongdang/content-2/detail_2010_05/06/1488602_0.shtml。

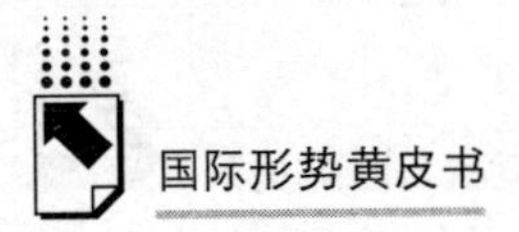

展来看，这场债务危机不仅会改变希腊的传统生活方式，其效应也将传导至存在类似问题的其他欧洲国家，在欧洲国家中引发一轮新的“文化革命”。

（三）一体化进程面临挑战

希腊债务危机是欧盟历史上遇到的最严重的危机。虽然此前欧盟在一体化的进程中也遇到了许多沟沟坎坎，但从没有像此次债务危机那样危及欧洲一体化的未来。危机发生以来的数月中，欧盟一直行动迟缓，除不断要求希腊削减财政支出外，迟迟不能拿出一个有效的解决方案。无论是欧盟的“总统”或“外长”，还是欧盟委员会和欧洲央行，都眼睁睁地看着事态恶化而束手无策。虽然欧盟也发表了不少决议和声明，但大都缺乏实质性内容，结果是危机迅速蔓延、欧元一跌再跌。这种情况，对欧洲的一体化进程构成了一次重大挑战。

从表面上看，欧盟的“无能”源于欧盟制度层面的缺陷。一方面，由于《马斯特里赫特条约》等欧盟早期法律法规反对强制动用其他成员国资源去救援某一成员国，即“不救援”条款，欧盟内部也没有哪个国家有意愿或有能力去给自己招惹这样的麻烦；另一方面，欧元区在统一货币政策的同时却缺乏对财政政策的强制约束，它希望通过各国的财政自律，来实现经济平衡。欧元区的创建者们甚至认为，这样的制度安排可以最大限度降低成员国的道德风险问题，使得其被迫实现财政自律。但事实恰好相反，希腊加入欧盟和欧元区，得到了大量的转移支付以及外资大量流入。由于摆脱了资金约束，希腊政府并无动力来压缩财政赤字。而仅有货币同盟没有财政同盟，当遭遇危机时希腊政府就无法通过财政转移手段加以解决。① 这些制度层面的因素都成为欧盟不能及时有效应对危机的原因。

但是，从深层次看，希腊债务危机已经远远超越了金融和经济层面，它所暴露出的是主权国家政治利益与集体利益之间的深刻分歧。按照欧盟设计师们的设想，欧洲一体化走的是“先经济、后政治”的发展模式，希望通过经济的一体化来最终实现统一的政权。但是，从此次危机中各国的表现来看，国内政治仍然是政府决策的优先考虑。德国总理默克尔迟迟不愿意救助希腊，就是因为国内选民的强烈反对，德国的国内政治直接影响到欧盟的决策；而法国之所以不愿意

① 余永定：《欧洲主权债危机和欧元的前景》，工作论文，中国社科院世界经济与政治研究所国际金融研究中心，2010 年 8 月 12 日。

IMF 介入，一说是因为法国总统萨科齐害怕 IMF 的法国总裁卡恩在对希腊的救助中大出风头，从而威胁到自己未来竞选连任。[①] 从目前的形势看，在政治一体化方面，欧盟国家绝不情愿让渡自己的政治主权，这也是为什么许多欧洲国家拒绝将外交权移交给“欧盟外交部”的原因。但是，按照一体化的理论，政治一体化应优先于货币一体化，只有这样，才能保证统一货币的稳定。如今，欧盟反其道而行之，在目前政治一体化进程很难继续推进的情况下，能否维持欧元的稳定就成为对欧盟领袖的政治能力和政治决心的重大考验。

逆水行舟不进则退。此次希腊危机固然暴露出欧洲一体化进程中的诸多问题，但这并不意味着此次欧洲主权债务危机对欧盟来说就一定是件坏事。对欧盟诸国而言，欧元区的解体将带来巨大的政治代价，这是任何一个成员国都不愿看到的，也是不能接受的，尤其是对德国和法国这两个欧洲一体化的“发动机”来说。从目前危机的进程来看，市场信心有所恢复，欧洲债务市场趋于平稳，或许在经济层面，像西班牙首相日前所说的那样，欧洲债务危机已经结束，但在政治层面，危机是否结束还有赖于各国经济形势的好转，有赖于各国国内政治的稳定，而这一切都需要欧盟和各成员国采取切实的措施，针对危机中的问题做出改变，从经济到政治，从观念到文化。只有这样，风雨之后才能见彩虹，欧洲的一体化进程才会加强而不至于被削弱，欧洲才可能在国际政治经济的激烈竞争中保有一席之地。

参考文献

The Wall Street Journal.

Financial Times.

The Washington Post.

Time.

《第一财经日报》。

《经济参考报》。

《中国证券报》。

凤凰网，http：//www. ifeng. com 。

---

① 张明：《欧洲主权债务危机：演进、前景、根源与风险》，工作论文，No. 2010W12，中国社科院世界经济与政治研究所国际金融研究中心，2010 年 8 月 16 日。

新华网，http：//www. xinhuanet. com。

新浪网，http：//www. sina. com. cn。

中新网，http：//www. chinanews. com。

The European Sovereign Debt Crisis and International Relations

Lang Ping

Abstract：In 2010 the EU underwent a most critical moment in its history. During a period of several months，the Greek sovereign debt crisis developed and spread to some European nations. This led to a crisis of confidence in European financial markets and a crisis for the euro. After several months of negotiations，despite German reluctance and domestic opposition，EU leaders finally agreed to a bailout plan and initiated a wave of austerity measures among all EU members. Currently，the crisis seems to have reached an end economically；however，it still has a far-reaching impact on European politics and culture as well as on the EU integration process.

Key Words：Sovereign Debt Crisis；Greece；European Union；Integration

国际组织与世界政党

International Organization and Party Politics

Y.12

2010年国际组织：机制建设与全球治理

李东燕*

摘　要：在2009~2010年度，全球主要政府间组织和集团运作一个明显趋势是深化机制建设，以提高自身的能力和效率。在联合国，安理会改革进入基于文本的政府间谈判，"联合国妇女署"宣告成立，维和战略改革成为讨论的热点。在地区组织层面，东盟正加快落实"三大共同体"线路图的步伐，《里斯本条约》的生效推动了欧盟领导体制及外交、防务等方面的改革，拉美地区新的一体化组织"拉美及加勒比共同体"开始筹建。在跨区域集团层面，G20正式取代G8成为全球主要经济论坛，G8转向一个关注全球综合问题的集团，不结盟运动和77国集团也对其主要任务和发展方向进行了调整。

关键词：国际组织　区域组织　跨区域集团　全球治理

* 李东燕，中国社会科学院世界经济与政治研究所研究员，主要从事联合国及全球治理问题研究。

2009～2010年期间，正式的多边政府间组织，特别是国际政治与国际安全类组织以及综合性国际组织，在运作中表现出一个突出特点，就是进一步推动机构改革和制度化建设。这些改革提高了组织的能力与效率，进一步促进了对各种全球问题的治理。为了具体阐述这些国际组织和集团在全球的地位和作用所发生的变化，本报告将考察对象分为三类：第一类是联合国组织，第二类是区域性组织，第三类是跨区域集团，如G8、G20、77国集团和不结盟运动等。考察的主要内容是国际组织的机制变化及其对国际政治与安全形势的影响。

一 联合国：改革在继续

一年来联大没有出台重大的改革措施，但各部门的机构改革和调整仍在"静悄悄"地进行。其中，最引人关注的仍然是安理会的改革，这也是会员国之间分歧最大、最难完成的一项改革。"联合国妇女署"的成立是近些年来联合国"系统一致性"改革的一项成果。此外，这届联大还首次举行了有关联合国维和改革的专题辩论，希望会员国能在指导原则和战略方面为今后的维和行动提出可选择的方案。

（一）安理会改革进入基于"文本"的政府间谈判阶段

联大于2008年9月通过决议，决定在2009年3月前就安理会改革开始实质性政府间谈判。2009年2月19日，联大启动了有关安理会改革的政府间谈判，谈判已进行了多轮，主要围绕着安理会成员类别、否决权问题、区域席位分配、扩大后的安理会规模、安理会工作方法以及安理会与大会关系等五大问题。政府间谈判的启动，使"争常"国家和支持安理会扩大的国家受到鼓舞。他们认为这是一个新时期的开始。第64届联大主席图里基（Ali Triki）称，政府间谈判"打破了此前15年来安理会改革一直拘泥于形式和程序问题的模式"。①

① 《联大主席：安理会改革需照顾非洲和广大中小国家需求》，联合国电台，2009年11月12日，http：//www.unmultimedia.org/radio。

2009年12月，“四国集团”① 加南非等国一起向安理会改革政府间谈判主席阿富汗常驻联合国代表查希尔·塔宁（Zahir Tanin）递交了一封信，要求主席提供一份“综合报告”，作为以后政府间谈判的文本，并说明政府间谈判已经取得的进展及各种立场和方案。此信征集了138个国家的签字，包括30个非洲国家和安理会常任理事国中的英、法两国。常任理事国中的其他3国及一贯反对扩大常任理事国的“团结谋共识”集团成员没有签字。②“四国集团”加南非此举的目的在于，用138个会员国的签名来表示其立场已经得到联合国绝大多数会员国的支持，支持者的数目已经达到大会2/3的多数票。乐观者将此视为安理会改革走向更具实质性的政府间谈判的一个重要胜利。

2009年底到2010年初，安理会改革问题政府间谈判主席和会员国之间进行了频繁的信件交换，表达各自的意见，并举行了多轮谈判。谈判主席希望以后的谈判能有一个合法的文本，新的文本可以成为谈判的框架文件，以结束没有文本的安理会改革谈判历史。2010年5月，安理会改革政府间谈判主席塔宁先生向所有会员提交了一份带有“文本”的信，对来自各成员国的改革建议进行了概括，并提出了一些建议。此“文本”涉及了前面提到的安理会扩大类别、否决权、安理会规模、安理会工作方法以及安理会与大会关系等问题，这样政府间的谈判就有了一个相对集中的、供讨论和修改使用的谈判“文本”。

在现阶段，主要是在安理会扩大问题上，各方立场仍然很不一致，差距并没有缩小。非洲国家仍然坚持要求得到两个带否决权的安理会席位，伊斯兰国家表示没有它们代表的安理会扩大方案是不能接受的，中国坚持安理会扩大应该优先考虑发展中国家的席位，美国则还没有认可一个有更多发展中国家席位的安理会扩大方案。所谓谈判“文本”还很不成熟，基本上是一个对目前各主要方案的集中归纳，其中包含了许多有争议的、悬而未定的建议。③

① 指德国、日本、印度、巴西四国。

② 这一集团主要包括阿根廷、加拿大、哥伦比亚、哥斯达黎加、意大利、马耳他、墨西哥、巴基斯坦、韩国、圣马力诺、西班牙和土耳其等。

③ 见安理会改革政府间谈判主席的信，LETTER FROM THE CHAIR OF THE INTERGOVERNMENTAL NEGOTIATIONS ON SECURITY COUNCIL REFORM，26 May 2010，http：//www. un. org/ga/president/。

德国、印度、巴西、日本和南非等“争常”国家一如既往地积极推动一轮接一轮的政府间谈判，以促成安理会扩大改革和其他方面的改革。它们的活动也包括对中间立场国家的拉拢。日本外务省设立了一个“新兴国外交推进室”，以加强与印度、巴西和南非等新兴国家在安理会改革方面的协调。意大利驻联合国大使则公开指责某“四国集团”成员的行为存在“道德问题”，认为“四国集团”试图用金钱来影响其他政府的立场，拉拢中间国家，分化瓦解反对阵营。很多分析认为，美国目前是它们的重点拉拢对象，因为这些国家相信，只要先得到美国的认同，中国和俄罗斯就好办了。

更艰巨、棘手的安理会改革任务将留给新一届联大，新一届联大所面临的压力会越来越大。其一，广大发展中国家基本支持安理会的改革和扩大，希望增加发展中国家在安理会的代表权。不结盟运动国家、非盟、拉美国家等都在呼吁安理会的扩大。其二，主要发达国家，如德国、日本及5个常任理事国中的英国、法国都是安理会扩大的支持者。一年来，英国和法国一再明确表示对德国、日本、印度和巴西“入常”的支持，美国也明确为日本、印度“入常”开出空头支票。如果联合国主要会费大国德国、日本大量减少对联合国的财政支持，受援助减少影响的国家会倾向于支持安理会扩大，而反对安理会扩大的国家将面临分担更多联合国财政负担的压力。其三，在新兴大国中，印度、巴西、南非等都是“争常”积极分子，无论是G20还是“金砖四国”，在未来的合作中都无法回避安理会改革问题。

（二）“联合国妇女署”的诞生

“实现两性平等”是联合国8个千年发展目标之一，是一项与发展、安全和人权密切相关的问题，被联合国称为是“怎么强调也不过分”的问题。2010年联合国一项最显著的机构改革成果是“联合国妇女署”（UN Women）的建立，其全称为“联合国促进两性平等和增强妇女权能署”（the UN Entity for Gender Equality and the Empowerment of Women）。2010年9月，潘基文秘书长任命智利前总统米歇尔·巴舍莱为这一新机构的负责人，这是目前全球专门负责两性平等问题的最高职务，是一个“能够激励世界各地千千万万妇女和女孩的全球领袖”。①

① 见秘书长提交大会的报告，《在艰难时期团结努力：使人人都有更美好的未来》，2010年9月23日，http://www.un.org/chinese/sg/2010/ga_opening.shtml。

“联合国妇女署”的建立是联合国系统一致性改革的组成部分，体现了会员国对联合国性别机构改革的支持，以及对联合国在性别平等问题上发挥更大作用的期待。为了加强联合国系统的一致性和协调性，2006 年 2 月，安南秘书长设立了由 15 位知名人士组成的高级别小组，负责就联合国全系统在“发展、人道主义援助和环境领域的一致性问题”撰写报告，该小组于 2006 年 11 月初向秘书长提出了题为《一体行动，履行使命》（A/61/583）的报告。报告认为，联合国在发展、环境、人道主义等领域的工作零碎分散、软弱无力，存在治理效率不彰，经费没有可预见性等问题，敦促联合国进行大刀阔斧的改革，以便能够步调一致地履行其使命。该报告提出了众多相关的改革措施，其中之一就是设置一个主管两性平等和增强妇女权能问题的副秘书长职位，并整合联合国系统现有的妇女实体，以改变联合国在这一领域“缺乏一致性、资源不足且零碎分散”的现状。报告认为：“联合国需要以一个重点放在两性平等和增强妇女权能、富有活力的实体，来取代现有的几个薄弱的架构”。①

经过会员国 4 年的谈判，“联合国妇女署”终于诞生。2010 年 7 月 2 日，联合国大会一致投票赞成创立一个新的实体——“联合国妇女署”。这一新机构是在合并原有 4 个与妇女相关机构的基础上成立的。这 4 个机构是：提高妇女地位司、提高妇女地位国际研究训练所、秘书长两性平等问题和提高妇女地位问题特别顾问办公室以及联合国妇女发展基金。这一新实体的诞生被认为是联合国机构改革取得的一项重大成就。

整合原有联合国妇女机构、创建新的联合国妇女实体的目的是增强联合国在提高妇女地位事务方面的能力和效率。一方面，会员国希望联合国能在两性平等问题上提供更协调一致、更及时和切合需求的支持，并在国际社会给全世界妇女提供更大的发言权。另一方面，联合国希望通过该机构的建立改进联合国现有妇女机构的不足，比如缺少主导机构、缺乏协调一致性、机构零散、资金不足等。

“联合国妇女署”将于 2011 年 1 月开始正式运作，其负责人为副秘书长级别，向秘书长汇报工作。该机构的总部设在纽约，同时开展外勤工作，经费主要

① 见《一体行动，履行使命：联合国全系统在发展、人道主义援助和环境领域的一致性问题高级别小组的报告》，（A/61/583），http：//www. un. org/chinese/reform。

来源于联合国常规预算，也接受自愿捐助。估计这一机构的运作经费需要5亿美元，是合并前4个机构总预算的2倍。在2010年新一届联大开始时，刚刚上任的“妇女署”负责人呼吁会员国不仅要在政治上支持该署的工作，而且要在财政方面给予该机构相应的支持。

在众多提高联合国系统一致性的改革中，妇女机构的整合能够顺利完成，是因为这一改革得到的支持最广泛，存在的分歧最小，因而难度也最小。“妇女署”的建立有望提高联合国在解决全球两性平等问题上的能力和效率，使资源更加集中，对实施千年发展目标提出的“两性平等”将会有积极的推进作用。潘基文秘书长对该机构的成立给予了高度评价，他相信“联合国妇女署”的成立将极大地增强联合国在世界各地促进两性平等、扩大女性机会和反对歧视女性等方面的努力。①

（三）联大维和战略改革专题辩论

2000年，为了应对联合国维和任务所面临的各种新问题，前秘书长安南任命了一个由阿尔及利亚前外长卜拉希米（Lakhdar Brahimi）领导的“联合国和平行动问题小组”，就联合国维和体制改革提出了一整套具体建议。该小组提出的报告，即《卜拉希米报告》，被认为是对联合国维和体制改革具有里程碑意义的文件。为纪念该报告发表10周年，联大于2010年6月22日举行了有关维和问题的专题辩论，卜拉希米本人在巴黎通过视频向联大发表了主旨讲话。这是联合国大会第一次就维和问题举行专题辩论，目的是听取各方面的建议，探讨今后维和改革的可选择方案。

从《卜拉希米报告》提出到今天，联合国维和行动的规模在不断扩大。目前在全球四大洲，有10万多联合国维和人员在16个和平行动项目中执行任务。面对这种情况，卜拉希米本人也感慨万分。他在向联大发表的讲话中说：“十年前，当我们撰写报告的时候，我们没有预料到仅仅在不到一年之后，我们就要面对‘9·11’事件的后果。……当时没有人想到西欧的军队会重新戴上蓝色头盔，部署到黎巴嫩南部。也没有人想到，联合国维和部队会增加三倍，达到现在

① 《联合国成立新的机构促进男女平等》，人民网，2010年7月3日，http://world.people.com.cn。

的约 10 万人。接下来的 10 年，还会有更多让人感到吃惊的维和动态。”① 正是为了能为今后新形势下的维和行动提供新的战略指导和改革方案，自 2009 年以来，联合国上下启动了新一轮关于维和改革的讨论，联大有关维和问题的专题辩论把相关讨论推向高潮。

早在 2006 年，维持和平行动部提出的“和平行动 2010”（Peace Operations 2010）战略报告已经提出了相关的改革措施。改革集中于五个关键方面：保证人才、明确维和原则、建立伙伴关系、保障维和资源以及改进组织管理。② 自 2009 年以来，针对 60 年来联合国的维和实践经验和教训，以及目前维和中出现的各种问题，联合国启动了深化维和改革的讨论。以下两份报告中涉及的问题和建议是当前讨论的焦点。

2009 年 4 月，联合国维和行动部（Department of Peacekeeping Operations）和外勤支助部（Department of Field Support）委托国际合作中心（NYU Center on International Cooperation）提出了一份分析报告，题为《以卜拉希米报告为基础：在战略无常的时代的维和》（Building on Brahimi：Peacekeeping in An Era of Strategic Uncertainty），以推动联合国维和行动讨论的开展。该报告就维和政治、维和的战略、资源与授权、维和人员的部署与撤离，以及维和的管理与支助等方面，提出了一整套分析和建议。报告认为，联合国维和战略应该体现联合国作为维和行为体的战略优势，即联合国是唯一能使 5 个常任理事国和其他所有大国，包括新兴地区大国共同参与维和行动的组织。以西方国家为主的欧盟和北约可以执行联合国的维和行动，非洲联盟也可以在相关地区发挥其优势，但只有联合国可以提供具有政治多样性且可以胜任的维和行动选择，而联合国的维和行动必须得到 5 个常任理事国和其他所有大国的支持。③

2009 年 7 月，联合国维和行动部和外勤支助部以非正式文件形式提出了一份重要报告，即《新伙伴议程：描画联合国维持和平的新视野》（A New Partnership Agenda：Charting a New Horizon for UN Peacekeeping），该非正式文件发

---

① 《维和改革推动者卜拉希米谈联合国维和机制》，联合国电台，2010 年 6 月 22 日，http：//www. unmultimedia. org/radio/chinese/。

② 见联合国报告“Peace operations 2010”，http：//www. un. org/zh/documents/view。

③ 《以卜拉希米报告为基础：在战略无常的时代的维和》（Building on Brahimi：Peacekeeping in an era of Strategic Uncertainty）http：//www. un. org/zh/documents/view。

给了会员国及合作伙伴，目的是重新开启维和利益攸关方之间的对话，商讨在目前和未来行动中改善联合国维和行动的备选方案，呼吁为联合国维和行动建立新型伙伴关系。与前面报告相同，“新视野”报告强调联合国的维和行动是独一无二的全球伙伴行动，全球维和伙伴关系包括安理会、秘书处、维和人员提供国和东道国，包括联合国附属机构和相关组织、各基金和国际金融机构，也包括双边、多边和地区组织及非政府组织。报告认为，联合国维和正处在十字路口，只有建立新型的全球维和伙伴关系，才能解决维和面临的政治、军事和财政挑战。①

2010 年 6 月举行的联合国大会维和专题辩论就是围绕上述报告内容展开的，主题是“联合国维和——展望未来”。联合国维和部门官员、提供维和部队最多国家的代表等在辩论会上发表了意见。辩论涉及的主要内容包括：维和能力建设与伙伴关系；维和行动与政治意愿和政治支持，以及维和行动与冲突方国内政治进程之间的相互影响；可持续和平、建设和平与发展的关系等。

在讨论中，人们强调最多的一点是加强维和人员提供国、安理会和秘书处三方的关系，使维和的授权、执行和实施方之间建立起相互支持的伙伴关系，同时加强联合国与区域组织的伙伴关系。这一点也正是前面两个报告中特别强调的。在辩论发言中，印度、巴基斯坦、尼日利亚等提供维和人员最多的国家都强调，加强维和部队和警察提供国之间的交流，提高这些国家在安理会和秘书处维和决策过程中的参与是非常必要的。印度还提出，在安理会没有代表的维和部队提供大国，应该参加联合国第四委员会（特别政治委员会）和第五委员会（预算和行政委员会）有关维和方面的决策。

提供维和部队的发展中国家还呼吁发达国家更多投入联合国维和行动。传统维和行动倾向于由中小国家提供军队。如今，提供维和人员最多的发展中国家呼吁，发达国家不仅要在财政方面更多地投入维和，还应在人员方面更多投入。卜拉希米先生在发言中说：“维和负担应当由全体联合国会员国分担，而不仅仅只是发展中国家”，“发达国家贡献金钱，发展中国家贡献鲜血，这种区分是不可接受的”。② 在有关“全球维和伙伴”的讨论中，大国对维和的支持被认为是联

① 《新伙伴关系议程：探索联合国维持和平的新视》（A New Partnership Agenda：Charting a New Horizon for UN Peacekeeping），http：//www. un. org/chinese/peace/peacekeeping/。

② Sixty-fourth General Assembly Thematic Debate on Peacekeeping（AM & PM），General Assembly GA/10953，22 June 2010，http：//www. un. org/chinese/peace/peacekeeping/.

合国维和行动成功的关键，人们相信，“无论从政治、军事和财政方面看，大国对维和的投入都是至关重要的”。①

在谈论建立“全球维和伙伴关系”和“全球维和体系”时，人们一是期待美国的支持，二是期待印度、中国等新兴发展中大国的支持。期待美国支持联合国维和行动的人认为，与布什政府不同，目前的美国政府将联合国视为具有合法性的国际安全机构，美国驻联合国代表苏姗·赖斯把联合国维和行动称为其“国家利益的一部分”。期待中国发挥更大作用的人认为，中国可以利用安理会常任理事国地位，并借助迅速发展的经济、军事实力，以及中国在发展中国家的影响，帮助消除南北双方在维和问题上的分歧，为建立一个“包容的全球维和联盟”贡献力量。②

二　区域组织：一体化的新进展

区域组织和次区域组织是当今全球舞台上的重要行为体，是构筑多层全球治理和全球伙伴关系的重要组成部分。一年来，各主要区域组织在扩大合作、深化制度建设和推进一体化进程方面都做出了新的努力，在一些方面取得了历史性的进展。

（一）东盟落实共同体路线图

《东盟宪章》于 2008 年 12 月正式生效。这是东盟第一份具有普遍法律意义的文件，确立了东盟的目标、原则、地位和组织结构，对各成员国都具有约束力。根据《东盟宪章》，东盟共同体将由东盟经济共同体、东盟政治与安全共同体和东盟社会文化共同体这三大支柱组成，共同体将在 2015 年建成。2009 年 3 月在泰国召开的第十四届东盟首脑会议上，东盟签署了《东盟共同体 2009 ~ 2015 年路线图宣言》，为在 2015 年建成东盟共同体绘制出了完整的路线图。作为 2010 年东盟轮值主席国，越南政府专门成立了国家东盟委员会，负责推进东

① Fred Tanner：“Addressing the Perils of Peace Operations：Toward a Global Peacekeeping System”，*Global Governance*，Volume 16，Number2，Apr. – June 2010，p. 213.

② Fred Tanner：“Addressing the Perils of Peace Operations：Toward a Global Peacekeeping System”，*Global Governance*，Volume 16，Number2，Apr. – June 2010，pp. 213 – 214.

盟各项事务，并将这一年东盟系列活动的主题确定为“从愿景到行动：迈向东盟共同体”。越南总理阮晋勇年初表示，2010 年距 2015 年东盟共同体建成还有 5 年时间，对东盟来说是具有转折意义的一年。①

东盟共同体进程显然不是一蹴而就的事情，但最重要的变化是，东盟正从一个以经济合作为主的区域组织，迈向一个在经济、政治、安全和社会文化等方面高度一体化、制度化的区域共同体，并要求其成员国公民具有共同的价值观和“东盟人”的身份认同。继 2008 年《东盟经济共同体蓝图》之后，2009 年的东盟首脑会议又发布了《东盟政治安全共同体蓝图》和《东盟社会文化共同体蓝图》。“政治与安全共同体”的目标是要把东盟建成一个具有共同价值观念、遵守共同规则与规范、团结合作、和平稳定、承担共同责任的联盟。社会文化共同体的目标是要把东盟建成一个在发展水平、社会福利、社会公正与权利等方面逐渐趋同的联盟，并强调东盟成员国公民对统一的“东盟人”身份的认同。②

2010 年 4 月，第十六届东盟峰会在越南首都河内举行，会议通过了《东盟经济复苏和可持续发展联合声明》以及《东盟应对气候变化联合声明》等文件，重点强调要加快东盟共同体的建设，进一步提高效率，落实相关协议，积极推动《东盟宪章》的落实，实现 2015 年建成东盟共同体的目标。

除了经济一体化措施外，2010 年东盟在政治安全和社会文化领域也采取了一些新举措，以推动共同体的建设，具体行动包括：第一，加强东盟的机构建设和法律建设。这一年里，东盟国家领导人开始就继续完善东盟组织机构、改善活动方式、提高合作质量和效果等问题加强合作，并试图按《东盟宪章》规定，进一步完善组织的法律框架建设。第二，加强人权机制建设。2010 年 4 月的东盟峰会通过了关于东盟政府间人权委员会成立的宣言。7 月举行的东盟外长会议制订了东盟政府间人权委员会 2010 ~ 2011 年的工作计划。第三，加强非传统安全领域的合作。东盟国家就应对气候变化、粮食安全和生物能源开发合作、灾害应对等问题发表了声明，承诺在粮食生产和分配领域加强合作以保障粮食安全，

---

① 《东盟力争 2015 年实现经济一体化》，人民网，2010 年 3 月 2 日，http：//finance. people. com. cn/GB/11052621. html。

② 见《东盟政治安全共同体蓝图》（ASEAN Political-Security Community Blueprint）和《东盟社会文化共同体蓝图》（ASEAN Socio-Cultural Community Blueprint），东盟网站，http：//www. aseansec. org。

并加快东盟“10+3”紧急大米储备库的建立。东盟国家领导人还就加强应对恐怖主义、跨国罪犯以及加强海运安全等非传统安全方面的合作达成一系列共识。第四，进一步加强文化教育领域的合作。

2010 年，东盟在扩大组织的对外互动方面也取得了重要进展。东盟对俄罗斯和美国加入东亚峰会的愿望表示欢迎，希望在 2010 年底第十七届东盟峰会上能正式宣布邀请俄罗斯和美国加入东亚峰会。东盟还明确表示欢迎加拿大和土耳其加入《东南亚友好合作条约》，并一致同意签署《东南亚友好合作条约》第三修改议定书，从而为欧盟加入该条约做好准备。

（二）《里斯本条约》带动欧盟外交、防务体制改革

在 2009～2010 年度，欧盟机构改革取得了重要进展。2009 年 12 月 1 日《里斯本条约》生效，这是继《罗马条约》、《马斯特里赫特条约》之后欧盟史上又一具有历史意义的条约。《里斯本条约》又被称为“改革条约”，它的生效为多年停滞不前的欧洲一体化进程注入了新的动力，标志着欧洲一体化进程又步入了一个新的时期。根据《里斯本条约》（简称《里约》），欧盟实施了一系列新的机构改革，包括外交与安全机构的改革。

首先，欧盟对其领导体制进行了重大改革。根据《里约》，欧盟取消了轮值主席国制度，设立了常任欧盟理事会主席职位，主席任期为 2 年半，并可连任。此外，原欧盟共同外交和安全政策高级代表和欧委会对外关系委员两职位合二为一，设立了新的欧盟外交和安全政策高级代表，全面负责欧盟对外政策。2009 年 11 月 19 日，欧盟 27 国领导人在布鲁塞尔召开了特别峰会，一致选举比利时首相赫尔曼·范龙佩为首位欧洲理事会常任主席。同时，英国欧盟贸易委员凯瑟琳·阿什顿当选为欧盟外交和安全政策高级代表。从 2010 年 1 月 1 日起，欧盟有了自己的“总统”和“外长”，这对欧盟来说显然具有划时代的意义。

2010 年 2 月，欧盟举行了国防部长非正式会议，这是《里约》生效后首次欧盟国防部长会议。会议就加强欧盟军事力量和危机处理能力、推进欧盟共同安全和防务政策等问题进行了讨论，并达成多项共识。其一，组建欧盟快速反应部队。会议支持西班牙提出的关于组建一支联合快速反应部队，以应对突发事件和人道主义灾难的提议，并准备拟订一项具体方案。其二，确立国防部长会议机制。会议同意加强欧盟国防部长会议机制，并将此作为推进欧盟共同安全和防务

政策的一项重要内容，使该机制在欧盟军事能力建设和军事工业发展，以及人道主义救援等方面发挥重要作用。其三，巩固欧盟与北约的合作框架。欧盟及北约双方都表示要建立一个稳固的合作框架，加强合作与协调，以便优化资源、提高行动效率。

欧盟“对外行动署”（the European External Action Service，EEAS）的建立是一年来欧盟外交机构改革的又一重大成果。建立这一机构的倡议最早是由欧盟委员会副主席阿什顿提出的。根据《里斯本条约》，新的欧盟外交机构“对外行动署”或“外交署”将支持欧盟外交与安全政策高级代表的工作，负责协调欧盟外交决策的落实。2010 年 3 月，阿什顿在欧盟峰会上向与会的各成员国首脑提交了“外交署”组建方案，涉及该机构的职能、构成、预算、编制以及该部门与其他欧盟机构的权责关系等。

在强调欧洲为什么需要这样一个机构时，阿什顿说：“因为我们必须适应一个日益复杂的、力量不断变化的世界。我们只有把经济、政治、发展、安全、危机管理等所有方面的力量集合在一起，支持一个共同的政治战略，才能发挥我们的作用”。她认为这一新机构的建立能够使欧洲的外交决策超越传统，“为一个现代世界提供一种现代政策”。阿什顿说，她所要的“外交署”是一个有欧洲特色的、能够应对 21 世纪新挑战的机构，是能够加强欧洲全球作用一致性和有效性的机构，是欧洲所能提供的最好的机构。① 整合外交资源，提高效率，在外交上用一个声音说话，进一步提升欧盟在全球事务中的作用，这正是欧盟“外长”致力于建立一个统一、高效的欧盟外交行动署的目的。

经过欧盟委员会、欧洲议会等部门的反复磋商，各方终于就这一机构的组建方案达成共识。2010 年 7 月 8 日，建立这一新机构的方案在欧洲议会以压倒多数的支持获得通过。7 月 26 日，欧盟对外行动署正式宣告成立。“外交署”总部设在布鲁塞尔，包括一个行政管理中心和欧盟现有的 136 个驻外使团。该署人员数量大约为 6000 人，其中 4500 人派驻到欧盟境外的 130 多个欧盟大使馆。欧盟希望该机构能在 2010 年 12 月 1 日前开始运转，以庆祝《里斯本条约》生效一周年。

---

① Catherine Ashton, High Representative of the Union for Foreign Affairs and Security Policy / Vice-President of the European Commission, Introductory remarks at presentation of the proposal for the European External Action Service (EEAS), Brussels, 25 March 2010, http://europa.eu/rapid/pressReleasesAction.

欧盟“外交署”主要由六大部门组成：预算和人事部门、全球事务部门、多边机构关系部门、邻国关系部门、工业化国家关系部门和发展中国家关系部门。其中全球事务局负责气候变化、人权和推进民主化等方面事务；多边机构局负责欧盟与联合国、G20 等国际组织关系方面的事务；邻国关系局主要负责欧盟与俄罗斯、中亚和中东等国家的关系；工业化国家局负责处理与美国、日本等发达国家的关系，中国也被包括在内；发展中国家局则负责处理与其他发展中国家的关系。此外，“外交署”还设立了情报中心和军事参谋处等部门。由此可见，欧盟这一新外交机构的网络伸展到全球的各个地区，涉及全球问题的方方面面。

（三）拉美的一体化进程

拉美地区的区域和次区域组织十分发达，如现有的南美洲国家集团、里约集团、美洲玻利瓦尔联盟、加勒比国家联盟组织等。在这一年里，美国与哥伦比亚关系问题、委内瑞拉与哥伦比亚关系问题，严重影响了该地区的团结，暴露出拉美地区一体化的脆弱性和局限性。但即便在这种情况下，该地区仍然做出了一些加强区域团结、推进一体化建设的努力。

南美洲国家联盟是 2008 年 5 月正式成立的。其前身是南美洲国家共同体，成员包括阿根廷、玻利维亚、巴西、哥伦比亚、智利、厄瓜多尔、圭亚那、巴拉圭、秘鲁、苏里南、乌拉圭和委内瑞拉 12 个国家。由于该组织秘书长职位长期空缺，影响了组织的运转。在 2010 年 5 月举行的南美洲国家联盟特别首脑会议上，阿根廷前总统内斯托尔·卡洛斯·基什内尔当选为联盟首任秘书长，主要任务是协调该组织的内部事务和议事日程。秘书长的产生无疑有助于该联盟的合作与发展。正如委内瑞拉总统查韦斯所说，秘书长的产生将使南美洲国家联盟更具组织化，成员国将更好地团结在一起，共同发展。① 一年来，新选出的秘书长在调解该地区外交冲突中发挥了非常积极的作用。

此外，南美洲国家联盟会议还通过了《地区能源一体化行动大纲》和《南美能源协议框架》，标志着南美洲国家在能源一体化方面又迈进了一步。2009 年 3 月，南美洲国家联盟还成立了南美洲国家防务理事会，以推动南美洲地区国家

① 《南美洲国家联盟特别首脑会议显现三大亮点》，国际在线专稿，2010 年 5 月 5 日，http：//www. fxrbs. com/news。

之间的防务合作，更好地化解地区危机。2010 年 5 月，该联盟批准建立南美洲国家联盟教育、文化、科技和创新委员会，并准备建立人权委员会。这些举措都是加强区域一体化的重要步骤。

拉美地区另一个重要组织是里约集团，该集团成立于20 世纪 80 年代，由孔塔多拉集团（哥伦比亚、墨西哥、委内瑞拉和巴拿马）和利马集团（巴西、阿根廷、乌拉圭和秘鲁）的 8 个国家组合而成。该集团是拉丁美洲和加勒比地区重要的政治对话和协调机构，其宗旨是就国际和拉美地区政治、经济、社会等重大问题进行磋商与协调，采取共同行动，以促进该地区的一体化事业。包括加勒比共同体在内，该集团现有 23 个正式成员。

2010 年 2 月，里约集团首脑会议暨拉美和加勒比联盟峰会在墨西哥的坎昆举行，会议通过了《坎昆宣言》，成员国一致同意成立一个新的区域组织——拉美及加勒比国家共同体，以推动该地区的一体化进程。在 2008 年，当时的墨西哥总统卡尔德隆就提出要建立一个没有美国和加拿大参加的拉美及加勒比联盟，该建议得到了拉美及加勒比国家的广泛认同。目前这一地区联盟成立的程序已正式启动，新联盟有望在 2011 年委内瑞拉峰会或 2012 年智利峰会上完成筹划工作，正式开始运作。墨西哥总统卡尔德隆表示，这一新联盟将成为所有拉美及加勒比国家的共同空间，有利于推动地区一体化进程。①

2010 年 7 月 3 日，“拉美及加勒比共同体”外长会议在委内瑞拉首都加拉加斯举行，来自 30 个国家的外长和代表发布了共同声明，一致表示要通过共同体的建立推动该地区的一体化进程。外长会议决定于 2011 年 7 月 5 日召开共同体第一届首脑会议，由委内瑞拉和智利联合担任 2010 ~ 2012 年度的轮值主席国。

拉美及加勒比共同体的筹划是一个积极信号。一个没有美国和加拿大参加的拉美和加勒比共同体注定会面临诸多不确定因素，但正如其成员国所期待的，新共同体的建立无疑将会推动该地区的一体化进程，并提升拉美地区在国际社会中的话语权。

---

① 《拉美及加勒比国家共同体将成立》，新华社，2010 年 2 月 24 日，http：//news. xinhuanet. com/video/。

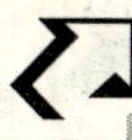

三　跨地区集团：谋求新的定位

这类集团组织与常规国际组织不同，没有固定章程、没有常设秘书处和执行机构，不具备法人资格。近些年来，这类集团的崛起引起广泛关注。在2009～2010年度，人们关注最多的当然是G8与G20。G77、不结盟运动等一些冷战时期形成的国家集团虽然并不活跃，但也在对其宗旨和战略进行调整，以适应新形势和新任务的需要。无论G8、G20还是G77，这些集团都面临一个不断适应、调整新定位的问题。

（一）G8与G20的角色转换

2009年9月，在G20匹兹堡峰会上，G20取代了G8，成为世界经济合作的主要论坛。于是，人们开始谈论G8的终结和G20的崛起。从一年来的情况看，很难说G8完全被G20取代。应该说这两个集团都完成了一次角色转换，将在全球舞台上发挥各自不同的作用。

G8的角色转换体现在从一个全球主要经济论坛转变为一个关注全球重大问题的小集团。G8建立的初衷是为共同解决世界经济和货币危机，协调经济政策，重振西方经济。G8在经济领域影响力强大，在社会、政治与安全领域的影响比较弱。自丧失其全球经济论坛地位之后，G8在全球经济领域退居二线，但社会发展、和平与安全、气候变化等被提升为G8关注的重点问题。在2010年6月举行的G8加拿大峰会上，讨论议题已经转移到发展问题和其他有关世界和平与安全问题上，如伊朗核问题、朝鲜半岛局势、气候变化和能源问题等。阿尔及利亚、埃及、埃塞俄比亚、马拉维、尼日利亚、塞内加尔、南非以及哥伦比亚、牙买加、海地等10个国家的领导人应邀参加了G8峰会特别会议，G8+5不再继续。从这些迹象可以看出，G8已经完成了角色的转换，正向着一个新的方向发展。

G8在促进自由、民主、人权和法治等共同价值方面具有一致性。加拿大总理哈珀说："共同的价值观是G8成功的核心，它使G8成为一个能够迅速采取行动、协调一致的机构"。① 这就使G8可以在许多问题上采取共同立场，例如该集

① 加拿大总理哈珀：《2010年八国集团首脑会议的贡献》，2009年11月28日。多伦多大学G8研究中心，徐婷译，http：//www. g8. utoronto. ca/scholar/g8. －2009. pdf。

团在控制大规模杀伤性武器、反对恐怖主义和有组织犯罪、应对气候变化等问题上能取一致立场。天安舰事件发生后，G8 谴责朝鲜发动了对韩国军舰的袭击。G8 领导人在对伊朗问题的立场也是明确的，他们呼吁伊朗领导人尊重法治和言论自由，要求联合国对伊采取更严厉的制裁。

从 2010 年首脑会议内容看，G8 虽然在经济方面让位于 G20，但并没有放弃其作为一个发达国家俱乐部的论坛地位。G8 除了继续协调其经济立场外，已将其关注范围定位在更广泛的“四大重要领域”，包括全球经济、气候变化、发展以及民主治理，并试图在这些方面保持其引领作用。

自 2009 年 9 月 G20 峰会以来，作为国际经济合作的主要论坛，G20 在应对全球金融危机和改革国际金融与货币体制方面作出了贡献。同时，在加强自身制度化、机制化建设方面也迈出了第一步。2009 年峰会决定，G20 将在 2010 年举行两次峰会，即加拿大峰会和韩国峰会，自 2011 年起 G20 将每年举行一次首脑会议。[①] 在 G8 完成其角色转换的同时，G20 也在进行角色的转换，即从一个无足轻重的、漫不经心的松散会议，开始向一个制度化的全球经济合作集团方向迈进。

2010 年 6 月，紧随 G8 峰会，G20 第四次峰会在加拿大多伦多举行，这次会议是 G8 峰会与 G20 峰会首次在同一国家举行。会议发表了《G20 多伦多峰会宣言》，与会领导人强调采取进一步行动，推动世界经济全面复苏。与前面的 G8 会议有所不同，此次会议的主要议题集中于对世界经济形势、国际金融机构改革、国际贸易和金融监管等问题的讨论。

与 G8 相比，G20 是发达国家和新兴国家的组合，是全球最大经济实体的代表，具有更强大的影响力和更广泛的代表性。G20 的逐步制度化无疑是一种趋势，目前相关的讨论正在进行，各种建议和方案不断被提出。例如美国布鲁金斯学会一项研究报告建议，G20 应模仿 G8 的会议模式，还应该设立一个类似欧盟“三驾马车”式的领导结构，即本年度轮值主席国和前两次轮值主席国共同组成“三驾马车”发挥领导作用。[②] 另一些方案则建议把 G20 变成联合国系统的一个机构。

① 《G20 发表领导人声明二十国集团峰会将机制化》，人民网，2009 年 9 月 26 日，http：//world. people. com. cn。

② 庞中英：《G20：没有远虑必有近忧》，新华网，2010 年 3 月 17 日，http：//news. xinhuanet. com/world。

毫无疑问，G20 在全球舞台上的作用和影响将不断上升。但目前的 G20 还处于起步阶段，内部缺乏一致性和凝聚力，利益和价值差异大，有关制度化的各种方案还在讨论之中。金融危机之后的 G20 会走向何方，整个世界都在关注。

（二）不结盟运动和 77 国集团寻求新的定位

不结盟运动和 77 国集团是冷战时期建立，由广大发展中国家构成的两个集团。这两个集团组织形式松散，制度化程度低，但它们成员众多，在联合国各机构和其他主要国际经济机构中都有参与。77 国集团目前有 133 个成员国，不结盟运动有 118 个成员国。这两个集团的成员国超过或接近联合国会员国的 2/3，人口占世界总数的 55% 左右。中国虽然不是 77 国集团和不结盟运动的正式成员，但一贯重视和支持这两大发展中国家集团。中国在 1992 年成为不结盟运动的观察员国，在联合国也经常站在 77 国集团一边，形成一个“77 国加中国”阵营。

这两个发展中国家的集团在政治立场和价值上有其传统特征，即一贯反对帝国主义、霸权主义和殖民主义，主张建立公正、平等的国际政治经济秩序，捍卫发展中国家独立、平等的权利。两集团支持主权完整和国家平等、不干涉内政等原则，反对在人权、武器控制等问题上采取双重标准。它们一贯支持巴勒斯坦的斗争，反对制裁伊朗、古巴等国家。在气候变化、千年发展目标、可持续发展等问题上，它们也采取相同的立场，呼吁发达国家兑现对发展中国家的承诺。此外，两大集团支持联合国改革，对当今联合国的大国主导结构持批评态度，呼吁建立国际民主。

不过，随着时间的推移和国际大环境的变化，两大集团的作用和必要性受到了质疑，同时也面临 G20 等新兴集团组织的挑战。如何在新时期继续发挥作用，是这两大集团面临的一个共同问题。从 2009 年和 2010 年这两年的活动来看，这两大集团正在努力调整，以适应新形势、新任务的需要。

2009 年 7 月 15 日，第十五届不结盟运动首脑会议在埃及举行，来自 118 个成员国的领导人、官员及国际组织的代表出席了会议。大会通过了对不结盟运动未来 3 年发展具有指导意义的最后文件和行动纲领——《沙姆沙伊赫宣言》，探讨了如何让不结盟运动在新的世界政治经济形势下更好地发挥作用。

《沙姆沙伊赫宣言》的签署被视为不结盟运动实现“自我转型”的积极努力。当选的不结盟运动主席埃及总统穆巴拉克强调说，在新的国际形势下，所有成员国应该共同努力，寻求新的方式，推动不结盟运动在国际舞台上发挥更大作用。①

在新形势下，维护世界和平与安全、多边主义、可持续发展，以及联合国倡导的自由、平等、团结、容忍、相互尊重等国际关系基本价值，已经成为不结盟运动基本原则和宗旨的新内容。不结盟运动于2010年3月17日在菲律宾首都马尼拉举行部长级特别会议，会议着重探讨了如何推动不同文化和宗教信仰间的对话与合作，强调通过文明对话促进全球和平与发展。② 会议还就解决金融危机、核不扩散、粮食安全、能源合作等问题进行讨论和协商。解决成员国所面临的社会公正问题，消除贫困，预防传染病，以及应对全球化时代的各种不利影响，这些都已成为不结盟运动关注的新重点。这次会议反映了该集团在政治立场、价值和任务上的新变化。

以经济、贸易和发展问题为关注点的77国集团也对其任务进行了调整。除了继续应对全球金融和贸易问题外，77国集团力图在气候变化、联合国改革、千年发展目标、南南合作等广泛领域加强协调，努力维护发展中国家的利益。2010年9月28日，联合国秘书长潘基文在77国集团第24届外长年会上发表讲话时说，“77国集团+中国”的积极参与是有效应对可持续发展问题的关键，尤其是在能源、环境、粮食安全以及气候变化等领域。他呼吁有关国家进一步发挥领导作用，相信77国集团的参与和支持对联合国在全球治理中的作用具有重要意义。③

四　趋势与启示

总结这一年来全球主要国际组织的活动，以下三个方面的问题是值得注意的。

① 《埃及总统呼吁共同努力推动不结盟运动继续发展》，新华网，2009年7月16日，http://news.xinhuanet.com/world。

② 见2010年不结盟运动马尼拉会议宣言（Manila Declaration and Programme of Action on Interfaith Dialogue and Cooperation for Peace and Development, Manila, Philippines), 16 - 18 March 2010。

③ 《潘基文：77国集团的积极参与对可持续发展问题至关重要》，联合国电台，2010年9月28日，http://www.unmultimedia.org/radio/chinese。

（一）国际组织超越地域和领域边界的扩大趋势

近年来，各主要国际组织的成员国和观察员数量都有扩大，这种扩大越来越超出组织的地域边界，而且国际组织之间的横向合作也变得更加密切，如非盟与阿盟的合作，东盟与欧盟的合作等。2010 年东盟准备邀请美国、俄罗斯参加东亚峰会，并准备批准加拿大、土耳其及欧盟加入《东南亚友好合作条约》。

国际组织的另一种扩大表现为职能单一型组织向综合型组织发展。一些单一安全类组织开始关注气候变化、金融、粮食等问题。如前所述，全球的和平与安全、气候变化、国际发展以及民主治理等已经成为 G8 的关注重点。东盟正努力通过《东盟宪章》和“三大共同体”蓝图的落实，把自己建设成一个经济、政治和社会文化三位一体的综合共同体。不结盟运动作为一个以独立、中立为原则，以反帝反殖反霸为使命的政治组织，如今已经转向关注成员国政治、经济与社会问题和各类重大全球问题的集团。面对这种趋势，“金砖四国”不可避免地会面临成员扩大的问题，G20 也不可能将其议题只限于国际经济和金融领域。

（二）在全球治理中的竞争与合作

随着 G20 这类集团的发展，以及欧盟、东盟、非盟等区域组织一体化进程的深入，国际组织在应对全球问题上的作用和影响不断上升，联合国、区域与次区域组织、跨地区集团之间的合作也不断扩大。在这一年里，关于如何改进和完善一个包括所有国家和国际组织在内的多层全球治理体系的讨论更加热烈。代表全球最强大经济力量的 G20 被重视与被看好是显而易见的，但不少中小国家则仍然支持最具代表性与合法性的联合国，认为 G20 只是一个自命的大国俱乐部而已。反对者则认为，联合国虽然具有更广泛的代表与合法性，但缺乏一致性，缺乏效率，难以协调，因而更多寄希望于 G20 在全球舞台上发挥核心协调作用，并且“在某些职能上取代联合国”。[①] 2010 年 3 月 25 日，联合国大学举办了关于“全球治理：G20 与联合国”的研讨会，讨论内容涉及如何确保 G20 的行动和决策能够加强联合国而不是损害联合国，以及如何建立一个能够协调联合国和 G20 关系的框架。这方面的讨论不仅反映出不同的学术观点，也反映出目前全球各组织和集团之间在全球治理上的竞争。

---

① 《联合国软弱无力或被 G20 取代》，2010－09－23，http：//global. dwnews. com/news。

2010年9月，新一届联大就是在这种气氛中开始的。在一般性辩论开幕式上，瑞士前联邦主席、联合国56届联大主席戴斯（Joseph Deiss）提醒人们关注联合国面临的边缘化威胁。他说“诸如G20等实体所发挥的作用不容否认。……然而，当前有一个关键和迫切的需要，那就是在不同行为体之间搭建起合作的桥梁。……这只有联合国和联大能够做到。”[①] 戴斯的发言代表了一些国家对联合国可能被G20等国际组织弱化和边缘化的担忧。

从未来的趋势看，尽管各组织和集团之间存在竞争，但绝非是谁取代谁那么简单。联合国、区域组织及G20集团等各有各的优势，也各有各的无奈。毫无疑问，它们将在全球舞台上发挥不同作用，可以协调、合作、互补，成为多层全球治理体系中不可缺少的组成部分。

（三）国际组织发展趋势对中国的影响有利有弊

从国际组织发展趋势对中国的影响看，有积极一面，也有不利一面。一方面，中国被期待在国际组织中发挥更大的作用，正如潘基文访问中国时所说：中国的全球影响力正不断扩大和发展，联合国“需要中国进一步参与，并给予更多、更大的支持”。[②] 根据联合国2010～2012年成员国会费分摊计算，中国的正常会费分摊比重从2009年的2.667%增长到3.189%，维和费用从3.1474%增长到3.9390%。这次调整使中国这两类摊款比重分别在联合国成员国中排第八和第七位。这种趋势为中国提升在多边国际组织及全球治理中的地位和作用提供了更大的空间。

另一方面，中国也面临来自诸多不同类型国际组织的挑战。从这一年情况看，比较突出的是：第一，其他大国和周边国家通过国际组织制约和抗衡中国的意图更加明显，在亚太地区尤其突出，例如东盟试图与美、俄、印、澳等国一起构筑对中国的制约，印度则坚持把中国排除在南亚区域合作联盟正式成员之外。第二，在气候变化、安理会改革、领土纠纷等问题上，国际组织和国家集团对中国施加的压力越来越大。第三，在经济合作与发展援助方面，G8、欧盟等明显加强了与发展中国家区域组织的关系，对中国构成更大的竞争压力。

---

① 《第65届联大主席戴斯呼吁警惕联合国被“边缘化”》，联合国电台，2010年9月23日，http：//www.unmultimedia.org/radio/chinese/。

② 《潘基文在华演讲：联合国需中国进一步参与》，中国网，2008年7月2日，http：//www.china.com.cn。

参考文献

Letter From The Chair of The Intergovernmental Negotiations on Security Council Reform, 26 May 2010, http://www. un. org/ ga/ president.

Building on Brahimi: Peacekeeping in an Era of Strategic Uncertainty, http://www. un. org/ zh/ documents/ view.

A New Partnership Agenda: Charting a New Horizon for UN Peacekeeping, http://www. un. org/ chinese/ peace/ peacekeeping/.

ASEAN Political-Security Community Blueprint, http://www. aseansec. org.

ASEAN Socio-Cultural Community Blueprint, http://www. aseansec. org.

Manila Declaration and Programme of Action on Interfaith Dialogue and Cooperation for Peace and Development, Manila, Philippines, 16 - 18 March 2010.

Global Governance, Volume 16, Number2, Apr. - June 2010.

《一体行动，履行使命：联合国全系统在发展、人道主义援助和环境领域的一致性问题高级别小组的报告》(A/61/583), http://www. un. org/chinese/reform。

联合国网，http://www. un. org。

新华网，http://www. xinhuanet. com。

人民网，http://www. people. com. cn。

欧盟网，http://europa. eu。

东盟网，http://www. aseansec. org。

不结盟运动网，www. namegypt. org。

77 国集团网，http://www. g77. org/。

全球政策网，http://www. globalpolicy. org/home. html。

International Organizations in 2010: Construction of Mechanisms and Global Governance

Li Dongyan

Abstract: In 2009 - 10, the world's key inter-governmental organizations and national groups undertook a number of institutional reforms. In the United Nations, the Security Council reform entered the stage of text-based inter-governmental negotiations.

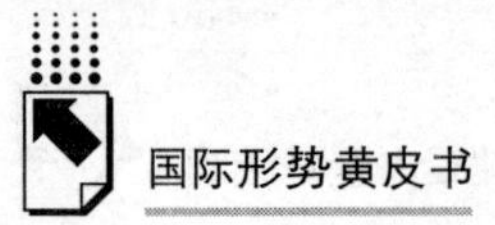

As a result of the reform to create "system wide coherence", a new UN entity, "UN Women" was established this year. Reform of peace-keeping strategies was also a popular topic at the UN. With regard to regional organizations, ASEAN is accelerating implementation of the "three communities" roadmap, a series of EU institutional reforms were completed after the Treaty of Lisbon went into effect on December 1, 2009, and a new regional organization, the "Community of Latin American and Caribbean States" was created. During this year, the G20 replaced the G8 as the most important economic forum in the world, and the G8 shifted its focus to comprehensive global issues. In view of this new situation, the non-aligned movement and the Group of 77 also made some adjustments.

Key Words: International Organizations; Institutional Reform; Global Governance

Y.13

世界政党政治的新动向

金 鑫[*]

摘 要：2010年的世界政党形势总体稳定，但热点不少。发达国家深受金融危机困扰，经济社会形势不佳冲击多国执政党，朝野力量围绕发展理念和政策取舍进行激烈对抗和博弈。金融危机没有改变欧洲中左政党影响力下滑的趋势，右翼主导欧洲政坛的基本政治格局进一步巩固。发展中国家“民主转型”呈现多样化趋势，有些国家政坛乱象丛生，有些国家政权有序轮替。社会主义国家执政党重视加强党的执政能力建设，在政治、经济和党的建设等方面频繁推出新举措。为适应时代变化对党的建设带来的新挑战，各国主流政党纷纷采取措施，积极推进党建创新，努力塑造新型现代政党形象，国外政党加强党的自身建设的相关做法值得我党参考借鉴。

关键词：政党政治 金融危机 党的建设

2010年，世界上有40多个国家先后举行全国和地区性选举，多数国家政局总体稳定，少数国家局势动荡。债务危机深刻影响着一些国家政党政治的发展和演变。许多国家选情胶着，“无多数议会”在一些国家频繁出现，各种形式、各种组合的联合执政成为趋势。各种意识形态并存，不同理论主张推陈出新，党派沉浮与经济社会治理紧密相连，政党自身建设和现代化步伐加快。世界政党形势中出现的新情况、新动向，对国际和地区形势产生重大影响。

* 金鑫，中联部《当代世界》杂志总编，教授，主要研究领域为：政党政治、国际政治思潮、大国关系等。

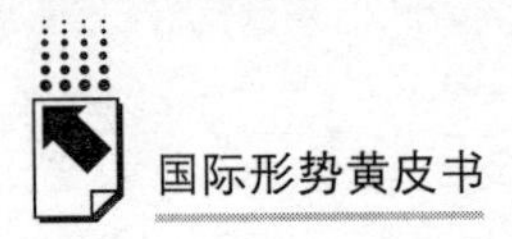

一　世界各地区政党形势的基本特点

受国际政治经济形势以及各国内部因素的影响，2010 年的世界政党形势总体稳定，但稳中有变，变中有乱，热点、亮点不少。金融危机没有改变欧洲中左政党影响力下滑的趋势，右翼主导欧洲政坛的基本政治格局进一步巩固；发展中国家政治民主化进程曲折多变，一些国家频繁上演“街头政治”，政党政治成熟尚需时日。社会主义国家执政党频繁推出新举措，注重加强党的执政能力建设。

（一）发达国家深受金融危机困扰，经济社会形势不佳冲击多国执政党，朝野力量围绕发展理念和政策取舍进行激烈对抗和博弈

1. 美国、日本、澳大利亚等国反对党以执政党应对金融危机不力为由，频繁向执政党施压，执政党施政难度加大，政治影响力有所下滑

美国总统奥巴马上台后，以改革医保和促进经济复苏、扩大就业等议题为施政重心，改革动作很大，牵涉面很广。但施政效果并不显著，美国经济复苏势头并不稳固，失业率长期维持在 10% 左右的高位，国债突破 13 万亿美元，民众不满情绪蔓延。尤其是失业率问题为共和党人提供了“政治炮弹”，他们屡次利用高失业率抨击民主党，称其未能让美国人摆脱危机，有共和党人给奥巴马贴上了“失业总统”的标签。民主党所推行的医保改革进一步激化了同共和党及其所代表的社会阶层和利益团体之间的矛盾，在关于医保改革的议会历次投票表决中，共和党人几乎无一例外地投了反对票。加上处理墨西哥湾原油泄漏事件不力，奥巴马的支持率下滑。民主党继年初联邦参议院重要议席补选失利后，中期选举前景不容乐观，国会控制力有所减弱，共和党实力和士气有所恢复。

反对奥巴马的不仅仅有共和党，还有“茶党”这一主要代表偏右保守势力的新兴政治力量。“茶党”是在抗议奥巴马的税收政策的运动中兴起的，“茶党”在 2010 年多次举行声势浩大的示威游行活动，反对奥巴马的财税政策，反对经济刺激计划，指责该计划造成了高额预算赤字，导致税收增加，要求政府停止用财政拨款刺激经济。该党拒绝强大政府，强调有限政府，主张限制联邦政府权力，将权利还给州政府和民众。“茶党”反对医疗改革，认为新的医疗改革措施增加了已经享有医保公民的负担，在短期内造成巨大财政赤字。共和党“借力

打力”，煽动民众反对奥巴马新政，对民主党政府形成一定的牵制。

2010年，日本政局变化令人眼花缭乱。5月28日，日本民主党党首、首相鸠山由纪夫迫于美方压力推翻自己的承诺，决定将冲绳普天间美军基地迁往县内名护市边野古地区施瓦布军营附近沿海，被冲绳县民视为背叛，联合执政的社民党党首福岛瑞穗作为阁僚之一拒绝在内阁会议决定上签名而被首相免职。30日下午，社民党决定退出民主党领导的联合政权。6月2日，鸠山由纪夫宣布，因其本人对普天间美军基地搬迁等问题处理不当导致联合政权分裂，以及因为政治资金问题失去国民信任等原因，决定引咎辞职。鸠山由纪夫上台仅8个月就宣告辞职，原因之一是执政政绩不佳。2009年9月，鸠山由纪夫组阁之初支持率高达75%，表明国民对民主党新政权革故鼎新、改善民生寄予厚望。但执政以来，政治改革阻力重重，进展缓慢。经济上节流效果不彰，主要阁僚经济理念各异，提振经济缺乏手段。民生方面由于财政捉襟见肘，不少惠民承诺大打折扣或根本没有实行。此外，2009年以来，民主党高层连连涉及政治资金丑闻，鸠山由纪夫以归罪秘书、补缴税款了事，民主党干事长小泽一郎由于缺乏证据而免予起诉，但国民对此并不原谅。

6月4日上午，曾任民主党党首和鸠山内阁副首相的菅直人在民主党众参两院议员总会的党首选举中当选新党首，根据程序，在6月4日下午的国会提名选举中当选新首相。菅直人内阁成立仅一个多月，就面临日本第22届国会参议院选举。日本执政联盟在7月11日举行的参议院选举中失利，在野党占据了参议院过半数议席。民主党在此次参议院选举中获得44个议席，而与民主党联合执政的国民新党没有获得议席。最大的在野党自民党赢得51个议席，成为参议院选举的最大赢家。

本届参议院选举是民主党2009年9月上台以来举行的首次国会选举，也是对民主党政权的一次“大考”。在野党在参议院占据过半数议席，日本再次出现了朝野政党分控众参两院的“扭曲国会”。民主党败选原因有三：一是日本首相、民主党党首菅直人在未经党内充分酝酿并缺乏制度设计的情况下贸然抛出提高消费税的议题，并且没有在这个问题上对国民进行充分的说明。二是民主党执政能力不足令国民失望，尤其是民主党高层金钱丑闻导致民主党政权威信下降。三是民主党内部不团结，相互拆台，没有形成合力。最大在野党自民党无疑是本次选举中的最大赢家，这也为该党在下一次的众议院选举中重夺政权奠定了基础。

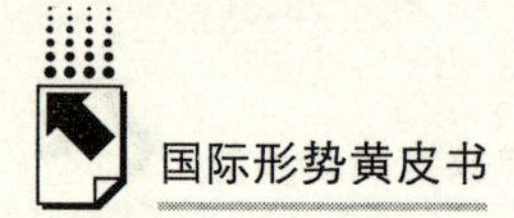

6月24日，澳大利亚工党领袖、政府总理陆克文宣布辞职，成为澳大利亚40年来任期最短的总理。工党副领袖、副总理杰拉德在党内投票中全票当选工党领袖，成为澳大利亚首位女总理。澳大利亚工党在8月大选前突然易帅引起国际社会的广泛关注。陆克文辞职的原因很多，最主要的原因是政策失误引发国内各界不满。陆克文执政以来，在应对气候变化、医疗、税收制度改革等方面许诺多，兑现少。尤其是在居民住宅隔热层安装项目、学校改扩建工程等方面问题频出，迫于压力决定推迟实施减排方案使其诺言落空，成为反对党和舆论攻击的把柄。其所推行的向矿产资源企业加征40%的"资源超级利润税"的改革措施，引起澳资源企业、反对党和在资源矿山企业中有投资利益者的强烈反对，各界示威不断，陆克文的支持率大幅度下降。为防止工党大选败北，工党内部发动"逼宫夺权"，陆克文被迫下台，成为澳工党历史上首位未能任满第一任期的总理。

8月21日，杰拉德接任总理不到两个月，澳大利亚就举行了联邦议会选举，杰拉德领导的工党与艾伯特领导的反对党自由党-国家党联盟支持率不相上下。在众议院150个议席中，自由党-国家党联盟获得73席，执政的工党只获得72席，剩余5席由绿党和4个独立派人士瓜分。由于没有一个政党获得组阁所需的过半席位，澳大利亚产生了70年来首个"无多数议会"。在8月21日投票后的17天里，杰拉德和艾伯特分别对独立派议员展开激烈争夺，最终杰拉德在1名绿党议员和3名独立议员的支持下，以76∶74席的微弱优势"战胜"艾伯特领导的自由党—国家党联盟，获得组阁权。尽管工党获得组阁权，但绿党和独立议员成为澳大利亚议会和政府内的平衡器，对工党施政带来挑战。

相比上届大选，澳大利亚工党此次大选的支持率明显降低，在2007年的大选中工党获得79席，自由党只获得48席，国家党获得10席。工党支持率走低的原因除了政策失误、内部派系纷争不断外，反对党竞选策略得当也是主要原因。反对党领导人艾伯特2009年12月上任后，加大对工党的攻击力度，猛攻杰拉德总理的"合法性"和陆克文失误决策等软肋，指责工党在气候变化、资源税改革等方面的政策错误，批评工党的经济刺激措施导致浪费，这些攻击收到较好成效。反对党在医疗、社会保障等领域刻意向工党有关政策靠拢，对中间选民形成一定吸引力。

2. 欧洲政坛格局稳中有变，金融危机没有改变中左政党影响力下滑的趋势，右翼主导的基本政治格局进一步巩固

2010年欧洲一些国家的选举结果表明，欧洲"右强左弱"的政党格局不仅没有改变，相反继续朝着有利于右翼的方向发展。按照大选时间先后排序，匈牙利、英国、捷克、荷兰、斯洛伐克、瑞典等国先后举行大选，由于没有提出切实可行的应对金融危机的政策措施，中左政党在大选中接连失利，右翼政党在英国、匈牙利、捷克、斯洛伐克等国上台执政，巩固了欧洲“右强左弱”的政党格局。

2010 年 4 月，匈牙利议会举行苏东剧变以来的第六次大选，最终结果是最大的反对党青民盟获得超过总数 2/3 的议席，而执政已 8 年的社会党遭受惨败，匈牙利政治格局发生重大改变，呈现前所未有的“一党独大”局面。

右翼政党青民盟之所以在匈政坛独占鳌头，主要原因在于匈牙利社会党没有有效应对金融危机。2008 年底爆发的金融危机使匈牙利沦为重灾区，经济几乎陷于崩溃，严重影响百姓的日常生活。11% 的高失业率和 250 亿美元的国际贷款使选民丧失对社会党的信心，纷纷将希望和注意力投向最大的反对派青民盟，期望新党派、新政府上台后能够有所作为。在大选前，青民盟对社会党的执政能力大加挞伐，青民盟提出，匈牙利经济之所以陷入困境，是因为社会党在执政期间实行过度开放的金融政策和不负责任的借贷，使匈牙利在金融危机面前陷于被动地位。青民盟指责社会党出卖了国家利益，并提出迎合人心的保护匈牙利民族和国家利益的政策主张，如保护匈牙利土地和本土产品、与国际货币基金组织重谈贷款条件等。青民盟的政策主张迎合了选民求变的心理，最终轻易夺取政权。自东欧剧变后，以匈牙利社会党和青民盟为代表的左右两大势力始终势均力敌，相互制衡，轮流坐庄，形成两党对峙格局。而此次选举却彻底颠覆原有平衡，力量对比演变为“右强左弱”，左翼失去原有优势，右翼成为主导政坛的政治力量。

5 月 7 日，英国议会下院选举结果揭晓，主要反对党保守党获得议会 650 席中的 306 席，成为议会第一大党，执政党工党获得 258 席，失去多数党地位。反对党自民党获得 57 席。由于没有任何一个政党赢得单独组阁所需要的过半席位，新政府无法立即产生。在议席均不过半的情况下，自民党成为工党和保守党竞相争取的对象。经过激烈博弈，5 月 11 日，保守党同自民党合作，组成英国第二次世界大战以来首个联合政府，开辟英国新政治时代。英国保守党 13 年后东山再起，年仅 44 岁的领袖卡梅伦任首相，系英国 200 年来最年轻的首相。英国第三大党自民党继在地方执政或参政后 70 年来首次进入中央政府，比卡梅伦小 1 岁的领袖克莱格任副首相。

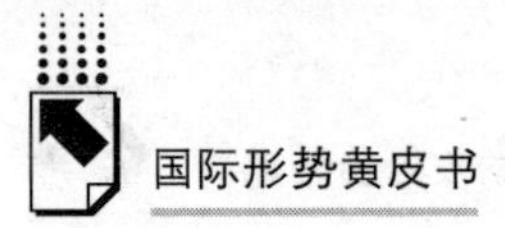

保守党之所以赢得选举，主要原因是工党在布莱尔首相执政后期以及布朗首相执政期间政绩不佳。工党执政13年来，在教育、医疗等方面的改革成效不彰，出兵伊拉克和阿富汗也饱受民众批评。金融危机发生后，工党政府大举借债，财政赤字高企，英国经济复苏缓慢，工党内部丑闻频出，致使选民大量流失。保守党则大打变革牌，引起选民共鸣，成为议会第一大党。

保守党为急于摆脱长期在野的地位，接受了自民党的开价，在政府组成等方面充分照顾自民党，将商业大臣、财政部首席大臣、能源和气候变化大臣、苏格兰事务大臣等4个内阁职位让给了自民党。在自民党关心的选举制度改革方面，保守党也做出让步。自民党长期主张改用比例代表制，即按政党得票率分配议席。英国目前采用单一选区制，全国650个选区各选出一名下院议员，按简单多数计票，得票最多的候选人当选。这种选举制度一般有利于大党，容易出现政党在全国范围得票率与最终获得议席数不匹配的情况。譬如，此次大选，保守党全国范围得票率约为36%，工党为29%，自民党为23%。自民党得票率仅比工党少6个百分点，但所获议席比后者少201个。经过谈判，保守党同意就改行对小党公平的选举制度举行全民公决。保守党和自民党“联姻”，打破了英国两党轮流、一党主政的传统政治格局。

5月28日，捷克举行独立后第五次议会选举，共有25个政党参选，有5个政党获得5%以上的选票跨入议会门槛。捷克社会民主党获得22.1%的选票，位居第一，公民民主党、“传统、责任、繁荣09”党、捷克摩拉维亚共产党、公共事务党分别获得20.2%、16.7%、11.3%、10.9%的选票。选举结果显示，进入议会的5个政党中，没有一个政党能单独组阁。社会民主党虽是此次大选的赢家，但得票率仅比第二名公民党高出不到2个百分点，在议会众院的200个议席中只获得56席。中右翼的公民民主党（53席）、“传统、责任、繁荣09”党（41席）和公共事务党（24席）所获席位单独都不及社民党，但加在一起达到了118席，最终组建了以公民民主党为首的三党联合政府。这一选举结果对捷克政局产生了不小的冲击波。整体而言，左翼政党在选举中不敌右翼和中右翼政党，虽然社会民主党得票率最高，但无缘上台执政。

6月10日，荷兰大选结果揭晓，右翼政党自民党以一席的微弱优势领先工党（自民党获得31个议席，工党获得30个），位列全国议会二院（下院）议席数榜首，获得优先组阁权。这是该党自1948年成立以来首次成为荷兰议会二院

第一大党。以反对外来移民等政策为主要竞选纲领的极右政党新自由党，其所获议席数从2006年大选的9席升至24席，成为二院第三大党。基督教民主联盟获21席，为第四大党；剩余席位被其他6个政党瓜分。自民党凭借大力削减赤字、减税及精简政府机构等竞选纲领，成为本次大选的主要赢家。根据荷兰相关法律规定，获得二院议席数最多的政党可优先获得授权组阁，但该党必须联合其他政党获得二院150个席位中超过半数的席位，才能成功组阁。经过长达4个月的艰难组阁谈判，自民党、基民盟、新自由党最终组建三党联合政府。10月14日，荷兰新内阁走马上任，43岁的自民党领导人路特成为新任首相。本次大选结果已表明，荷兰政治“右转”已成定局。

6月12日，斯洛伐克举行自独立以来的第五次国民议会选举，共有18个政党和组织的近2400名候选人角逐议会的150个席位，最终有6个政党得票率跨过5%的门槛进入议会。总理菲佐领导的左翼政党方向党获得了34.8%的选票，获得62个席位，蝉联议会第一大党。最大的右翼在野党斯洛伐克基督教民主联盟赢得15.4%的选票，获得28席，位居第二。新创建的中右政党自由与团结党得票率12.1%，获得22个议席，排名第三。右翼政党基督教民主运动得票率为8.5%，获15席，排名第四。以匈牙利族为主体的合作党获得14个席位，排名第五。执政联盟成员之一斯洛伐克民族党得票率为5.07%，获9个议席。尽管方向党蝉联议会第一大党，拥有优先组阁权，但该党为左翼党，议会排名第二、三、四、五位的政党均为右翼或中右翼政党，该党寻找联合执政伙伴极其困难，最终无缘组阁。7月8日，反对党基督教民主联盟、自由与团结党、基督教民主运动和合作党4个政党组成中右联合政府，联合执政4党在由150名议员组成的斯洛伐克国民议会中占有79席，右翼政党基督教民主联盟领导人拉迪乔娃出任政府新总理，这是斯洛伐克的第一位女总理。此次选举表明，大选前左翼力量略占上风的政党格局发生变化，右翼势力影响上升，左翼力量有所削弱。

9月19日，4年一度的瑞典议会选举结果揭晓，由温和联合党、中间党、人民党和基督教民主党组成的中右执政联盟击败以由社会民主党、环境党和左翼党组成的“红绿联盟”，赢得组阁权。极右翼瑞典民主党首次获得进入议会的资格，瑞典民主党的竞选纲领主张实施更加严格的移民政策，反对政府接纳更多外来移民。在全球经济不景气、国内失业率居高不下的情况下，这一“主打纲领”赢得瑞典部分选民特别是下岗失业者和年轻选民的支持。中右执政联盟获得组阁权的主要原因是：过去4年的中右联盟政府的执政能力得到了选民的肯定。2008年以来，执政联盟妥善应对金融危机，在多数欧盟国家经济停滞不前，部分国家深受债务危机困扰的情况下，瑞典实现经济复苏，发展势头良好，属于经合组织中经济增长率最高的国家。

截止到2010年10月，左翼政党仅在欧盟27国中的西班牙、葡萄牙、希腊等5个国家执政，陷入历史低谷。而右翼主政的势力范围则囊括了英、法、德、意等大多数欧盟国家，政治实力对比明显有利于右翼。即使在左翼执政的西班牙、葡萄牙等国，由于西班牙工社党、葡萄牙社会党等应对金融危机和主权债务危机不力，政治地位和形象受损，执政基础动摇，民意支持率走低，反对党借机向执政党和政府施压，朝野对抗和博弈加剧。

欧洲左翼政党深陷困境的原因很多，但最主要的原因是“失去自我”，理论纲领摇摆，政策主张与右翼趋同。20世纪90年代至金融危机爆发，新自由主义思潮在欧洲盛行，在全球化和国家间竞争加剧的因素压力下，左翼政党在理论纲领和政策主张上，逐步向新自由主义妥协，政治上寻求介于传统社会民主主义与自由主义之间的“第三条道路”，经济上倾向市场效率，在社会政策方面推行的削减社会福利的改革措施引起了传统选民的不满。左翼政党没有很好地坚持其所一贯主张的公正、团结、互助的传统价值观，在政策上与中右翼政党趋同，政治形象日益模糊，致使传统选民失去方向。

（二）发展中国家政治民主化进程曲折多变，一些国家频繁上演“街头政治”，政党政治成熟尚需时日

在东南亚，信仰佛教的泰国人一直给人以安分守己的印象，但近年来泰国的政局总是处于动荡之中。2010年的泰国政局更是乱象丛生。3月14日，支持前总理他信的政治力量“红衫军”在首都曼谷发起大规模集会示威，试图迫使民主党政府下台并重新举行选举。在与政府谈判流产后，“红衫军”与政府冲突升级。4月10日，“红衫军”与政府的军队发生激烈冲突，造成20多人死亡，2000多人受伤。5月初，民主党主席、总理阿披实提出了实现和解的五点路线图，希望结束政府与“红衫军”之间的僵局，但终因双方缺乏诚意而流产。5月20日，阿披实下令军队强行清场，用强力手段化解持续数月的街头对垒，武力弹压“红衫军”的反政府抗议活动，这场政治斗争最终以80多人死亡和近3000

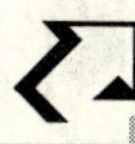

人受伤的后果收场，成为1992年后泰国最严重的一场政治骚乱。泰国政府虽然赢得了胜利，“红衫军”与政府的尖锐对峙暂告结束，但泰国的政治危机和社会分裂并不会因此一了百了，泰国要真正实现社会和解仍有很长的路要走。泰式民主发育不全，给国家和人民带来了损害，政局动荡重创了泰国的旅游业，客观上延缓了泰国经济摆脱金融危机的进程。

6月8日，菲律宾总统选举结果揭晓，自由党总统候选人、菲已故前总统阿基诺夫人的独子阿基诺三世获得约1520万张选票，领先其主要竞争对手、前总统约瑟夫·埃斯特拉达570多万张选票，成功当选总统。阿基诺三世之所以赢得选举，是因为其反腐政纲深得民心。根深蒂固的贪污腐败现象成为制约菲律宾经济发展的障碍。阿基诺三世认为，菲律宾今天经济落后、失业问题严重、贫困人口增加的根源是国内从上到下普遍存在的贪污腐败问题。因此，他将“反腐”、“减贫”、“建设一个美好的菲律宾”等作为竞选口号，顺应了广大民众的诉求，赢得了选民的支持。

在南亚，1月26日，斯里兰卡举行击败反政府武装泰米尔伊拉姆猛虎解放组织后的首次总统选举。这是该国近30年来首次在和平环境中举行的大选。竞选主要在现任总统拉贾帕克萨与代表反对党阵营的前陆军司令丰塞卡之间展开。拉贾帕克萨、丰塞卡均是“打虎英雄”，数十年来，猛虎组织以泰米尔人遭歧视为由与斯政府军持续作战，意图在斯东部和北部地区建立一个独立的泰米尔族国家。战乱共导致7万多人死亡，180多万人流离失所。拉贾帕克萨总统领导国民，顶住了内外压力，于2009年5月中旬彻底剿灭了猛虎组织，结束了困扰该国近30年的内战。丰塞卡曾担任斯里兰卡陆军司令和国防总参谋长，参与指挥了斯政府军对猛虎组织的最后阶段作战，为击败猛虎组织作出了重要贡献。在竞选过程中，拉贾帕克萨和丰塞卡双方的支持者数次发生冲突，造成多人死伤。大选计票结果显示，拉贾帕克萨获得约600万张选票，占总投票数的58.8%，丰塞卡获得410万张选票，得票率为40.8%，拉贾帕克萨获得连任，成为斯里兰卡历史上第六届总统。丰塞卡在竞选失利后于2月8日被捕。斯政府在丰塞卡被捕后组织了两个军事法庭对其进行审判，第一个军事法庭审理的罪名主要是其担任军职期间从事政治活动，第二个军事法庭主要审理其军事采购方面的不当行为。斯里兰卡总统拉贾帕克萨根据第二个军事法庭的建议，批准对丰塞卡监禁30个月。丰塞卡被审判后，他的支持者多次举行抗议活动，要求释放丰塞卡。

5月2日，占议会近40%席位的尼泊尔最大反对党联合尼泊尔共产党（毛主义）以不满新宪法制定缓慢等为由，发起全国大罢工，要求政府解散、尼帕尔总理下台、重新组建由该党领导的全国共识政府。罢工一度造成包括加德满都几乎所有超市、商场、菜场以及学校关闭，交通瘫痪。6月30日，尼帕尔总理宣布辞职，表示希望能为打破尼国内政治僵局、建立一个广泛共识的政府铺路。7月1日，总统发表讲话，要求各党派就新总理人选达成共识。联合尼泊尔共产党（毛主义）、尼泊尔共产党（联合马列）、尼泊尔大会党等三大政党为争夺政府主导权展开激烈斗争，新总理选举历时几个月，经过十几轮投票没有结果，新总理和政府持续难产，严重影响国家发展。尼泊尔政权之争实际上是发展道路之争，联合尼泊尔共产党（毛主义）以夺取政权，实现该党主张的政治制度为己任，希望最终建立人民共和国。而大会党、尼泊尔共产党（联合马列）则希望维持西方多党选举体制。由于三大政党缺乏互信，各自谋求政府领导权，尼泊尔未来发展道路不会平坦。

在中亚，4月6日，吉尔吉斯斯坦当局扣压了反对派祖国党副主席舍尔尼佐夫，反对派借机起事，煽动民众与当局对抗引发骚乱。7日，反对派打着恢复"人民政权"的旗号，有组织地推动骚乱迅速向全国蔓延，抢占中央和部分地方政权机关，宣布成立以奥通巴耶娃为总理的临时政府接管政权。政局突变中多次发生暴力冲突，导致多人死亡，上千人受伤。国际媒体认为，此次事变是"颜色革命"的后续，政局突变的原因是巴基耶夫政权与反对派对立急剧升级。巴基耶夫在"颜色革命"中上台后，把精力放在保护和扩大自己的政权上，国家经济发展缓慢，国际金融危机导致脆弱的国家经济濒临崩溃，全国半数以上居民生活在贫困线下。尤其是年初以来，执政当局大幅度提高电、水、取暖等公用事业收费，导致民众生活进一步困难。

事变发生后的6月27日，临时政府组织国民就新宪法草案举行全民公决，此次公投涉及三个问题：是否赞成新宪法草案；是否支持实施新宪法草案的有关法律，包括废除宪法法院；是否同意奥通巴耶娃出任过渡时期总统。多数选民投了赞成票。新宪法核心内容是政体由总统制过渡到议会制。总统只是国家权力的象征，起到仲裁作用。临时政府希望通过建立议会制政体避免权力过度集中于个人，为国内各种政治力量参与国家政治生活提供机会，避免国内政治矛盾再次激化。

10月10日，吉尔吉斯斯坦举行了由总统制向议会制过渡的首次议会选举，共有29个政党角逐120个议席，进入议会的5个政党均无优势，故乡党占28席，社会民主党26席，尊严党25席，共和党23席，祖国党18席。此次选举是吉尔吉斯政体改革付诸实践的关键一步，新议会呈现新老力量混杂的格局，既有社民党、尊严党、祖国党等老牌政党，也有故乡党、共和党等新兴政党。根据新宪法，议会多数党或联盟将获得组阁权。组阁之争是总理人选之争，实质是国家领导权的争夺。从得票情况看，只有3个以上政党联合才能获得议会多数，进行组阁。由于没有一个政党获得议会多数，无论哪个政党出面组阁，新政府施政将受到反对派的牵制。

在非洲，2010年尼日尔和几内亚比绍先后发生军事政变。1月18日，尼日尔发生军事政变，政变军队扣押了通过修改宪法谋求连任的总统坦贾和部分政府部长，宣布成立恢复民主最高委员会，军方承诺将净化政治环境，尽快恢复宪政，并任命非军方无党派人士丹达为军政府总理。4月1日，几内亚比绍副总参谋长发动政变，拘禁了总参谋长并短暂扣押几佛独立党主席——戈梅斯总理。后经萨尼亚总统调解，军方表示服从国家政治机关领导，戈梅斯于2日复职。

非洲国家军事政变抬头主要原因有二：一是多党制在非洲遭遇“水土不服”。有观察家认为，一些国家虽然表面实行多党民主，实质上仍是强人政治，行政权大于立法权。尼日尔发生军事政变的原因是坦贾总统为谋求第三次连任，先后解散议会和宪法法院，并利用执政优势强行进行全民公投，通过了规定总统可无限期连任的新宪法，引起反对党和民众的不满。二是民众“穷则思变”。尼日尔在2009年联合国人类发展指数中排在最末的第182位，许多民众对执政党和政府失去了信心，希望有新生力量取代执政党和政府，改变落后现状，这在某些程度上为军事政变创造了默许的有利条件。

在拉美，2010年1月17日，智利大选举行第二轮投票，智利反对派联盟“争取变革联盟”总统候选人——亿万富翁塞巴斯蒂安·皮涅拉以52%的得票率当选智利总统，成为智利52年来首位通过选举上台的右翼领导人，结束了智利1990年“民主化”以来中左翼执政联盟持续当权20年的政治格局。左翼失利的原因在于执政业绩没有得到选民认可。2009年受国际金融危机冲击，智利经济出现负增长，引起民众不满。皮涅拉顺应民心思变心理，打出“变革、未来、希望”的口号，让众多智利选民从这位亿万富翁身上看到了摆脱困境的希望。

与此同时，皮涅拉利用执政联盟内部分裂，拉拢中左翼异见分子和中间派人士，争取更广泛的支持。皮涅拉在竞选中还刻意淡化意识形态，将加强社会投入和改善民生作为竞选纲领的重点，有效消除了民众对传统右翼的疑虑。

2010年6月，哥伦比亚举行大选，执政的右翼民族团结社会党候选人胡安·曼努埃尔·桑托斯战胜左翼绿党候选人安塔纳斯·莫库斯，当选总统。桑托斯获胜在于民族团结社会党过去8年的执政业绩得到民众认可。哥伦比亚安全问题由来已久，新世纪之初国内爆炸、暗杀、绑架等案件层出不穷。乌里韦总统执政8年间，强力打击非法武装力量和贩毒集团，哥伦比亚安全形势大为改观。经济上，过去8年间经济增长率达到近5%，在拉美国家中表现突出。人均GDP由2247美元增加到5139美元，通货膨胀率保持在较低水平。执政成果得到民众广泛认同，支持率高达70%，为历届总统之最。桑托斯是得到乌里韦认可的“接班人”，在竞选中表示要继续打击反政府武装，大力发展经济，得到民众支持。

智利左翼执政地位丧失、哥伦比亚右翼蝉联执政等情况表明，拉美左翼占主导地位的政治格局并不十分稳固，右翼力量有所反弹，左翼力量保持强势的局面面临松动的危险。

（三）社会主义国家执政党注重加强执政能力建设，在政治、经济和党的建设等方面频繁推出新举措

朝鲜是2010年国际社会关注的重点，朝鲜劳动党在政治、经济等方面推出的新举措引起世人关注。在政治方面，朝鲜加强党的地位和作用，加快推进新一代领导人的接班进程。9月27日，朝鲜最高领导人金正日的儿子金正恩被授予人民军大将军衔。28日，朝鲜劳动党在时隔多年后举行了党代表会议，选举产生了朝鲜劳动党的最高领导机构，推举金正日为劳动党总书记、党中央政治局常委、党中央军事委员会委员长，选举124名党中央委员、105名党中央候补委员和15名党中央检查委员会委员，金正恩当选为军事委员会副委员长。此次党代表会议还通过了劳动党党章的修订案，全面修订和补充了党员的义务和各阶层党组织的工作内容，新增加“党和人民政权”、“党徽、党旗”等章节，补充了关于强化党对人民政权和青年同盟的领导，以及提高朝鲜人民军内部党组织作用的内容。此次会议健全了党的领导机构，有助于完善党的机能，提升党的地位。10月8日，朝鲜最高人民议会常委会副委员长杨亨燮向媒体公开证实，金正恩作为

金正日的儿子，将会成为朝鲜的第三代领导人。10月10日，朝鲜举行建党65周年纪念活动，金正恩陪同金正日出席，金正恩正式走上朝鲜政治前台。

在经济方面，朝鲜在强化发展经济和改善民生方面采取了令人瞩目的动作，经济改革小步向前推进。2010年元旦，朝鲜三大报纸《劳动新闻》、《朝鲜人民军》和《青年前卫》发表共同社论，提出要“大力发展轻工业和农业，使之成为人民经济生活发生转折的一年”，让人民“实实在在享受社会主义之福”。农业方面，朝鲜重视粮食生产，政府动员各行各业人员下到田间地头，机关、部队也纷纷开展种植、养殖业等副业。在工业发展上，朝鲜把电力、煤炭、冶金和铁路运输设定为“四大经济先行部门”。6月份，朝鲜最高人民会议对副总理和部长等多名高官做出了大幅调整，主管机械、电子、轻工、食品日用等部的部长有升有降，而升职的都有切实的工作成果。金正日多次到商店察看老百姓的食品供应，反复强调改善人民生活。此外，朝鲜还积极推进对外合作，金正日两次率朝鲜党政代表团访问了中国，金正日8月份在访问中国东北时表示，“改革开放后，中国取得迅速发展，处处焕发勃勃生机。”“朝鲜当前致力于发展经济、改善民生，希望加强同中方的交流合作。”“东北地区与朝鲜接壤，山川地貌相近，工业结构相似。朝方要加强同东北地区的交流合作，认真研究中方的做法和经验。”①

2010年，越南社会政治继续保持稳定。越共2011年将召开十一大，十一大的筹备工作进展顺利。2010年3月，越共十届十二中全会召开，对拟提交十一大的《向社会主义过渡时期国家建设纲领》修正案、《2011～2020年经济社会发展战略》、《十一大政治报告》和《党章执行报告及党章补充修改条例》等四部文件草案进行了充分讨论，并就十一届中央委员会人事准备工作、出席十一大代表数量以及名额分配等问题进行了讨论。中央全会决定，除了党章修正草案外，从10月15日起，越共中央将向全社会公布其余3部文件草案，征求全民意见，时间为1个月。为进一步推进党内民主，越共还稳步推进三级党代会直接选举试点工作，在全国5%～7%的乡、坊级党代会进行常委会、书记、副书记的直选试点工作，并在230个县（郡）以及10个省（直辖市）进行党代会直选试点。

① 《金正日对中国进行非正式访问》，http://news.sina.com.cn/c/2010－08－30/195621004277.shtml。

在经济方面，尽管面临诸多困难和挑战，越南经济仍保持高速稳定的发展态势，全年 GDP 增幅达到 6.7%，国家财政收入超出预期，出口较预期增加两倍。在 10 月份召开的越共十届十二中全会上，越共还通过了 2011 ~ 2015 年经济社会发展和国家预算的五年规划，为未来 5 年的经济社会发展确定了新的奋斗目标。

老挝人革党也在加紧推进在 2011 年召开九大的筹备工作，继续加强干部队伍建设，采取各项措施保持经济社会平稳发展。2010 年 5 月，老挝人革党召开了八届十中全会，讨论了九大政治报告草案、党章修正案草案和社会经济发展第七个五年规划（2011 ~ 2015）草案，研究了九大人事安排。会议提出九大主题应充分体现老挝人革党坚持革新路线、消除贫困促进发展、努力实现工业化和新形势下提高执政能力的意志，对党章中不适应新形势发展的内容进行了完善。老挝人革党积极开展理论研究工作，要求理论工作者对九大涉及的社会主义市场经济以及各种经济成分的地位和作用等问题进行深入研究，为提高党的执政能力、解决发展中的新问题和九大顺利召开提供理论支撑。在经济方面，该党明确今后经济发展的任务和要求，提出重新梳理国家大型项目执行和资金使用情况，集中力量发展具有市场潜力和优势的领域，大力发展农村和少数民族地区经济。该党还重视干部队伍建设，批评部分领导干部奢侈腐化和作风败坏。

古巴的改革在 2010 年也有新进展。8 月 1 日，在古巴全国人民政权代表大会上，古巴国务委员会主席劳尔·卡斯特罗提出要在经济社会领域深化“结构调整和观念变革”，并宣布几项重要改革措施：一是打破 50 年不变的“铁饭碗”，分期裁减国有部门大量冗员。二是进一步放开个体经营。9 月，古巴中央工会全国书记处宣布将裁减国有部门员工 100 万，2011 年第一季度前裁减 50 万。精简后的国营单位要实行按劳分配的工资制度。国家将放宽对个人从事承包、租赁、个体经营和合作经营的限制，以吸纳下岗职工。国际社会认为，此举表明古巴将改革原有的经济发展模式，彰显古巴党政领导人的改革决心。

劳尔执政后，作风务实，明确提出要调整结构和转变观念，先后组织两次全民大讨论，问政于民。近两年来，受国际金融危机冲击和自然灾害的影响，古巴经济增速减缓。此次大会所确定的一系列经济结构调整方案将对未来古巴尽快摆脱经济困局、成功打开崭新发展局面具有重大现实意义。舆论认为，古巴正在加快步伐，探索全面“更新”社会主义，增强社会主义的活力。

二 国外政党推进党建创新的新举措

新世纪以来，在全球化与国际竞争日益加剧、工业社会向信息社会迅速转变的大背景下，传统政党赖以生存的思想理论基础和社会基础不同程度地发生变化。为了适应时代变化对党的建设和发展带来的新挑战，各国主流政党纷纷采取措施，积极推进党建创新，通过扩大社会基础、调整纲领政策、革新组织建设、密切党群关系等一系列党建措施保持和扩大党的影响，努力塑造新型现代政党形象。

1. 拓展党的社会基础，建设全方位开放的党

随着经济全球化的深入发展，许多国家的社会阶级和阶层结构发生重大变化，为了吸引更多民众支持，不少国家的主流政党纷纷淡化党的阶级属性，强调党的开放性、多元性和人民性。

2010 年 9 月，丹麦最大的反对党社民党召开全国代表大会，在会上，针对丹麦工人阶层队伍不断萎缩的现状，该党不再着重强调自己代表中下层民众的利益，而是强调自己是丹麦人民的政党，是来自各领域、各阶层、各地方公民均可以信赖的政党，该党的政策主张符合丹麦所有人的根本利益。该党还对企业界发出积极信号，表示社民党不是企业的对头，如该党上台执政将致力于为企业创造良好条件，给予企业更多的政策和服务，帮助企业真正增强国际竞争力。德国社民党在其新党纲《汉堡纲领》中将自己重新定位为“左翼全民党”，强调只有得到各个阶层的支持，才能建成“具有面向未来能力”的党。法国社会党提出将本党建设成为“更加强大、民主、开放、具有广泛社会代表性的党”，强调扩大党的社会基础，争取中间选民的支持。印度尼西亚各政党奉行实用主义，积极呼应广大中间选民的要求，强调多元、包容、民主、公正、发展、繁荣等理念。印尼民主党在 2009 年大选后，誓言建设现代化政党，在民族主义和宗教主义之间选择走中间路线。印尼繁荣公正党则及时修改党章，淡化伊斯兰色彩，实行“开放主义”，吸收非穆斯林入党，塑造多元、自由、开明的新形象，扩大支持基础。印度人民党也淡化该党的教派属性，突出强调该党民族主义色彩，认为该党代表全印度人民的利益。

2. 调整党的纲领政策，争取民众广泛认同

针对全球化的负面影响以及由此引发的经济社会新问题和社会新变化，许多国家的政党纷纷加快纲领政策的调整步伐，更加重视经济发展与社会公正之间的平衡，以争取大多数民众的支持。

英国保守党在意识形态方面历来采取实用主义做法，凡是有利于本党取得执政地位的价值观和理念，无分左右，均拿来为自己所用。在2010年大选中，保守党领袖卡梅伦及时调整党的纲领政策，既坚持了私有化、市场经济、企业竞争、社会责任等传统价值观念，又针对近年来公众对医疗、教育、贫困等社会问题的不满和关切，从中左的工党那里借鉴了社会公正、共同福祉等概念，宣称该党比工党对公众更有同情心，更加关心群众的切身利益。该党还将绿党和自民党等推崇的环保主义纳入本党意识形态，以迎合公众近年来日益增强的环保意识。保守党注重改善民生，在大选前推出的28项政策中，直接与民生和社会问题有关的就有12项，赢得了不少中下层民众的支持。

英国工党在2010年9月召开年会，总结5月败选教训，针对工党在败选后志气不振、党内派系林立、纷争不断等情况，工党新领袖米利班德以“团结”和“变革”为主题，阐述本党内政外交政策，全力塑造工党新一代的形象。米利班德批评布莱尔和布朗时期放松金融部门监管、漠视选民对移民、教育、就业和经济安全的关切，强调大选失利是因为工党由最初激进和注重变革、以促进社会公正为己任的政党变成了脱离群众、墨守成规的权势集团。宣称他本人率领的工党新一代将以谦卑的态度面对败选现实，通过倾听群众呼声，为大多数人谋福利。工党还阐述了自己的政策纲要，提出了该党下阶段的目标：推动改革商业和经济体系，加强对银行的监管；支持中低收入家庭，提高最低工资水平；改革社会福利以及教育体制，提高公共服务质量；加强家庭和社区建设，保护公民自由。工党变革的姿态赢得了不少民众的信任，会后，工党的支持率上升37%，领先保守党3个百分点，是该党自2007年以来首次超过保守党，工党民意基础有所改善。

法国社会党着眼2012年总统选举，围绕经济社会发展战略和党内革新问题进行大讨论，制定了新的纲领政策，主张强化对新自由主义和金融资本主义的批判，提出建设“具有鲜明左翼色彩的社会主义”，力主建立兼顾经济、社会和生态的新型发展模式，突出强调社会公正，大力改善民生，促进青年就业，保护劳动者和弱势群体权益。

3. 密切党群关系，提高党的政治和社会影响力

为了争取更多选民支持，密切党群关系是各国主流政党的工作重点之一。具体做法包括：一是强化党员的联系纽带作用。各国政党普遍重视党员的联系纽带作用，要求党员要深入基层，深入群众，倾听群众呼声。捷克社民党充分利用议员与选民联系日活动，让议员回到自己的选区，走访选民，注意了解和收集民众对其政策和重大决策的反应以及对热点问题的看法，并将了解到的意见和建议反映到党的领导层和议员团，据此形成统一立场及新法案动议。法国社会党要求党务干部走出办公室，深入街头、集市、酒吧、超市等人群集中的场所，体察民情，宣传党的政策主张。埃及民族民主党领导人、总统穆巴拉克在该党八大上指出，人民是该党以及候选人获得支持的源泉，各级党组织如果不能加强与群众的联系，想群众之所想，即使一定时期靠领袖个人魅力赢得选战，也不可能长期执政。该党要求党的领导干部定期下基层，深入调研，利用各种契机贴近群众。该党还通过不定期组建青年民调小组进行民意测评，通过上门访问、问卷答题、抽样调查、电话问答等多种方式了解民意形成民调报告。

二是利用网络媒体，创新沟通方式。英国保守党领袖卡梅伦担任首相后，每周向在其个人网站上注册的网民发一封带有其电子签名的邮件，每月写几篇博客，阐述其执政理念和党的政策主张。其他保守党领导人也经常在博客上写一些类似“述职报告”的短文，宣传自己为选民所做实事以及未来工作设想等，这些网络互动密切了党的领导层与公众的联系，宣传了党的政策主张。埃及民族民主党通过党的专门网站，设立“你问我答”互动栏目，民众可以随时上网提问，该党和政府负责人限期做出答复和处理。

4. 扩大党内民主，提高决策的科学化程度

随着政治民主化的发展，许多国家的主流政党根据各自国家的国情、党情，有计划、有步骤地扩大民主，打造政党民主形象，增强党的凝聚力和吸引力。许多政党认为，让党员参与决策过程，有利于激发党员的热情和体现党员的自我价值，可以提高党制定科学纲领和政策的能力，增强党内认同和政策吸引力。

近年来，许多国家主流政党积极探索扩大党员和民众参与党的决策过程的范围和方式，推动党内决策的民主化、科学化和制度化。德国社民党 2009 年大选失败后吸取原有小圈子决策，排斥基层组织以及党员参与的教训，决定改变以前自上而下的决策方式，使党的大政方针的决策过程向党员和党外民众全面开放。2010年9月，德国社民党召开特别党代会，会议通过三项改革措施：一是敞开党的大门，邀请更多的公民代表参与各级党内生活，鼓励党外人士为党的发展建言献策。二是今后凡是涉及重大社会议题，原则上要求实施民主公决程序，吸引更多民众关心并参与社民党的政策制定。三是在各级选举中尝试党内初选，接纳党外民众投票，使政党推出的候选人更具民意基础。围绕德国面临的挑战和热点问题，该党成立了“改革、就业、环境”、“民主与自由”、“财产与生活保障”等6个工作组，引导党内外人士与普通党员和民众参与大讨论，以期形成全新的纲领主张。

意大利民主党为争取再次执政打造全新政治纲领。2010年初，该党召开党代表会议，通过关于“国家改革、劳工、司法、大学科研、绿色经济、欧洲建设”等六大议题的纲领性文件草案，下发到各支部，号召全体党员干部深入开展讨论，并向社会开放，广泛征求意见。同时，成立相关论坛，由书记处成员分别牵头负责，吸收社会知名人士和专家参加，为制定党的纲领建言献策。该党计划用一年时间开展党内外大讨论，然而召开党代表大会，正式表决通过新纲领。

法国社会党2010年围绕经济社会发展模式、社会公正、党内改革、对外政策等重大议题，在党内开展大讨论。7月，该党召开全国代表会议，推出党的革新纲领，决定针对2012年总统大选，拟在2011年首次举行党内总统候选人的大众初选，初选对象面向包括青年、底层民众和街区居民在内的全体中左翼选民。

10月16日，罗马尼亚社会民主党召开特别大会，在加强党的组织建设方面，采取了一系列新举措，提出党员可以投票直接选举党的主席和总统候选人。每年年终，召开全国委员会会议，党的领导做年度工作总结，党员可以对党的领导人投信任票。波兰左联党在选举党的中央领导时，改变过去差额投票的办法，由出席党代会的代表先投票选举候选人，候选人名额没有限制，然后再从候选人中选举领导班子。党的全国委员会可以对党主席、副主席进行信任投票，各级地方委员会可以对同级的党委主席、副主席进行信任投票。越南共产党2010年在10个省和直辖市进行了党委书记直选试点，广大干部群众对于直接选举党的领导乐于接受并感到兴奋，试点工作进展顺利。保加利亚社会党对党内持不同政见者没有采取排斥异己的做法，而是广开言路，鼓励就不同意见展开讨论，这些措施使党员能够更加广泛地参与到政治生活之中，增强了党内民主生活气氛，有利于吸引更多人士入党，使党外同情者和支持者不断增加。

三 小结

2010 年世界政党形势的变化折射出以下几个发展动向。

一是“无多数议会”频繁出现。英国、澳大利亚、荷兰等发达国家大选选情胶着，执政党和在野党得票率相差不大，没有单一政党取得议会多数。这说明西方国家选民分化严重，单一政党谋求政坛多数派地位难度加大，联合执政有望成为主流趋势。

二是西方国家投票率低。西欧各类全国和地方性选举弃权率屡创新高，2010 年法国大区议会选举两轮投票弃权率甚至高达 53% 和 48%。在 2010 年 3 月举行的意大利地方选举中，参加投票的选民不到一半，比 5 年前的上一次选举投票率下降了 9%。① 这表明西欧选民对主流政党的忠诚度在急剧下降。选民之所以出现“政治冷漠症”，是因为左右两类政党的政策纲领日益趋同，意识形态区别不大，政治定位日益模糊，使选民在投票时难以抉择，有的只好选择弃权。

三是多党制在一些发展中国家遭遇“水土不服”。20 世纪 90 年代，受苏东剧变的影响和西方民主化浪潮的冲击，不少发展中国家纷纷改行多党制，但在实践过程中，多党制在一些国家的运行并不顺畅，从被引入起，西方多党制就不断与发展中国家复杂多样的国情相互碰撞，军权、强人政治以及大国干预等因素不时“发威”，搅动发展中国家政党政治进程。一些发展中国家的朝野政党不能遵守政治游戏规则，选举争议不断引发街头斗争，权力斗争往往造成政局动荡。舆论认为，有的非洲国家之所以频繁发生军事政变，是因为强人政治的土壤仍然存在，军人干政的习惯没有消除。印度媒体称，尼泊尔总理难产与周边大国印度的影响不无关系，印度希望尼泊尔大会党这样的“中间派”政党而不是“毛派”这样的“左派”政党执政。② 吉尔吉斯斯坦发生第二次“颜色革命”，也与“外

---

① 《意地方选举开始投票率低迷考验贝卢斯科尼政党》，http：//www. jmnews. com. cn/c/2010/03/29/09/c_ 6090274. shtml。

② 《印媒：印度插手尼泊尔选举排挤中国》，http：//world. people. com. cn/GB/12679746. html。

部势力”的影响不无关系。发展中国家政党形势表明，政党政治的阶段性、本土性难以超越，从西方移植而来的多党政治一直与传统政治文化存在矛盾和冲突，特别是各种传统政治势力仍然具有社会影响力，与党派力量的博弈和较量难以平息，政局波动在所难免。

四是发展模式之争日趋激烈。国际金融危机发生后，一些大国主流政党反思传统发展模式，加强政策调整，纷纷推出新的经济社会发展战略，力求在世界未来发展理念、思想、制度、模式的较量中占据有利地位。金融危机席卷全球的教训告诉我们，世界上不存在完美无缺和放之四海而皆准的发展模式，只有适合本国国情、符合现实发展阶段并能够根据形势发展变化进行适时调整的模式才是好模式。我们应吸取金融危机教训，不断完善中国的发展模式。

五是各国主流政党更加重视党的自身建设，以适应信息社会和媒体社会的要求。近年来，尤其是金融危机以来，为应对全球化和信息社会对党的建设和发展带来的新挑战，各国政党纷纷采取改革选举制度、扩大党内和社会参与、利用现代传播媒介改善沟通交流机制等做法，来扩大党内民主、加强党的建设。虽然国情党情不同，但国外政党在党建方面的一些创新性做法，还是具有重要的参考和借鉴意义的。

参考文献

萧虎：《2010 年第一季度世界政党形势综述》，《当代世界》2010 年第 4 期。

萧虎：《2010 年第二季度世界政党形势综述》，《当代世界》2010 年第 7 期。

萧虎：《2010 年第三季度世界政党形势综述》，《当代世界》2010 年第 10 期。

刘聚：《左翼溃败右翼独大——2010 年匈牙利议会大选初析》，《当代世界》2010 年第 5 期。

New Trends in Party Politics

Jin Xin

Abstract: The overall situation for political parties around the world remained stable in 2010, despite a number of "hotspots". Plagued by the financial crisis, the economic and social situations in the developed countries have worsened. This, in turn, has had a considerable impact on the governing parties in several countries, manifested in fierce antagonism and wrestling between governing and non-governing forces over the choice of a developmental philosophy and specific policies. As for the political landscape in Europe against the backdrop of the financial meltdown, the influence of the decline of the central-left parties was unchecked and the dominance of the right remained. There has been a diversifying tendency in the "democratic transition" of the developing countries. Although the transition in some countries is characterized by political disorder, an orderly transfer of political power has taken place in some other countries. Governing parties in the socialist countries, holding great store for the development of their ruling capacity, introduced one new approach after another in the sphere of political and economic development as well as party building. On the whole, the mainstream parties in the different countries took various innovative initiatives in party-building so as to foster a new image commensurate with modern political parties. The capacity-building practices of political parties in other countries could well serve as useful reference for the Communist Party of China.

Key Words: Party Politics; Financial Crisis; Party-Building

Y.14

西方左翼学者、共产党人关于金融危机的反思

刘志明*

摘　要： 2008 年爆发的国际金融危机引起了西方左翼学者、共产党人持久的议论与分析。本文概述了西方左翼学者和共产党人关于国际金融危机原因、对策与影响等重大问题的各种观点，并基于马克思主义的立场、观点和方法，对他们的观点进行了简要评价。

关键词： 左翼学者　金融危机　反思

国际金融、经济危机引起了西方左翼学者、共产党人持久的议论与分析。全面梳理和科学透视他们关于国际金融危机原因、对策与影响等问题上的主要观点，不仅对我们正确理解这场金融危机，而且对我们正确判断后危机时代的国际国内形势，加快经济发展方式转变，更好地贯彻科学发展观和推进中国特色社会主义事业，具有重要意义。

一　关于国际金融、经济危机的原因

面对 2008 年爆发的迅速引发全球大动荡，加速世界大变革大调整的国际金融、经济危机，西方一些左翼学者和共产党人深刻意识到马克思主义理论对于科学分析和正确理解当前金融危机发生原因与实质的重要指导意义。正如世界著名左翼学者、政治经济学家萨米尔·阿明（Samir Amin）指出的："今天，对于理

* 刘志明，中国社会科学院马克思主义研究院，副研究员，法学博士。主要研究领域为国外政党政治、全球化与第三世界等。

解和改造世界，马克思从未如此有益和必要”。① 他们从不同视角对其原因进行了反思，我们可以把他们关于这场金融、经济危机原因的观点概括为以下几种。

（一）把国际金融、经济危机的“深层原因”归结为“金融化”

尽管世界纷纷以美国为例来解剖此次作为“一个长期进程的产物”的世界金融危机的原因，但美共主席萨姆·韦伯（Sam Webb）认为，许多人只是觉察到了这次危机的“直接原因”，诸如“储备金过少、掠夺性的放贷、危险的金融工具、撤销管制、影子金融市场、泡沫经济”等，他们“并不知道金融化是把美国金融体系和经济带入万丈深渊边缘的深层原因”。他指出，“金融化是一柄双刃剑。正是金融化的成功促使美国经济和世界经济产生了新的薄弱环节，使其变得不可持续。在金融化刺激国内和全球经济的同时，也使美国的家庭债务、政府债务和企业债务像天文数字般堆积，这些债务可以在一夜之间爆炸；在它刺激经济增长的同时，也引起美国和世界经济动脉的极大不稳定：过去 20 年不断发生的金融风暴就是证明；在它延长资本主义周期性循环的上升期的同时也导致经济的‘硬着陆’，最终使危机变得更为严重（这正是我们今天所要经历的）；在它创造巨大财富的同时，它也成功地把美国历史上最多的财富由财富的创造者工人身上转移到财富占有者——美国金融资本的上流社会手中。”② 葡萄牙共产党也把这种“反复出现的”、“成为日益严重的国际传染病”的金融危机看做“是世界资本主义制度不断金融化、金融资本支配世界的结果”。③

（二）认为国际金融、经济危机的根本原因是资本主义的“停滞趋势”

国际著名左翼杂志《每月评论》（*Monthly Review*）主编——美国俄勒冈大学社会学教授约翰·贝拉米·福斯特（John Bellamy Foster）在其与弗雷德·马格

① Samir Amin, “Seize the Crisis!”, *Monthly Review*, December 2009. http://www.monthlyreview.org/091201amin.php.

② http://www.peoplesworld.org/opinion-finances-and-the-current-crisis-how-did-we-get-here-and-what-is-the-way-out-part-1.

③ http://www.cctb.net/llyj/lldt/zdyj/200903/t20090305_3803.htm.

多夫（Fred Magdoff）合著的题为《金融内爆与停滞趋势》的文章中一致认为，这场危机的根本原因是，从20世纪60年代末战后繁荣结束以来，实体经济中的生产和投资一直处于停滞。鉴于此，资本主义就通过使经济金融化的方式来弥补停滞趋势的后果，这使金融泡沫恶性膨胀并和实体经济的表现越来越脱离，最终导致了当前美国和世界的金融危机。① 他们还指出，新自由主义经济学坚持认为当前金融危机和大萧条一样源于货币因素，这是完全没有认识到这场危机的本质。无独有偶，美国著名左翼学者罗伯特·布伦纳（Robert P. Brenner）也批评美国前财政部长鲍尔森、美联储主席伯南克等把当前这场危机只简单地当做金融业问题来解释，并认为他们所谓“深层次的实体经济还是稳固的”，所谓的“经济基础还是完好的”之类的观点“最能误导人”。在他看来，“导致眼下危机的根源在于1973年以来，尤其是2000年以来发达经济体经济活力的下降”。他还指出：“在一个又一个经济周期里，美国、西欧、日本等经济体的经济状况急剧恶化，无论从哪个宏观指标——GDP、投资、实际工资等等——来看，情况都是如此。最能说明这个情况的是，刚刚结束的2001～2007这个经济周期是战后经济最糟糕的时期，尽管这也是和平年代美国政府刺激经济最频繁的时期。”他认为发达经济体经济活力长期下降的原因在于，“自20世纪60年代末以来资本投资回报率深层的、持续的下滑。……利润率下滑的主要原因在于全球制造业持续性的产能过剩。”“其后果就是，一个产业接着一个产业出现供过于求的情况，这样一来既压低了产品价格，同时也减少了利润。”于是资本家“别无选择，只能减少厂房、设备和雇佣……所有这些削减措施最终只会导致总需求长期不振。而总需求的持续萎靡已经成为导致经济长期低迷的直接原因”。②

英国社会主义工人党理论家、著名左翼学者克里斯·哈曼（Chris Harman）也不同意西方主流经济学家把这次危机只是视作一个金融问题的观点，认为这次危机反映的是资本主义制度内的一个深层次的、根本性的问题。他深刻指出，“竞争驱使资本主义制度向前发展。但是，由于每个资本家都是为了获得更多的市场份额而竞争，结果出现了生产总量超过人们购买量的危险。”因此，在他看

① http：//monthlyreview. org/081201foster－magdoff. php.

② http：//www. cctb. net/llyj/llgc/zbzyyj/200905/t20090527_ 19787. htm.

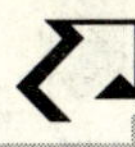

来，危机是资本主义积累规律的必然结果，通过对金融部门更强的监管或者调整实体经济与金融部门之间的关系并不能避免危机的发生。①

（三）强调新自由主义是国际金融、经济危机的根源

世界著名左翼学者、美国麻省理工学院学院教授诺姆·乔姆斯基（Avram Noam Chomsky）认为："在很大程度上，南方大部分国家遭遇的粮食危机和北方国家遭遇的金融危机有一个共同的来源：1970 年代以来向新自由主义的转向，它终结了二战后美国和英国创立的布雷顿森林体系。"② 在他看来，"布雷顿森林体系的设计师凯恩斯（John Maynard Keynes）和哈里·怀特（Harry Dexter White）预测到其核心原则——资本控制和货币管理——将导致迅速的、相对平衡的经济增长，也能让政府有能力创立得到民众广泛支持的社会民主项目。它们在两个方面都被证明大部分是正确的"。美国马塞诸塞州立大学经济学教授、国际知名左翼学者大卫·科茨（David Kotz）进一步指出："这次金融危机是 1980 年以来新自由主义在全世界泛滥所导致的一个非常符合逻辑的结果。"他把新自由主义的资本主义归结为这次金融危机的"根本原因"。在他看来，金融危机因为新自由主义"解除对金融的管制"和导致"贫富分化日益严重"更容易发生。③ 国际马克思大会两主席之一、法国巴黎第十大学教授杜梅尼尔也认为新自由主义是这次危机的原因。在他看来，有两条路径使新自由主义美国霸权最终不可避免地走向危机。一条路径是非美国的因素，主要包括对高收入的渴求、金融化和全球化等，另一条路径则与美国的霸权有关，国际贸易的平衡与美国国内的不均衡是其中两个重要的方面。④

西方国家的共产党人，如俄共主席久加诺夫（Генна дий Андре евич Зюга нов）等也把新自由主义的泛滥视作这场危机的"直接祸根"。2008 年 10 月 18 日，他曾这样说道："15 年来，盖达尔及其同伙一直告诉我们，市场是完全正确

① http：//www. cctb. net/llyj/llgc/zbzyyj/201004/t20100406_ 21212. htm.

② Noam Chomsky，" Crisis and Hope：Theirs and ours "，http：//bostonreview. net/BR34. 5/chomsky. php.

③ http：//www. peri. umass. edu/fileadmin/pdf/conference_ papers/d_ arista/neoliberatlism_ darista. PDF.

④ http：//www. cctb. net/llyj/llsy/hyzs/201007/t20100706_ 22954. htm.

的，市场能调节一切。但是今天甚至法国总统萨科齐都承认，所谓市场可以调节一切的观念是荒谬的”。[①] 希腊共产党也坚持认为，过去几十年里的新自由主义政策对经济危机的产生负有不可推卸的责任。正如希共在第十八次党代表大会的报告中所指出的：“在过去三十多年中，资产阶级的政策从凯恩斯主义逐渐转向了新自由主义政策。这种新自由主义政策的显著表现就是从国家干预下‘松绑’经济中的战略部门，恶化劳动关系，从而降低劳动人民的实际收入。这样，人民消费水平在一定程度上就需要通过增加个人抵押贷款来维持。在遭受如此剥削的重压之下，个人抵押贷款呈现了爆炸性的增长”[②]，资本主义的基本矛盾尤其是“生产的无限扩大同人们的购买力相对下降之间的矛盾”因而不断激化，从而导致危机产生。

（四）强调经济危机的爆发是“资本主义基本矛盾”的产物

国外的许多共产党组织都秉持这一观点。如 2008 年 11 月 28 日巴西共产党网站发布的第十届国际共产党工人党大会通过的《社会主义是替代选择！——圣保罗宣言》就认为，“这次大规模的经济危机同资本主义不可调和的内在矛盾与本质特征密不可分。”乌克兰共产党也认为，“资本主义制度自身的内在矛盾……最终导致了绝对的合乎规律的结果——整体性的世界经济危机。这场危机再一次证明了资本主义生产关系不具有自我调节的能力……”[③] 希腊共产党也指出，“在危机袭来时，生产的社会化和生产资料被资本家占有之间这一基本的不可调和的矛盾变得越来越明显”[④]。希腊共产党还把导致危机的资本主义基本矛盾首先归结为“生产过剩和消费需求不足”之间的矛盾。它认为，导致经济危机的“问题就在于资本主义生产而不是货币流通。相互竞争的公司和行业对超额利润的追求加剧了资本主义经济发展的不平衡和矛盾。各部门毫无秩序的不平衡发展加剧了生产和人们消费之间的矛盾。同时，金融系统的投机行为随之增

---

① 参见刘淑春《世界金融危机形势下的俄罗斯共产党》，2009 年 2 月 3 日《中国社会科学院报》。

② 转引自王喜满《希腊共产党关于当前世界资本主义经济危机的看法》，http：//inter. kke. gr/，Theses of the CC for the 18th congress，NOV. 2008。

③ http：//www. cctb. net/llyj/lldt/zdyj/200904/t20090420_ 3887. htm.

④ 转引自王喜满《希腊共产党关于当前世界资本主义经济危机的看法》，http：//inter. kke. gr/，Contribution of D. Koutsoumpas member of the PB of the CC of KKE，NOV. 2008。

加。因此，危机通过对生产力的破坏和企业的关闭与被接管来表现自己”。葡萄牙共产党也认为，这次“震中首先出现在资本主义霸权国家”的金融危机，“起源于生产过剩、过度积累与市场萎缩、消费需求不足（原因是工资缩水、两极分化及公共开支的减少等）之间的矛盾”。因此，在它看来，面临危机的各国政府如果“不去提高工人工资和人民的收入（包括养老金），而只是刺激信贷，仅仅使金融资本持有者获益，这是不够的、暂时的，而且是加深危机的关键因素，而政府债务和小公司债务将使情况更加糟糕。”① 日共前主席不破哲三（ふわ てつぞう）同样也认为，虽然当前的危机形式上始于金融危机，但“实际暴露了美国生产与消费之间累积的矛盾，即金融资本严重脱离产业资本，通过金融手段创造虚拟需求，支撑虚假繁荣，危机一旦爆发，立即蔓延到整个美国经济体系，又通过新自由主义体系迅速传导到全世界”。②

著名左翼学者、美国纽约大学皇后学院教授威廉·K. 塔布（William K. Tabb）也认为，“生产过剩与社会需求”之间的矛盾导致了这次金融、经济危机，他指出，“在一个不合理的社会结构中，生产过剩与社会需求得不到满足并存，是这个体系的特征，资本利用它的阶级力量，并挑动工人阶级互相反对，其结果就是处处都给予工人压力，迫使他们接受更低的报酬。由资本占有的剩余价值不能在生产领域找到出路，就涌入了金融投机领域，在那里，它被吸进投机的泡沫中，这些泡沫终将破裂，并在整个经济领域中造成混乱和痛苦。”③

阿根廷社会学家和政治学家阿蒂略·博龙也认为，“这是一场生产过剩和过度消费造成的危机，是资本主义定期‘净化’资本的特有机制”。因此，在他看来，“危机在美国爆发并不偶然，因为该国30年来一直人为地依赖储蓄和对外借贷维生，而这二者并非无穷无尽的：企业过度借债，于是操起危险的投机生意；国家为了应付战争而借债，但同时还要减少税收；个人受商业广告诱导走上借债道路，以维持不合理的消费水平。这条借债螺旋线戛然而止是迟早的事。”④ 需

---

① http：//www. cctb. net/llyj/lldt/zdyj/200903/t20090305_ 3803. htm.

② 赵静：《日共前主席不破哲三谈国际金融危机对当代资本主义和世界社会主义的影响》，《当代世界》2009年第5期。

③ William K. Tabb， “Four Crises of the Contemporary World Capitalist System”，*Monthly Review*，October 2008. http：//www. monthlyreview. org/081006tabb. php.

④ 〔阿根廷〕阿蒂略·博龙：《从无穷的战争到无尽的危机》，见李慎明主编《世界在反思：国际金融危机与新自由主义全球观点扫描》，社会科学文献出版社，2010，第309页。

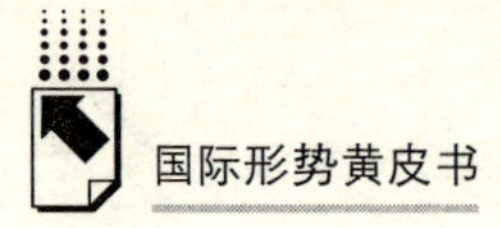

要指出的是，尽管阿蒂略·博龙关于危机原因的表述略有不同，但实际上也无异于生产过剩和消费需求不足“之间的矛盾”，因为“过度消费”也好，“维持不合理的消费水平”也好，只是金融手段“创造的”虚拟消费需求，并非货真价实的消费需求充足。

（五）认为金融危机是“近几十年来全球化进程不可避免的结果”

印度共产党（马克思主义）政治局委员西塔拉姆·亚秋里根据“全球化的两个重要特征”得出了这一观点。他认为，探究这次危机的原因，必须对全球化的以下两个重要特征予以高度重视：“首先，这个过程伴随着富国与穷国之间以及一国之内穷人与富人之间的经济不平等。在2007～2008年人类发展报告中，事实确凿的统计证实了这一点。世界上40%的人口每天靠不到2美元生活，这部分人的经济收入仅占全球收入的5%，而20%的富人们却占据了世界总收入的75%。世界上有超过80%的人居住在收入差距不断拉大的国家。其次，全球化加剧了‘失业和经济一同增长’的现象。全球范围内就业的增长率低于GDP的增长率。这两点放在一起意味着世界上绝大部分人的购买力下降了。当前，当生产的产品卖不出去的时候，资本主义不可避免地陷入危机。在这种情况下，资本主义能够维持其利润水平的唯一方法就是鼓励那些穷人努力去获得贷款。然而，当还款的期限一到，必然出现坏账。这就是关于近来美国所发生的次贷危机而导致的房屋价格的大幅下跌以及大量的房屋贷款坏账的准确解释。”①

二　关于应对国际金融、经济危机的战略策略

国际金融危机爆发后，西方一些左翼学者和共产党人对西方各国政府从根本上是“维护有产阶级利益”的包括一系列“救市”、“国有化”和“经济刺激”计划在内的摆脱危机的对策进行了尖锐的批评，同时提出了瞩目于社会公平和改善民生的应对危机的各种战略策略和政策主张。

---

① http：//www. cctb. net/llyj/llgc/zbzyyj/200904/t20090414_ 19772. htm.

（一）批评西方各国政府应对危机的政策措施

1. 批评西方各国政府应对危机的举措只是“维护有产阶级的利益”

葡萄牙共产党在分析了西方各国政府应对金融危机的各种凯恩斯主义意义上的管制措施后揭露说，这些方案的根本出发点和右翼分子、社会民主党、大资本家们以前推行的新自由主义政策措施一样依然只是金融投机家和大资本寡头，“他们要灌输虚假的凯恩斯模式的改良主义‘倒退’思想。事实上，他们一贯利用国家来加强对劳工的剥削，使公共服务私有化，把一切能够产生利润的东西都交给资本家。现在，他们又利用国家来拯救高级复杂融资市场，把损失社会化，以此继续使金融资本获利。这些措施以这种方式导致更大的资本积累，促进合并和收购行为，使投机性的‘机制’和股票交易的上下波动得以延续，以赚取更多的钱。”① 正因为所谓“救市”或“援助”计划只不过是金融寡头们操纵的西方各国政府继续玩弄的“利润私有化”、“损失国有化”把戏，只不过是他们拿纳税人的钱来挽救行将崩溃的大金融资本的命运的冠冕堂皇的手段而已，因此，许多左翼人士和共产党人不关心或者说反对金融援助计划就不是什么不可理解的事情了。例如，诺姆·乔姆斯基就这样说道：“在十亿人面临饥饿的时候，拯救银行并不是最重要的。同时不要忘了在世界上最富裕的国家里承受饥饿困难的数千万的人。”②

针对美国为缓解危机而采取的所谓“最重要”对策，即联邦储备银行降息，以促进市场利率的下降，日本学士院院士、东京大学荣休教授、著名马克思主义经济学家伊藤诚（Makoto Itoh）也揭露了它只是维护金融寡头和投机家们的利益的实质。他这样评论说：“伴随着这种作用的利率政策，明显是为了照顾因次贷关联证券的价格下跌而陷入亏损和流动性短缺困难的金融机构、机构投资者的利益。”③

正是鉴于危机袭来时“私有市场经济制度中政府支出首要目标是维护有产阶级的利益”这一明显不过的事实，约翰·贝拉米·福斯特坚持认为，资本主

① http：//www. cctb. net/llyj/lldt/zdyj/200903/t20090305_ 3803. htm.

② http：//bostonreview. net/BR34. 5/chomsky. php.

③ http：//www. globalview. cn/ReadNews. asp？NewsID = 16130.

义制度下的政府不会为包括无家可归者在内的每一个人提供必要的住房，不会建立一个覆盖全部人口的单一保险机构式的全国公共卫生体系来代替漏洞百出的医疗保险制度，不会大幅度削减支持帝国统治的大规模军费开支，不会对富人征收更高的税款向低收入者进行转移支付，不会使全球环境得到更好的保护，总之，不会实施可行的政策满足公众的基本需要。① 也正鉴于西方各国政府为摆脱危机出台的“任何政策都不能缓解资本主义制度内在的腐朽性”，希腊共产党指出：“工人尤其是共产党应该反对这些欺骗性的观点：‘调节资本主义’、资本主义的‘心灵净化’和‘人道主义’。”②

2. 批评西方各国政府应对危机的举措没有触及经济危机的根源

国际著名左翼学者、斯洛文尼亚卢布尔雅那大学哲学系教授斯拉沃热·齐泽克认为，在当前的危机中，主流意识形态不是将金融危机归咎于全球资本主义体系本身，而是归咎于它的偏差，即疏于监管、大金融机构的腐败等等，这是之前新自由主义资本主义意识形态的延续，并不能有效地应对危机。③ 英国社会主义工人党理论家、著名左翼学者克里斯·哈曼也认为，西方各国政府应对危机的举措从来只局限于在自由市场经济和国家干预之间选来选去。现在，它们转向“国家干预”以应对危机。在他看来，这“并没有触及经济危机的根源”。他还讽刺说：“当你患流行性感冒时，如果你只是服用镇痛药，你的头痛只是暂时得到缓解，头痛迟早还会再找上你。”④ 著名左翼学者、美国约翰·霍普金斯大学教授大卫·哈维2009年2月12日在他发表在“读《资本论》”网站上的一篇题为《为什么美国的刺激方案一定会失败?》的文章中，根据自己的分析，以学者应有的严谨表示，美国贸易和财政赤字过高、国内利益集团的政治和意识形态阻碍、美国去工业化已久等因素终将使美国的“凯恩斯主义”经济刺激计划遭到失败。正如他所说，“美国去工业化由来已久，同时反对政府计划的意识形态也很强烈……这一切使得寻求完备的凯恩斯方案在美国几乎不可能”。⑤

---

① http：//www. cctb. net/llyj/llgc/zbzyyj/200907/t20090709_ 19808. htm.

② 转引自王喜满《希腊共产党关于当前世界资本主义经济危机的看法》，http：//inter. kke. gr/，Contribution of D. Koutsoumpas member of the PB of the CC of KKE，NOV. 2008。

③ Slavoj Žižek，“Use Your Illusions：Obama's Victory and the Financial Meltdown”，*Lonon Review of Books*，14 November 2008.

④ http：//www. cctb. net/llyj/llgc/zbzyyj/201004/t20100406_ 21212. htm.

⑤ http：//www. cctb. net/llyj/xswtyj/zdjs/200907/t20090710_ 4030. htm.

日共前主席不破哲三（ふわ てつぞう）也批评说，“资本主义国家的救治措施治标不治本”，因为，“当前的危机既有金融危机又有生产过剩危机，而资本主义国家的拯救措施主要着眼于金融危机，通过国家财政采取大量救济措施，不可能解决根本性问题。”①

（二）提出旨在促进社会公平与民生改善的各种应对危机的战略策略

1. 主张对资本主义体系进行根本的改造

鉴于“当权者试图在不改变阶级力量格局的前提下摆脱目前的危机”，大卫·哈维认为，人们要“改变这种格局”，无疑“需要的是民众主义的义愤填膺，因为它会引起像拉美地区那样的政治运动”。他还表示“希望这些政治运动能达成共识”，即瞩目于“对资本主义体系进行根本的改造”。②

在伊曼纽尔·沃勒斯坦看来，金融危机使人类历史处在一个分叉的时期，这无疑“就意味着会有达沃斯道路和阿雷格里港道路两种可能的解决方案”，虽然他表示哪一个方案将最终胜出尚不能完全确定，但他坚持认为，达沃斯人也并不想恢复资本主义，而是在设法寻找一种替代，只不过这个替代方案仍然坚持不平等、等级制等原则。他还表示相信，“我们可以有不同于资本主义的另一个体系。阿雷格里港的目标就是建立一个相对民主、相对平等的体系。”③

免除第三世界债务委员会主席埃里克·图森特也认为，国际金融、经济危机使“人类再次站在了历史的十字路口。一边是危机的资本主义出路，即奥巴马、卢拉、萨科齐、布朗和普京等人提出的解决办法；另一边是摒弃资本主义，执行反资本主义和反种族主义的、生态的解决办法”。他表示，“希望人类能够选择后者，因为要想摆脱全球危机，就必须做出反资本主义的全球性回应。”④ 著名左翼学者、加拿大多伦多约克大学比较政治经济学教授利奥·巴尼奇则指出，至

---

① 赵静：《日共前主席不破哲三谈国际金融危机对当代资本主义和世界社会主义的影响》，《当代世界》2009 年第 5 期。

② http：//www. cctb. net/llyj/zjft/201001/t20100107_ 19876. htm.

③ http：//www. cctb. net/llyj/llsy/llwz/201007/t20100701_ 22520. htm.

④ 埃里克·图森特：《左派当政但不掌权》，见李慎明主编《世界在反思：国际金融危机与新自由主义全球观点扫描》，社会科学文献出版社，2010，第 307 页。

少是对那些期望“复苏革命精神”而不仅是“令幽灵再度徘徊”的人们而言，匆忙打开马克思的著作后，会发现他的话在今天也颇有意义。在他看来，马克思的理论无疑可以给他们以启示：渐进式改革难以彻底解决危机，必须采取替代资本主义的激进方式实现变革，以更好地满足社会大多数人的需要。[①]

关于如何做出“反资本主义”的全球性有力回应，希共认为：“我们应该最大限度地利用现在的形势以推动工人阶级以及它同其他社会阶层在国家和国际层面的团结合作。而且，工人阶级应该增强同阶级敌人遭遇的战斗力，在同阶级敌人斗争中巩固人民力量的先锋队。现在的危机要求工人阶级予以坚决的反击，要求工人阶级围绕着有利于劳动人民的反帝国主义目标进行阶级斗争。工人阶级应该坚持毫不妥协的抵抗和斗争，而不是和解、妥协的路线，后者会有利于资本主义治疗它的创伤。人民应该攻击这头‘受伤的猛兽’，而不是给它时间以疗伤和恢复。国际共产主义运动和国内共产党的战略应该在以阶级为导向的工会运动中、在反帝国主义运动中、在以引导人民实现生产资料社会所有制、计划生产和工人管理为目标的人民联盟中积聚力量。所有这些都要求推翻现有的各种资产阶级政权。”希共还表示相信，“虽然我们目前还不具备推翻资本主义政权的所有条件，但是，当前的形势表明可能朝着有利于人民的方向加速发展”。[②]

著名左翼学者、阿根廷社会学家和政治学家阿蒂略·博龙则指出，人们期望通过“反资本主义的全球性回应”来摆脱这场危机，必须摒弃迈克尔·哈尔特和安东尼奥·内格里的浪漫主义和自发主义观点，必须以列宁主义思想为指导，在这种情况下应“加强群众的组织和意识”，“重建人民群众的社会、政治和思想”，“应从思想上使全社会相信，资本主义应对危机的方法治标不治本”，应“使人民意识到，唯一能够获得积极成果的斗争就是针对资本主义的斗争”。他还指出，“批评的矛头不应仅指向一项政策或资本主义的新自由主义阶段，也应指向资产阶级社会的基础结构”。[③] 在他看来，当前“明确的反资本主义态度”

---

① 《加拿大学者：现代社会印证了马克思的预见》，http：//news. xinhuanet. com/world/2009 - 05/26/content_ 11439293. htm。

② http：//inter. kke. gr/，Contribution of D. Koutsoumpas member of the PB of the CC of KKE，Nov. 2008.

③ 〔阿根廷〕阿蒂略·博龙：《从无穷的战争到无尽的危机》，李慎明主编《世界在反思：国际金融危机与新自由主义全球观点扫描》，社会科学文献出版社，2010，第314页。

应当是加强工会和群众的凝聚力，深化民主参与机制，力争在当前的危机中减少失业；重新掌握社会中的基本生活资料；转变新自由主义推行的私有化和非调控机制；发动一场深刻的纳税革命，以终止其递减趋势；帮助群众解决粮食和水危机带来的问题；加强国际一体化、“美洲玻利瓦尔替代计划”等机构和计划，以便粉碎资产阶级将危机的代价转嫁给拉美国家的企图，等等。

2. 强调挽救危机的真正方法是“满足社会底层的基本需求”

约翰·贝拉米·福斯特深刻指出，面对这场危机，社会进步力量最为重要的是，要认识到这场危机的根源是资本主义体制自身而不是什么“自然灾难”。他还揭露说，尽管处于社会顶层的利益集团同样因危机受到损失，但本应该为此承担责任的他们却在竭尽可能利用资本主义制度的现有机制、以损害其他社会成员为代价弥补损失、获取利益。在他看来，这个最富有的阶层理应为这场危机买单，这不仅仅是基于最基本的社会公平，更因为是他们以及他们的体制制造了这场危机。因此，在他那里，挽救危机的真正方法只能是满足社会底层的基本需求，而不是耗费普通纳税人的财富为处于社会顶层的少数人打造“黄金降落伞”（Golden Parachutes）。

葡萄牙共产党也认为，要真正从根源着手解决眼前的危机，必须瞩目于社会底层的需求并采取以下措施：在国内，为深受危机侵害的工人和人民提供基本的社会保障；迅速地大大提高工人和人民大众的购买力（即提高工资和养老金），改善国民收入的分配，作为促进消费、刺激生产的关键措施；在民主的框架下对主要的生产资料实行社会所有制，由国家控制金融体系；加强国家在经济中的作用，同时制定政策促进公共投资，恢复国家的社会功能；政府必须干预，使银行实施更低的利率；通过偿付公司拖欠款项，尤其是要偿付公众基金，以减轻公司的金融压力。① 不过，葡共也指出，要顺利实施上述措施，“必须获得强大的群众运动的支持，必须进行有组织的斗争，反对那种认为深受剥削之苦的人应为危机买单的思想；应由工人和人民来决定政治、社会和经济事务”。

英国共产党在《左翼纲领》中提出了自己尽量“满足社会底层的基本需求”的应对危机的必要举措，如必须在住房建设、能源和交通领域进行公共投资并实

① http：//www. cctb. net/llyj/lldt/zdyj/200903/t20090305_ 3803. htm.

行公有制，在制造业进行大规模战略干预，采取增加退休金和福利的措施等。[①] 美共主席萨姆·韦伯也指出，美国人民要摆脱金融危机带来的巨大挑战，“在近期，需要采取一些直接措施恢复金融市场的有序运行，刺激经济发展，最重要的是要提高美国人民的生活水平。从长期来看，则需要在国家和企业层次实行新经济管理模式，改变政府和企业的功能使其关心工人、受种族歧视者和受民族压迫者、妇女、年轻人及其他社会团体。”他认为，“新模式应该吸取罗斯福新政的经验，但首先要根据今天的情况来制定，以促进工人及广义上的被压迫人民的政治和经济的进步”。他还指出，“这种模式虽不是社会主义性质的，但它将挑战资本主义代理人的权力和行为，坚持和平与平等，把能源和金融联合企业收归公有，使美国的经济和社会非军事化，并保护环境。经济危机使富兰克林·罗斯福获得由产业工会领导的全民联盟的支持，使其能够调整国家的功能以有利于普通百姓。美国人民应从中获得鼓舞和能量，走一条相似的道路。”[②]

3. 宣称社会主义是结束金融危机的唯一途径

在俄共看来，资本主义的金融、经济危机证明了争取社会主义斗争的必要性。正如久加诺夫所说，“资本主义不可避免地走向破坏性的危机、社会灾难和军事冲突。只要高利贷者和投机者的权利和利益置于物质和精神价值创造者的权利和利益之上，社会就不会成为和谐的。这一切迫使我们必须加强争取社会公正、争取劳动者的权利和自由、争取社会主义的斗争。时代执著地证实了这一斗争的必要性和必然性。”[③] 2008 年 11 月 28 日巴西共产党网站发表的第十届国际共产党工人党大会通过的《社会主义是替代选择！——圣保罗宣言》则不仅认为争取社会主义的斗争必要，而且认为社会主义是“结束资本主义破坏性危机的唯一途径”。正如该宣言指出的，全球经济危机后的人类历史“正处于两股力量尖锐交锋的十字路口”，一方面是对和平、主权、民主、工人和人民权利的巨大威胁，另一方面是为人类解放事业、为社会进步与和平事业、为社会主义与共

---

① http：//www. cctb. net/qkzz/qkk/qkarticle/201002/t20100209_ 20345. htm.

② 杨成果：《美国共产党论美国金融危机的根源与出路》，http：//www. peoplesworld. org/opinion - finances - and - the - current - crisis - how - did - we - get - here - and - what - is - the - way - out - part - 1。

③ 刘淑春：《世界金融危机形势下的俄罗斯共产党》，2009 年 2 月 3 日《中国社会科学院报》。

产主义事业而奋斗的强大力量。参加此次大会的各国共产党和工人党一致表示“坚信社会主义是实现真正、彻底的人民独立、保障工人阶级权益、结束资本主义破坏性危机的唯一途径”。大卫·科茨教授也指出，资本主义因其固有矛盾，不可能从根本上摆脱周期性经济危机的长期影响。只有马克思主义理论不仅科学地解释了当前危机产生的根源，而且开出了可能的处方。他还坚信，在社会现实的影响下，社会主义的支持者会不可避免地增加，对于进步团体来说，则有机会变革全球资本主义政治经济体系。①

三　关于金融、经济危机对全球政治与安全的影响

国际金融、经济危机无疑像一场风暴或者龙卷风，它对全球政治与安全的深刻影响是不言而喻的。在西方许多左翼学者和一些国家的共产党人看来，这场金融、经济危机对全球政治与安全的影响主要表现在以下几个方面。

（一）国际力量对比发生新的此消彼长，世界多极化趋势更加明朗

金融危机爆发后，西方尤其是美国的许多左翼学者认为，因为这场危机的影响是不对称的，就是说，美国等西方发达国家的经济受到的打击更为沉重、经济衰退程度也更深，再加上金融危机使西方资本主义国家根深蒂固的局限性和日益严重的寄生性、腐朽性再次暴露在世界人民面前，这场危机因而宛如一个神奇的加速器，大大加快了地域政治力量对比由西方向东方转移和有利于新兴强国的世界范围内的权力平衡调整，以及世界从单极格局转向多极化格局转变的进程。比如，诺姆·乔姆斯基就认为，“世界秩序正在发生着许多变化，而亚洲在其中发挥着重要作用。中国在全球权力转移中发挥着最核心的作用，尽管以中国为代表的新兴国家暂时还没有占据世界中心的位置，但已经从劳动密集型向跨国界的资本贸易转移”②。威廉·K. 塔布也认为：“一个多极化的世界正在给另一些国家提供某种机会。中国、印度和俄罗斯之间进行合作的趋势如果成熟

---

① 参见李百玲、李姿姿等《资本主义危机与世界历史的转折点——2009 年全球左翼论坛综述》，《国外理论动态》2009 年第 12 期。

② 转引自《一些专家对后危机时代国际关系看法》，2010 年 9 月 20 日《人民日报》，第 23 版。

了，将从华盛顿那里实现全球实力的转移。因此，我们很可能正在进入一个新的时期。”[①] 大卫·哈维则进一步认为：“大国力量对比关系上发生的这一激烈变动将加剧各种难以预料的政治和经济后果，从而使美国失去其霸权地位（即使仍然保留其‘重要’地位）。”[②] 他还认为，美国霸权地位的削弱及随之产生的不平衡将导致全球经济分裂为区域霸权结构，这种结构将使各国既激烈竞争，又彼此合作，以决定由谁来承担长期萧条的悲惨后果。在他看来，虽然这种构想并不令人振奋，但对这种前景的思考应该能使西方社会警醒。

伊曼纽尔·沃勒斯坦也认为，“眼前的危机也标志着一个政治循环的终结，那就是始于70年代的美国霸权的终结。美国依然会是一个重要角色，但面对西欧、中国、巴西和印度等多个权力中心，它再不可能恢复从前那种一家独大的地位。”[③] 他还指出，在美国霸权的主要支柱彻底动摇的同时，“核心地缘政治大国开始尝试相互达成协议以确定哪一种解决办法最理想。这是一个纷乱的时期，人们将尝试各种可能性来判断他们能做什么。在这样一个缺乏透明度的时期，可能会形成东亚和美国的联合，欧洲和俄罗斯的联合，而印度还不能确定其走向”，“我们处于一个非常复杂、混乱的多极格局之中”。[④] 他认为，从美国的角度来看，这种很糟糕的状态“是不能扭转的”。

（二）新自由主义全球化将走向终结

许多西方学者都注意到，金融危机后，许多国家越来越强力地干预市场进程，凯恩斯主义的应对危机措施似乎“顺应历史新潮流”般地大行其道，倾向社会福利再分配的政策的一个个则如同时代的新宠儿，全球贸易、资本流动和移民人数和金融和贸易保护主义则都呈抬头之势。他们因而大都认为，尽管这场大大损伤了美国所提倡的“民主化”与“市场经济化”全球化理念“信誉”的危机尚不会造成资本主义的彻底崩溃，但危机无疑是经济全球化的一个转折点，将

① William K. Tabb, “Four Crises of the Contemporary World Capitalist System”, *Monthly Review*, October 2008. http://www.monthlyreview.org/081006tabb.php.

② http://www.cctb.net/llyj/xswtyj/zdjs/200907/t20090710_4030.htm.

③《资本主义即将终结》，李慎明主编《世界在反思：国际金融危机与新自由主义全球观点扫描》，社会科学文献出版社，2010，第194页。

④ http://www.cctb.net/llyj/llsy/llwz/201007/t20100701_22520.htm.

终结20世纪80年代开始的新自由主义全球化时代，英美的自由市场模式将会丧失其部分吸引力和影响力。

鉴于“全球化政治平衡正在往回摆动”的事实，伊曼纽尔·沃勒斯坦认为，新自由主义全球化将被作为资本主义世界经济历史的一次周期性摆动记录在案。不过，在他看来，真正的问题不是这个阶段是否结束，而是正如从前一样，回摆是否能够恢复世界体系的相对均衡状态。或者，造成的破坏已经太大了？我们现在是否已经进入世界经济以及作为整体的世界体系的更加暴力的混乱之中？①

（三）左翼将迎来自己发展的新的巨大契机

应该说，最近这场使资本主义尤其是资本主义的自由市场经济遭受最严重的信任危机和资本主义的生命力广泛受到质疑的国际经济金融危机，无疑让左翼知识阵营更加坚信资本主义难以克服的痼疾，并对在一个缺乏左翼政治运动的环境下复兴社会主义、马克思主义的前景生出期许。美国社会主义工人党（SWP）编辑乔尔·戈伊尔（Joel Geier）就认为，因为“这场自由市场的灾难，使我们更有论据来争论资本主义的必然失败以及基于人类需求的制度更替”，金融危机无疑意味着“已被边缘化了几十年的左翼终于获得巨大的发展契机”。② 美共主席萨姆·韦伯也认为，虽然在过去半个多世纪里，尽管包括美国共产党在内的美国左翼力量进行了艰苦卓绝的斗争并做出了不朽的贡献，但由于麦卡锡主义、冷战思维、拒绝革新等原因，左翼力量处于美国政治的“边缘地带”，不是美国政治的一个决策者，不能像20世纪30年代那样影响美国的政治进程，也无法像其他国家的许多左翼政党那样发挥作用，“它不是主角，它不能主导美国的政治方向”，但是，他相信，在这场金融危机面前，“过去不会重演。在新的政治图景中，左翼力量有机会从美国政治的边缘步入主流，从而有机会在决定国家前途命运的争论中获得话语权；有机会调动和影响千百万美国人的思想和行为”。③ 在他看来，作为美国左翼一部分的美国共产党能否抓住这一“摆在眼前的黄金机遇”并成为主流，关键取决于自己能否摒弃“边缘化心态”。他还列举了“边缘

① http：//www. cctb. net/llyj/llgc/zbzyyj/200806/t20080605_ 19745. htm.

②《金融危机：一场全球性的资本主义系统性危机》，张寒译，http：//theory. people. com. cn/GB/49154/49155/9389015. html。

③ http：//www. cctb. net/llyj/lldt/zdyj/201001/t20100127_ 20080. htm.

化心态”的若干表现形式，诸如“把太多的时间浪费在无谓的争论上”，“对新的政治机遇不屑一顾”，“认为渐进式革命与激进式革命相悖”，“总是悲观地看待问题”，“行动时未表现出比群众更为宽广的眼界”，“远离变革和斗争”，“把自己局限在狭窄的左翼阵营内”等。

英国社会主义工人党理论家、马克思主义经济学家克里斯·哈曼也指出，能够清楚地意识到自己责任所在的世界社会主义力量，“应该利用资本主义的这次混乱来传播社会主义者的观点，同时在统治阶级试图让人民大众为这次危机买单之时，力争成为各种反抗形式的中流砥柱”。①

在谈到这场危机对社会主义的具体影响时，法国著名左翼理论家阿兰·巴迪乌（Alain Badiou）也认为，马克思创立的包含有“每个人的自由发展是所有人自由发展的条件”光辉思想的共产主义理论体现了永恒的“人类解放的主题”，因此马克思主义的复兴是必然的。正如他所指出的，这场世界金融危机使广大民众认识到，“人类解放的主题从来没有失去它的效应，毫无疑问，‘共产主义’一词正体现了这一主题”。他认为，不能任由共产主义被“贬低和侮辱”，现在应该“重新提倡共产主义，并使它更为明晰。这种明晰也是它一直以来的特征，就好像马克思在创立共产主义理论时说过的，共产主义用最激进的方式打破了传统观念，提出了社会中每个人的自由发展是所有人自由发展的条件。”② 的确，在法国，因为全球经济危机的威胁，右翼政府的强权攻势，以及对改良派社会党的极度不满，法国群众的“左倾”趋势越来越明显，这使一个以法国激进“左派”政党“革命共产主义同盟”为基础、同时集合了其他激进左翼力量成分的“新反资本主义党”于2009年2月在巴黎市郊应势而生。在短短几个月内，“新反资本主义党”在法国各地就成立了460个地方性委员会，吸引了9000多人参加。该党提出了“要对整个社会进行结构调整”的政治目标，还主张对主要的行业实行国有化，关闭证券交易所和利用本次资本主义危机来建立一种可以捍卫社会革命性变革的力量，以反对私有制，重建“更加民主”的社会主义未来。

① 《20世纪30年代的大萧条与当前的金融危机》（下），曹浩瀚、高耿松译，http://www.cctb.net/llyj/llgc/zbzyyj/200907/t20090709_19809.htm。

② 肖辉、张春颖：《巴迪乌论当前的金融危机》，http://www.lemonde.fr/idees/article/2008/10/17/de-quel-reel-cette-crise-est-elle-le-spectacle-par-alain-badiou_1108118_3232.html。

马来西亚大马社会主义党的朱进佳认为，“这是法国左翼力量在野蛮与革命时代的重新出发，也将有助于欧洲以至世界各地激进左翼的发展”。①

关于拉丁美洲左翼的发展情况，西班牙《起义报》的一篇文章指出，“委内瑞拉诞生了一位民族主义的军人、玻利维亚的土著总统、巴西的前冶金工人、智利和阿根廷的女人当政、巴拉圭穿着凉鞋就职的前主教、厄瓜多尔的支持凯恩斯学说的经济学家，这些都构成了南美洲一张正在拼凑当中的左派版图”。② 该文还认为，尽管出现了目前的“全球资本主义”危机，但是拉丁美洲的大批“左派”政府却为“乐观主义情绪”的产生提供了土壤。

（四）可能出现新的战争和革命的浪潮

美国左翼学者洛仁·戈尔德纳认为，国际金融危机后，因为没有一个国家能继续扮演美国“老大”的这一角色，未来将在两种前途的斗争中展开：或者是一个世界资本的政府，或者是一个可能的新的工人阶级的“天堂风暴”。在他看来，这场自1929年以来最大的资本主义危机可能在为1919年以来规模最大的工人起义准备条件，革命可能会出现突破，正如他所说，“历史给我们提供了难得的机遇，如果我们不能抓住这一机遇，我们这一生就再也碰不到这样的机会了”。他还援引用90年前罗莎·卢森堡的话说：“革命这样说道：我曾经在，我现在在，我将来还在。”③ 他认为可以预见的是，除了中左翼准备出来重组世界资本主义外，威权全义的右翼将会再现，不过，通常右翼“这一派将会采取一些与温和左翼相同的措施（如法西斯主义者在两次世界大战之间所做的那样），并将威吓潜在的起义，迫使其转变为‘为保卫（资产阶级）民主而战’”。

萨米尔·阿明也认为，金融危机后“意味着可能出现新的战争和革命的浪潮。这种可能性很大，因为占据支配地位的国家除了想把体系恢复到金融崩溃之前的状态之外，没有任何其他想法。”④ 不过，他也指出，在当前形势下，虽然

① http：//www.wyzxsx.com/Article/Class20/200902/69731.html.

② 《南美的左派：正在拼凑的一张版图》，李慎明主编《世界在反思：国际金融危机与新自由主义全球观点扫描》，社会科学文献出版社，2010，第142页。

③ 转引自《20世纪30年代的大萧条与当前的金融危机》（下），曹浩瀚、高耿松译，http：//www.cctb.net/llyj/llgc/zbzyyj/200907/t20090709_19809.htm.

④ Samir Amin，“Seize the Crisis!”，*Monthly Review*，December 2009. http：//www.monthlyreview.org/091201amin.php.

人们能够看到社会抗议运动的发展，但从总体上说，在缺失一种连贯的、与挑战相匹配的政治计划的情况下，社会抗议运动无力挑战与寡头资本主义联系在一起的社会秩序。

四 关于西方左翼学者对金融危机反思的简要评价

从马克思主义的立场、观点和方法出发，从着眼于争取国际金融危机后的世界向好的方面变化，向有利于我们的、有利于社会主义的方面变化，我们应该可以对西方左翼学者和共产党人关于国际金融危机反思的林林总总的观点，作如下几点简要的评价。

第一，西方左翼学者和共产党人从不同视角对金融危机所作的深刻反思是我们当代需要的觉悟，对我们正确和全面认识国际金融危机的原因、影响与西方国家应对金融危机举措的实质，对我们全面正确判断后危机时代的国际国内形势，更有针对性地加强和改善宏观调控，进一步巩固和发展应对国际金融危机冲击的成效，对我们加快转变经济发展方式，更加自觉地坚持扩大内需战略，保持经济平稳较快发展，对我们更加注重保障和改善民生，对我们更加充满信心地建设世界政治经济新秩序，更加积极主动地参加国际合作，维护我国主权、安全和发展利益，等等，无疑都具有十分重要的意义。

第二，虽然有一些西方进步左翼人士敏锐地意识到“马克思的观点对于理解和讨论当前的金融危机是有重要指导意义的”，并把反思的目光开始“投向马克思对资本主义进行的批判”，而且还正确地把这次国际金融危机的基本原因归结为马克思主义创始人揭示的资本主义基本矛盾激化的产物的观点，但是，必须指出，也有更多的左翼人士尤其是温和左翼人士回避资本——劳动的普遍矛盾，有意抛弃马克思主义阶级理论和剩余价值理论的基本概念，他们更倾向于使用“人道主义”、“全球的货币”、“市场经济”、“不发达”、“第三世界”、“东方－西方”、“北方”和“南方”等西方资产阶级的语言，更侧重于和西方资产阶级的右翼一样把这场金融危机看做人性“贪婪”的结果，因此，应该可以说，他们虽然在反思金融危机的原因时也批判资本主义，但他们的阶级立场并不是马克思主义的，甚至是反马克思主义的。

而且，鉴于当代资本主义从20世纪70年代已经开始了“从国家垄断向国际

金融资本垄断转变”，鉴于各发达资本主义国家尤其是美国最全面最典型地体现了资本主义国际金融资本垄断阶段“经济加速金融化”、“金融虚拟化、泡沫化”、“金融资本流动、金融运作自由化”、“实体经济逐步空心化”、“劳动大众日益贫困化”、“经济乃至国家运行的基础债务化”这样几个根本特点，以及鉴于在资本主义的国际金融资本垄断阶段，生产社会化同生产资料私人占有之间的矛盾仍在进一步发展，企业内部尤其是金融企业内部的有组织性、计划性同超越国界的全球性无政府状态间的矛盾空前尖锐，生产无限制扩大的趋势同劳动大众相对贫困导致有支付能力的社会购买力不足的矛盾在进一步激化，我们也认为，深入分析金融危机和经济危机的原因，有必要使“马克思主义关于资本主义金融、经济危机的基本观点”更为“贴近”资本主义国际金融资本垄断阶段的这一新的实际，因此，我们有理由认为，把这次国际金融危机爆发的原因归结为“国际金融垄断资本主义基本矛盾日益激化的必然结果”① 的观点，可以说是“马克思主义关于资本主义金融、经济危机的基本观点”的与时俱进或者说进一步的深化，因为它不仅坚持了马克思主义关于资本主义金融、经济危机的基本观点，也给马克思主义关于资本主义金融、经济危机的基本观点充实了新的时代内容。

第三，西方一些左翼学者对西方国家应对危机举措的批评，提出旨在促进社会公平与民生改善的政策主张，不能说丝毫不会影响欧美国家的决策，但从根本上说它们是为缓解资本主义制度的危机或者说“改良”资本主义制度及其主导下的世界政治经济秩序服务的。因此，应该可以说，西方许多左翼人士和共产党人虽然挣脱了资产阶级的新自由主义“意识形态网”，但是又自觉不自觉地深陷于资产阶级的其他“意识形态网”，尤其是民主社会主义的“意识形态网”之中。在金融危机使欧洲经济发展模式同样受到质疑、欧盟各国普遍陷入经济衰退的深渊的情况下，左翼人士的“福利模式”对策就多少显得不太现实了。而且，即便如俄共等提出了社会主义的“必要性”，即便一些左翼学者提出了“反资本主义”的要求和战略或宣称“革命可能发生”和“革命现在在”，但是，因为他们并没有将自己的对策诉诸广大的劳工群众，也没有积极塑造马克思主义意义上的社会力量并取得这种社会力量的支持，因此，应该可以断定，他们的主张、对

① 参见何秉孟《当代资本主义的新发展：由国家垄断向国际金融资本垄断过渡》，《红旗文稿》2010 年第 3 期。

策将更多的只是停留在“讲坛”和“学术会议”意义上，换言之，他们仍然“可能”再一次丧失历史提供给他们的极好机遇。正如古巴全国人大经济事务委员会主任、著名经济学家奥斯瓦尔多·马丁内斯（Osvaldo Martínez）深刻指出的，“资本主义体系重大的经济危机并不会造成一种预先确定好的政治走向。从这些危机中，可以产生走向左翼的运动，同样也可以出现走向右翼的运动。所有这一切并不取决于经济危机，而取决于在特定的环境中各种政治力量的行动，取决于这些力量的成熟状况，以及它们循序引导政治走向的能力。因此，未来将要发生什么事情，这只能根据目前处于冲突中的各种政治力量的灵活性、娴熟的斗争艺术、正确的战略和领导能力来加以回答”。①

第四，对于西方左翼学者关于金融危机影响的观点，我们需要一分为二地对它们进行分析。一方面，应该说，他们很好地把握了金融危机后世界格局多极化和新自由主义资本主义面临大调整的新的历史趋势，以及左翼面临的新的难得的历史机遇，但是，必须指出，他们关于金融危机的上述影响有一个“度”的问题。例如，在如何认识国际政治格局调整变化的问题上，一方面要承认世界多极化的趋势和美国霸权地位因为其经济基础被严重削弱、其软实力和全球影响力被大打折扣而受到严重冲击的事实，另一方面也要看到国际金融危机对于改变国际政治格局来说，其影响还只停留在量的层面，并没有从质上动摇现有格局的基础，总之，目前尚没有给一超多强的国际政治格局带来“飞跃”式的变化。正如瑞典安全与发展政策研究所研究员约根·斯特罗姆先生所指出的，在安全结构上，美国作为世界上军事力量最强大的国家，对于地区乃至全球的安全仍起着至关重要的作用；在生产结构上，美国仍处于产业链的高端并居于主导地位；在金融结构上，美元还是世界上最主要的储备和结算货币之一；在知识结构上，美国的软实力依旧不可小视，并且创新能力继续领先世界其他国家。因此，尽管美国在这次危机中“很受伤”，但其维持霸权的能力和意愿并未丧失。②

又如，在如何认识新自由主义走向终结的问题上，一方面完全有理由认为，在过去30多年的时间里，“被吹嘘成一种世界观，渗透到所有生活领域”的新

① 转引自宋晓平《当前国际金融危机、全球化和发展问题——第十一届全球化与发展问题大会综述》，《世界社会主义研究》2009年第5期。

② 参见约根·斯特罗姆《影响刚刚发酵》，http：//theory. people. com. cn/GB/12772954. html。

自由主义经济政策学说，即所谓“自由放任”的、“自由市场”的西方资本主义思想体系已经在全世界面前声誉扫地了，但是，也应该看到，作为曾经肆虐全球的所谓“最成功的意识形态”或者说“意识形态霸权”，与资本主义及其私有制尤其与大资本家、大垄断资本集团紧密相连的新自由主义不会被埋入泥土之中，它仍然存在深厚的世界政治经济和社会根源，“将来有一天经济形势一旦变暖，它还会东山再起。大概只要有大垄断资本集团存在，特别是大金融资本存在，社会就有新自由主义之类的理论观点泛滥。”①

再如，关于金融危机对左翼的影响问题，一方面应该意识到左翼面临巨大的发展契机有众多事实可以验证，它的客观性不能否认，不能把它只是看成一种所谓“纯粹的”主观愿望；但另一方面也不能否认，这场危机也对左翼带来了艰巨的挑战，尤其是拉美新左翼政府的改良主义就面临这次金融危机的严峻挑战。正如美国著名左翼学者詹姆斯·彼得拉斯指出的，拉美新左翼政权（或称后新自由主义政权）虽然采取了一些反贫困措施和稍微扩大了一些社会开支，但是它们都没有根本性地改变它们继承下来的新自由主义基本经济结构：近几年的经济复苏高度依赖初级农矿产品的出口以及国际热钱的流入、资本相对于劳动的巨大优势仍然如旧，因此当如今的世界经济危机来临时，这些政权日益暴露出其脆弱性。它们可能利用凯恩斯主义来赢得短暂稳定，但凯恩斯主义几年后的失败将使它们被更激进的左翼即社会主义或更极端的右翼即法西斯主义代替②。而且，还应该看到，西方左翼人士和共产党人并没有真正做好资本主义制度“取代”意义上的阶级组织及其替代实践和理论的深入思考，他们迄今为止也都没有提出“雄心勃勃要实现变革的观点”。③ 鉴于此，美共主席萨姆·韦伯认为，尽管金融危机后的民意调查一再显示，社会主义对美国人民的吸引力在增强，但“显然社会主义还不会立刻被提上政治日程。目前的力量对比和千百万美国人的思想观念还没有达到拥护社会主义的程度——这是我们进行任何严肃的战略战术探讨的起点”。④ 西方国家的共产党和世界左翼政党现在面临的这种情况，使我们不禁

① 刘国光、杨承训：《关于新自由主义思潮与金融危机的对话》，《红旗文稿》2009 年第 4 期。

② http：//www. cctb. net/qkzz/qkk/qkarticle/201002/t20100209_ 20348. htm.

③ 《加拿大学者：现代社会印证了马克思的预见》，http：//news. xinhuanet. com/world/2009 – 05/26/content_ 11439293. htm。

④ http：//www. cctb. net/llyj/lldt/zdyj/201001/t20100127_ 20080. htm.

想起邓小平1988年10月17日在会见罗马尼亚共产党总书记、罗马尼亚总统尼古拉·齐奥塞斯库时说的那段极其精辟的话："现在的情况和过去大不一样。我们走的是十月革命的道路，其他国家再走十月革命的道路就难了，因为条件不一样。没有执政的共产党正在寻找其他的、新的途径，但还没有找到一个成熟的观点、成功的办法。总的来看，没有执政的共产党正在衰弱，它们的影响也在缩小。"① 当然，我们也认为，如果资本主义世界金融、经济危机反复出现、不断加深并导致社会阶级矛盾不断激化，如果中国特色社会主义道路越走越宽广，如果其他社会主义国家不断开拓创新和谱写新进步新发展的新篇章，我们并非不可以做出这样的预见：西方国家的共产党和世界左翼政党将日益活跃在各自国家政治生活的前台和世界政治格局的中心舞台，世界社会主义运动将成功走出"苏东剧变"以来的低谷，等等。

参考文献

李慎明主编《世界在反思：国际金融危机与新自由主义全球观点扫描》，社会科学文献出版社，2010。

Reflections on the Financial Crisis by Western left-wing Scholars and Communists

Liu Zhiming

Abstract: Western left-wing scholars and Communists have been contemplating the 2008 international financial crisis. This article summarizes their main viewpoints on the causes, countermeasures, and consequences of the international financial crisis. These issues are briefly evaluated based on Marxist positions, viewpoints, and methods.

Key Words: Left-Wing Scholars; Financial Crisis

---

① 《邓小平年谱（1975～1997）》（下），中央文献出版社，2007，第1254页。

国际关系理论

IR Theories

Y.15

2009~2010年度国际关系研究述评

袁正清*

摘　要： 本文选取了重要国际学术期刊发表的一些文献，对2009~2010年度国际关系的研究进行了扫描。主要的议题涉及世界格局、国际规范、国际关系理论、非传统安全、核战略和政策、软实力等方面，简要阐述了这些方面出现的一些新观点和争论。这些议题的探讨进一步推动了国际关系学科的发展。

关键词： 国际体系　国际关系理论　非传统安全

本文选取了主要国际学术期刊的文献对过去一个年度的国际问题研究进行扫描。选取的刊物主要有：《国际组织》、《国际研究季刊》、《国际研究评论》、

* 袁正清，中国社会科学院世界经济与政治研究所研究员，主要研究领域为国际关系理论和国际组织。

《国际研究视角》、《外交政策分析》、《欧洲国际关系》、《国际安全》。[1] 之所以选取这些刊物是因为它们基本上反映了国际问题研究上的国际水准。这些刊物上发表的文章涉及的领域非常广泛，在有限的篇幅里，不可能面面俱到，只能选取一些在笔者看来比较重要的议题和论述。

一 世界格局中的中国和美国

中国改革开放带来的综合国力上升，给国际格局带来新的变数。中国崛起的地区和国际影响何在？它是脆弱的还是强大的？它是现状国家还是修正国家？它是威胁还是机遇？它将与其他大国不可避免地发生冲突，摆脱不了大国的悲剧吗？国际社会对它进行接触还是遏制？这些问题一直是国际关系学界讨论的热门议题。在金融危机的背景下，这样的讨论仍然在发展之中。

曾经提出过东亚和平地理学的陆伯彬（Robert Ross）在《中国的海军民族主义：来源、前景和美国的反应》一文中[2]指出，最近中国政治和国防政策的发展态势表明中国将会开始一项雄心勃勃的海洋政策，建立以航母为中心的海洋投送能力。民族主义而不是安全是中国海军政策的动力，恰如民族主义和寻求地位是以往陆上大国寻求海洋权力的动力一样。中国的海军政策走的仍然是以前陆上强国的路子，民族主义与中国海军发展的要求相结合构成了海军民族主义。这种海军民族主义的诉求表现为：海军是国家综合国力的象征，建立强大的海军可以洗刷近代以来中国遭受海上入侵的痛苦和耻辱，夺回“失去的领土”。只有中国拥有更大的蓝色水域和航母，才能维护中国的海洋主权，获得威望和尊重，实现中国的复兴，这也是大国地位的象征。中国海军民族主义和建造航母将对中美关系产生明显的战略和政治影响。尽管中国海军民族主义不会对美国的海上安全构成挑战，美国不需要增加军费开支，或者大幅度改变美国的海军部署计划，但会对美中合作构成挑战。美国面临的挑战是制定对中国海军民族主义的一项有限度的军事对策，同时避免使双边关系陷入不必要和造成很大伤害的紧张状态。美国

① 这些杂志的英文名称为：*International Organization*，*International Security*，*International Studies Review*，*International Studies Quarterly*，*Foreign Policy Analysis*，*International Studies Perspective*。

② Robert Ross，“China 's Naval Nationalism ：Sources Prospects and the US Response”，*International Security*，34（2），2009，pp. 46 -81.

的政治困境将是如何把对中国有限的海军扩张所做出的适当战略反应与外交上的战略相结合，这一外交战略能够应对美国的民族主义和中国的海军民族主义，约束两国的政治紧张，使两国整体的合作能够持续下去。美中之间的海军竞争可能会使美中关系整个议程政治化，并挑战两国在范围广泛的一系列问题上的合作，包括在朝鲜半岛的核不扩散问题、台湾问题、双边经济问题和人权问题上的合作。美中两国即使在进行海军竞赛时，也要应对各自国家和对方国家的民族主义，维持外交合作。其中至关重要的是美国要尽早而积极地与中国海军接触，建立双方的信任措施，包括海上联合演习和执行两国之间的海上突发事件协定。维持美中两国在战略竞争基础上的合作不仅是可行的，而且也符合美国更广泛的利益。格斯尼（Michael M. Glosny）和桑德斯（Phillip C. Sauneders）则对陆伯彬的观点提出了质疑，认为中国海军民族主义并不是中国追求海军力量发展的原因，中国的安全环境变化以及与世界经济的融合而导致的利益拓展是中国海军有限扩展投送能力的原因。①

2008年金融危机对国际经济格局是一个巨大冲击，以中国为代表的“金砖四国”要求在国际货币体系中拥有更大的发言权。对于中国而言，中国与美国的经济关系也发生了深刻变化。中国已取代日本成为美国最大的债权国，中国的金融权力与以往相比不可同日而语。对于这样的局面，中国政府明确表示担忧中国在美国的资产安全，中国人民银行行长周小川撰文要改变美元作为世界储备货币的地位。如果在大国政治中，中国把金融权力当做国家权力来使用，会产生什么后果，这种变化对安全意味着什么，如果北京活动它的金融肌肉，华盛顿是否会让步，媒体和政策界对这样的问题讨论比较多，而学术界则关注不多。丹尼尔·德泽勒（DanielW. Drezner）发表了题为《坏账》的文章，对这一问题进行了分析和探讨。② 通过对债权国把金融权力转化为政治权力的评估，作者认为，资本积累可以增加它们抵抗外部压力或施加压力的能力，不过，当资本输出国利用金融力量迫使其他国家改变政策时，它们自己也会遇到巨大的困难，强制能力会受到限制。“金融治国之术”针对弱国或小国会有用，但对大国几乎不起作

---

① Michael A. Glosny and Phillip C. Sauneders, “Debating China's Naval Nationalism”, *International Security*, 35 (2), 2010, pp. 161 - 175.

② Daniel W. Drezner, “Bad Debts: Assessing China's Financial Influence in Great Power Politics”, *International Security*, 34 (2), 2009, pp. 7 - 45.

用。中国的金融权力增加了它的威慑能力，但对它的强制能力没有什么影响。中国可以利用它的金融能力对美国的恳求置若罔闻，但它不能强迫美国改变它的政策。政策界夸大了中国的金融能力对美国政策的影响。

对于冷战之后中国的大战略意图和目标，国际关系学者给出了不同的观点，现实主义强调物质力量的分配，认为中国力量的发展将会挑战和平衡美国的霸主地位，自由主义看重国际制度和规范的作用，认为中国将日益参与到国际多边制度之中，并受到国际规范的制约。不过，这两种解释在拉森（Deborah Welch Larson）和舍甫琴科（Alexei Shevchenk）看来，并不符合中国冷战之后所采取的战略。他们在《寻求地位：中国和俄罗斯对美国主导地位的反应》一文中，利用社会身份理论的分析框架对中国的战略进行了论述，认为中国在冷战之后的大战略是寻求大国地位，恢复中国历史上的威望和荣耀，并渴望其他大国的承认。中国与一些大国建立的各种伙伴关系，举行的首脑会议，提出负责任大国的概念，都体现了这种对地位的渴求。不过，中国虽然加入了很多国际组织，但并不接受这些组织为了保护个人权利而进行干涉的自由主义核心价值。①

美国的地位问题是国际政治学界一直关注并激烈争论的另一个领域。冷战之后，学术界特别是美国学术界相关方面的研究文献汗牛充栋，观点五花八门。围绕美国地位的讨论出现了单极时刻论、霸权例外论、离岸平衡论、软制衡论、单极幻想论等，不一而足。学界也提出了美国应对世界的各种大战略。总的基调是美国获得了冷战的胜利，力量处在独一无二的地位。2008 年发生的第二次世界大战以来的最严重的金融危机给美国和世界带来了巨大冲击。这场冲击再次把学者的注意力转到了美国的地位以及对国际体系的影响上来。新兴国家崛起构成了冷战后的新现象。力量变化引发的一连串问题摆在世人面前：美国还能维持它的主导地位吗？新的强国出现将重绘国际体系的权力分配地图吗？如果美国权力下降，权力转移将会导致安全竞争，增加战争的可能性吗？特别是中国地位的上升，对世界意味着什么？如果美国衰落，第二次世界大战之后建立起来的世界经济和政治秩序将会出现什么变化？这些问题在 2008 年美国出版的 5 部

---

① Deborah Welch Larson and Alexei Shevchenk, "Status Seekers: Chinese and Russian Response to U. S. Primacy". *International Security*, 34 (4), 2010. pp. 63 - 95.

作品中从不同的方面都有涉及。克里斯多夫·莱茵（Christopher Layne）以《美国霸权的削弱：神话还是现实》为题对这些作品和相关的问题进行了深刻的评论。①

美国国家情报委员会出版的《全球趋势 2025：一个转型的世界》认为美国主导的单极世界 20 年之内将被多极取代，最主要的原因是新的大国崛起，主要是中国、印度、可能还有俄罗斯的崛起，以及经济、金融和国内政治的制约因素对美国能力的侵蚀。美国的军事超强地位将不再像冷战结束时那样居于主导地位，美国的软实力也会因其自由主义的政治和经济发展模式受到挑战而下降。一个多极的世界将会和冷战后美国的超群地位根本不同。②

扎克里亚（Fareed Zakaria）在《后美国世界》中指出，中国和印度是正在崛起的大国，不远的将来将成为世界第二和第三大经济体，但美国仍然是国际体系的中心，美国所面对的挑战是软权力，而不是硬权力，维持美国在未来国际体系中超群地位的方式靠软实力，而不是硬实力。③

新加坡的前外长马凯硕（Kishore Mahbubani）撰写的《新的亚洲半球：全球力量转移到东方不可避免》认为国际体系的力量发生了深刻变化，已从美国转到东亚，特别是中国和印度，西方应该欢迎亚洲的崛起，亚洲的软实力比起美国更具吸引力。一个重组国际秩序的时刻已经到来。④

卡拉（Parag Khanna）的《第二世界》描绘了另外一幅国际政治图景。国际政治将由全球化和美国、欧盟及中国三个帝国来竞争世界的领导权和“第二世界”的拥护。第二世界处在第一世界和第三世界的分界线上，是地缘政治和全球化碰撞的地带，俄罗斯、乌克兰、东南亚、北非、中东、巴尔干和中亚就属于这样的地区。由于美国硬实力和软实力的下降，中国实力的上升并成为东亚的一个帝国权力中心，欧盟在不断地扩大它的地缘政治范围，三者之间的争夺将日益激烈，美国必须适应非美国的世界，全球化曾等同于美国化，现在却在加速美利

① Christopher Layne, “The Waning of U. S. Hegemony—Myth or Reality”, *International Security*, 34 (1), 2009, pp. 147 – 172.

② National Intelligence Council, *Global Trends 2025: A Transformed World*, Washington, D. C.: U. S. Government Printing Office, November 2008.

③ Fareed Zakaria, *The Post-American World*, New York: W. W. Norton, 2008.

④ Kishore Mahbubani, *The New Asian Hemisphere: The Irresistible Shift of Global Power to the East*, New York: PublicAffairs, 2008.

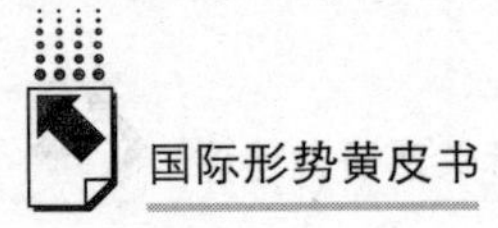

坚治下的灭亡。①

上述四部作品的“主旋律”强调的是国际力量分配已经从美国、欧洲转到了亚洲，中国和印度成为力量崛起的主角，美国的力量在下降，它塑造国际政治的能力在削弱，世界在加速多极化。布克斯（Stephen G. Brooks）和沃尔佛斯（William C. Wohlforth）在《没有平衡的世界》中提出了不同的观点。他们认为世界在相当长的时间内（至少 20 年）仍然是单极状态，世界并没有建立一个制衡美国霸权的联盟。美国所享有的超强力量使其他国家去制衡它特别困难，即使是软平衡。在这个单极世界中，美国可以利用霸权，通过重塑国际制度，合法性的标准以及全球化来改变国际体系，而不必担心其他国家来对抗美国的霸权。②

莱茵从“极”、美国权力和国际关系理论的角度对 5 部作品的基本论点做了独到的评论。在他看来，布克斯和沃尔佛斯的单极稳定论是有问题的，因为他们静止地看待权力的分配，没有注意到霸权本身就孕育出其覆灭的种子。技术的扩散，后发国家所具有的优势，以及霸权国维持高额的领导成本会影响霸权国的能力。没有制衡美国霸权这一国际体系的后果并不意味着其他国家不在制衡美国，体系的结果和单元的行为不是一回事。以中国和印度为代表的新兴大国崛起最明显地体现了体系的多极化趋势，但这未必能说国际体系正在变成多极。大国的出现是结构压力和单元的决定互动的结果，只有 GDP 还不能确定国家是否构成世界的一极。就中国而言，尽管在近 30 年时间里取得了 GDP 两位数的增长，但将来是否还能保持这种势头并不清楚，全球金融危机对中国和美国产生什么影响也不明晰，更重要的是中国国内所面临的问题有可能影响它成为大国。不过，从目前看，中国的发展势头将使它成为国际体系中一支潜在的军事和经济力量。至于美国，要通过软权力和国际制度来维护它的国际政治地位也遇到了问题。经济危机使美国的软权力受到了影响，美国在第二次世界大战之后建立的一整套国际制度安排也在金融危机的冲击下受到动摇，新兴大国要求改革国际制度的号角已经吹响，在 G20 峰会上，中国和其他一些国家提出在国际金融机构中应拥

① Parag Khanna, *The Second World: Empires and Influence in the New Global Order*, New York: Random House, 2008.

② Stephen G. Brooks and William C. Wohlforth, *World Out of Balance: International Relations and the Challenge of American Primacy*, Princeton, N. J. Princeton University Press, 2008.

有更多的份额。

美国的力量是否削弱尽管见仁见智，但有较多研究认为2009 年的美国已经不可能和1945 年的美国相提并论。30 年来所累积的经济结构缺陷在金融危机的冲击下使美国的经济实力削弱了。美国是否有能力提供区域安全和经济上的公共物品，扮演霸权稳定者的角色，是一个不确定的问题。国际关系的霸权稳定理论也需要检验。

二 国际规范的产生和扩散

国际组织或国际制度一直是国际学术界关注的议题，研究在不断的深化，从早期有关规范的概念，规范产生的动力机制和作用，到后来提出规范生命周期等问题，现在更多地在研究规范生命周期中的规范产生、规范扩散和规范夭折的影响因素和转化机制。

在已有的研究中，规范出现的解释主要是嫁接机制和规范倡导者的说服。芬丽莫尔强调规范的出现是因为规范倡导者将大家的注意力引向某些问题，或创造一些“问题”，采取框定的手段，对这些问题进行重新定义或加以解释，使之成为瞩目的事情，通过规范倡导者的说服，得到关键国家的接受。[①] 普瑞斯则强调把新的规范嫁接到一个已有规范框架之中，与原来的规范产生共鸣。[②] 亚历山大·吉力尔斯（Alexandra Gillies）在《声誉考虑和石油部门透明性作为一个国际规范的兴起》一文中对规范出现提供了第三种解释。[③] 他认为声誉也是国际规范出现的一个因素。所谓声誉，是指其他行为体对某个行为体的偏好和能力所持有的印象。以前国际关系学者对声誉和规范的研究，更多地把它和规范的遵守联系起来。这篇文章则超越这个局限，把声誉和规范的产生连接起来，认为声誉动机推动了规范的出现。作者以石油部门的透明性为案例，用案例追踪和个人访谈

① 玛莎·芬丽莫尔、凯瑟琳·斯金克：《国际规范的动力与政治变革》，《世界政治理论的探讨与争鸣》，秦亚青等译，上海世纪出版集团，2006，第295～328 页。

② Richard Price, Reversing the Gun Sights: Transnational Civil Society Targets. Land Mines, *International Organization*, 52 (3), 1998, pp. 613－644.

③ Alexandra Gillies, Reputational Concerns and the Emergence of *Oil* Sector *Transparency* as an International Norm. *International Studies Quarterly*, 54 (1), 2010, pp. 103－126.

的方法，全面考察了一些以前在透明性方面存在巨大困难的石油公司为什么在近10年来高调谈论公司的透明性。其中的原因之一就是发展中国家石油部门的行动受到倡议组织的影响，这些组织密切关注西方公司的经济活动，从而对西方政府、国际机构和公司的声誉构成了巨大挑战，而这些石油部门是通过增加和提高透明性来降低公司的声誉风险。

对国际组织影响国家行为的机制化进行研究是理解国际政治和国内政治关系的一个窗口。在这个方面，以人权为案例的研究比较多，归纳起来大致有以下几种观点。

1. 国际组织可以通过惩罚的方式来改善国家的人权，欧盟就是最明确的例证

对于土耳其申请加入欧盟，欧盟就以它没有达到欧盟的人权标准而将它拒之门外。另外，当极右翼的自由党加入奥地利政府时，欧盟14个国家就对其进行了经济制裁和政治孤立。

2. 国际组织可以通过社会化的作用来影响国家的人权行为，建构主义学者对此有特别的研究

《国际组织》在2005年做了一个专刊聚焦国际制度与欧洲的社会化，认为社会化是行为体遵守团体规则的过程。这样的一个过程是国家在与其他国家互动的过程中，通过模仿、学习来内化国际规范。行为体的行为逻辑是适当性逻辑，而不是后果性逻辑。从这个角度来看，国家遵守人权规范是理所当然的，而不再是满足体系内强国的要求。

3. 以托马斯·瑞斯为代表的德国学派

借鉴哈贝马斯的沟通行动理论，强调国际组织的话语作用，提出了国家行为的争论逻辑，这种逻辑意味着话语中的参与者可以改变自己的信念，能够以新的原则规范看待他们的利益。在人权领域，起初政府只是出于工具性利益的考虑，来进行人权论证，不过，他们越为自己的利益进行辩护，他们的对手就越有机会对其观点和陈述的有效性进行挑战，使得政府不得不进一步为自己辩护。国际组织在这里充当了国家之间日常互动的场所或公共空间。这样，争论的逻辑在社会化的过程中开始居于主导地位，政府在人权问题上就会采取更为进步和开放的政策。

4. 以约翰·梅耶为代表的“世界社会”学派的解释

它强调社会结构不是由国家所组成的国际社会，而是由不断扩大和深化的世

界文化所形成。这种文化规则的核心部分是韦伯的理性观念，这种理性化的规则创造了近代国家。这种规则是通过两种方式在塑造国家，一种方式是给国家提供理性的目标，如追求现代性和进步，另外就是为实现目标而创立制度，如市场和科层组织。这样的世界文化具有强大的同构性能力，使国家的政策表现出相似性。国家在人权政策上的相似性正是世界文化不断扩展的结果。

上面关于国际组织对人权规范影响的观点，深化了我们对人权政策变化的理解。不过，这样的研究还存在问题，因为研究的结论主要来自那些已有人权规范的国际组织，而对于那些没有相关规定的国际组织则研究不够。布恩·格林西尔（Brian Greenhill）对此问题进行了研究，他选取了 1982～2000 年 137 个国家违反身体健康权利的数据，通过时间序列的数据分析，检验国际政府间组织在推动人权规范扩散中的作用。结果显示，国际政府间组织确实对人权具有积极的影响，即便这些组织议程中没有明确的人权条款。这一结论所蕴含的现实意义就是我们与其注意国际政府间组织在人权问题上的条款，不如把重点转到组织成员国本身的人权记录上来，鼓励一些国家去参加那些没有相关人权条款，但其成员国的人权记录水平又高于平均值的那些组织，从而影响这些国家的人权政策。另外，在外交政策上，如果通过国际政府间组织使国家社会化，改变国家的行为，那么，决策者应该更严肃地考虑接触而不是孤立的政策。①

三 国际关系理论：来自中国、欧洲和美国学者的思考

在过去的一年里，国际关系理论方面也有一些新的进展。复旦大学唐世平的《国际政治的社会演进：从米尔斯海默到杰维斯》是作者近几年来为解决进攻性现实主义和防御性现实主义之间争论而做的一种宏观理论的思考。② 在这篇具有

① Brian Greenhill, "The Company You Keep: International Socialization and the Diffusion of Human Rights Norms", *International Studies Quarterly*, 54 (1) 2010, pp. 127 – 145.

② Tang S., "Fear in International Politics: Two Positions", *International Studies Review*, 10 (3), 2008, pp. 451 – 471; Tang S., "From offensive to defensive realism: A Social Evolutionary Interpretation of China's Security Strategy", In Ross R and Feng Z (eds), *China's Ascent: Power, Security, and the Future of International Politics*. Ithaca, NY: Cornell University Press, 2008, pp. 141 – 162.

强烈思辨性的文章中，作者把自然科学中的进化理论，引入到国际政治领域中来，仔细比较了自然和社会系统中的进化区别，在对现有国际关系学界正在关注的有关国际体系转型的研究和各种宏大体系理论进行反思和批评之后，提出了一个国际政治系统内生演进的社会进化范式，认为国际政治一直就是一种进化系统，以往的国际政治宏大理论只是系统理论，而不是一个进化理论。作者从宏观的角度解释了从公元前1044/6 年到 1945 年第二次世界大战结束时的国际体系演变。通过考察古代中国体系和神圣罗马帝国后的欧洲体系，他提出人类社会已经从一个“进攻性现实主义的世界（即一个国家不扩张就会被吞并的时代）”进化到了一个“防御性现实主义的世界（即一个国家不需要也不能扩张就能够获得安全的世界）”。进攻性现实主义和防御性现实主义只是对不同时代国际政治的解释，试图用一种宏大理论是无法解释国际政治体系变化的。不同的国际政治理论来自并适用于国际政治的不同时期，而不同的国际政治时代实际上需要不同的国际政治理论。因为国际政治系统一直是一个进化的系统，非进化的方法从根本上无法理解系统的进化。米尔斯海默和杰维斯的错误恰恰是他们没有认识到国际政治系统是一种进化系统，因此一种关于国际政治的解释必须是一种进化的解释，国际政治必须成为真正的进化论科学，或“给达尔文应有的地位”。

巴里·布赞和马泽斯撰写的《分化与国际关系理论的社会学视角》从社会学和人类学的“分化”（Differentiation）概念，特别是卢曼的社会系统理论出发，探讨了把“分化”的分析框架运用到国际关系领域的可能性和必要性，提出了国际关系理论的社会学视角。① 分化是社会学的一个重要概念。卢曼利用系统理论中的两对概念——系统/环境、平等/不平等——描述了社会分化中出现的三种分化形式：区隔分化（Segmentation）、阶层分化（Stratification）和功能分化（Functional Differentiation）。如果某一系统被划分为多个地位相等，形态类似的子系统，便可谓区隔分化，如以家族和部落为基础分化形式的社会，是人类社会最简单的分化形式；阶层分化则是按照等级高低来划分的社会子系统，如阶层和阶级；功能分化依据特定的社会功能来划分特定的子系统，如建立在政治、经

① Barry Buzan and Mathias Albert, “Differentiation: A Sociological Approach to International Relations Theory”, *European Journal of International Relations*, 16 (3), 2010, pp. 315 - 337.

济、法律、教育、科学、艺术、宗教、体育等层面的功能分化为基础的现代人类社会。这些分化形式不是相互排斥的。布赞和马泽斯从三种分化类型出发，指出分化概念对国际关系学科的主要贡献就是它提出了一个思考单元和系统的结构的新类型。这三种分化类型丰富了国际关系学科的基本概念。区隔分化反映了无政府状态，分层分化反映了等级状态，功能分化超越了政治部门，包含了各个部门的所有范围，构成了一个新的结构概念。如果国际体系水平是区隔分化的，那么国际体系或社会的国家中心模式仍然可能保留。阶层分化则明显地体现在大国在国家间社会中的特殊地位。主权平等的合法原则与霸权行为的无所不在就是这两种分化类型紧张的反映。功能分化不是强调什么单元构成了国际体系或社会，而是把单元看成是社会结构的一种反映，国际关系学科大量无意识使用的“世界社会”、“跨国行为体”、“国际政治经济体系”等都是这种功能分化逻辑的体现。不同的分化类型揭示了不同的体系结构，并把国际关系的不同理论流派整合起来。现实主义一般突出区隔分化，强调大国时突出阶层分化。自由主义强调功能分化，从经济和政治部门开始，也承认区隔分化（无政府结构）和阶层分化（霸权稳定）。马克思主义把功能分化（经济的首要地位）和阶层分化结合起来（统治阶级，国际体系的中心外围结构）；英国学派多元论者跟现实主义一样，强调区隔分化和突出大国和国际社会扩展的阶层分化。社会连带主义者则在两者之中增加了功能分化。建构主义的国家身份反映了区隔分化，阶级、种姓、帝国反映了阶层分化，而后现代的身份反映了功能分化。全球主义和自由主义类似，强调功能分化。分化概念为主流国际关系理论范式的不可通约性争论找到了一种新的思考路径。

均势理论是国际关系理论的一个重要分支。冷战之后，对这一理论的探讨基本是围绕着大国对美国行为反应的解释或者说困惑而展开，即为什么其他的大国没有联合起来对全球主导的美国采取平衡这一铁律？杰克·莱维（Jack Levy）和威廉·汤普森（William R. Thompson）在《陆地和海上的平衡》一文中，对此问题给出了新的解释。[①] 以前的现实主义对没有平衡行为提出了四种解释：一是沃尔兹所说的对美国的平衡行为只是时间问题，现在暂时没有，但在不远的将

① Jack S. Levy and William R. Thompson, “Balancing on Land and at Sea: Do States Always against the Leading Global Power?” *International Security*, 35 (1), 2010, pp. 7–43.

来会出现。二是美国相对慈善的意图和包容性的政策，降低了其他国家对美国威胁的认知。三是米尔斯海默所说的离岸平衡手不会激起针对它们自己的均势联盟，地区国家担心的是本地区霸主的威胁。这些国家积极寻求地区外平衡手的支持。四是风险太高。美国太强大了，对美国采取均势战略成本太高，风险太大。在作者看来，这些解释都有一定的道理，但都不让人满意。因为这样的解释在两个方面存在错误，一是均势理论并不是普遍适用的，有关平衡战略和在多国体系中没有持久的霸权的核心假设只适用于欧洲体系，可能还有一些其他自主的大陆体系，但不适用全球海洋体系。海上强国相比其他大国对获得市场比扩大领土更有兴趣，因此过去5个世纪联盟建立的模式在欧洲体系和全球海洋体系里是不一样的。为此，作者提出了5个命题：大国一般不平衡体系中最强大的海权国家，即使海上国家的力量显著增长；主导的海上强国相对力量地位越强大，其他大国将越不可能平衡它；主导的海上强国相对力量地位越强大，越不可能建立一个针对它的联盟；主导的海上强国相对力量地位越强大，一两个大国越有可能与它结盟；与主导的海上大国结盟常常比针对它的联盟要广泛。对这5个命题，文章对历史上的相关数据进行了检验和分析，其结论也支持了这些命题。也就是说海上强国和陆上强国不同，它们对其他国家构成了不同类型的威胁，并引发了不同的反应，一般的权力动力和具体的联盟行为在海上体系和陆上体系中不一样，其逻辑是不一样的，原来从陆上体系中所提炼出的均势理论不能一般化到全球海上体系中。这样的结论对于目前的均势辩论具有重要的意义。大国没有建立针对美国的均势联盟并不像一些学者所断言的那样是一种“困惑”，而是符合至少5个世纪以来的全球体系中的行为。均势理论可以帮助学者理解大国之间的互动动力，但必须明确这种理论适用的范围和条件，无条件地认为国家会平衡权力或平衡威胁是错误的。

关于威慑理论，阿米·鲁普瑞奇（Amir Lupovici）提出了一个新的研究议程。① 作者首先归纳了前三波威慑理论的基本内容：第一波产生于第二次世界大战之后，主要探讨核武器的战略内涵和价值，但威慑观念对政策没有什么影响，也不够系统和丰富。第二波出现在1950年代后期，把博弈论引入到威慑研究中，这一波的认知观念成功地转为了习惯思维，使学者们更好地理解了行为体的策

① Amir Lupovici, “The Emerging Fourth Wave of Deterrence Theory”, *International Studies Quarterly*, 54 (3), 2010, pp. 703 - 732.

略。不过由于没有什么证据支持和证实这样的观念，也导致了很多批评。第三波虽然也面临着第二波的问题，但其研究已经深入到错误认知、国内和官僚政治对威慑的影响。这三波研究对国际关系理论，特别是对现实主义的发展和安全研究，以及大规模报复、第一次打击、灵活反应等政策研究有强烈的影响。如果说冷战的开始，核武器的产生以及现实主义范式的主导地位促进了威慑理论的早期研究，那么，冷战的结束、“新威胁”的出现以及诠释主义视角的发展则推动了第四波威慑理论的研究。第四波威慑研究出现了“诠释主义视角的转向”。这种诠释主义转向主要研究的是威慑的主体间性情景，其内容主要包括四个主题：一是威慑是可以学习的。经典的理性主义研究也就是所谓的结构威慑论把威慑看成是不证自明的，威慑的行为受学习的影响有限，主要是行为体的力量决定的。而学习理论则强调威慑本身依赖学习过程。二是社会化影响了威慑的做法，因为行为体不仅需要学习一般的战略观念，还要知道这些观念能够在它们的战略关系中执行。学习和社会化有助于解释美国和前苏联逐步采取威慑战略的原因和方式，以及如何通过军控的制度化实现核威慑的稳定。三是威慑是一种社会建构。跟任何战略一样，威慑依赖于观念和知识，以及对观念和知识的诠释，可被理解为一种自我实现的预言或者神话。还有一些规范，如透明性和核禁忌也会影响威慑的可信性。四是威慑也是一种话语。话语并不只是一种自然语言，而且还赋予对象之物以意义，也就是作为言语行为的话语不只是反映现实，而且还建构现实。威慑的话语不只是沟通，而且还是一种规则和习惯，这种规则和习惯可以塑造自我和他者在国际政治领域的地位认知。这一波的威慑战略研究是对以前理性主义研究视角的补充，理性主义的经典威慑战略研究可以从强调学习、社会化、社会建构和话语的诠释主义框架中获得益处，同时诠释主义的研究方法也需要在实证方面去扩展。这两种方法结合将是未来的发展趋势。

四 非传统安全研究的新拓展

冷战之后，安全的观念在不断发生变化，安全的内涵也在扩展，非传统安全成为安全中的一个重要话语。联合国在 2000 年专门开会讨论艾滋病等流行疾病对国际安全构成的威胁，2006 年的美国国家安全战略报告把流行性疾病看成是国家安全的威胁。这几年国际上发生的各种流行性疾病如 SARS，H1N1 等引起

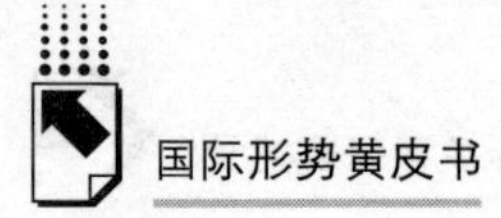

了人们关于安全议题的争论。科布伦兹（Gregory D. Koblentz）在《生物安全再思考》中，对生物安全的基本概念和内涵，出现的原因以及生物威胁的分类和对付生物威胁的战略提出了一个基本的框架。①

在作者看来，生物安全概念的提出是和人们对安全的理解密切相关的。以前疾病虽然对国际安全产生了重大影响，但并不被看成是一个安全问题，直到21世纪，健康问题才被政府和国际组织纳入到安全范围中来。这样的一种变化和以下三种认识有关：一是安全的重新定义包括了环境退化、气候变化、有组织犯罪、恐怖主义等；二是认识到这些威胁并非来自国家，而是来自跨国的或非国家行为体；三是聚焦国家内的个人和群体的安全，而不是国家本身。人的安全概念的出现在这一转变过程起了关键作用。健康是人的安全的一部分。科技的发展，特别是基因研究的突破，新疾病的出现，全球化和冲突性质的变化，使生物威胁成为国际议题。对于生物安全的定义，学界和政策界有不同的理解，不过占主导的是综合概念，这种安全针对的是漫不经心地、不适当地或恶意地使用有潜在危险的生物因子或生物技术的现象。这样宽泛的定义对于建立一个内在统一的分析框架带来了困难。不过，作者没有使用以前研究中人们所用的所谓生物威胁光谱图，而是代之以生物安全的类型分析框架，这个框架为评估生物安全的风险，制定降低安全威胁的战略提供了新的思路。

在当代，恐怖主义仍然是国际政治研究中的一个重要议题。学界对伊斯兰自杀式恐怖主义活动的解释主要有三种。一是国际体系层次的解释。由于国际体系和国内体系不同，在国际社会中，不存在国家之上的政府权威，是一种无政府状态，国际体系的性质使得国际社会的治理出现困难，一些失败国家成为国内冲突的温床，从而给恐怖主义提供了滋生的土壤。二是美国使用冷战后的超强力量对外进行军事干涉，如对伊拉克的侵略，并在一些地区部署军事力量，如在沙特保持军事存在，并在中东地区推行所谓的民主化改革，直接导致了这一地区的紧张局势，也激化了阿拉伯世界内部的矛盾，使中东和北非成为恐怖主义袭击的高发地区。三是伊斯兰“原教旨主义”者的信仰体系，它们主张一切都要依照《古兰经》和《圣训》，纯洁信仰，返回到伊斯兰初期的清明政治。恐怖分子进行自

---

① Gregory D. Koblentz, “Biosecurity Reconsidered: Calibrating Biological Threats and Responses”, *International Security*, 34 (4), 2010, pp. 96 - 132.

表 1　生物威胁类型

<table>
<tr><th rowspan="2">面临风险的组织</th><th colspan="3">威胁的来源</th></tr>
<tr><th>国　家</th><th>非国家行为体</th><th>自　然</th></tr>
<tr><td rowspan="2">国家</td><td rowspan="2">生化战（伊拉克的生化计划）</td><td>生物恐怖主义（奥姆真理教毒气事件，基地组织）</td><td rowspan="2">世界流行性疾病（AIDS）</td></tr>
<tr><td>两用生物技术研究（基因工程）</td></tr>
<tr><td rowspan="2">个人、共同体或社会</td><td rowspan="2">生化战（南非种族隔离生化武器计划）</td><td>生物犯罪（河豚中毒事件）</td><td rowspan="2">地方性或流行性疾病（SARS）</td></tr>
<tr><td>实验室事故</td></tr>
</table>

杀式袭击是为了伊斯兰教的纯洁，进行圣战，因为为圣战殉道，来世必登天堂。这些解释都有道理，但并不充分。沙耶尔（Bradley A. Thayer）和哈德森（Valerie M. Hudson）在《性别与圣战》一文中，从生命科学的角度提出了自杀式恐怖主义的第四种解释。① 他们认为伊斯兰社会存在的男女性别极不平等，一夫多妻制的盛行以及婚姻市场的不畅所导致的婚龄推迟对自杀式恐怖主义产生了深刻影响。这种生命科学的视角和以往的解释并不矛盾，而是一种补充。从这种角度看，对付恐怖主义可以有另外的政策思路，比如提高伊斯兰世界中女性的地位，降低嫁妆成本和婚姻费用，在中东建立自由和民主的政府，尊重个人权利和自由。

气候问题现在已成为国际社会关注的一个热点。德瑞兹（Nicole Detraz）和伯希尔（Michele M. Betsill）在《气候变化和环境安全：话语转向谁》一文中从话语的角度对环境安全进行了考察。② 在这篇文章中，作者探讨的是把环境问题和安全关注联系起来的话语是否以及如何塑造了国际政治在气候变化上的辩论。他们提出了在环境问题上的两种话语概念，一是环境冲突，二是环境安全。环境冲突强调的是人类围绕资源而进行暴力冲突的可能性，环境安全更多地与联合国所说的“人的安全”相联系，强调的是环境恶化对人类安全的意涵。作者利用一些机构公开出版的有关环境问题上的文件，通过对环境问题上两种话语的分

① Bradley A. Thayer and Valerie M. Hudson, “Sex and the Shaheed, Insights from the Life Sciences on Islamic Suicide Terrorism”, *International Security*, 34 (4), 2010, pp. 37 - 62.

② Nicole Detraz and Michele M. Betsill, “Climate Change and Environmental Security: For Whom the Discourse Shifts”. *International Studies Perspectives*, Aug, 2009, pp. 303 - 320.

析，发现把气候变化概化为安全问题并不是新鲜的事情，在历史上的气候变化争论中存在的就是环境安全话语而不是环境冲突话语。尽管现在环境冲突的话语出现在国际环境政治领域，但并没有改变环境安全话语占主导的局面，这对于公正和平等地解决环境领域的国际政治争论有正面的意义。

五　中美核战略：挑战和后果

冷战结束之后，特别是近年来出现核武器扩散的态势，国家核力量的变化，以及奥巴马上台后提出的无核世界的目标，再次激活了学术界在核战略方面研究的兴趣，反思核战略和政策选择。

《国际安全》2010 年秋季号以“核学说及其战略：挑战和后果”为主题发表了两篇文章，对美国和中国的核战略和政策进行了探讨。杰森（Michael S. Gerson）在《不首先使用核武器：下一步的美国核政策》一文中，反思了美国的核政策。[①] 美国核战略中的一个重要内容就是威胁首先使用核武器。这一政策是基于以下四种考虑：一是当面对常规占优的对手时，威胁首先使用核武器能提供有益的非对称的威慑；二是威胁首先使用核武器可以威慑和回击生物或化学武器的袭击；三是先发制人的核打击可以在对手使用核武器之前摧毁对手的核武器；四是可以摧毁非常坚固和埋藏很深的目标。作者认为，这样的理由在战略上是不可信的，也是危险的，因为：第一，根本就没有现实的军事突发事件需要首先使用核武器，反而冷战之后的美国军事行动显示了常规力量的可信性。第二，首先使用核武器给美国带来非常高的潜在政治成本，特别是美国一直在全球致力于防止核武器的扩散，首先使用核武器将和推动核不扩散的机制不协调，会削弱首先使用核武器的可信性。第三，第二次世界大战之后所产生的核禁忌对美国的军事行动范围具有约束作用，也降低了首先使用核武器的可信性。另外首先使用核武器也会使危机朝着不稳定的方向发展。如果美国宣誓不首先使用核武器，至少政治和军事上会得到一些益处。一是有助于降低对手对美国核打击的恐慌，因而在严重危机中可以降低因故意、偶然和漫不经心而使用核武器的可

① Michael S. Gerson, “No First Use: The Next Step for U. S. Nuclear Policy”, *International Security*, 35 (2), 2010, pp. 7 - 47.

能性；二是增加美国核政策的连贯性和可行性，美国保留核武器来进行报复也可增加核威慑的可信性；三是使美国能够更好地维持在常规力量方面的优势；四是可以缓解外界对美国导弹防御和核储存倡议的批评；五是可以激励其他核大国修改核政策；六是可以进一步推动核不扩散机制，从而改变其他国家对美国核政策的虚伪认知，使美国在政治上和道义上获得主动。虽然不首先使用核武器在政府和军队方面存在障碍，但作者认为宣誓不首先使用核武器应该是美国的下一步选择。

法费尔（M. Taylor Fravel）和梅德罗斯（Evan S. Medeiros）在《中国寻求确保报复战略》中，解释了"中国40多年来为什么愿意维持少量的核弹头，使自己非常容易遭受第一次核打击"这样一个问题。[①] 这个问题对结构现实主义者来说是一个困惑，因为按照他们的逻辑，中国应该发展更多的、种类不同的核力量和更周密的核战略，但实际上，中国只是逐步建立了一个适度规模的核力量，在战略上强调通过第二次核打击的能力来确保报复，达到威慑目的。对于这样的反常现象，两位作者提出了两个解释：一是从观念的角度看，中国最高领导人和军事战略家认为核武器的作用和任务只是威慑核侵略，防止其他核国家的胁迫，体现了中国的大国地位，更重要的是他们觉得只要能够确保核报复就可以了，少量的核武器就可实现报复目的，在战场上核武器实际上没有什么用处，二是中国军方缺乏核战略方面的专家，核战略方面的研究关注不多。虽然中国20多年来经济力量和人才有了很大发展，军事现代化的步伐在加快，但中国仍然保持着确保报复核战略，而不是最低的核威慑战略。这种核战略体现了中国采取的是一种审慎的对外政策。

六　软实力重要吗？

"软实力"是约瑟夫·奈在20世纪90年代提出的与硬实力相对应的一个概念。他在不同的时期对软实力的说法略有差异，但其核心观点所强调的一直是通过吸引而非强迫或收买的手段来达到自己的目标。自这一概念提出以后，学界和

① M. Taylor Fravel and Evan S. Medeiros, "China's Search for Assured Retaliation: The Evolution of Chinese Nuclear Strategy and Force Structure", *International Security*, 35 (2), 2010, pp. 48－87.

政策界就相关问题进行了热烈的讨论，比如，软实力的内容，实现软实力的方式和途径，各国软实力的比较，特别是对美国软实力的评估，以及软实力在对外战略中的地位等。

在《软实力重要吗?》一文中，卡罗·梯克森（Carol Atkinson）讨论了美国的教育交流项目对美国软实力的影响。[①] 这篇文章提出了三个研究假设：第一，派遣军官到美国军事学院学习的国家比那些没有派遣的国家更有可能改善人权记录；第二，留学生在美国大学参与程度越高，留学生国家的人权记录越好；第三，军事教育交流项目比一般民众项目更有可能影响留学生国家的人权状况。为了验证这三个假设，作者收集了1980～2006年的数据，使用一般多层纵向模型方法对相关的数据进行了分析。作者认为美国的教育交流项目是扩大美国软权力的机制，在支持美国促进威权国家的自由价值和实践方面发挥了重要作用。

蒙迪·达塔的文章《美国软实力在联合国的衰落》则从反美主义这一概念入手，对约瑟夫·奈所说的“反美主义最近几年增加了，美国的软实力因此而下降了”这一观点进行了分析。[②] 为了验证奈的观点，作者分析了联合国大会的反美主义。文章使用了皮尤全球态度项目（Pew Global Attitude Project）和美国国家档案馆的原始数据，对1985～2007年不同国家在不同时间对美国态度的变化与它们在联合国大会上投票支持美国行为的关系做了回归分析，其验证结果非常有力地证实了反美主义对联合国大会投票的影响。

通过对国际问题研究年度文献的有限扫描，可以发现目前国际学术界在一些领域研究的进展：一是在国际关系理论方面，出现了中国大陆学者的声音，这是一个可喜的变化。二是在研究方法上，案例研究、过程追踪、统计模型分析、深度访谈等都有非常多的运用，经济学、社会学、心理学和国际关系学科联系更加紧密，互动更加频繁，在学科的交叉地带孕育着学科发展的潜力。三是国际政治中的大国关系、非传统安全问题仍然是关注的重点。四是国际经济与国际政治之间的关系在金融危机的影响下被重新认识。这些问题都值得国内学术界加以关注和分析。

---

① Carol Atkinson, “Does Soft Power Matters? A Comparative Analysis of Student Exchange Programs in 1980 – 2006”, *Foreign Policy Analysis*, January 2010. pp. 1 – 22.

② Monti Narayan Datta, *The Decline of America's Soft Power in the United Nations*, International Studies Perspectives, August 2009. pp. 265 – 284.

A Brief Survey of International Studies in 2009－2010

Yuan Zhengqing

Abstract: This article surveys the development of international studies during the 2009－10 periods. Major articles have been selected from leading journals. The main topics include the international situation, international norms, international relations theory, ambiguous strategies and policies, and nontraditional security and soft power. Some new progress in the field of the study of international relations is presented.

Key Words: International System; International Relations Theory; Nontraditional Security

Y.16

厘清国际关系理论中一些话语的本质内涵 建立中国特色社会主义话语体系*

李慎明**

摘　要： 对国际交往中的特定语言，不仅要关注词意的表象，更要关注表达者在词意背后赋予它的内容。对于“国际社会”、“恐怖主义”、“与国际接轨”、“融入经济全球化”、“国家利益高于一切”和“全球治理”等流行概念，应进行辨析，以建立独立于西方世界的中国特色社会主义话语体系。

关键词： 话语体系　国际社会　国家利益　全球治理

按照马克思主义的观点，语言并不属于上层建筑。语言与上层建筑没有必然的联系。语言不是某一个阶级所创造，而是整个人类社会千百万年在生产劳动和生活交往中共同创造的。语言作为人们的交往工具，与其他的任何生产工具一样，一视同仁地为各类社会形态、各种社会制度、各种不同阶级以及不同社会群体服务。此外，上层建筑只能通过经济基础这个中介同生产发生间接的联系，而语言却与人们的生产活动直接联系。人们的生产活动丰富多彩，所以与它进行直接联系的语言随时处在不断变化之中。随着人们生产和生活实践的不断发展，一些新的词汇不断产生。当然，有一些老的词汇也会逐步消失，或被赋予新的含义。

“话语权”这一概念，来源于法国社会学家米歇尔·福柯关于话语与社会权力关系的理论。1970 年 12 月，福柯提出了“话语是权力，人通过话语赋予自己

---

* 本文是 2010 年 10 月 22 日在“中国社会科学论坛（2010·国际研究）——软实力与中外关系”国际学术研讨会开幕式上的发言。

** 李慎明，中国社会科学院副院长，研究员。

权力”的著名命题。他认为话语不仅仅是思维符号和交际工具，而且是人们斗争的手段。这就把没有任何意识形态色彩的话语赋予了权利和利益的功能。笔者认为，福柯是对的。话语权在本质上是一种政治经济权利，反映了人们或国家在社会或世界中不同的政治经济地位。

正因如此，笔者又认为，文化与语言不同。语言有民族之分，但其本身没有阶级之分，语言永远是全人类各民族之间、各民族内部之间进行交往的工具。在任何一种社会形态下，文化都有民族之分，但在阶级或有阶级的社会里，文化同时又有阶级之分。作为文化重要组成部分的语言与特定社会中人的思维形影相随、不能分离。因此，语言作为人们交往的工具，它在形式上是没有阶级性的，但在阶级或有阶级的社会中它所表达的一些特定的思想内容却是有阶级性的。随着特定社会中人的思维与表达，它在特定条件下被赋予了一定的阶级性含义。因此，对国际交往中的特定语言，我们不仅要关注词意的表象，更要关注表达者在词意背后已经赋予它所承载的实际内容，关注表达者在表达这一词句的背后试图获得的权力、权利和权益。

自地理大发现以来，欧美国家以武力与资本为后盾，进行了500多年的扩张、侵略、杀戮和征服，完成其原始积累，并不断盘剥世界各国。此间特别是现在，西方发达国家特别是美国，在国际金融上逐渐垄断世界，它们可以随时开动机器印刷、发行货币，因此能够投入足够多的金钱兴办并引领各种新闻媒体，西方的话语体系也往往引领全球话语的潮流，诱使整个非西方文明加入以所谓“自由与民主”为框架的话语体系，在国际交往中，西方在话语权上也就逐步垄断了世界。这一进程，曾因苏联和新中国的诞生和发展而逐步削弱，但随着苏共蜕变特别是苏共亡党和苏联解体，以美国为首的西方话语体系进一步得到加强，从而在广大发展中国家，在一定程度上实现了约瑟夫·奈所说的以“软实力”支配非西方世界乐于从事西方国家使其做的对西方国家有百利而对非西方世界无一利的事情，从根本上巩固了西方国家以武力与资本为后盾建立起来的不合理的国际政治经济文化秩序。2008年爆发的国际金融危机，动摇和打破了世人对西方理论的迷信，并开始对西方话语体系进行反思。对西方话语体系中的各种概念，我们决不能一概反对，必要时应大胆借鉴，采取“拿来主义”为我所用。但是，我们也必须注意在不同的话语体系里，蕴含着可能存在的根本不同的本质内涵。因此，在国际交往中，我们也一定要重视建立独立于西方世界的中国特色

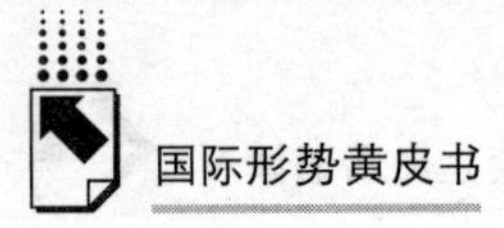

社会主义话语体系，从而有力地维护我国的政治经济文化权益，并为建立公正合理的国际关系新秩序做出我们自己的贡献。

让我们对当今国际关系中流行的出现频率甚高的几个“热词”试做一点辨析。

一 “国际社会”

2008 年西藏发生“3·14”打砸抢烧和 2009 年乌鲁木齐发生“7·5”打砸抢烧严重暴力犯罪事件后，西方少数国家以“国际社会”的名义进行强烈谴责。而 100 多个发展中国家却对中国政府采取的立场表示坚决的支持。最近，诺贝尔委员会将诺贝尔和平奖颁给了大讲中国需要当 300 年殖民地的刘晓波，西方国家的一些媒体又说这引起“国际社会”的盛赞，而广大发展中国家却对此嗤之以鼻。什么才是真正的“国际社会”？对这个词意的辨析，用美国语言学家乔姆斯基的话，似乎就可以直接回答清楚。2010 年 6 月 9 日，联合国安理会将就伊朗核问题通过决议，决定对伊朗实行自 2006 年以来的第四轮制裁。在此前夕的 5 月 3 日，乔姆斯基接受德国《星期五》杂志采访，访谈题目为《伊朗革命的风险》。记者问他：“您怎样评价国际社会对伊朗实行制裁？”乔姆斯基回答道：“‘国际社会’是一个奇妙的说法。世界上大多数国家属于不结盟集团，并且强烈支持伊朗将浓缩铀用于和平目的。但他们并不是所谓‘国际社会’的一部分。显然，仅有那些服从美国命令的国家，才属于‘国际社会’”。[①] 再举一个例子。美国有线电视新闻网北京时间 2010 年 9 月 23 日，伊朗总统内贾德接受美国有线电视新闻网（即 CNN）被誉为“广播访问节目的拳王阿里”的《拉里·金访谈》节目专访。拉里·金问内贾德：“你是否理解世界对伊朗核武器的担心？”内贾德当即回答：“谁是世界？谁代表了世界？美国？它的朋友？不，世界是一个非常大的地方。美国官员的错误在于他们视自己为世界，但他们并不是世界”。[②] 拉里·金和内贾德在这里谈到的“世界”，其实是乔姆斯基在解释了“国际社会”内涵之后的“国际社会”的另一种说法。现在“国际社会”所说的

---

① 2010 年 5 月 27 日《社会科学报》第七版。

② http：//www. tudou. com/programs/view/G533ks4XZ5E/

“国际社会”的本意，不过是少数霸权主义和强权政治国家的代称。因此，我们在使用“国际社会”这一称谓时，应该首先进行辨析，慎重斟酌后方能使用。

二　“恐怖主义”

据统计，正式使用“恐怖主义”的概念已两百多年，关于“恐怖主义”的论著和文件数以千计，“恐怖主义”的定义数以百计，讨论“恐怖主义”的会议无法计算，可是，人们至今仍然未能有一个普遍接受的“恐怖主义”的定义。1990 年第 8 届联合国预防犯罪和罪犯待遇大会制定的《打击国际恐怖主义的措施》指出：“自从 1972 年联合国首次研究国际恐怖主义以来，国际社会一直未能就国际恐怖主义一词的含义达成普遍一致的看法，也未能就预防恐怖主义暴力行为的有害表现所必须采取的措施达成充分的一般意见。”实质上，在当今这个世界上，不同的国家、不同政治群体，对“恐怖主义”的定义，不会形成一个普世或普适的看法。我个人认为，要给“恐怖主义”下一个准确的定义，就必须抓住恐怖主义特别是新型恐怖主义的本质。1994 年第 49 届联合国大会通过的《消除国际恐怖主义措施宣言》指出：“恐怖主义是为了政治目的而企图或蓄意在一般民众、某一群人或特定的人之中引起恐怖状态的犯罪行为。”我觉得，此定义基本正确，但是过于狭窄，主要是没有上升和涵盖至国家的层面。其实，霸权主义和强权政治，实质上就是放大了的恐怖主义。这种国家恐怖主义，对人类社会与世界的和平与发展的危害更大，更需要坚决反对。

三　“与国际接轨”

国际规则包括政治、经济、文化、军事、外交等领域的观念、法律、法规、条约、协定和惯例及相关思维方式，是在一定历史条件下某种范围的国际交流中逐渐形成的，是要由主权国家认可才能对其生效，具有一定的时空性。这些国际规则体现在现当代国际事务处理、国际法规（章程）制定、国际条约建立及国际新闻报道、国际文化交流及学术研究之中。“与国际接轨”的思维出现在 20 世纪末中国努力加入世界贸易组织的过程中，并被人们有意无意地逐渐运用到政治、经济、文化、军事、科技和外交等领域，几乎成了一些人的“口头禅”，进而发展成为一种理念。认为世界上根本不同的社会制度最终“趋同”，就是这种理念的最终表现。我国已经签署加入的国际条约和公约，我们当然应该遵守，也是说要“接轨”，没有签署的则不必也不应履行，也就是说不能“接轨”。我们应特别注意的是，尤其不能把“与国际接轨”泛化。更不能借用“政治体制改革”的名义，不分青红皂白地把我们中国特色社会主义的基本经济制度和政治制度及有关法律等，与西方世界的经济、政治制度和相关法律进行“接轨”。这关系着中华民族的根本命脉。

四 “融入经济全球化”

我们党和政府一直提的是“积极参与经济全球化”。但不少文章，经常提的是“融入经济全球化”。江泽民同志早就指出，目前的经济全球化是以西方强国为主导的。在这种主导下的国际分工也是很不合理的。经济全球化是一柄“双刃剑”，我们要积极参与经济全球化，在参与过程中，始终不渝奉行互利共赢的开放战略，积极学习借鉴世界上各个国家、各个民族的文化与文明，并使我们自己的文化和文明走出国门，为世界的发展和进步贡献我们自己的力量。与此同时，我们也决不能完全融入以西方强国为主导的经济全球化，必须始终坚持党的十七大提出的“奉行独立自主的和平外交政策”，并始终坚持中国特色社会主义的基本经济制度和政治制度不动摇，始终维护国家安全、稳定与发展。

五 “国家利益高于一切”

在一个社会主义国家的内部，在国家、集体、个人的利益关系上，国家的利益无疑高于一切。必要时，为了国家的根本利益，集体和个人都应勇于牺牲自身的利益直至个人生命。但需要强调的是，也要防止特殊利益集团在“国家利益高于一切”的口号下，以“国家”的名义非法、非分剥夺集体和个人正当、合法的权益。在一个资本主义国家内部，对于工人阶级和劳动人民大众来说，就不好笼统地说“国家利益高于一切”。因为，相对于统治自己的资产阶级国家而言，“工人阶级没有祖国”。在国际关系理论中，更不能笼统地说“国家利益高

于一切”。因为《联合国宪章》第一章第二条第一款明确规定：“各会员国主权平等”。既然国家与国家之间主权平等，那么联合国各会员国维护自身国家利益的行为也应该是平等的。由于联合国各会员国性质、大小、强弱的不同，如果在国际关系领域承认了各个国家的利益都高于一切，实质上受害的都是小国和弱国。这在实质上也就等同于承认霸权主义和强权政治的合理和合法性，承认了弱肉强食的“丛林法则”。如果这一理论成立，那么，美国在2003年绕过联合国，入侵伊拉克，绞死萨达姆，也应该无可厚非了；日本当局现在企图侵吞我国的钓鱼岛也就顺理成章了。正确的理论，不应该自相矛盾，也不能是双重标准。实质上，在国际关系理论中，不能说是各个国家的利益都高于一切。这一理论的本质，是霸权主义和强权政治的理论的另一种巧妙的表述方式，是霸权主义和强权政治的维护者为了自己国家的狭隘私利、干涉别国内政，教唆、间离发展中国家团结一致维护共同利益的理论基础。在国际关系理论中，我们应该理直气壮地说，《联合国宪章》与“和平共处五项原则”高于世界上各个国家的自身利益，并要坚决反对个别发达国家为了自己国家的私利而称王称霸，损害别的国家的正当权益。只有这样，世界和平才有可靠的保障。

六　“全球治理”

全球性问题当然要争取进行全球治理。只有进行有效的全球治理，才能用最廉价成本取得最明显的成效。但谁来进行治理呢？或者说，谁是治理的主体呢？我个人认为，应主要在联合国的框架内进行治理。对全球问题进行全球治理，不能由少数国家、少数人说了算，否则就完全不符合我们党倡导的“国际关系民主化”的精神。另外，对全球性问题进行共同治理，各国就必须让渡相应的主权。但是，让渡，必须是大小、强弱各国是对等的让渡，并得到相应对等的权益。还需要特别指出的是，霸权主义和强权政治的推行者，不能以所谓的“全球治理”的名义，侵犯其他国家的主权和领土完整，干涉其他国家的内部事务，推行自己所谓的“普世价值”，利用自己的“软实力”和“硬实力”颠覆其他国家的基本经济和政治制度。世界是丰富多彩的，是多个国家共同组成的。从本质上说，应该是“一球多治”，而不应是“全球共治”。要防止有国家借口“全球治理”，来变相推行自己的霸权主义和强权政治。

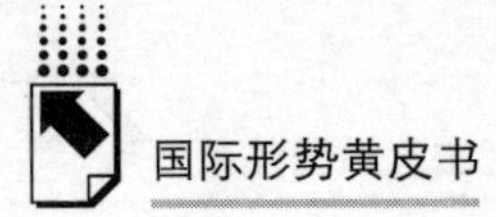

以上是我对在国际关系理论中流行的6个热词所作的浅显辨析。其实，需要辨析的还有不少。我的辨析，不一定正确，敬请各位批评指正。

Clarification of Some Terms in International Relations Theory: Building the Discourse on Socialism with Chinese Characteristics

Li Shenming

Abstract: The specific language used in international exchanges should not only describe the meaning of words but should also reveal their inner significance. We should recognize the discourse on socialism with Chinese characteristics, independent of the Western discourse, for such terms as "international community," "terrorism," "meeting international standards," "integration into economic globalization," "national interests above all else," "global governance," and other popular concepts.

Key Words: Discourse System; International Community; National Interests; Global Governance

图书在版编目（CIP）数据

全球政治与安全报告．2011/李慎明，张宇燕主编．
—北京：社会科学文献出版社，2011.1
（国际形势黄皮书）
ISBN 978-7-5097-1993-0

Ⅰ.①全… Ⅱ.①李… ②张… Ⅲ.①国际政治-研究报告-2011②国家安全-研究报告-世界-2011
Ⅳ.①D5②D815.5

中国版本图书馆 CIP 数据核字（2010）第 236376 号

国际形势黄皮书

全球政治与安全报告（2011）

主　　编／李慎明　张宇燕
副 主 编／李少军

出 版 人／谢寿光
总 编 辑／邹东涛
出 版 者／社会科学文献出版社
地　　址／北京市西城区北三环中路甲 29 号院 3 号楼华龙大厦
邮政编码／100029
网　　址／http://www.ssap.com.cn
网站支持／（010）59367077
责任部门／皮书出版中心（010）59367127
电子信箱／pishubu@ssap.cn
项目经理／邓泳红
责任编辑／周映希
责任校对／仪莉霞
责任印制／蔡　静　董　然　米　扬
品牌推广／蔡继辉

总 经 销／社会科学文献出版社发行部
（010）59367081　59367089
经　　销／各地书店
读者服务／读者服务中心（010）59367028
排　　版／北京中文天地文化艺术有限公司
印　　刷／北京季蜂印刷有限公司

开　　本／787mm×1092mm　1/16
印　　张／21.75　字数／371 千字
版　　次／2011 年 1 月第 1 版
印　　次／2011 年 1 月第 1 次印刷

书　　号／ISBN 978-7-5097-1993-0
定　　价／49.00 元

专家数据解析　权威资讯发布

社会科学文献出版社 皮书系列

皮书是非常珍贵实用的资讯，对社会各个阶层、各种职业的人士都能提供有益的帮助，适宜各级党政部门决策人员、科研机构研究人员、企事业单位领导、管理工作者、媒体记者、国外驻华商社和使领馆工作人员，以及关注中国和世界经济、社会形势的各界人士阅读。

及时　准确　更新

“皮书系列”是社会科学文献出版社十多年来连续推出的大型系列图书，由一系列权威研究报告组成，在每年的岁末年初对每一年度有关中国与世界的经济、社会、文化、法治、国际形势、区域等各个领域以及各个行业的现状和发展态势进行分析和预测，年出版百余种。

该系列图书的作者以中国社会科学院的专家为主，多为国内一流研究机构的一流专家，他们的看法和观点体现和反映了对中国与世界的现实和未来最高水平的解读与分析，具有不容置疑的权威性。

咨询电话：010-59367028

邮　　箱：duzhe@ssap.cn

邮购地址：北京市西城区北三环中路
　　　　　甲29号院3号楼华龙大厦

社会科学文献出版社 学术传播中心

银行户名：社会科学文献出版社发行部

开户银行：工商银行北京东四南支行

账　　号：0200001009066109151

盘点年度资讯，预测时代前程

从“盘阅读”到全程在线，使用更方便

品牌创新又一启程

·产品更多样

从纸书到电子书，再到全程在线网络阅读，皮书系列产品更加多样化。2010年开始，皮书系列随书附赠产品将从原先的电子光盘改为更具价值的皮书数据库阅读卡。纸书的购买者凭借附赠的阅读卡将获得皮书数据库高价值的免费阅读服务。

·内容更丰富

皮书数据库以皮书系列为基础，整合国内外其他相关资讯构建而成，下设六个子库，内容包括建社以来的700余种皮书、近20000篇文章，并且每年以120种皮书、4000篇文章的数量增加。可以为读者提供更加广泛的资讯服务；皮书数据库开创便捷的检索系统，可以实现精确查找与模糊匹配，为读者提供更加准确的资讯服务。

·流程更方便

登录皮书数据库网站www.i-ssdb.cn，注册、登录、充值后，即可实现下载阅读，购买本书赠送您100元充值卡。请按以下方法进行充值。

充值卡使用步骤：

第一步

- 刮开下面密码涂层
- 登录 www.i-ssdb.cn
  点击“注册”进行用户注册

第二步

登录后点击“会员中心”进入会员中心。

第三步

- 点击“在线充值”的“充值卡充值”，
- 输入正确的“卡号”和“密码”，
  即可使用。

社会科学文献出版社 SOCIAL SCIENCES ACADEMIC PRESS (CHINA) 皮书系列

卡号：52198162771454

密码：

（本卡为图书内容的一部分，不购书刮卡，视为盗书）

如果您还有疑问，可以点击网站的“使用帮助”或电话垂询010-59367071。